HUMAN BEHAVIOR IN
THE SOCIAL ENVIRONMENT

(3rd EDITION)

普通高等教育"双一流"建设社会工作专业精品教材

人类行为与社会环境

（第3版）

库少雄　徐　莉◎主编

华中科技大学出版社
http://press.hust.edu.cn
中国·武汉

内 容 提 要

"人类行为与社会环境"是社会工作专业的基础课程,其目的是为各种专业技能的学习提供必要的基础知识。本书以"环境中的人"为核心,以人生全程发展为主线,从生物、心理、社会三个方面对人与环境之间的相互关系进行了全面、深入的探讨。全书分为十一章。第一章讨论了人作为系统与环境的总体关系。第二章介绍了与人类行为相关的基本理论。本次修订增加孕期与胚胎的相关内容,第三章至第十一章以时间为序,介绍人在胚胎期、胎儿期、婴儿期、幼儿期、儿童期、青春期、成年早期、成年中期和老年期的发展特点等,并结合不同阶段的特点深入分析了生物、心理和社会因素对人生发展的影响。本书有助于读者在人与环境的相互作用中把握人类行为的规律,从而为理解案主行为、制定介入策略、满足案主需要打下坚实的理论基础。

图书在版编目(CIP)数据

人类行为与社会环境 / 库少雄,徐莉主编. -- 3 版. -- 武汉 : 华中科技大学出版社,2025. 7.
(普通高等教育"双一流"建设社会工作专业精品教材). -- ISBN 978-7-5772-2081-9

Ⅰ. C912.4

中国国家版本馆 CIP 数据核字第 2025JR6523 号

人类行为与社会环境(第 3 版)   库少雄　徐　莉　主编

Renlei Xingwei yu Shehui Huanjing (Di 3 Ban)

策划编辑:钱　坤　张馨芳
责任编辑:张梦舒
封面设计:赵慧萍
责任校对:张汇娟
责任监印:曾　婷

出版发行:华中科技大学出版社(中国·武汉)　　　电话:(027) 81321913
　　　　　武汉市东湖新技术开发区华工科技园　　　邮编:430223
录　　排:华中科技大学出版社美编室
印　　刷:武汉科源印刷设计有限公司
开　　本:787mm×1092mm　1/16
印　　张:20.25　插页:2
字　　数:474 千字
版　　次:2025 年 7 月第 3 版第 1 次印刷
定　　价:59.80 元

目 录

第一章

导论

有困难，找社工。所谓困难，指的是人们在工作、生活中遇到的不易解决的问题。社会工作者帮助人们分析问题、解决问题。在此过程中，社会工作者常常帮助人们克服井蛙之见，发现他们尚未看到的其他选择；常常根据实际情况促使人或环境发生积极的变化……在从事这些工作之前，社会工作者必须明确回答一些基本问题：人为什么表现出他们的行为？不同的人其行为有什么不同？在面对问题、困难时，人们如何选择和应对？怎样帮助人们有效地解决问题？……要回答这些问题，就必须深入研究人类行为。

人类行为丰富多彩、千差万别，令人迷惑而又神往；它可能使人们大笑，也可能使人们痛哭；可能使人们同情、感伤、悲哀或者愤怒，也可能引起人们的思考和行动。

一对男女中学生相爱了，他们应该做爱吗？如果怀孕了怎么办？一位青春少男对异性伙伴毫无兴趣，却十分向往同性伙伴，他为此迷惑而苦恼。一位中年妇女曾五次当选劳动模范，突然被迫下岗，她不知所措。为什么一位纤弱女子为了保护子女勇敢地与狮子搏斗，另一位妇女为了与男友结婚竟杀死亲生子女？为什么一位妻子长期忍受丈夫的虐待，另一位仅仅为了家庭琐事就坚决要求离婚？为什么一位父亲溺爱孩子，另一位常常把孩子打得遍体鳞伤？为什么兄弟二人一个成了科学家，另一个却成了杀人犯？为什么80岁老人身患绝症依然顽强地与命运抗争，18岁小伙却感到活着没有意义要自杀？为什么经济困难地区儿童辍学率较高？用什么方法帮助他们？为什么一些人沉着冷静，另一些人轻率冲动？为什么一些人热情奔放、积极主动，另一些人冷漠无情、消极被动？为什么有的人历经磨难依然与人为善，处处播撒真善美，有的人却心地阴暗、事事与人为恶？你是什么样的人？你与你的同学、朋友有哪些不同？为什么有这些不同？这些不同对你有哪些影响？……在社会工作专业基础课"人类行为与社会环境"（human behavior and the social environment，HBSE）中，将通过研究人与社会环境之间的相互作用来深入理解人类行为，这将有助于回答有关人类行为的各种问题，对这些问题的正确回答是做好社会工作的前提。

第一节　人类行为、社会环境及其相互作用

一、人类行为的概念与分类

行为（behavior）是有机体的活动或反应，是有机体适应环境的方式；有机体（organism）简称机体，是有生命的个体的统称，包括植物和动物，如最低等最原始的单细胞生物体、最高等最复杂的人体。

人类行为（human behavior）即人类的活动或反应，大多是外在、可观察的，即外显行为，如微笑、奔跑、交谈等；另有一些活动或反应是在个体内部发生、难以直接观察的，即内隐行为，如思考、做梦等。一般说来，狭义行为指的是外显行为；广义行为既包括外显行为，也包括内隐行为。

还可以根据其他标准对人类行为进行分类：根据不同的主体可以把人类行为分为个人行为与群体行为；根据不同的起源分为本能行为和习得行为；根据是否符合社会文化标准分为正常行为与偏差行为。显然，个人行为的主体是个人，群体行为的主体是群体。本能行为源自遗传，儿童无须学习就可以表现出来，如爬行、吮吸等；习得行为源于环境，是儿童在与环境的互动中学习形成的，如弹琴、写字、握手等。符合特定社会文化标准的行为是正常行为。一般说来，在特定的社会文化环境中，大多数人有相似或一致的正常行为。正常行为不仅符合社会文化的要求，也是个人生理、心理与社会性平衡发展、适应良好的标志。相反，不符合或者违反社会文化标准的行为是偏差行为。偏差行为通常与大多数人的行为不相似或不一致，是个人生理、心理与社会性发展不平衡和适应不良的标志。社会工作者经常研究各种偏差行为的表现形式、形成原因、预防措施与干预策略。

二、社会环境的概念与特性

环境是影响生物成长和发展的所有因素和条件。一般而言，可以把人类的环境区分为自然环境和社会环境。自然环境（physical environment）包括地形、地貌、气候、季节、山川、湖泊、道路、空气、植物、动物等；社会环境（social environment）包括人以及他们相互联系、相互作用的方式，如家庭、学校、工作单位、社区、政府、阶级、国家、风俗、习惯、语言等。自然环境与社会环境相互渗透、相互影响，共同作用于人类行为，在研究影响人类行为的因素和条件时，有时很难区分究竟是自然环境还是社会环境的影响。实际上，人类从来就没有停止过选择、改变和创造环境以更好地满足自身的需要，因此，我们生活于其中的环境通常不是纯粹的自然环境或社会环境，而是一种在自然环境基础上经过了选择、加工、改造的环境，是自然因素和社会因素相结合的产物。

社会环境的内容十分丰富，包括人类所有物质、非物质创造物，包括人类本身，因此，多样性是社会环境的重要特点。社会环境还兼具静态性与动态性，是静态性和动态性的对立统一。静态性指的是社会环境稳定不变或变化很小的性质。静态性不是绝对的，而是相对于个人快速成长、变化而言的。实际上，社会环境也是运动、变化的。动态性指的就是社会环境运动、变化的性质。静态性使有秩序、有效率的人类生活成为可能。但是，如果只有静态性、没有动态性，社会就不可能延续、发展。动态性使社会的延续和发展成为可能，但是，如果只有动态性、没有静态性，人类生活就可能陷入混乱之中。

三、人类行为与社会环境的相互作用

在日常生活中，我们会不同程度地体会到人类行为与社会环境的相互作用。一方面，人的一切行为，大至宗教信仰，小至饮食习惯，无一不受社会环境的影响。另一方面，人的一言一行、一举一动随时随地影响着社会环境。尽管我们每一个人都是独立的，但我们从来就没有与他人、与环境真正分离过。我们的生活与他人的生活，与环境中的多种因素、多种系统相互作用、相互影响。我们自以为属于我们自己的许多东西实际上来自他人、来自环境。我们对自己、对世界的认识既取决于我们自己的经历，也取决于我们的社会文化；而我们看自己、看世界的方式又会影响我们的日常行为。

回顾已经学习过的社会学、心理学、文化人类学等相关内容，可以把人类行为与社会环境相互作用、相互影响的关系总结如下（韩晓燕，朱晨海，2021）。① 个人必须适应环境。为了满足自身需要，个人必须逐渐内化社会规范，表现出社会认可、赞许的行为。否则，就可能处处碰壁，需要难以满足，生存和发展难以维系。② 社会环境影响个人行为。父母的严厉责骂、离婚或早逝可能影响儿童一生的行为，师生关系可能影响学生的学习成绩，企业经营状况可能影响职工收入，城市规划可能影响居民的生活质量，战争可能彻底改变个人和家庭的命运……社会环境对人的影响因人而异、因年龄阶段而异。一般而言，人格未定型、社会化未完成者受社会环境影响较大；人格已定型、社会化已完成者受社会环境影响较小。许多人长期受相同环境的影响，形成了相似的行为和人格特征。特定的社会环境可能迫使人们表现出背离其真实情感、态度的行为。例如，一些人屈从于纳粹的残暴淫威，充当大屠杀的工具。文化作为外在的社会影响力塑造着人类行为，人的许多行为随文化的不同而不同。把女性美定义为苗条或丰满取决于你生活在哪个年代、哪个地方；你是侃侃而谈还是沉默寡言，是不修边幅还是一板一眼，部分源于你的民族或文化。③ 遗传也是影响人类行为的重要因素。人类行为的现实表现取决于遗传和环境之间复杂的相互作用。④ 人能影响、改变社会环境，尤其是领袖人物的行为和大众的一致性行为，对社会环境的影响尤为明显。⑤ 人类行为与社会环境相互影响的力度一般并不对等，通常社会环境对人类行为的影响更大。

【专栏】

先天、后天对人类行为的影响

先天（nature）是指影响行为的遗传因素，是从父母那里继承的特质和能力。后天（nurture）是指塑造行为的环境影响。历史上，有人认为先天决定一切，也有人认为一切取决于后天。

英国心理学家高尔顿（Francis Galton）曾经是极端先天论者。他认为智力是遗传得来的，极力主张优生学（通过选择性生育改善生物有机体），建议政府鼓励聪明人结婚，防止不聪明人结合。后来高尔顿修正了自己的观点，认识到高智力潜能是遗传得来的，但必须在适当的环境中得到培养。

美国心理学家、行为主义心理学创始人华生（John B. Watson）否认先天遗传对行为的影响，认为环境和教育是万能的，是行为发展的唯一条件。华生有一段著名的言论："请给我十几个健康而没有缺陷的婴儿，让我在我的特殊世界中教养，那么我可以担保，在这十几个婴儿之中，我随便拿出一个来，都可以训练他成为任何一种专家——无论他的能力、嗜好、趋向、才能、职业及种族是怎样的，我都能训练他成为一个医生，或一个律师，或一个艺术家，或一个商界首领，或者甚至也可以训练他成为一个乞丐或窃贼。"

现代心理学一般倾向于将传统的先天、后天争议转变为个体身心发展取决于遗传与环境交互作用的观念。我们不能说某个行为是由基因决定的，另一个行为是由环境决定的；也不能确切地说一个行为有百分之几是由基因决定的，百分之几是由环境决定的，但可以说个体行为差异主要是由基因还是由环境决定的。例如，人类眼睛的颜色差异通常归因为基因差异，而语言差异通常归因为环境差异。

遗传与环境的交互作用，大致遵循三大原则。① 个体出生前的发展主要由遗传因素决定。② 个体出生后的幼稚阶段，身体方面的特征，遗传的影响大于环境的影响；心理方面的特征，环境的影响大于遗传的影响。③ 个体发展趋于成熟阶段，影响个体身心发展的主要是环境因素。

（资料来源：《发展心理学——人的毕生发展》，罗伯特·费尔德曼著，苏彦捷等译，世界图书出版公司，2013年；《理解孩子的成长》，彼得·史密斯、海伦·考伊、马克·布莱兹著，寇彧等译，人民邮电出版社，2006年；《发展心理学》，林崇德主编，人民教育出版社，2018年。）

四、为什么研究人类行为与社会环境

为了有效地帮助案主解决工作、生活中的各种问题，社会工作者一直在努力深入理解人类行为，通过吸收、利用诸多相关学科的知识，结合社会工作实践经验，社会工作者创造了一个概念——环境中的人（person-in-environment）。环境中的人为社会工作者研究人类行为提供了一个模式或框架，其含义可以概括为：人生存于环境之中，与环境中的各种系统持续地发生相互作用，这种相互作用对人的行为有重要影响，理解和干预人类行为都不可忽视这种影响。显然，这是强调社会工作者的眼光要超越个人，投向广大的社会，不能孤立地、而必须在人与环境的相互关系中研究人的行为。

环境中的人涉及三方面有关信息：人、社会环境、人与社会环境之间的相互作用。这三方面的信息构成了社会工作专业基础课"人类行为与社会环境"的全部内容，收集和掌握这些信息是理解案主行为，从而也是解决问题的前提，因此，学习社会工作必须学习、研究人类行为与社会环境。

具体说来，在社会工作过程中，尤其是在评量与干预的过程中，需要研究人类行为与社会环境。实际的社会工作过程一般主要包括以下步骤，如图1-1所示。

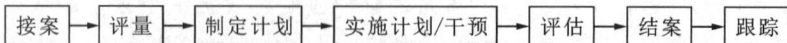

图 1-1 社会工作过程的主要步骤

其中，评量（assess）是对人、问题、情境及其之间的关系进行准确的界定和评估，是社会工作过程中至关重要的一步。通过评量，社会工作者收集、解释有关信息，获得对人及其情境，对问题及其原因、预后（对于某种疾病发展过程和最后结果的估计）的理解，为制定、实施干预计划奠定基础。准确评量需要社会工作者掌握、运用人类行为与社会环境的基本知识。例如，帮助老人的社会工作者必须对老人身体机能的衰退、疾病以及神经系统的变化可能引起的一系列心理与社会性的变化有充分的了解；帮助少数民族案主时，至少要知道一些他们的文化价值观和可能遭遇过的经历；帮助自杀者，必须知道人通常为什么自杀，自杀行为有哪些特点，这样才知道怎样对待想自杀的人，怎样与之交流，提什么样的问题，选择什么方法解决问题。某大学的一位学生自杀未遂被送进了医院。老师、同学去看他，发现他像往日一样与人交谈，大家都觉得他情绪完全正常，危险已经过去了。然而，老师、同学离开才几分钟，他就乘人不备从医院的楼上跳下自杀身亡了。自杀未遂者再次自杀的可能性是常人的200～400倍，这是精神医学的常识。遗憾的是，今天仍然不断上演类似的悲剧。

干预人类行为也需要研究人类行为与社会环境。要不要干预？怎样干预？干预要达到什么目的？这些问题都只有通过研究人类行为与社会环境才能回答。环境中的人启发社会工作者从以下三个相互关联的方面进行干预：① 干预个人，提高其应对环境、解决问题和发展自身的能力；② 干预环境，使之更有效地满足人的需要；③ 干预人和环境之间的关系，把人及其所需资源、服务和机会连接起来。

下面的案例有助于具体理解为什么研究人类行为与社会环境。

【案例】

一个三口之家，父母收入都很低。父亲下岗不久后自杀了。要理解父亲的自杀，就必须研究父亲、父亲的社会环境、父亲和社会环境之间的相互作用，如图 1-2 所示。

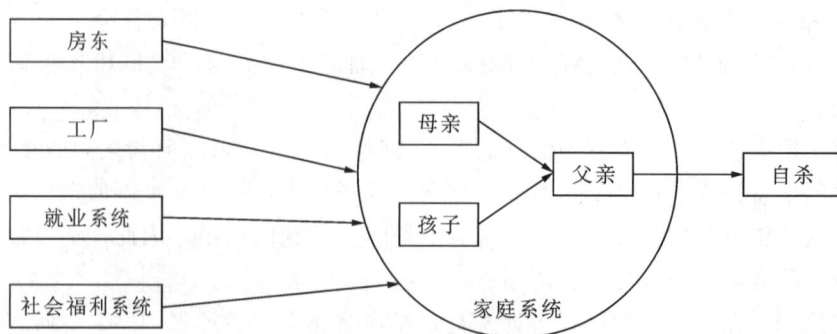

图 1-2 一个下岗职工和他的社会环境

父亲因工厂破产而失去了收入，因自身的不足（缺乏技能等）和就业系统的激烈竞争而难以再就业。父亲申领失业救济将影响有关部门（系统）的资金，有关部门以迟迟不付款的方式影响了该家庭的生活。母亲收入微薄，她再节省也没有做到按时付房租，房东威胁要收回住房。孩子要交钱给学校，要不到钱就哭闹，父母情绪失控打骂孩子，结果几乎每天晚上是孩子号啕大哭、夫妻激烈争吵的场景。性格内向、沉默寡言的父亲最终选择了彻底离开这个世界。

社会工作者的及时介入完全可以避免悲剧的发生，介入可以从三个相互关联的方面进行：个人、环境、人和环境之间的关系。社会工作者可以以一对一的方式为父亲提供咨询与帮助，可以帮助父亲找到并加入同类人小组，从中获得支持。父亲性格内向、沉默寡言，因此，同类人小组对他具有重要意义。他能在同类人小组中分享情感、宣泄情绪、消除困惑、感受被理解、感受同情和关爱……甚至解决某些具体问题。社会工作者可以帮助父亲参加免费工作技能培训，提升就业竞争力。如果当地没有这样的小组或培训，社会工作者可以考虑建立下岗职工之家（或下岗职工关爱中心）等。究竟成立什么样的机构、组织什么样的活动取决于当地下岗职工的数量和他们所面临的问题。

社会工作者可以了解该家庭是否可能换租更便宜的住房，房东能否缓期收取房租，应该提醒房东注意言行，避免给该家庭造成威胁；应该了解父亲申领失业救济失败的原因，如果发现原因是有关组织、机构的政策、工作规程或工作作风问题（如办事拖拉、程序复杂、官僚主义、玩忽职守、贪污腐败），就应该针对具体问题采取具体行动，具体的行动可以是提供口头或书面的意见、举行记者招待会、上交检举揭发信等。

社会工作者应该了解有哪些可用的资源，怎样把资源和该家庭联系起来。例如，学校要孩子交什么费用？有没有可能减免该特困家庭孩子的费用？政府或机构有没有补助困难家庭的优惠券、购物券？有没有支持下岗职工创业的小额无息贷款或免费物资？

五、人类行为与社会环境——课程性质、内容与地位

经过长时间的发展，社会工作已经形成了共同的基础，其中包括共同的价值，例如，承认案主自决的权利，尊重案主隐私权；也包括共同的技能，例如，会谈的技巧、获取信息的技巧、帮助案主评估和选择行为方案的技巧。通过以上分析不难发现，社会工作者还必须掌握共同的基础知识——人类行为与社会环境相关知识。美国社会工作教育委员会——美国全国性的社会工作教育鉴定机构，在其专业课程政策中要求为社会工作专业开设"人类行为与社会环境"课程，并明确了课程的主要内容。

美国社会工作教育委员会对"人类行为与社会环境"课程的主要要求如下。社会工作教育必须传授有关人类生物、心理、社会性发展的理论知识，其中包括关于个人生活于其中的各种社会系统（家庭、团体、组织、机构和社区）的理论和知识。"人类

行为与社会环境"课程必须帮助学生理解人类生物、心理、社会和文化系统之间的双向和多向的相互作用，因为这些系统影响人类行为或者为人类行为所影响；必须介绍社会力量和经济力量对不同个人和各种社会系统的影响；必须传授有关各种系统促进或者阻碍人们维持或者获得最佳健康与福利的方式的知识；必须传授与生物-心理-社会理论相关的价值问题和伦理问题的知识；必须教授学生评估理论并把理论应用于不同的案主情境之中。

课程政策还要求把以下内容融入"人类行为与社会环境"课程之中：社会工作价值、人类多样（差异）性、社会公正和经济公平、弱势群体等。

社会工作专业课程体系主要由基础课、专业基础课、专业课、实习课等几大板块组成。其中，专业基础课主要包括"人类行为与社会环境"课程等，开课时间通常安排在已经完成了基础课学习之后、即将学习专业课之前。它试图整合社会学、心理学、人类学、教育学、医学、犯罪学等相关学科的知识，结合社会工作自身实践经验，形成新概念、新理论，为透彻理解案主行为，为各种实务技能与方法提供理论支持。人类行为与社会环境理论是社会工作的科学的知识基础，是社会工作者评量、分析和干预的科学依据。失去了科学的知识基础，社会工作就成了无源之水，无本之木；社会工作者就只能凭常识和经验为案主服务，缺乏专业性、科学性。因此，在社会工作专业本科生、硕士研究生和博士研究生课程当中，人类行为与社会环境理论占有重要地位。

第二节　研究人类行为的模式

社会工作对人类行为的理解和研究并非一开始就是结合社会环境进行的，而是经历了一个由单元决定论、复合因果关系说、多元决定论、心理-社会方法、医学模式、环境中的人向生态系统思想发展的过程。

一、单元决定论

19 世纪下半叶，社会工作还处在发展的"婴儿"时期，当时，社会工作界信奉的是单元决定论（单原因说）（single causation），这是那个时代流行的科学思想。单元决定论认为，任何结果都可以追溯至一个单一的原因。许多人相信，这种线性科学范式（linear scientific paradigm）将解决现代社会所有的问题。其思想很简单：一旦揭示了问题的原因，问题将得到解决。不幸的是，单元决定论并没有遂人所愿。不管是友好访问者——他们认为道德提升（moral uplift）将解决道德不足的穷人的问题，还是睦邻运动者——他们致力于改变贫穷的环境决定因素，都没有成功地解决广泛的经济萧条、酗酒、文盲和失业问题。

二、复合因果关系说

单元决定论没能成功解决一些实际问题，人们对社会问题的原因究竟主要是在个人身上还是在社会制度当中争论不休，最终出现了复合因果关系说（doctrine of multiple causality）。复合因果关系说假定，社会问题，如贫穷，甚至精神疾病的原因既有个人因素也有社会因素。

三、多元决定论

社会工作者逐渐接受了多元决定论（multi-determinism）。多元（multi）意味着，在问题发生的临界点，多重因素同时发生作用，结果在个人、伴侣、家庭和小组的身上引起了一种或多种症状，一种或多种问题。决定论（determinism）意味着案主难以回避作为结果的症状或问题。以下案例有助于理解多元决定论。

▶【案例】

李伟是一位 25 岁的小伙子，因自杀未遂被送进了医院。

他从父母那里没有得到多少关爱。因为先天残疾，他经历了无数次歧视事件。十几岁的时候，他加入了一个帮派，很快学会了小偷小摸乃至抢劫。学生时代，他的学习成绩很差。

从儿童时代开始，李伟就一直患有上呼吸道感染和周期性的呼吸困难，他的病从来就没有得到认真的治疗。他看起来比实际年龄大，艾滋病病毒呈阳性，身体状况很不好。在自杀之前，他失去了工作，欠了一大笔赌债，一位妇女正在找他要钱抚养他们的儿子。

显然，不是哪一种原因单独把李伟逼上了楼顶。引起他自杀的原因包括父母失职、经济困难、歧视、疾病、缺乏社会支持和情感支持、不适当的学校教育和赌博的嗜好等，最后，在其前女友和债主的逼迫下，他选择了自杀。

四、心理-社会方法

心理-社会方法（psychosocial approach）这一与传统社会工作实务关系最密切的方法是植根于多元决定论之中的。然而，心理-社会的含义更广，它包括一个有关问题成因的理论并提供了一种临床模式（clinical model），在这种模式中包含多维的评量和治疗（multidimensional assessment and treatment）。19 世纪末叶诞生以来，心理-社会方法一直强调同时从两个方面理解案主。社会工作者既要确定并评量影响案主的心理因素（例如，人格、应对能力、智力和自我功能运作），还要确定并评量影响案主的社会因素（例如，不幸的家族历史、同伴关系、社会制度等）。在前述李伟的案例中，还有重要的生物影响因素（如长期的呼吸困难、艾滋病病毒呈阳性等）。实际上，人们有时称这种模式为生物-心理-社会方法（biopsychosocial approach）。

心理-社会方法是综合、复杂的，它也是灵活、不断发展变化的，因为它是开放的，随时准备融进新的、有用的、道德的思想和方法。除了从本学科社会工作当中不断吸取营养之外，心理-社会实务工作者（psychosocial practitioner）还从相关学科，如医学、心理学、教育学和精神病理学的研究经验中吸取营养。

五、医学模式

20 世纪初，西方一些国家的大学里开始传授社会工作课程。从 20 世纪 20 年代到 20 世纪 60 年代，大多数社会工作者使用医学模式研究人类行为。人类行为的医学模式是由弗洛伊德（Sigmund Freud）创立的。

医学模式把案主看作病人，首先诊断病因，然后提供治疗。病人的问题被认为存在于病人的身体之内。

医学模式把人类情感和行为方面的问题概念化为两大类——精神病和神经病，每大类之下又分为许多种。有情感问题和行为问题的人因此被贴上了医学标签——精神分裂症、精神病、神经病和精神错乱等。医学模式的信奉者认为病人的大脑为某些未知的内部因素所影响，这些未知的内部因素又是由另一些因素引起的，这些因素包括遗传、代谢紊乱、传染病、内部失调、未知的防御反应、早期创伤引起的情感固结以及对进一步心理发展的阻碍等。弗洛伊德认为，儿童时期的创伤经历是精神失常的主要原因。只有帮助病人接纳和消解这种深层的心理问题，疾病才能得到治愈。

在弗洛伊德之前，病人经常被认为是魔鬼附身或者邪灵作祟，是"魔鬼、疯子"，经常被责骂、鞭打、禁闭甚至杀害。医学模式把病人当作需要帮助的人，研究病人情感问题的性质和原因，探索治疗的方法。医学模式强调内在的心理过程，着重于使病人调整自己以适应社会环境。因此，可以称这种方法为心理-医学模式。显然，对病人而言，心理-医学模式是更人道的治疗方法，因为他们不再被视为"魔鬼、疯子"。这种方法从心理学的角度去理解精神失常问题，并引起了许多心理学家研究精神疾病，从而产生了其他具有影响力的心理学派，如行为学派（behaviorism）、人道学派（humanistic approach）和人际关系学派（interpersonal approach）等。

▶【延伸阅读】

几种常见的精神失常问题

医学模式对各种精神问题进行了详细的分类。下面是几种常见的精神失常问题。

精神分裂症，这种疾病有多种表现形式，通常表现为语言、思想、认知、情感和行为等方面的明显失常，失常状态通常持续 6 个月以上。幻觉、妄想和异常自我体验颇多见，并常有人格改变。

妄想，基本特点是存在一个或多个幻觉，并持续 1 个月以上。典型的例子就是觉得自己受到迫害，错误地认为有人正在密谋陷害自己，自己正在被欺骗、被监视、被跟踪、被诽谤、被骚扰、被阻碍追求长期的目标，甚至有人要害死自己。

疑病症，担心或相信自己有严重的疾病，到处寻找医生为自己看病，人家告诉他没有病他也不相信。或者对医生与家人怀有敌意，或者过分地依赖医生与家人。

双极紊乱，这是情感紊乱的一种主要形式，其特点是既表现出疯狂又表现出抑郁，因此，又称为躁狂-抑郁性精神病。

恐惧，病态的恐惧是对某物体或某情境持续的、不现实的、高度的害怕，例如，高空恐惧、疼痛恐惧、幽闭恐惧等。

人格障碍，人格在其发展和结构上明显偏离正常，以致不能适应正常社会生活的人格异常现象，又称精神病态人格、病态人格或变态人格。人格障碍通常开始于青少年期或成年早期，并持续发展至成年或终生，是一种根深蒂固的适应不良的行为模式。患者虽然无智力发育障碍，但适应不良的行为模式难以矫正，仅少数患者在成年后程度上有所减轻。一些常见的人格障碍的种类及其症状如下。

反社会人格，无视和侵犯他人的权利。

模糊人格，人际关系、自我认识和情感不稳定，常常表现出冲动的行为。

装模作样，过分地寻求情感和被人注意。

自恋型人格，自以为是，过分寻求赞美，缺乏对他人设身处地的理解。

回避型人格，表现为社会性的抑制，对许多行为都感到不合适，对负面的评价过分敏感。

依赖型人格，过分地顺从和依附，过分依赖别人的照顾，过分注重条理、完美和控制。

六、环境中的人

20 世纪 60 年代，一些社会工作者开始对医学模式的作用提出疑问。在引起案主的问题方面，环境因素被认为至少和内部因素一样重要。也有研究证明，精神分析对解决案主的问题也许是无效的。例如，对那些贫穷是主要问题的案主而言，精神分析也许没有多大的帮助。

因此，从 20 世纪 60 年代开始，社会工作者至少把部分注意力转移到了环境上来，试图以改变环境的方式为案主服务。一些反贫穷项目，如"良好开端"（Head Start）项目（美国政府于 1965 年建立的"伟大社会"（The Great Society）计划的项目之一，旨在为弱势少数民族家庭学龄前儿童提供补偿性教育，以抵消社会剥夺造成的负面影响），就是例证。这就是社会工作的社会改革法（social reform approach）。

与这种思想与方法相对应的就是环境中的人（person-in-environment）的思想，它为社会工作者理解人类的行为和问题提供了一个新框架。因为人类的问题既源自案主的个人因素（例如，人格、个性、所处的人生发展阶段），也源自环境因素（例如，不良的环境或者阻碍案主接近资源的环境障碍），因此，在理解和解决人类的问题时，决不能把个人力量和环境力量分开。环境中的人或者情境中的人（person-in-situation）的框架把人类问题两方面的原因——早期的个人因素（弗洛伊德的观点）和后来的环境因素结合起来了，认为人与环境中的各种系统（家庭、教育、商品和服务、就业、政治、宗教等）是相互作用的。在传统社会里，家庭几乎是一个自给自足的系统，人们主要生活在家庭里，家庭中的人（person-in-family）概括了那时人以及与之相互作用的主要系统。今天，我们的社会已经变得非常复杂，个人的生活是与许多系统相互关联的，如图 1-3 所示。

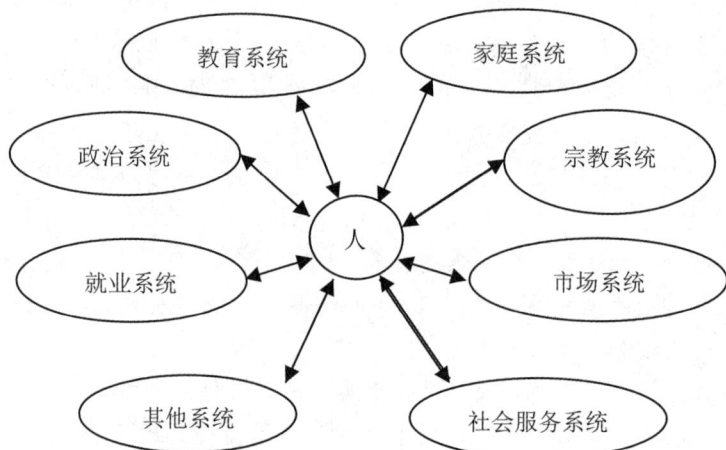

图 1-3　环境中的人框架

根据环境中的人这一概念，社会工作者可以关注以下三个相互关联的领域：① 关注个人并寻求提高其解决问题、应对环境和发展自身的能力；② 关注人和环境之间的关系，并把人和他们所需要的资源、服务和机会连接起来；③ 关注环境并在必要时改善环境，使之更有效地满足人的需要。

》【案例】

文雅是一名 19 岁的少数民族女孩，正在上高中。她是"美好前程"项目的受助者，该项目的目的是帮助少数民族经济困难家庭的子女顺利读完中学、努力考上大学。文雅聪明好学、成绩优异，她很有希望考上大学，她的理想是大学毕业后当医生。

一切似乎进展顺利，可是就在她 20 岁生日之前，她明显"发胖"了。经反复查问，文雅承认她怀孕了。进一步的调查发现，文雅家里还从未有过中学毕业生，她是第一个快要中学毕业的家庭成员。她说是妈妈和姥姥逼她怀孕的。文雅是长女，她妈妈也是长女。文雅的姥姥 20 岁时生下了文雅的妈妈，文雅的妈妈 20 岁时生下了文雅。随着文雅一天天长大，姥姥和妈妈都催促她与未婚夫结婚生子，他们都认为生孩子是头等大事，并认为女人生孩子的最佳年龄就是 20 岁。

值得注意的是，尽管环境可能是个人问题的原因，但是，案主应该继续为他们自己的行为和问题负责。在 20 世纪 80 年代美国的大众心理学（pop psychology）运动中，宣称自己是受害者——即一个"……的成年幸存者"是一种时髦的事。20 世纪 80 年代末和 20 世纪 90 年代初，美国法庭上的许多被告试图通过回忆其童年时期的不利生存条件、被虐待或被忽视的情况、艰苦或贫穷的家境等为他们残忍的暴力行为找到令人同情的解释、披上合理的外衣，而且，他们常常因此成功地逃避了法律的惩罚，这是与社会工作原则相背离的。

▶【案例】

杨晓的父母一个是大学教师，另一个是翻译家，在杨晓小时候双双自杀身亡。从此，杨晓流落街头，与流浪儿为伍，在乞讨、偷窃中长大，并形成了反社会人格。在一次入室偷窃中，杨晓与室主发生打斗，杀死了室主。杨晓的辩护律师以杨晓的悲惨经历为之开脱，但杨晓最终还是要为自己的杀人行为偿命。

第三节　　生态系统模式

国际社会工作界普遍把系统理论（systems theory）与生态学视角（ecological perspective）结合起来使用，这种结合称为系统/生态框架（systems/ecological framework）或生态系统视角（ecosystems perspective）。这是社会工作领域关于人类行为的重要模式。称之为模式、视角、框架，而不是理论，是因为它结构松散，涉及面宽泛。虽然有关文献十分丰富，但都没有得到科学验证。系统理论主要用来探索案例的结构或者说系统性，生态学视角主要用来探讨人与环境的关系，注重人与环境之间的相互作用和事件。生态系统视角基本上能满足社会工作的需要，利用该视角，社会工作者可以吸收运用不同学科的知识，分析、研究复杂的问题和情境，制定多层面的干预策略。

为了透彻理解生态系统模式，首先分别学习系统理论和生态学视角。

▶ 【专栏】

系统理论、生态学视角和生态系统视角的概念

美国《社会工作词典》对系统理论、生态学视角和生态系统视角的解释如下。

系统理论，由一组概念组成，这些概念强调组成整体的各元素之间的相互关系，强调个人、群体、组织或社区之间的关系，强调环境中相互影响的各种因素。系统理论聚焦于元素之间的实质性相互关系，包括物理、化学、生物和社会关系。

生态学视角，社会工作和其他某些专业的一种倾向，强调理解人及其环境，理解人与环境之间的事件（transactions）的性质。重要概念有适应、事件、人与环境之间的契合（goodness of fit）、互惠和相互关系。在专业干预中，关注的单元是个人（或群体、家庭、社区）与相关环境之间的界面。

生态系统视角，一组概念化的工具，社会工作者用来系统分析个案变量（case variables）的相关性（relatedness）。生态系统视角不能提供具体的干预方案，但是，作为一种元理论（meta-theory），该视角试图描述现象的连通性和复杂性（connectedness and complexity）。该视角适用于多种实务理论、方法和角色。

一、系统理论

系统理论创始人是奥地利生物学家贝塔朗菲（Ludwig von Bertalanffy）。贝塔朗菲认为，过去那些线性的、原因-结果式的理论不能有效解释生物机体的成长和变化。所有的事物，不管是有机的还是无机的，都是系统。所有的系统都由不同的子系统（亚系统）组成，同时又是更大系统的一部分。有机体各部分之间的相互作用可能引起变化。这在当时是一个突破性的观点。当时的各种理论倾向于简化论，通过把整体分解成各个组成部分来理解整体。贝塔朗菲的系统理论改变了这样的观点。系统理论把系统作为一个整体来看，重视系统与系统之间的相互关系与相互作用，这种相互关系和相互作用是成长和变化的机制。系统理论改变了人们看待事物的方式，并因此产生了一种新的语言，其中许多概念，如开放系统（open system）、封闭系统（closed system）等广为人知。

系统理论被称为关于整体的科学，其核心思想是系统的整体观念——系统的整体性或系统性，基本假设是整体大于部分之和。整体性（wholeness）指的是，任何系统都是一个有机的整体，而不是各个部分的机械组合或简单相加，由各元素组成的系统所产生的效应大于由各元素简单相加所产生的效应。系统理论是反分解的（antireductionistic）——系统不能被理解为各个组成部分的简单相加，或者说，系统一旦被分解成各个组成部分就不复存在了。例如，中枢神经系统能实现思维过程，一旦把中枢神经分解成不同的组成部分，思维过程就无法进行。

另一个重要概念是关系。关系（relationship）是两个或多个人或系统之间相互的情感交流、动态的相互影响，以及情感、认知、行为的联系。例如，一位社会工作者可能与一位案主有工作上的关系，为了满足案主的需要，他们进行交流并相互影响。关系可能存在于任何规模的系统之间，一个案主可能与一家机构有关系，一家机构可能与另一家机构有关系。系统理论强调，系统内各组成元素之间的关系与各组成元素本身同样重要。例如，研究表明，性功能障碍的原因往往存在于丈夫与妻子的关系之中，而不是单独存在于丈夫或妻子的心理结构之中。

系统理论重视系统各组成部分之间的相互作用，强调跳出案主的问题看案主的问题，充分考虑问题之间的相互作用与复杂关系，反对简单的因果解释。系统模式能为社会工作干预提供框架。例如，一个孩子在家里是否受到虐待取决于一系列因素以及这些因素之间的相互作用——父母控制情绪（尤其是愤怒情绪）的能力、孩子与父母之间的关系、父母之间的关系、家庭成员面临的心理压力的强度、孩子的性格、社会认可的父母发泄愤怒的方式等。

参与到系统中的每一个人都在系统内担任一个角色。角色（role）是对群体或社会中具有某一特定身份的人的行为期待。人们通常身处多个系统之中，通常具有多个身份，担任多个角色。

系统理论实际上是一种组织理论，一种组织信息的方法，可以用来研究有机体内各组成部分之间的相互作用。贝塔朗菲认为生物科学的主要目标是发现有机体的组织性（organizational properties），这种组织性可以用来分析有机体的各个层面。因为系统理论是一种组织信息的方法，而不是解释特定现象的特定理论，所以，尽管不同的学科研究不同的系统，例如，大气、海洋、森林、生产车间、家庭、学校、个人等，但都可以运用系统理论分析系统之间的相互作用。不同学科利用系统理论的不同之处在于怎样运用各自学科的特定理论解释特定系统内的相互作用。

下面是研究系统的常用概念。

系统（system）是由一组元素（elements）组成的有序的、相互关联的功能性整体（functional whole）。在这个定义中，有几个重要的方面值得注意。① 系统可以由任何事物组成，只要这些事物之间有某种关联。组成系统的可以是人，也可以是数学符号。但是，无论如何，元素之间必须有某种相互联系或关系，元素的排列必须是有序的，必须以某种模式组合，而不是胡乱堆砌的。② 元素之间必须相互关联形成一个整体，一个独立的、不可分割的实体。元素不是孤立的存在，元素是整体中的元素，每个元素在系统中都占有特定的位置，发挥特定的功能。如果将元素从系统中分离出来，元素将失去功能，正像被砍下来的手不再是劳动器官一样。系统理论反对"元素性能好，整体性能一定好"的以局部说明整体的机械论。③ 元素的组合必须是功能性的，能完成特定的任务，实现特定的目标。家庭、学校、公共社会服务机构、社区、国家都是系统的例子。

系统的概念帮助社会工作者聚焦于干预的目标。视干预的目标为系统，意味着必须理解整个系统以及系统的组成元素之间是怎样相互作用的。系统的概念为社会工作者提供了一个框架，这个框架拓宽了社会工作者的视野——不只是看到个人，还看到个人与社会环境之间的相互作用。

在社会工作中，最基本的社会单元（social unit）是个人。社会单元之间的相互作用形成了社会组织（social organization）。社会组织是各种形式的社会实体（social entity），由两个以上的个人（社会单元）组成，各社会单元之间相互作用、相互依赖。社会组织可以是团体、家庭、机构或社区。

例如，视一个名叫李刚的人为功能性系统。李刚说他很郁闷。心理因素只是整个功能性系统的一个方面，此外还有生物因素和社会因素。视李刚为系统的社会工作者不只是关心李刚的心理，还会进一步了解其身体健康和社会环境。社会工作者发现李刚已经咳了三个星期，他还患有慢性病。这些都影响他的心理状态。李刚离婚不久，孩子判给了妈妈，他只能在规定的时间里才能见到孩子。这些也与他的郁闷直接相关。就这样，系统的方法帮助社会工作者全面理解一个看似简单的问题，看到了问题与系统其他各方面的关联——许多方面共同作用影响了李刚的功能发挥。

系统的观点也帮助社会工作者视系统为动态的（dynamic）——系统处在不断的运动变化之中。这有助于社会工作者以发展变化的眼光看问题，随时准备运用新方法、处理新问题。例如，如果李刚失业了，或者与前妻复婚了，那么，社会工作者就要重新评量（assess）李刚的处境并制定新的干预策略。

每一个系统都是一个整体，具有区别于其他系统的独特的性质和结构。系统的这种特性就是边界（boundary）。边界是系统之间的界线，是重复出现的行为模式，它反映了系统内部关系的特点，使系统表现出独特性。边界界定了子系统。在界定子系统的同时，也界定了组成系统各元素扮演的角色。

关于个人系统，可以把皮肤定义为这个系统的边界。人们可以在边界之外通过语言或非语言行为与这个人交流，微生物可以渗进这个人的皮肤。但是，作为一个实体，这个人与环境之间的界限是十分清晰的。

各类社会组织也有边界，可以根据不同的标准确定。例如，家庭系统的边界可以根据社会和法律的标准来确定；群体的边界可以通过群体成员之间的关系来确定；社区的边界可以根据地理的标准来确定。不难看出，每一个系统都有特色鲜明的边界。

边界可能存在于父母及其子女之间：父母保持家庭领导的身份并养育和支持子女。一家大型社会服务机构中的儿童保护工作人员、老人服务工作人员和财政工作人员之间也可能存在边界。在社会工作领域存在着许多群体，这些群体一方面以某种方式相互关联，另一方面根据各自的工作责任和所服务的案主以某些特定的边界相互区分。但是，其中的每一个群体都是更大社会服务机构或领域的一部分。

有些边界是封闭的，有些边界则是可渗透的。系统要成长，就必须与环境交换信息和能量，系统的边界就必须是可渗透的。边界的渗透性越好，系统与环境之间交换的信息和能量就可能越多。

子系统（subsystem，又称作亚系统）是二级的或者附属的系统，也可以认为子系统是大系统中的小系统。最常见的子系统是一个家庭中的父母系统和子女系统。一方面，父母形成了一个子系统；另一方面，子女因为他们的依赖身份形成了另一个子系统。大学里的教师形成了一个子系统，而行政工作人员形成了另一个子系统。这些子系统由指定的边界区分开来，但是，它们仍然是较大的、整个组织或机构系统中的一部分。

贝塔朗菲区分了开放系统和封闭系统，并认为活性有机体是先天的开放系统。开放系统与环境之间交换信息与能量，封闭系统则与环境隔绝。

开放系统之间不断地发生相互作用。在相互作用的过程中，开放系统之间有连续不断的输入与输出。系统输入（system inputs）是从其他系统接受的能量、信息；系统输出（system outputs）是从一个系统发出的、流向环境或其他系统的能量、信息。输出是某一系统对所接受的输入进行了处理之后所产生的结果，可能是案主行为的积极改变或者在个案结束之前意外出现的案主的问题。例如，一位虐待妻子的案主在个案结束之前不再虐待妻子了，这种积极的行为改变是一种输出；另一位因为孤独而接受了三个星期帮助的案主在个案结束之前突然对社会工作者说他看不到生活的意义，这种意外出现的问题也是一种输出。

值得注意的是，任何治疗都需要成本（输入）、都需要资金和相关工作人员的时间投入和精力投入，因此必须评估机构的工作绩效，分析思考治疗的成本、效益之比如何，输出是否值得输入。如果在治疗之后案主都没有什么进步，那么就必须提出疑问：是否应该改变机构的治疗程序以获得更好的结果（输出）？是否应该干脆关掉机构以使资源（输入）投入其他机构或者治疗系统之中？

分化（differentiation）是系统从简单向复杂演变的倾向。随着时间的流逝，关系、情境和相互作用变得越来越复杂。例如，家庭每天都有新的经历、新的信息、新的选择——家庭生活变得更复杂了。同样，随着时间的流逝，社会工作机构可能吸收更多的工作人员、分化出更复杂的结构、制定更详细的政策和工作计划。

系统要成长，就必须从环境（其他系统）中接收能量，因此，系统的开放性至关重要。但是，在某些情况下，如果系统输出超出了系统输入，为了保护自己，系统必须关闭。因为系统的存在和发展依赖能量流，输出依赖输入，过量的输出将导致系统状态的紊乱，这种紊乱、无序的状态称为熵（entropy）。如果输入大于输出，就称为负熵（negative entropy or negentropy），这时系统处在成长状态。

熵在科学技术上泛指某些物质系统状态的一种量度或者某些物质系统状态可能出现的程度。在生态系统模式当中，熵的具体意义是指系统趋于解体、损耗和消亡的倾向。没有什么能永远存在。随着年龄的增长，人都会老化并最终死亡。随着孩子离开父母开始他们自己的家庭生活，父母的家庭将消亡。随着时间的流逝，旧的机构最终将被新的机构所取代。

负熵是熵的对立面，是系统趋于成长和发展的过程。随着年龄的增大，人们在生理、智力和情感等方面发展、成熟。同样，社会服务机构也不断发展并开发出新的项目。

系统与环境之间的能量交换由反馈（feedback）过程来调节。反馈是输入的一种特殊形式，它包括接收有关自身工作绩效的信息系统。反馈有正反馈和负反馈两种形式。负反馈告诉系统它做错了什么。作为负反馈的结果，系统可以选择纠正任何偏差或者错误并恢复一种自平衡的状态。例如，一位社会工作督导可能告诉被督导人他正在以错误的方式填写一份重要的机构表格，这使被督导人有机会改正他的错误并以正确的方式填写表格。正反馈也是有价值的。系统接收关于它正在正确地做什么的信息，以便维持现状并继续发展。临床社会工作考试得了 97 分给一位学生的反馈是他的确掌握了临床社会工作的大部分内容。一家得到了政府某项资助的机构获得了这样的反馈：它已经制定了一项值得资助的工作计划。

通过反馈，能确定系统的实际输出是否与预定的输出目标一致。如果发现实际输出与预定的输出目标不一致，系统就会改变输出。所有的系统在与环境相互作用的过程中都能调节输入和输出的水平。

在社会工作中，一般说来（虽然不是十分严格），可以认为开放系统是功能性系统（functional system），封闭系统是功能不良系统（dysfunctional system）。功能性系统与较大的环境之间发生动态的相互作用，这有助于系统的生存和成长。因为系统和环境都处在不断的变化之中，所以，系统的开放状态也处在不断的变化之中。变化并不一定引起紊乱。如果系统正常运作，系统将与环境之间达到一种动态平衡（dynamic equilibrium），这种状态被称为稳定状态（steady state）。在稳定状态下，系统是有序成长的，这种有序成长的状态就是负熵。

需要正确理解稳定状态。这里的稳定不是不变，而是系统调整自身结构、适应外部环境，系统和社会环境之间处在一种平衡状态。这种平衡状态包括平衡（equilibrium）和自平衡（homeostasis）两种不同的状态。平衡是静止不变的，在这种平衡被打破之前，没有任何变化，任何微小的变化都能打破平衡。而自平衡是一种可变化的平衡，是活性系统（living systems）寻求系统内部的平衡以维持系统的继续存在，是系统保持相对稳定、持续平衡或均衡的倾向。其中的影响因素要复杂得多。这些影响因素取决于系统的性质。举例来说，自平衡类似于弯曲而不折断。

自平衡是系统的一种性质，是系统维持一种相对稳定不变的平衡状态的倾向。大多数活性系统都具有这种寻求系统内部的平衡以维持系统继续存在的性质。如果受到影响，自平衡的系统将做出改变以适应新的环境并恢复它以前所获得的稳定。一个自平衡的系统能够继续发挥功能并维持系统的完整性。但是，系统的功能运作不必达到最好或者最有效——自平衡仅仅意味着维持现状，有时这种被维护的现状可能是无用、低效甚至存在严重问题的。

例如，家庭系统内部有一套平衡或稳定的行为模式，任何破坏这一平衡或稳定的力量都会受到阻力。外在或内在的力量会暂时打破这种平衡或稳定，但自平衡的力量最终会使系统恢复原本的状态。随后的"家庭系统"案例将使我们看到，如果家庭系统中一个孩子被虐待，虐待将是该家庭系统的一项功能，一旦那个被虐待的孩子离开了家庭，另一个孩子将被选择出来受虐。另一种情况是，一位家庭成员通过咨询改变了自己的行为，那么，这种改变将打破原有的平衡或稳定，其他家庭成员也必须改变——或者变得更好，或者变得更糟，以适应那位已经改变了行为的家庭成员。同样，一个自平衡的社会服务机构是能够维持其继续存在的系统。

就前述例子中的李刚而言，他与前妻和孩子的关系不仅严重影响他的情绪，而且影响他的工作。同事们厌倦了他的抱怨，不乐意与他合作。更糟糕的是，老板削减了他的工作时间，他的收入也随之减少。他已经三个月没有付孩子的抚养费了，为此受到了法院的警告。他的前妻威胁他，如果不尽快付抚养费，将禁止他与孩子见面。

值得注意的是，李刚的前妻完全以不同的眼光看问题。她因为李刚风流成性而离婚。她辞去工作、放弃事业以照顾家庭和孩子，难以容忍李刚的背叛。她没有工作，因此离婚后生活十分困难。她对李刚余怒未消。她认为有权利索要抚养费。

另一方面，李刚正在尽力收拾败局。这是他的输出。然而，他几乎没有收到任何输入。结果，他无法保持自平衡。

系统视角帮助社会工作者考虑李刚生活中的方方面面，在李刚与各系统的相互作用中研究他的输入、输出和自平衡。坐在办公室里每周与李刚交谈 50 分钟是远远解决不了问题的。他的问题不仅涉及微观系统（例如，同事），也涉及宏观系统（例如，公司、法院）。这些系统都是潜在的干预、改变的目标。能延长他与孩子见面的时间吗？能修改抚养费协议吗？能帮助李刚找到并加入同类人小组，从中获得帮助和支持吗？能帮助李刚参加工作培训或更换工作吗？

▶【案例】

家庭系统

家庭是社会工作最重要的领域之一。了解家庭的系统性及其内部成员之间的相互作用有助于加强对系统理论的理解。家庭系统内任何一位成员的问题都会受到系统的影响。因此，社会工作者关注的常常是家庭系统，而不仅仅是某一个家庭成员。

（一）家庭系统对内部成员的影响

一个学生考试经常不及格，有关测验结果表明，学生的智商正常，学习失败的原因是他的自我概念很差——他不愿意完成作业，因为他认为自己没有能力完成作业。学校社会工作者通过家访发现，该学生的自我概念之所以很差，主要是因为父母经常嘲笑、批评他，很少给他支持、鼓励和赞扬。

（二）家庭内部成员的相互作用

家庭是一个内部成员相互作用的系统，一个成员的行为与变化会对其他成员带来影响。例如，在某些虐待儿童的家庭里，被虐待的儿童成了替罪羊和父母发泄愤怒的出气筒。把这个被虐待的儿童从家里转移出去，父母会选择另一位儿童作为虐待的对象。

某夫妇有 4 个孩子——老大、老二、老三都是女儿，老四是儿子。儿子是这对夫妇的掌上明珠。老三是父母的出气筒，家务活做得最多，还常常受父母的打骂。有一天，老三终于受不了了，跑到了爷爷家不回来。结果，老二被迫做大部分家务活，父母也像打骂老三那样打骂老二。

（三）家庭系统帮助克服危机

家庭的系统性和它在社会工作中的重要性还表现为——当一位家庭成员面临危机时，其他家庭成员在帮助克服危机的过程中扮演着重要的角色。

一位女大学生在失恋之后产生了轻生的念头。恰在这时，她收到了母亲寄来的汇款单。母亲生活在一个偏僻的山村里，在丈夫去世之后，独自把女儿养育成人。女大学生知道，这钱又是母亲卖废品换来的。她毅然擦干眼泪，走进了图书馆。

还有一个重要概念等效（equifinality），它指的是这样的事实：条条道路通罗马——有多种途径达到相同的目的。等效启发我们，不要局限于一种思维方式，在任何情境中都存在多种选择，有些方式可能比另一些方式更好。例如，社会工作者可以通过多种渠道帮助一个家庭得到所需的资源，这可能包括提供现金补助、廉租房、代币券、免费咨询服务、志愿服务或者私人的帮助。社会工作者可能需要从许多机构提供的帮助中进行选择。换句话说，可以以多种方式看同一个问题，也有许多解决问题的途径。李刚与朋友、家庭、同事、公司、法院、医院之间的相互作用都影响他的心理状态。因此，干预的目标就包括与上述所有系统相互作用并合理地改变它们。

二、生态学视角

（一）生态学视角的来源：生物生态学理论

生态学视角来自布朗芬布伦纳（Urie Bronfenbrenner）的生物生态学理论（bio-ecological approach）。布朗芬布伦纳认为，根据系统理论不能完全理解社会系统内部复杂的动态关系与作用。他发现，人类社会系统中有许多环境影响因素，他统称之为生态环境（ecological environment）。

生态环境可以看作一组套叠的结构，一环套一环，就像一组俄罗斯套娃。在这组套叠结构的最里层，是与发展中的个人直接关联的环境。我们必须打破常规思维，不只是看到一层层环境，还要看到它们之间的关系。

显然，这是强调不能孤立地、而必须在人与环境的相互关系中研究人的行为。个人的发展甚至深受他并不在其中的环境的影响。例如，就家庭而言，可能有一些因素影响父母子系统，父母子系统又会影响孩子。如果父母因工作压力而打骂孩子，我们就可以看到远离孩子的环境（父母的工作单位）是怎样影响孩子的。

生态环境的概念让人们看到了行为的复杂性。有了生态环境的概念，系统理论——作为一种组织理论，就可以用来从复杂的事物中理出头绪。

布朗芬布伦纳指出，有多个层级的环境同时影响着个体。如果不考虑每一层级的环境如何影响个体，就无法完全理解人的行为和发展过程（罗伯特·费尔德曼，2013），如图 1-4 所示。下面以儿童为例探讨环境对个体的影响。

微观系统（microsystem）是儿童日常生活的直接环境。家人、看护者、朋友和教师都是微观系统的一部分，对儿童产生影响。然而儿童并不只是被动接受外来的影响，他们主动参与微观系统的建构，并塑造他们生活于其中的世界。

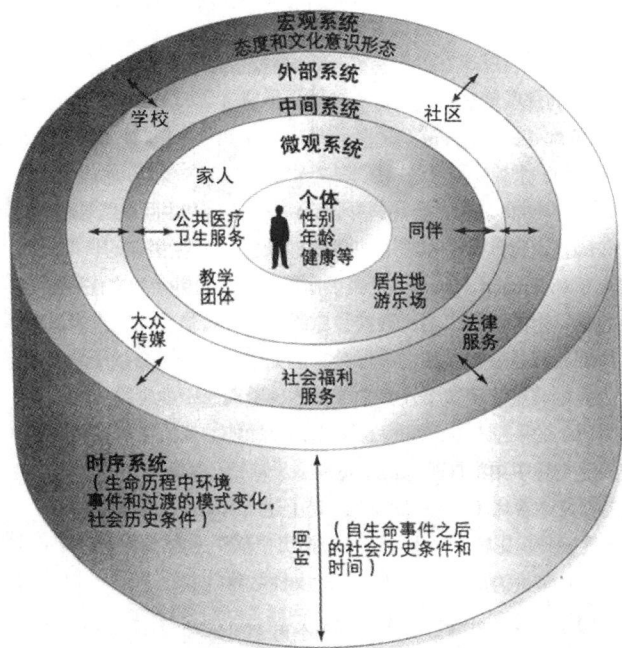

图 1-4 生态系统的层次

中间系统（mesosystem）为微观系统的众多方面之间提供了连接。如同链条中的链环，中间系统将儿童与父母、学生与教师、员工与雇主、朋友与朋友相互连接起来。它体现了将人们连接在一起的直接和间接的影响，例如，父母在办公室经历了糟糕的一天，回到家中对孩子发脾气的那些影响。

外部系统（exosystem）代表更广泛的影响，包括地方政府、社区、学校、媒体等社会机构。这些社会机构对个人可能产生直接的、重要的作用，并影响微观系统和中间系统。例如，学校的教学质量影响儿童的认知发展，并产生潜在的长期影响。

宏观系统（macrosystem）代表作用于个体的文化影响因素，包括一般意义上的社会、政府、宗教和政治系统，以及其他广泛的因素。例如，文化或社会赋予教育或家庭的价值会影响生活于这个社会中的个体的价值观念。

时序系统（chronosystem）是上述所有系统的基础。它涉及时间对儿童发展产生影响的方式，其中包括历史事件和渐进的历史变化（如职业女性数量的变化）。

生物生态学理论强调各影响因素之间的相互连接。由于各个层级彼此关联，因此，如果系统中的某一部分发生变化，就会影响到系统的其他部分。举例来说，家长失业（涉及中间系统）就会对儿童的微观系统产生影响。

相反，如果某一层级的环境发生变化，而其他层级并未产生改变，那么这些变化对个体的影响就相对较小。例如，如果家庭给予儿童的学业支持很少，那么即使学校的环境明显改善了，儿童的学习成绩仍然难以提高。同样，生物生态学理论指出，家庭成员之间的影响是多向的，不仅是家长影响儿童，儿童同时也在影响着家长。

最后，生物生态学理论强调文化因素的重要性。研究者们越来越关注文化和亚文化群体如何影响其成员的行为表现。

（二）生态学视角的假设与概念

贝塔朗菲和布朗芬布伦纳的理论并不能直接应用于社会工作。杰尔曼把他们的理论改造成生态学视角，以便应用于社会工作。杰尔曼特别强调在历史、文化、社区和社会背景中研究个人和家庭的生物-心理-社会发展，强调研究个人生活中的所有事件。社会工作者的眼光要超越个人，投向广大的社会，以便获取充分的信息，对案主进行全面的评量。

▶【人物】

生态学视角的创始人——卡洛尔 B. 杰尔曼

生态学视角（也称为生命模式方法，life model approach）是由卡洛尔 B. 杰尔曼（Carol B. Germain，1916—1995）为临床实务建构的一种比喻和概念化的框架（conceptual framework）。持生态学观点的实务工作者试图通过研究人与环境之间及环境系统之间的相互作用和相互影响来理解人与环境之间的复杂关系。

杰尔曼有关生态学观点的思想与经历是从她年少时作为营火少女团（Camp Fire Girls）团员和参加有组织的野营运动时开始的，野营运动的宗旨是保护野生环境、营造有益于成长的社会环境。后来，杰尔曼的良师，哥伦比亚大学的露西尔·奥斯汀（Lucille Austin）帮助她进一步完善了生态系统的有关概念。杰尔曼的贡献还表现在她第一个提出地球节（Earth Day）的灵感。她曾经在哥伦比亚大学担任社会工作教授，在康涅狄格大学社会工作学院荣誉退休。

杰尔曼认为，系统之间是相互影响、相互作用的。这样的关系不是线性的，而是环状的，如图 1-5 所示。

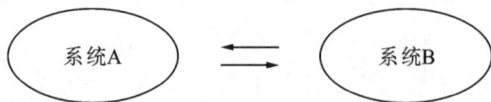

图 1-5　系统之间的相互影响

早期的社会工作实务或者关注个人，或者关注环境，而忽视了个人与环境两者之间复杂的相互作用。生态学视角则特别重视个人（或群体、家庭、社区）与环境之间的相互作用。人与环境之间的相互作用引起了以下 6 个假设。

假设 1：有一种潜在的、可理解的基本秩序，世界上所有的事物都与这种基本秩序相关联。

假设 2：总体大于部分之和，这也被称为非求和性。

假设 3：所有形式的社会组织都是基本秩序本质特征的表现，不同形式的社会组织各具特色，相互区别。

假设 4：个人既是影响各类社会组织的原因，也是受各类社会组织影响的结果。

假设 5：社会组织内部各部分之间相互依赖的程度以及社会组织与其环境之间相互依赖的程度决定该社会组织的特性。

假设 6：只要得到充分的发展，所有形式的社会组织都能形成自我生存与发展的能力。

下面是生态学视角的常用概念。

1. 社会环境

案主依靠与社会环境的有效互动而生存和发展。社会环境包括与案主相关的各种社会条件、情形和包围着案主的各种相互作用，既包括案主生活于其中的家庭、所做的工作、所挣的钱、赖以生存的法律与社会规范，也包括与案主有联系的所有个人、群体、组织和系统，还包括人类创造的社会结构、城乡布局、交通系统、通信系统以及大众传媒……所有这些因素都影响人的行为，在研究人的行为时必须考虑以上所有因素。此外，人的行为还必须放在以下几种情境中加以了解和研究：知识和信仰的文化背景，从社会阶级、宗教、职业和其他归属当中得来的价值观和规范等。这些因素都影响人们的自我概念、互动模式、家庭角色和社会角色，影响人们的生活方式和养育下一代的方式。

各种社会组织与机构普遍存在于人们的生活当中，它们的政策、工作程序和工作质量不仅影响案主的利益，也影响社会工作者的实务。必须考虑经济结构，尤其是失业和通货膨胀对处在不同发展阶段的家庭和个人的影响。还要考虑政治结构，尤其是权力冲突、不平等和压迫等问题。

时间和空间也是重要的环境影响因素，它们影响人类的行为和功能运作，因此也应该得到关注，包含在社会工作的基础知识当中。社会制度可能支持也可能破坏人们对时间和空间的需要，这种时空需要是建立在生物机制之上的。时间和空间与各年龄组的适应任务、与人们的家庭生活和团体生活、与人们的工作都有密切的关系。

例如，各类机构和组织依靠时间和空间来调节不同层次雇员之间或者工作人员和案主之间的角色关系。家庭利用时间和空间来调节家庭成员之间的亲密或者分离关系：睡觉之前客厅是全家人和睦相处的共用空间，睡觉之后主卧室是夫妻之间发生亲密关系的地方，儿童卧室既让儿童得到了独自学习和休息的空间，也让父母能享有私生活的空间。

缺少时间可能影响人们扮演适当的角色、满足正常的需要，给人们造成压力。长时间不间断的工作可能影响人的正常发展和适应性的功能运作。例如，有多个孩子的母亲、残疾儿童的父母、有老年人的家庭往往被严重剥夺必要的休息、娱乐时间。同样，缺少空间也可能影响人的正常发展和适应性的功能运作。物质环境必须支持家庭生活、学校生活、宗教生活和社区生活必不可少的要求。例如，为了支持家庭生活，必须提供住房，住房的功能不只是保护安全，还必须支持家庭关系和邻里关系，必须为吃饭、抚养孩子、集体活动、休息、学习和储藏提供空间；不同的空间具有不同的功能，必须既能让人独处又能使人互动。当缺少太多这样的空间时，人们就可能感到孤独、迷惘、烦躁和无助。这样的情绪、情感又可能影响孩子的成长、婚姻关系、家庭关系、邻里关系和社区生活。

2. 环境中的人

环境中的人这一概念认为，人们持续不断地与其周围的各种系统发生互动。这些系统包括家庭、朋友、工作、社会服务、政治、宗教、商品与服务以及教育系统等。人与这些系统的关系是动态的。社会工作者促进人与这些系统之间的互动，增强人与环境之间的适应性。

3. 事件

事件是人与人、人与系统之间的相互交流、相互作用。每一次这样的相互交流和相互作用都是具体、能动、有效的，对互动中的双方都会产生影响。事件可以分为肯定性事件（正性事件）和否定性事件（负性事件）。一次肯定性事件可能让你发现你深爱着的人原来也同样爱着你；一次否定性事件可能让你失去已经干了 15 年的工作。

4. 能量

能量（energy）是人与环境之间能动作用的力量，有输入、输出两种形式。输入即能量进入个人的生活并提高个人社会功能运作的能力。例如，一位经济困难的大学生得到银行贷款、一个身体不好的老人得到物质和情感上的帮助。输出即能量从个人的生活中外流或从个人的生活中拿走一些东西。例如，一位学生自愿付出时间和精力参加志愿服务、一位教师为希望工程捐款。

5. 界面

界面（interface）是个人与环境之间发生相互作用的确切的接口，是不同系统、组织或者个人之间，个人与环境之间相互接触、相互交流、相互作用的确切点。要准确评量案主的问题，关键是要找准界面。例如，一对夫妻说他们在怎样教育孩子的问题上存在严重的意见分歧。然而，通过仔细交谈，社会工作者发现他们夫妻之间的真正问题是不能正确表达各自的真实意图。在这里，夫妻之间相互作用的界面是他们的交流能力，而不是他们对如何教育孩子的不同意见。每一个人都是另一个人的社会环境中的一部分，每一个人与社会环境之间都存在多个界面。如果在评量问题的时候找错了界面，那将在解决问题之前浪费许多时间和精力。

▶【案例】

实习合同——机构督导与实习学生之间的界面

在实习的开始阶段，机构督导和实习学生之间讨论该学期的实习目标和计划——希望学生学习什么内容？希望学生达到什么水平？将给学生分派什么任务？

在实习联络教师（即学校指导教师）的帮助下，督导与学生之间一般要达成口头或书面的实习合同。这份合同（一般是书面合同）就成了督导与学生之间的界面。合同中通常包括督导和学生之间有关实习目标、实习方法、实习时间、对学生的期望和各自应该履行的职责的一致意见。

在中期评估中，某学生的实习成绩不及格。督导和学生，在学校指导教师的帮助下，认真地对存在的问题进行思考。学生在哪里出了差错？督导没有满足学生的哪些需求？机构没有提供哪些必要的条件和机会？然后签署一份新合同，在新合同当中具体说明解决这些问题的措施，帮助学生在剩下的时间里迎头赶上。

界面不仅能刻画个人系统之间的相互作用，也能够刻画任何规模的系统之间的相互作用。例如，在机构和学校之间也存在着界面，该界面包括关于这两大系统各自的责任和期望的具体协议。

6. 适应

适应（adaptation）是根据周围的环境做出调整的能力，这意味着变化。因为人们经常生活在变化和压力之中，因此，需要有灵活的适应能力。社会工作者帮助人们适应环境——一个人可能需要适应新的伴侣、新的工作、新的邻居。适应需要付出努力，社会工作者常常指导人们怎样努力才能事半功倍。

为了更好地适应环境，人能够改变并确实改变了环境。因此，适应常常包含着个人适应环境和环境适应个人两个方面；社会工作者不仅致力于提高案主、家庭、群体的适应功能，也常常通过呼吁、社会行政等方法改变环境以适应案主。

适应贯穿人的一生，是人终生的发展方式和功能运作方式。适应的过程也是人与其社会环境和物质环境之间持续地进行信息、能量和其他资源交换的过程。把人类作为一个物种来看，人类和环境之间是通过漫长的进化过程而相互作用、相互影响的；就人类个体来说，人在其一生当中从未停止过与环境之间的交流和作用。不管是人类物种还是人类个体，最终追求的目标都是一种适应的状态，在这种状态下，人的需要得到满足、目标得以实现，人类文化的多样性得到保护，支持人成长的社会环境得到发展。

> 【案例】

适应的过程

一位 80 岁的妇女，从 2 岁时就因小儿麻痹症而瘫痪。她的一生既是与疾病斗争的一生，也是努力接触社会的一生。她做过几次手术，每次手术都不同程度地减轻了她的病痛，帮助她更好地适应环境。她积极参与帮助残疾人的各种活动，45 岁时，当选为所在城市的残疾人协会主席。

她 62 岁时，丈夫去世了。丈夫曾经是她与外部世界之间的桥梁，坐在轮椅上的她外出，主要靠丈夫接送、保护。丈夫去世之后她很可能无法外出，很可能要孤独地生活。但是，因为她善于利用她曾经工作于其中的残疾人协会的资源，她至今仍然保持着与外部环境的接触。

然而，这种适应的状态并不能固定下来，或者说适应并不是一劳永逸的，因为人的需要和目标是不断变化的，而环境也通过物质的过程、生物的过程以及人类社会和文化的过程发生改变，所以适应是不断变化的。人们改变自己来适应环境，人们改变环境使之适应自己，同时，环境自身也在改变并改变人们。在所有的这些变化当中，人们所适应的正是人们自己或者环境创造出来的变化。有的时候，人们生理、心理、社会和文化的适应是成功的，于是人们成长和发展，同时环境也积极发展；有的时候，人们与环境的相互适应失败了，于是人们的发展和功能运行受到损害，环境也受到技术性和社会性的污染和破坏，例如，大气污染、水污染、社会关系紧张和社会风气恶化。这些污染和破坏是人类适应的负担，让人很难适应。

这样，另一个假设油然而生。人的生物结构和心理结构与进化的环境持续地进行相互交换，通过遗传变异和自然选择而进化、发展。如果环境的变化太快，人古老的生物结构和心理结构就有可能没有获得充分的时间进行变化与选择，从而产生不适应。尤其是在近代工业革命之后，人们自己创造的技术环境、城乡社区环境——整个人类的社会环境每天都在发生快速的变化，给人的生物结构和心理结构增加了额外的适应负担。也许正是这种古老的生物结构和心理结构与人们创造的环境之间的脱节，导致现代人数不胜数的适应失败。当环境的压力超出了人们的适应弹性范围之后，人们就要为之付出代价，这些代价包括身体疾病、心理疾病、情感紊乱、家庭破裂、失范、社会关系紧张、社会分裂等，其具体的行为表现形式则是空虚、迷茫、疯狂、醉生梦死、吸毒、自杀、犯罪等。

7. 生活压力

人与环境之间的相互作用常常引起紧张状态，这种紧张状态就是生活压力（life stress）。生活压力可能是外在的，也可能是内在的（意识的或潜意识的）；可能是情感方面的，也可能是生理方面的。

压力是一种制服人的力量，通常让人感到危险、威胁、紧张、焦虑。必须注意区分两种压力。一种是挑战，由挑战所引起的对胜利的期望可以引起一种积极的情感，促进案主进一步的成长和发展。另一种是危险、威胁等及其带来的消极情感，通常带有痛苦或破坏的性质。正是后一种压力把许多案主带到了社会工作者的面前，这些案主或者因为难以承受压力自愿而来，或者因为他们在压力下的非正常行为干扰了他人，他人介绍他们前来。什么是压力，取决于年龄、性别、文化、身体状态、情感状态、生活阅历、环境以及对环境的感受。也就是说，同一环境中的两个人可能处在不同的压力状态，因为他们对环境的感知不一样。一个人可能感到压力较大，另一个则可能没有感受到什么压力。作为一种相互作用的现象，压力表达的是人与环境之间的关系，而不仅仅是其中任何一方的属性。

8. 应对

应对生活压力有两种极端的方式，一种是适应性应对（adaptive coping），一种是非适应性防御（maladaptive defenses）。以这两种方式为端点形成了一个连续统（continuum）。每一个应对生活压力的方式都处在这个连续统之中。

压力源自外部环境，在内部产生焦虑。每一个人都依靠自身的力量来应对压力。当感到无力回天的时候，非适应性防御就可能发挥主导作用。

应对是适应的一种形式。适应强调对新环境的肯定或否定性的反应，应对强调努力克服困难、处理生活中的各种问题。例如，个人可能要应对父母的突然死亡，社会可能要应对突发性的自然灾难和流行性疾病。

应对既包括解决问题，正是这些问题引起压力，也包括控制相关的负面情绪。为了成功地应对压力，必须有效地控制负面情绪，这样，希望才不至于泯灭，解决问题的行动才能开始。随着问题的逐步解决，自尊得到提升，希望得到加强，防御机制开始松懈。

在人生的任何阶段遭遇困难、问题或者压力时，人们努力应对它们，以消除其原因，减轻其影响，或者处理它们所带来的危害和威胁，目的是恢复人与环境之间正常的适应状态，甚至是改进和提高人或者环境的适应能力。如果有效地应对了困难、问题或者压力，如赢得挑战，将使人获得一种胜利、成功和有能力的感觉，获得进一步的成长和发展。反之，这些困难、问题或者压力可能阻碍人的成长和进步，或者导致适应不良的生理、心理、情感和社会性的后果，并可能进一步引起更多的困难、问题或者压力。人们生理、心理和行为的应对能力既取决于人们的内部资源和能力，也依靠环境的资源和支持。

正如适应和压力一样，应对也表达了人与环境之间相互作用的关系，它启发社会工作者同时关注来自个人和环境双方面的原因，关注使应对变得困难的事件和过程。

▶ 【案例】

应对压力的方式

某单身俱乐部为其会员提供多方面的服务，会员可以在其中消磨时间、接受教育、获得社会支持。俱乐部的目的是为离婚或丧偶不久的人提供服务，因此，必须具有多方面的功能，如果功能单一，就会失去对某些人的吸引力。因为应对压力的能力不同，会员的需要也大不相同。

会员小青，45 岁，孩子 14 岁。当丈夫提出离婚时，她异常震惊和愤怒。她六神无主，几乎失去了生活的能力，连看报都成了问题。她总是忍不住要哭。雪梅也是 45 岁，孩子 13 岁。丈夫提出离婚后，她的第一反应就是看广告找工作。两位妇女因为同样的原因参加俱乐部，但是，她们应对生活压力的方式大不一样。

9. 权力

统治阶级利用权力（power）控制资源，通过控制资源来影响被统治阶级。在人与环境的相互作用中，统治阶级的权力滥用可能是压力之源。这种压力影响所有人。个人怎样应对这样的压力，取决于他解决权力不平等、不平衡问题的能力。

10. 相互依赖

相互依赖（interdependence）指人与人、人与环境之间的互相依赖。个人依赖环境中的其他人和群体，或与其他人和群体相互依赖。其他人之间也是相互依赖的。没有互相依赖，人就不能生存。尤其是在高度工业化的社会里，人们是相互依赖而生存的。

》》【案例】

小刚不想转学了

小刚对爸爸妈妈说他要转学，因为他不喜欢语文教师，语文教师也不喜欢他。小刚的爸爸妈妈向学校的社会工作者反映了这一情况。社会工作者多方调查后发现，小刚常常在课堂上吃零食，而且喜欢在课堂上与同学窃窃私语，几位教师都批评过他，但他的行为没有明显的改变。

语文教师是一位今年才大学毕业的男教师，工作认真、热情、主动，可是经验不足。在批评了小刚几次却不见效果之后，他对小刚大发雷霆，并再也不理小刚了。班上有几位学习成绩优秀的学生经常向语文教师请教问题，语文教师都耐心讲解。有一次，小刚也去问问题，可是，语文教师转身就走开了。

在社会工作者与小刚及其父母进行了几次交谈之后，小刚在课堂上再也没有吃零食、窃窃私语了。同时社会工作者提醒语文教师注意小刚的变化，并多次与语文教师交流有关教育学生的方法等问题，语文教师说从中得到了很多教益。

三个月之后，小刚不想转学了，他对爸爸妈妈说语文教师很关心人，是一位好教师。

在这个案例当中，改变的不只是人或者环境一个方面，而是人与环境同时发生变化，变化体现的是人与社会环境之间的相互关系与相互作用，是双方而不是其中任何一方的行为。如果只有小刚或者语文教师——人或者环境单方面的变化，问题还是难以得到圆满解决。此外，以上所讨论的大多数概念能用于分析这个案例。

生态学视角的基本思想是人生存于环境之中，并与环境持续地发生相互作用，这种作用对人的行为和生活有重要的影响。社会工作的目的就是改善人和环境的相互作用，生态学视角为社会工作者提供了观察世界的方法，有助于社会工作者理解和研究案主与环境的相互作用，因此，社会工作者应该熟悉生态学视角的思想和概念，并应用于实务工作之中。

三、系统理论与生态学视角的共性和区别

生态学视角和系统理论这两种思想观点为社会工作者提供了观察世界的象征符号和方法，每一种思想观点都提供了一种认识人类行为的框架或分析人与环境相互作用的方式，为社会工作者理解和研究案主的情境、抓住人与环境相互作用的本质特征、分析和解决在发展的任何阶段所遇到的困难和问题提供了宽广的视野。尽管在不同场合，系统理论和生态学视角曾被称为理论（theory）、模式（model）或者理论支撑（theoretical underpinning），但这并不影响社会工作者利用它们更清楚地理解人们为什么表现出他们的行为。这些象征符号、方法和视角具有普遍意义，可以应用于社会工作的各种情境当中。其中许多术语特别有用，例如，系统、社会环境等概念就是本书赖以建立的基础。显然，生态系统思想包括了环境中的人的全部意义，也可以说环境中的人是生态系统思想的关键概念。

有些读者感到，系统理论和生态学视角只有细微的差别，十分相似或者难以区分，这给社会工作借鉴、利用它们的概念和思想造成了一定的困难。那么，系统理论与生态学视角有哪些共性和区别？

（一）系统理论与生态学视角的共性

系统理论与生态学视角之间存在一些共性。① 它们的有些概念（比如输入、输出）是相似的。② 两者都强调系统，都关注不同层次系统之间动态的相互作用。③ 两者都为社会工作者提供了观察世界的框架。④ 两者都强调人与外部系统的相互作用而不是人的内部功能。换句话说，两者都注重帮助改善人与其他系统之间的相互作用，这与仅仅关注个人、对个人进行治疗有很大的不同。

（二）系统理论与生态学视角的区别

系统理论与生态学视角之间主要有两点不同。① 生态学视角涉及活性的、动态的相互作用（dynamic interactions），强调人的主动参与（active participation），重视人与人之间以及人与环境之间的动态交换。而系统理论的视角更广，它既可以研究家庭的功能，也可以研究无生命的、机械的过程，例如，汽车生产流水线。② 尽管两者的一些术语相同，但侧重点不同。例如，生态学视角关注个人与环境之间的界面或界点（interface or point）上的事件（transactions），而系统理论则关注子系统的边界和系统内部的平衡。可以认为生态学模式是系统理论的一个分支或者一种解释。

总之，系统理论和生态学视角对社会工作都是有用的，重要的是，两者都强调人与环境的相互作用，在不同的情况下，一种观点可能比另一种观点更有帮助。例如，

系统理论对解决家庭内部问题更有帮助，子系统和边界等概念有助于社会工作者理解家庭的动态变化，为增强家庭的社会功能提供线索。而生态学视角的事件等概念能为帮助一个家庭得到所需资源提供思路，对人与环境之间界面的关注可以引导社会工作者帮助个人获得必要的资源。生态学视角的观点似乎更加重视个人和个人家庭系统，它为社会工作者提供了一种关于世界的具体而详细的观点，这种观点与社会工作的传统思想——心理-社会方法、环境中的人相吻合。

系统理论与生态学视角的重要概念如表 1-1 所示。

表 1-1　系统理论与生态学视角的重要概念

系统理论的重要概念	相似的概念	生态学视角的重要概念
整体性	输入	社会环境
系统	输出	环境中的人
边界		事件
熵		能量
负熵		界面
反馈		适应
功能性系统		生活压力
功能不良系统		应对
平衡		适应性应对
自平衡		非适应性防御
动态平衡		权力
等效		相互依赖

四、系统理论与生态学视角的结合：生态系统模式

系统理论和生态学视角都聚焦于环境中的各种系统并描述这些系统怎样与人相互作用、怎样影响人，都为社会工作者提供了观察世界的方法。因此，社会工作既采用生态学视角的思想，也从系统理论当中吸收利用了一些基本概念，形成了人类行为的生态系统模式。这种模式的基本假设是，一个案例的组成要素，也就是其他人、各种社会制度（social institutions）、各种文化力（cultural forces）和物理空间（physical space），在同一个系统中相互影响、相互作用，形成了一种相互适应的模式（a pattern of reciprocal adaptation）。

与单元决定论、多元决定论、心理-社会方法、医学模式等各种思想相比，生态系统观点（ecosystems perspective）是一种意义更广、更抽象的概念，它帮助治疗师从整体上把握个案，着力关注每一位案主与其社会环境各个方面的相互作用。生态系统方法试图改善人与环境之间的相互作用，使人的需要与人所处的环境之间更好地协调互动。这种方法同时注意个人内部因素和外部环境因素，强调人与社会环境之间的功能失调，并把治疗（个人）和变革（环境）结合起来，人被看作是与环境中的所有因

素相互作用而适应环境并不断发展的。生态系统方法不把人看作是对环境的被动的反应者，而是动态的、相互作用的系统中的因素之一。

系统理论认为人动态地与其环境中的每一个系统发生相互作用。生态系统模式借鉴系统理论，认为人生存于系统之中，并与系统中各种不同的子系统持续地发生动态的相互作用，而其他子系统之间也是不断发生相互作用的。人之外的所有系统及其相互作用构成了人的社会环境，人和社会环境之间的相互作用对人的行为有巨大的影响。社会工作聚焦于个人与社会环境中各种系统之间的相互作用，目的是改善、提升人和各种系统之间相互作用的状态和水平。这就要求社会工作者不仅针对案主，还要同时针对其他重要系统开展工作，以解决案主的问题。

生态系统模式吸收了生态学视角的以下思想——个人、家庭和小群体在由一个阶段向另一个阶段转变的过程中会产生一些过渡时期的问题和需要。人在成长的过程中会经历许多转变或过渡，例如，学习走路、上学、适应青春发身期、从学校毕业、工作、结婚、生孩子、孩子离开父母独立生活和退休等。像个人一样，家庭也有其生命周期，有许多过渡时期和需要调节的事情，例如，订婚、结婚、孩子出生、孩子上学、孩子离家和失去父母（父母死亡或离婚）等。小群体也有其发展的过渡阶段，例如，群体成员需要时间相互了解，逐渐学会互相信任，学习共同工作以完成任务，寻找处理内部冲突的办法，适应群体成员的退出和群体的最终解体等。生态系统模式的中心任务就是明确个人、家庭和小群体在过渡时期的问题和需要，选择适当的介入方法以帮助解决问题、满足需要。

生态系统模式也关注家庭和群体中人与人之间的不良适应和不良需要问题，评量家庭和小群体中适应不良的交流过程和功能失调的关系模式。这些问题包括个人之间的矛盾冲突、权力斗争、误解、替罪羊和歧视等，结果往往是某些成员的不良适应。生态系统模式努力发现这类个人之间的问题，然后选择、运用适当的介入策略。

例如，有些父母可能要求孩子绝对诚实。在这样的家庭里，孩子可能逐渐学会隐藏某些行为和想法，甚至撒谎。如果父母发现了孩子不诚实，父母与孩子之间往往就要发生争吵。适当的介入方法是鼓励父母与孩子之间敞开胸怀交流，并帮助父母认识到如果他们真的想要孩子诚实，就需要学会更多地接受孩子的思想和行为。

在生态系统观点当中，对行为与事件总有一个系统的解释。这样一来，社会工作介入就超出了案主个人的范畴。社会工作要关注案主的整个生态系统以及系统中各组成要素之间的相互联系。这样的观点有助于扩大社会工作者观察个案的视野，帮助社会工作者把握系统中各种要素之间相互作用的方式。社会工作干预的目的是重建系统，同时提升系统中个人及其环境的健康适应（healthy adaptation）。

>> 【专栏】

生态系统中的社会工作者

在案主的社会环境里，在与案主相互作用的系统中，社会工作者组成的系统具有独特的作用和意义。理解案主与社会环境（其中包括社会工作者）之间的关系，有助于社会工作者认清自己的专业角色和功能，更好地扮演专业角色。

图 1-6 至图 1-12 描绘了在生态系统中社会工作者通常扮演的角色。社会工作者往往要同时扮演多种角色。当社会工作者作为任何角色发挥作用时，他都是作为生态系统中的元素或系统之一在对其他系统或者元素施加作用与影响。图 1-6 至图 1-12 中的圆圈分别代表社会工作者、案主和宏观系统，直线和箭头代表不同系统之间的相互作用。宏观系统通常是指组织与社区，案主主要是指不同的个人。

经纪人的功能是把案主及其所需要的资源联系起来。箭头由宏观系统指向案主，这表明宏观系统提供资源，案主接受资源，把宏观系统与案主联系起来的是社会工作者，如图 1-6 所示。

图 1-6　经纪人

从社会工作者指向案主的箭头表示社会工作者向案主提供支持、鼓励和建议等，而由案主指向宏观系统的箭头表示案主在社会工作者的帮助下更有效地应对环境、解决问题，如图 1-7 所示。

图 1-7　促进者

如图 1-8 所示，社会工作者下方断裂的直线表示案主与宏观系统之间的冲突，社会工作者在他们之间进行调解。社会工作者可以调停于任何两个系统之间，例如，两个宏观系统（如民政局与公安局）之间，或者两个微观系统（如一对争吵的夫妻）之间。

图 1-8　调停者

作为教育者，社会工作者的主要职责是向案主传递有关信息，如图 1-9 所示。

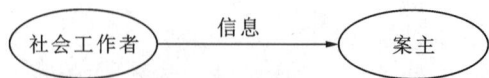

图 1-9　教育者

所有的社会工作者都需要扮演评估者角色，以评估自己的工作绩效。图 1-10 表示一位社会工作者在评估他自己为案主提供的服务。

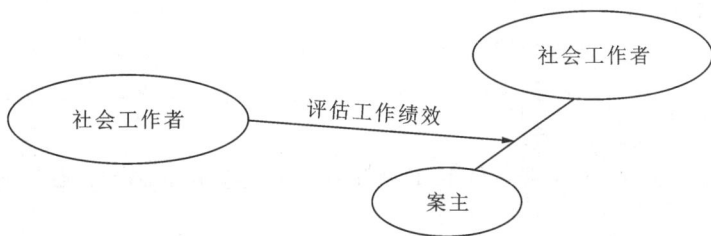

图 1-10　评估者

　　许多案主的问题并非单一的，而是多方面的，与许多系统有关。社会工作者经常扮演的角色之一就是个案管理者，也称为协调者。这一角色的主要功能是发掘资源，有计划地为案主提供资源与服务。

　　在图 1-11 中，包含宏观系统与案主的方框表示个案管理者所管理、协调的内容。从社会工作者指向方框的箭头表示社会工作者在积极地协调所有有关系统之间的关系。图 1-11 中只画出了一个宏观系统与一个微观系统（案主）之间的关系，实际上，社会工作者所协调的关系包括各种宏观系统、中观系统、微观系统之间以及它们与案主之间的关系。

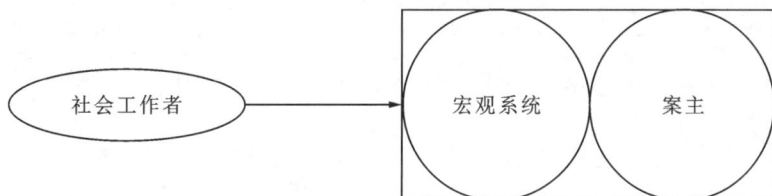

图 1-11　个案管理者（协调者）

　　呼吁者为案主的利益和权利而呼吁。在图 1-12 中，由社会工作者指向宏观系统的箭头表示社会工作者为了影响宏观系统而付出的艰苦努力。在总体社会工作实务中呼吁者是一个重要的角色。

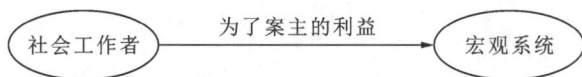

图 1-12　呼吁者

第四节　人类行为动力学

　　人们为什么表现出他们的行为？本节将运用生态系统模式探寻行为的动因，着力通过研究行为的动因来理解行为。本节内容不妨称为人类行为动力学。

　　研究行为动力学的主要目的在于分析人和环境相互作用的三个方面：① 人生全程

发展及其阶段性；② 重要事件；③ 人类差异。生态系统模式的各个重要方面（环境中的人的概念，个人、家庭和小群体由一个阶段向另一个阶段转变时都有的过渡时期的问题和需要，评量家庭和小群体中的不良交流过程和功能失调的关系模式等）都会在行为动力学模式中得到具体的体现。

由于人生发展的阶段性、各种各样的事件和人类差异的影响，在特定的社会环境中每一个人都会表现出各不相同的适应性行为。即使是在相同的环境中接受相同的影响，不同的人对同一事件的反应也可能不同。行为动力学模式把以上三个方面与人类的最终行为联系起来，为解释人类行为、解决已经出现的问题和预防新问题的产生提供具体的指导。

在具体的实践中，社会工作者根据人和社会环境之间的各类事件来分析案主的情形。在存在问题的地方，社会工作者帮助发起有效的变化。介入的过程还包括帮助案主在其社会环境中解释各种可能的行为选择方案，对每一种选择方案可能引起的结果做出预测和评价，然后，从中选出最可行的行为方案。

图 1-13 描绘了行为动力学模式。

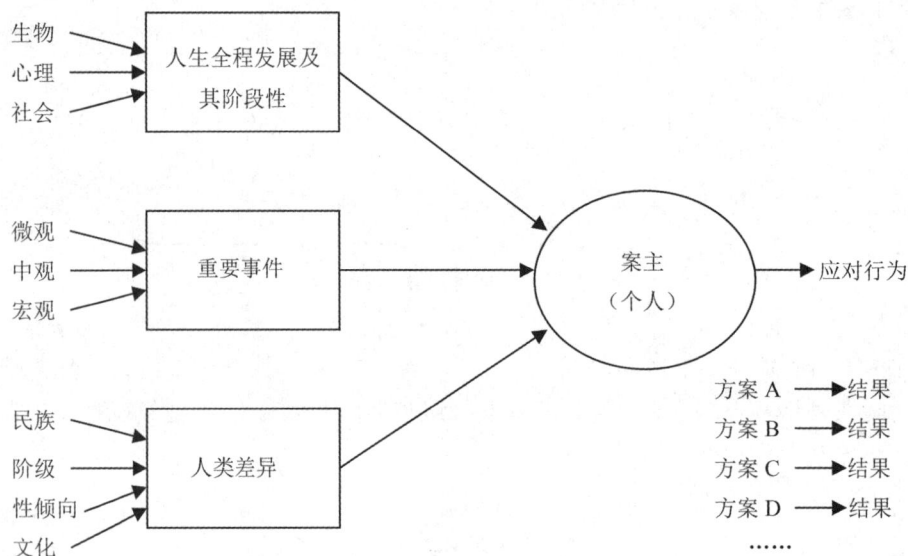

图 1-13　人类行为动力学

一、人生全程发展及其阶段性

人生全程发展的主要内容包括人由胎儿经过婴幼儿、儿童、青少年发展到成年、老年直至死亡的过程，包括人的生物、心理、认知、感知、情感和社会性的发展，包括人在不同发展阶段的任务、常见的问题和解决问题的基本策略。通过理解这样的过程，社会工作者获得对案主和自己的深刻认识，这样的知识有助于社会工作者理解案主生存、发展于其中的社会环境，提高社会工作者帮助案主应对问题情境的能力，创造更好的环境以帮助案主满足他们的需要、实现他们的潜能。

在研究人生全程发展的时候，同批人的概念对于社会工作者来说很有参考价值。人生的无穷变化（例如，从儿童时期到青年时期）受当时当地的文化、社会条件的强烈影响。在相同时期出生的同批人（cohort，同批人，又译为同期群，指的是在某一特定时期出生的一群人，他们将一起跨越人生各个发展阶段。通常以 20～25 年作为一批人的时间间隔。一批人与一代人有几乎相同的含义。在一个特定的时代，通常有 4～5 批人，或者说，有 4～5 个同期群同时存在），在他们的一生中将共享相似的经历。这些经历与那些在不同时期出生的另一个同批人的经历不同，而不同的经历将对人的行为产生不同的影响。显然，分别在抗日战争时期、"文化大革命"时期和改革开放以后成长起来的年轻人在许多方面大不相同。虽然这三批人都经历了类似的生物发展与成熟过程，但是他们赖以成长与发展的不同文化背景、社会背景使他们形成了各不相同的思想和行为模式。当他们进入中年或老年的时候，将持有不同的价值观、态度和社会期望。可见，应该结合同批人的观点，充分考虑文化、社会条件的变化，以全面理解不同年龄组的行为。

在社会发生快速变化的时代，某一批人往往不会紧紧跟随他们前一代人的足迹。但是，人们往往倾向于以自己这批人的眼光来看待其他同批人的生活经历。实际上，每一代人都有各自的规模、性别比例、遗传特点以及家庭背景与社会背景，当他们适应当前流行的社会结构时，可能采取不同的适应行为。不断加速的社会变化也影响不同批的人在考虑适当的时间选择时所采取的不同行为，如何时入学、何时结束学业、何时离开家庭、何时获得一份工作、何时形成属于自己的家庭、何时退休、何时成为祖父母，甚至何时死亡等。

同批人在基本相似的文化、社会条件下长大成人，有可能形成基本相同的态度与价值观。因此，有学者认为存在所谓的同批人格（peer personality）。同批人格不仅影响某一批人怎样看他们自己，也影响他们对环境的反应方式。显然，同批人与同批人格的观点有助于社会工作者从历史、社会的角度来理解不同年龄组的行为。把个人置于同批人与同批人格的背景中有助于更全面、更透彻地理解其行为。

人生发展的阶段性包括人一生在生理、心理和社会性发展过程中的重要分界点，构成了人生发展的独特内容，它使社会工作者在分析人的行为时知道应该考虑哪些影响因素。

例如，就婴儿正常的成长而言，平均在 18 个月时即可像大人一样行走。再比如，上了年纪的人一般在睡觉的方式上有重大的改变，往往睡不熟，每隔不长的时间就会醒一次。

为了区分什么是正常的发展，什么是不正常的、有问题的发展，必须明确人生正常发展的阶段性，必须熟知在一定的人生阶段有怎样的生理、心理变化，面临着怎样一般性的社会性任务。"正常的"在这里指一定年龄的人其行为功能应该达到一定的水平。社会工作的目的是解决问题，社会工作者首先必须明确什么是问题，必须区分哪些情形需要介入、哪些情形不需要介入，否则，将会为解决根本不是问题的问题浪费大量的时间和精力。例如，担心一个年仅 1 岁的婴儿不能走路是不必要的。然而，如果一个小孩 2 岁了仍然不能走路，那就值得注意了。同样，80 岁的老人不必为睡不深而担心，而人们在 50 岁时的睡觉问题也许值得关注，可能是压力或某些非正常的生理因素造成的。社会工作者帮助人们调整预期，使调整后的预期更加合理。

正常发展的阶段性为评价人类行为提供了一个参照系。只有参照正常，社会工作者才可能知道什么是不正常或有问题的，而且，不正常或有问题的程度也只能根据其偏离正常的程度来评价。

二、重要事件

前面已经讨论过事件的概念，它是人与社会环境之间的相互交流、相互作用。在实际工作当中，社会工作者不可能也没有必要关注和研究人与环境之间的每一个事件，重点关注的是那些对案主有重要影响的事件。在行为动力学模式当中，重点讨论人生每一个发展阶段都会发生的一些标志性的重要事件。

例如，青春期是确立个性的时候，生活的标志是努力寻求独立和适应同辈群体。有时，青春期的压力甚至更大，其标志是离家出走、失足、犯罪甚至自杀。结婚和生育小孩是成年早、中期的特点。在这一时期，有些人会面对计划外的怀孕和单身父母问题。另有一些人必须面对和处理离婚问题。晚年的重要事件包括退休和适应孩子离开家庭之后的生活。虽然很多老人继续参与家庭和社区生活，但另有很多人日渐孤独、日渐远离社会生活。许多老人还必须面对疾病问题。

这些经历和重要事件（个性危机、结婚和生育、退休……）都发生在人生的某一个发展阶段。每一个这样的事件都应该在相应的人生发展阶段进行深入研究。

贯穿人生全程，可以把重要事件分为三类。

第一类是微观事件。微观事件主要包括个人作为独立存在的行为。行为经常是在社会环境中发生的，然而，有些经历却主要是个人性质的，没有与别人相关的直接事件，个人是独立行动的，是纯粹的私人行为。微观事件的例子包括药物依赖、企图自杀、患抑郁症等。

第二类是个人与个人、个人与小群体之间的事件，称为中观事件。中观事件通常在较亲密的个人关系中发生，是个人与对个人有最直接、最重要作用的因素之间的界面。这些因素包括家庭、同辈群体、同事群体等。

第三类是宏观事件，关注人与大型组织和系统之间的互动，分析个人在事物总体结构中的位置。这类事件包括歧视、社会压力和社会政策的影响等。

图 1-14 描绘了这种分类方法。案主处在社会环境之中，既要应对微观事件，也要应对中观事件和宏观事件。在案主和其他系统之间存在界面的地方，案主必须适应和应对这种经历。显然，这是生态系统思想的具体体现，能更具体地指导社会工作者分析案主与社会环境之间的相互作用。

进一步的工作将研究人生每一个发展阶段有代表性的微观事件、中观事件和宏观事件。对许多人而言，这些典型的经历——这些微观、中观或者宏观事件可能数不胜数，其中有一些重要事件是社会工作者经常帮助人们应对的。

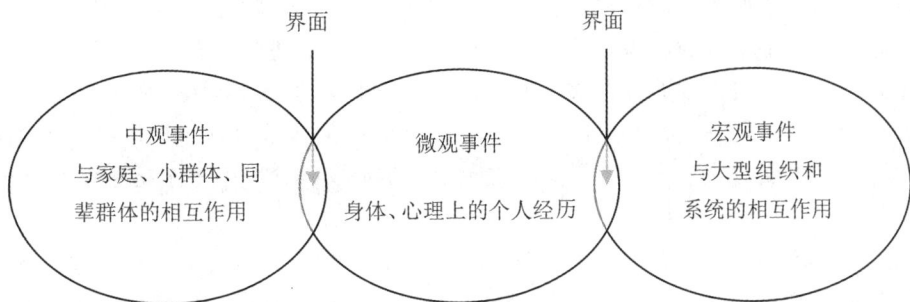

界面　　　　　　　界面

中观事件
与家庭、小群体、同
辈群体的相互作用

微观事件
身体、心理上的个人经历

宏观事件
与大型组织和
系统的相互作用

图 1-14　生态系统方法

　　例如，从生态系统的思想出发，社会工作者必须思考社会地位和阶级对人的行为与发展的影响，因为这些都是人生发展的背景，是影响人类行为的社会环境。利用事件的概念，社会工作者也可以认为这是人生发展过程中的宏观事件。事件概念启发社会工作者必须思考人生发展过程中因为各种因素或事件强加给案主的各种特殊适应任务，这些因素或者事件包括疾病、残疾、失业、住房紧张、缺少必要的医疗条件和教育条件、歧视、压迫等。

　　一个用来研究此类特殊生活事件的概念是转折点。转折点是指持久而非暂时性地改变生命轨迹的生活事件。它带来的变化往往是突然而巨大的。例如，成功商业人士的生意破产可能使当事人一蹶不振，终日郁郁寡欢，最终选择自杀，那么破产就是一个转折点；某个成功人物激动人心的演讲触动了某位听众的心扉，促使他也投身相同职业并最终获得成功，那么这次听演讲就成了该听众生命轨迹的一个转折点。

　　生活事件要成为标志性的转折点，应当满足以下三个条件之一：① 使个人失去或获得机会；② 引起个人环境的持久改变；③ 改变个人的自我认识、信念或期望。生活事件是否成为转折点，还取决于个体自身对生活事件的评估。同样的生活事件，如亲人的去世，对某个人而言可能是一个转折点，对另一个人未必有多少影响。

　　重要事件启发社会工作者研究什么样的环境支持有助于案主释放什么样的潜能、满足案主什么样的需要。社会工作者必须明确家庭和群体的发展过程和功能运作方式，明确在不同的发展阶段环境应该提供的支持（应该发生的事件）。社会工作者必须考虑强加在家庭和群体身上的适应负担，这些负担通常是由性别、年龄和其他形式的压力（事件）造成的；同时，必须考虑某些特殊的家庭（这些特殊的家庭是由特殊的事件导致的），比如单亲家庭、重组家庭、同性恋家庭等为案主带来的额外的适应任务。社会工作者要特别关注家庭和集体成员的适应任务是否与家庭和集体的适应任务相一致等。显然，如果仅有社会环境的概念还不足以深入分析以上所有的问题，事件的概念能帮助社会工作者具体分析案主所受到的影响，因为所谓环境支持、压力、适应任务都是与具体的事件相联系的。

三、人类差异

　　差异指的是多元化社会中的民族背景、阶级、性倾向和文化等的差别，对人类行为有重要的影响。如果人们尊重、接受差异并且向它们学习，自己也会得到发展。人类的差异和不同是丰富的、积极的，是人与人之间相互促进的资源。

差异包括能以这种或那种方式从大多数中区分出来的任何群体，如少数民族群体、同性恋者群体。只要一个人所属的群体具有与社会上的多数群体不同的某些特点，就可以认为差异可能对这个人产生影响。这包括一位妇女工作在一个全是男性的公司里、一位十几岁的少年正在攻读博士等。

不同的群体为其成员提供了不同的环境条件。在理解个人行为时，对个人所属群体差异的敏感性非常重要。首先，不同的群体有不同的价值观，不同的价值观影响甚至迫使群体成员做出不同的行为选择。其次，在其他人眼中，群体中的每一个成员都不同程度地失去了自己的特性，而表现出群体共同的特性。不管个人是否具有群体的特性，外人都认为群体的特性就是个人的特性，哪怕一个人只是偶然从属于某一群体。这就是所谓的主观判断和成见。

社会工作的基本价值观包括个人的尊严、自我决定的权利、充分的生存条件、基本需要的满足、有助于成长的社会关系等。可是，主观判断和成见经常歧视各种差异群体，压力和限制经常作用于差异群体的成员。他们的选择被限制、行为被约束了。在评量和理解案主的行为时，必须明白哪些选择对案主是开放的，哪些选择对案主是限制的。这一点非常重要。在实践中，不理解这些的社会工作者可能推荐一个回族人去养猪场工作，或者让一位有同性偏好的人在异性集会中扮演重要的角色。社会工作者应该记住，自以为知道的有时仅仅是建立在自己文化偏见之上的假设，自己的思想、意见和行为选择往往只是自己个人的或者专业的价值观的表现。社会工作者没有权力把自己的文化和价值观强加给任何人。

四、应对行为

人生全程发展及其阶段性，某一发展阶段的微观事件、中观事件和宏观事件，人类差异的影响集中地反映了生态系统中的人与其社会环境之间的相互作用、相互影响。作为人生某一发展阶段的正常发展、重要事件和人类差异的影响的结果，一个人在特定的环境中将表现出某种形式的最终行为。人们表现出某种行为总有其原因，这三个方面为分析人的最终行为表现提供了主要线索，而支撑在其背后的则是人类行为的生态系统模式。

一个人有理由以某种方式行动，但是，他还可以选择其他行为方式。社会工作者的基本任务之一就是帮助人们明确还有哪些行为可供选择。因为压力、习惯或者缺少经验，人们常有井蛙之见，想不到还有其他选择存在。

社会工作者不仅需要明确其他选择是存在的，还需要对这些选择一一进行评价。每种选择可能引起的积极结果和消极结果都必须清楚地表述和权衡。请看以下案例。

▶【案例】

N市一位大学二年级女生怀孕了，孩子的父亲是她的男朋友。男朋友带她通过非法途径查明她怀的是一个男孩。这时，男朋友才告诉她有关真相：他是一位成功的商人，已经成家，妻子和女儿都在广州家中。为了生一个男孩传宗接代，他与妻子之间已经达成了协议——他可以出去找情人生男孩，但是，男孩满 3 岁之后必须与生母永远分离，到广州家中由他妻子抚养。作为回报，他可以给为他生男孩的情人 50 万元。

这位女大学生应该怎么办？社会工作者可以与她讨论各种选择。

第一种选择是人工流产。这种选择的积极结果是迅速解决"怀孕"问题，在短暂的休息之后即可恢复正常的大学生活。消极的影响包括手术费用、寻找医生时可能遇到的麻烦、手术给肉体带来的痛苦等。有些人也许认为人工流产是不道德的，或者母亲会为失去自己的孩子而后悔。

第二种选择是生下小孩并亲自抚养。这种选择的积极结果是她将尽到做母亲的职责，可以终生维持与孩子的正常关系和母亲身份，不会有人强行夺走她的孩子。消极的结果是她将因此而面对抚养费、抚养孩子与大学学习之间的冲突和来自社会的一系列问题等。

第三种选择是生下孩子送给别人抚养。这种选择的积极结果是她的孩子将活下来并生活在一个家庭里，她可以在适当的时候看望孩子。消极的结果是她将作为一个生过孩子的在校学生而面对闲言碎语和社会问题、送走孩子时她将面临痛苦。

第四种选择是生下孩子并和孩子的父亲结婚。这样做的积极结果是为孩子提供了一个完整的家庭，但是，她的男朋友是否能离开他原来的家庭与她结婚？她是否愿意与这样的男人结婚？

第五种选择是完全满足她男朋友的要求。这种选择的积极结果是孩子将不会离开他的生父，将生活在一个富裕的家庭里，她自己也将得到 50 万元的补偿。消极影响包括她将中断学业并在三年期间成为一位专职母亲，三年之后她将送走自己的亲生孩子并难以再次与孩子见面，送走孩子之后她将如何选择自己的学业和婚姻？

……

社会工作者不能替这位女大学生做决定，应该由她自己以自己的价值观权衡各种选择的积极结果与消极结果并做出最佳选择。但是，社会工作者可以帮助她思考她的处境和各种选择。

行为动力学模式在本质上是生态系统方法的具体体现，不过它更强调通过研究行为的动因以理解行为。行为动力学模式是一种综合的观点，一种容纳了时间维度的生物-心理-社会框架。通过该模式，社会工作者既可以关注当下某一时刻对个体行为产生影响的空间系统，又可以从人生全程发展的角度，考察个体的特定发展阶段和成长历程。这一思想是建构人类行为与社会环境的基础——在整个人生的发展过程中、在人生发展的不同阶段研究人与社会环境的相互作用。这种研究的目的不是提供具体的实践技能，而是为学习和掌握实践技能提供基础知识。尽管它并不详细讨论怎样评量、怎样介入、怎样向案主提供咨询，但是，它的确为整合关于人类行为的知识提供了一个系统的基础，为组织更广泛、更具体的研究内容提供了一个框架，为社会工作实践提供了一种关于行为和行为选择的观点与方法。

根据以上框架，本书将深入、详细地研究以下内容。

描述人类从胎儿经过婴幼儿、儿童、青少年发展到成年、老年直至死亡的全过程。研究人的生物、心理和社会文化正常、连续的发展过程与规律，为不同年龄组的人描述其人生各发展阶段的标志性事件和正常发展的任务。

分别研究不同年龄组的人，研究影响其发展的生物因素、心理因素和社会因素；研究各影响因素之间的相互作用。

分析个人在各种环境系统包括家庭、群体和组织中的功能，分析个人与各种环境系统的相互作用。

认识和评量影响人生各个发展阶段的一般社会问题、压力和危机，例如，儿童虐待和忽视、学习障碍、亲子关系紧张、未婚妈妈、学用不一致、职业调试、情感紊乱、酗酒、滥用药物、离婚、犯罪、中年危机、经济困难等。

认识各种差异群体所处的社会环境和所承受的压力。

第五节　人类行为与社会环境理论的应用领域

作为社会工作专业的基础理论知识，人类行为与社会环境必须能为各领域社会工作提供理论支持，必须能应用于实际的社会工作中。这种支持与应用具体体现在社会工作的日常实务和预防实务之中。

一、日常实务

首先，人类行为与社会环境理论可以用来指导社会工作的日常实务。所谓日常实务指的是在破坏性的压力已经产生了消极的影响之后，社会工作者为了案主的功能恢复或者身体康复而进行的评量和介入。

人类行为与社会环境理论启发社会工作者确立一种新的看问题的方式，把人的需要和问题看作是人与社会环境相互作用的结果。社会工作者可以认为各种问题的产生主要与案主生态系统中三个相互关联的方面有关：① 人生发展的各个转折时期，在这些转折时期，容易产生难以应对的压力；② 适应不良的人际关系；③ 社会环境中的各种障碍、对人的需要和问题无动于衷的社会环境。

人生发展的转折时期具有双重功能，它一方面包含着潜在的挑战和成长，另一方面也可能带来痛苦和破坏性的压力。在人生发展的各个转折时期，人们会经历地位、角色和社会环境的变化，这些变化可能引起边缘角色、角色冲突和角色失败，使人们感到某种强烈的需要，迫使人们去完成从未经历过的适应性任务，因此而产生的问题和压力可能影响人们成功地解决这一时期的各种问题，而未解决的问题又会在家庭生活、社会生活中引起适应不良的人际关系，从而进一步影响个人或集体对环境资源的使用。

适应不良的人际关系本身能给人带来困难，嫉妒、误解、歧视、替罪羊、压制、冲突等不良的交流方式使许多人感到压力，这些压力可能使人无法有效地使用环境资源，难以顺利度过转折时期。

社会环境也可能产生破坏性的压力——它可能不提供社会支持、隐瞒相关信息、阻碍人们接近资源、对人们的需要和愿望无动于衷、剥削和压迫某些人。这些问题可能导致不良的人际互动，使个人、家庭和群体难以成功地完成人生过渡，最终使以上三方面的压力都加大了。

生态系统模式强调压力、适应，强调案主的力量——应对，这将影响社会工作者与案主之间的关系、影响社会工作者对因果关系的解释、影响社会工作者观察问题的视角和对专业方法的使用。例如，在生态系统模式当中，社会工作者的关注范围扩大至与案主相互作用的所有系统——案主的整个生命空间。在生命空间中包括案主的认知、感知、情感、价值、目标、动机、身体状况和过去的生活经历，还有家庭生活的状况以及案主从其民族、社会地位、阶级、宗教和社会经历中得出的各种规范和价值观。生命空间中的另一些元素包括亲戚、邻里、朋友和同事这些社会关系网络，包括工作机构、学校、医疗系统、社区这些较大规模的社会系统。在评量和制定介入计划的过程中，社会工作者和案主必须决定在社会环境——生命空间中的所有因素当中，哪些对满足案主的需要是重要的，哪些是社会工作者可以利用的。这样，社会工作者才能正确地确定目标、分派任务、采取行动，目的是消除或者减轻案主压力、提高案主的应对能力、促进环境对案主的支持。最终的目的是为所有与社会环境相互作用的人们改善社会环境，以更好地满足他们的需要、释放他们的成长能量。

医疗卫生领域里的社会工作为理解以上三个相互关联的问题领域提供了简明的例子。在医疗卫生领域，社会工作者面临的是那些因为疾病、伤害和残疾而引起的问题。然而，其他方面的问题，如过渡时期的、人际关系的或者环境的压力常常使案主们应对疾病问题更加困难。

当人生转折与疾病或残疾同期而至时，如青春期少年患了糖尿病、退休老人患了抑郁症，或者人生转折是疾病或残疾带来的结果时，如父母角色被慢性病所干扰、运动员不幸遭遇车祸，案主对疾病的适应或应对往往更加困难。在所有这些例子当中，社会工作者的重要功能是运用自己的专业技能，调动一切可以利用的资源，帮助病人、家庭或小组处理多重的、互相重叠的应对任务，其中包括许多案主以前从未想过的事情。

在人际关系方面，家庭和小组中功能不良的关系模式和交流模式会产生一些障碍，影响病人对疾病、残疾的适应或应对。另一方面，以前令人满意的关系模式和交流模式在疾病或残疾的压力之下可能恶化。在上述两种情况下，社会工作者的重要功能是帮助个人、家庭或小组应对这些问题。

环境问题在医疗卫生的物质条件和社会条件方面具有特别重要的意义。由家庭、学校、工作单位、社区和医疗卫生系统提供的物质条件和社会条件影响人们应对疾病与残疾的动机、能力和效果。社会工作者的任务是对医疗卫生系统（包括医生群体）施加影响，呼吁创造更好的物质环境和社会环境，更好地回应病人及其家庭的需要。

二、预防实务

除了指导日常实务之外，人类行为与社会环境理论还可以用来指导社会工作的预防实务。

预防实务是社会工作的一个新兴领域。社会工作者一直担心一个问题：在我们介入的时候，问题和危害往往已经发生了，我们能不能在问题或危害出现之前就主动介入呢？人类行为与社会环境的知识有助于把初级预防的观点融入社会工作实务和教育之中，把预防实务与日常实务结合起来。

预防实务与日常实务关注的领域相同——人与社会环境的相互作用。但是，与日常实务致力于解决已经出现的问题不同，初级预防致力于预防在生命转折时期、人际互动领域和社会环境当中所产生的问题、压力和不良适应。初级预防既要注意调动一切个人、家庭和小组的积极因素，还要努力消除环境中不利于人的成长和适应性功能运作的因素，促进环境对人的成长的支持作用。

初级预防特别关注人的终生发展和在终生发展的各个阶段人与社会环境之间的相互作用。社会工作者应该能预测人生发展方向和在不同发展阶段可能出现的问题，能够识别处在危险情境中的人们和他们的需要，并主动解决问题、满足需要。因此，社会工作者设计和创造了许多工作计划和服务项目，这些计划和项目往往是在问题出现之前主动介入的，以帮助人们顺利度过转折时期，或者预防那些处在危险情境中的人（例如，智能不足的儿童、多个孩子的父母、离异的夫妻、有严重疾病的中年人、失去配偶的老人等）可能遭受消极的影响。社会工作者首先必须在临床的层面上制定介入策略，目的是消除或减轻环境中的压力因素，增强案主对难以回避的压力的抵抗力，通过使用环境资源增强案主的应对能力。社会工作者还必须在宏观层面上制定介入策略——改变组织、计划和社会政策，提升社会环境对满足人的需要、促进人的发展的反应性和支持性。

在实际工作中，社会工作者应该把日常实务与预防实务结合起来。日常实务处理已经出现的消极结果，预防实务促进积极结果、避免消极结果的产生。无论是哪一种实务，都是人类行为与社会环境理论的应用，其知识基础都是人类行为与社会环境。

▶【专栏】

有关预防实务的概念

下面是一组有关预防实务的概念。

预防（prevention）指的是社会工作者和其他人为了最大限度地减少和消除那

些导致或催生生理、心理、社会疾病或问题的因素所采取的行动和措施，其中包括建设有利于满足个人、家庭和社区合理需要的社会环境。

针对疾病或问题发生、发展的不同阶段，预防分为一级预防、二级预防和三级预防。

一级预防或初级预防（primary prevention）亦称病因预防，是在疾病或社会问题尚未发生时，针对疾病或社会问题的原因所采取的行动和措施。一级预防的社会福利措施包括开发各类有益的保险项目、开展各种有益的社区活动、建设有利于健康的社区环境（如卫生设施、娱乐中心、公园）等。一级预防是预防、消灭疾病或社会问题的根本措施。例如，世界卫生组织提出的人类健康的四大基石——合理膳食、适量运动、戒烟限酒、心理平衡是一级预防的基本原则。

二级预防（secondary prevention）亦称"三早"预防（"三早"即早发现、早诊断、早治疗），是为了防止或减缓疾病或社会问题的发展而采取的行动和措施。二级预防要求社会工作者及早确定问题的存在、及早发现病例、及早隔离问题以使问题对他人的影响最小，并及早治疗以防问题进一步恶化。

三级预防（tertiary prevention）亦称临床预防，是社会工作者或其他专业人员为帮助案主从疾病或问题状态复原，并使案主获得足够的力量去阻止疾病或问题复发而采取的行动和措施。三级预防的主要形式是对症治疗和康复治疗（包括功能康复、心理康复、社会康复和职业康复）。临床干预通常是三级预防形式。三级预防可以防止疾病或问题进一步恶化（例如，力求病而不残、残而不废）和促进功能恢复、提高生存质量、延长寿命、降低病死率等。

预防性社会工作（preventive social work）是一种专业社会工作实务，其目的是增强人的潜能，维持和保护个人的心理资源，提升人的能力，这些能力有助于人们避免或克服生活中可预测和不可预测的问题。在帮助案主的过程中，这种方法强调的是健康和能力，而不是康复；预防性社会工作使用主动而非被动的方法。

▶【延伸阅读】

视角、框架……一组意义相近的概念

国际社会工作界普遍使用系统/生态框架或生态系统视角研究人类行为与社会环境。在不同场合，视角、框架也可称为范式（paradigm）、视角或观点（perspective）、理论（theory）、理论基础或理论支撑（theoretical underpinning）、框架（framework）或总体框架（overall framework）、模式（model）或解释性模式（explanatory model）、实务指导原则（guiding principle of practice）等。

范式指例样、模型或模式，由美国哲学家托马斯·库恩于1962年在其经典著作《科学革命的结构》中提出。库恩对科学发展持"历史阶段论"的观点，认为每一个科学发展阶段都有特殊的内在结构，体现这种结构的模型就是范式。库恩认为，范式是科学家对他们的研究主题所做的潜在知识假设；是从事某一学科的

科学家共有的世界观。简言之，范式是一种理论体系、一种公认的模型，是特定学科共同接受的假说、理论、准则和方法的总和。

视角是看问题的角度和观点。

理论是一组建立在事实和观察之上的相互关联的假设、概念和结构，理论试图解释某种特定的现象。

理论基础或理论支撑是任何特定思维或行为方式的理论基础。

框架是一组构件之间相互交织的方式与结果，是可以重复利用的工具。

模式是对现实过程或具体事物的描述或呈现，目的是使过程或事物形象化。理论模式（theoretical model）解释人类行为及其产生和发展的本质。实务模式（practice model）是一组用来引起情感、认知和行为变化的概念与技术。

每一个社会工作者在实务工作中也都有一个范式或视角或框架或模式或实务指导原则，即使他自己并没有明确地意识到。例如，慈善组织协会和睦邻运动都有自己的视角、框架或原则，前者认为个人问题的原因主要在个人自己身上；后者认为社会应该为个人问题负责。不同的视角、框架或原则决定了不同的干预策略——前者主要是对个人进行道德提升，后者主要是改造环境。玛丽·芮奇蒙德在《社会诊断》（Social Diagnosis）中提出的工作程序（即研究、诊断、预后和制定治疗计划）是社会工作实务的第一个框架。

🔺 本章小结

在阐明了人类行为、社会环境的概念，总结了人类行为与社会环境的互动关系之后，本章重点从评量和干预两个方面讨论了研究人类行为与社会环境的必要性。"人类行为与社会环境"课程是社会工作专业基础课，其内容主要包括人、社会环境、人与社会环境之间的相互作用与相互关系；它试图整合相关学科的知识，结合社会工作的实践经验，形成恰当的新概念、新理论，为社会工作的各种技能与方法提供理论支持。人类行为与社会环境理论是社会工作的科学的知识基础，是社会工作者评量、干预的根据，在社会工作专业本科生、硕士研究生和博士研究生的课程当中，占有重要的地位。

社会工作对人类行为的理解经历了由单元决定论、复合因果关系说、多元决定论、心理-社会方法、医学模式、环境中的人向生态系统思想发展的过程。在生态系统的观点当中，对行为与事件总有一个系统的解释，社会工作要关注案主的整个生态系统以及系统中各组成要素之间的相互联系。行为动力学模式是生态系统思想的具体应用，不过它更强调通过研究行为的动因以理解行为。人类行为与社会环境理论可以应用于社会工作的日常实务和预防实务之中。

🔺 关键概念

- 行为
- 本能行为

- 习得行为
- 正常行为

- 偏差行为
- 自然环境
- 社会环境
- 先天
- 后天
- 评量
- 单元决定论
- 多元决定论
- 心理-社会方法
- 医学模式
- 环境中的人
- 整体性
- 关系
- 系统
- 子系统
- 开放系统
- 封闭系统
- 输入
- 输出

- 分化
- 熵
- 反馈
- 功能性系统
- 稳定状态
- 自平衡
- 事件
- 能量
- 适应
- 同批人
- 微观事件
- 中观事件
- 宏观事件
- 差异
- 日常实务
- 预防实务
- 一级预防
- 二级预防
- 三级预防

◆ 思考与练习

1. 举例说明文化作为外在的社会影响力塑造人类行为。

2. 举例说明你对"人类具有主观能动性,能影响、改变社会环境,尤其是领袖人物的行为和大众的一致性行为,对社会环境的影响更明显"的理解。

3. 什么是环境中的人?它是如何产生的?对社会工作有什么作用?使用这个概念时有什么注意事项?

4. 简述贝塔朗菲系统理论的基本思想。

5. 举例说明贝塔朗菲系统理论常用概念的含义与应用。

6. 简述生态学视角的 6 个假设。

7. 举例说明生态学视角常用概念的含义与应用。

8. 系统理论与生态学视角有哪些共性和区别?为什么说它们对社会工作都是有用的?

9. 生态系统模式的基本假设是什么?与单元决定论、多元决定论、心理-社会方法等各种思想相比,生态系统模式的特点是什么?

10. 举例说明什么是同批人、同批人格及其对社会工作的作用。

第二章

人类行为与社会环境的理论基础

第一节　　弗洛伊德的精神分析理论

弗洛伊德（Sigmund Freud, 1856—1939）是奥地利精神病学家、心理学家，精神分析学派创始人。他1873年进入维也纳大学医学院学习，曾在生理学家布吕克的生理研究室工作；1881年获博士学位；1885年到巴黎随神经病学家夏尔科进修神经病学。在夏尔科的影响下，弗洛伊德的兴趣由临床神经病学转到了临床精神病学。他于1886年回到维也纳同生理学家布鲁尔合作研究了歇斯底里症及其治疗方法。1895年，他与布鲁尔合著《癔病研究》，开创了精神分析法。1908年，在"心理学星期三聚会"的基础上，他成立了维也纳精神分析学会，1910年发展为国际精神分析协会。

一般心理学史家把弗洛伊德在1913年以前的观点作为精神分析学的萌芽奠基，主要的理论观点除了精神分析治疗的方法外，还包括心理地形学、梦的解析、泛性论等，其代表作有《梦的解析》（1900）、《日常生活的心理病理学》（1904）、《性欲理论三讲》（1905）等。1913年以后的20年，弗洛伊德在不断修正前期思想的基础上，进一步形成了相对完整的理论体系，主要有本能论的发展、人格结构学说的创立、社会文化理论的形成（如社会观、道德观、宗教观、教育观等），代表作有《图腾与禁忌》（1913）、《超越愉快原则》（1920）、《群众心理学和自我的分析》（1921）、《自我与本我》（1923）、《文明与不满》（1930）、《摩西与一神教》（1939）。

弗洛伊德创立的精神分析理论，作为一种重要的心理治疗学说，为理解人的精神活动和身心关系提供了一种新视角，为后来很多心理治疗方法奠定了基础，与行为主义、人本主义并列成为西方占主导地位的三大心理治疗流派。同时，在社会心理学、社会学、教育学、政治学、美学以及文学艺术创作等方面也得到了广泛应用。本节主要介绍他的人格理论、心理性欲发展阶段理论等。

一、人格结构学说

弗洛伊德在他早期提出的心理地形学中，为人类描绘了一幅立体的心理结构图。他认为，传统心理学所谓的"心理"只是人们的意识层，而在心理结构中还存在着一个比意识层更为广袤、复杂、隐秘和富于活力的潜意识层，他把人的心灵比作大海上漂浮的冰山，冰山的主体部分隐匿在海水下面，是看不到的，露出水面的部分仅是冰山很小的一部分，以此来比喻人的意识结构。那么露出水面的部分是意识，即那些在某一时刻我们可觉知的心理活动，它在人们的心灵中仅占很小一部分；随海水运动时而露出水面，时而被海水淹没的部分是前意识，前意识是指通过集中注意或回忆、联想而能浮现于意识领域的心理事件、过程和内容；海水下面的冰山主体则类似人的潜意识，所以潜意识是人的心灵结构中最大的一个部分，它是精神分析主要的研究对象。

弗洛伊德认为，潜意识具有以下特点。① 在一般条件下，潜意识的内容不能达到意识领域，因为在意识和前意识、前意识和潜意识之间都存在着一种稽查作用，这种稽查作用约束着潜意识进入意识领域，只有通过伪装，或者克服压抑和稽查作用的条件下，潜意识的内容才能进入意识领域。② 潜意识的操作方式是非理性、非逻辑和没有时间概念的，相反的驱力和欲望可以同时存在于潜意识领域。③ 潜意识追求的是快乐，它唯一的目标就是欲望满足或本能的释放，而不会考虑外在条件。④ 潜意识系统的内容和语言相互分离。由于潜意识的内容不能进入意识领域，因此无法用语言来表达潜意识的内容。

借助于这一立体结构，弗洛伊德指出，传统心理学为人们所描绘的以理性意识为中心的精神生活图画是不正确的，心理的基本部分和基本力量都来自鲜为人知的潜意识领域。潜意识不仅是一个心理过程，还是一个具有自己的愿望冲动、表现方式、运作机制的精神领域，它像一双看不见的手操纵和支配着人的思想和行为，任何意识起作用的地方都潜在地受到潜意识的影响。这一发现，使精神分析不但把心理学研究范围扩展到潜意识领域，而且改变了传统心理学对人的心理结构的基本理解，可以说，弗洛伊德对潜意识的发现具有划时代的意义。

人格结构学说是弗洛伊德学说的核心，他在对意识进行三个层次划分的基础上，进一步将人格结构划分为三个部分：本我（id）、自我（ego）、超我（super-ego）。

1. 本我

本我的构成是被称为力比多（libido）的原始生命本能，它属于潜意识层，是人格中未经加工和组织的、天生的部分，其内容主要通过遗传获得，例如，人们有性欲的冲动、有贪生怕死的冲动等，它是一切心力的源泉。本我无条件地按照"快乐原则"行动，没有道德是非和时空限制，主要寻求本能需要的最大限度满足和心理刺激的彻底消除。

2. 自我

自我是本能的现实化、理性化，它从非理性的本我中分化出来，代表了人格中理智的部分，其行为准则是"现实原则"，主要根据现实条件和客观环境来调整本我与外部世界的关系，是个体外在的现实世界和内在的原始本我之间的缓冲器，它力求在不造成更大痛苦的前提下满足本我的需要。其机能是抑制本能的冲动以维持个体的安全，并帮助个人融入社会中。

3. 超我

超我是从自我中发展出来的部分，是道德化的自我，是个人在成长过程中，通过内化道德规范、社会要求而形成的。超我是人格中的最高层次和理想部分，包括良心和自我理想两个方面，用自我理想来确立行为目标，用良心来监督行为过程。超我遵循"至善原则"，使自我摆脱本我的纠缠，按照社会规范和要求活动，永无止境地追求完美，因此也是非现实的。

关于本我、自我和超我三者之间的关系，弗洛伊德认为本能是心理发展的根本动力，本我在人格结构中处于主导地位。本我在发生上先于自我，人生之初，只有本我，没有自我，自我是后天逐渐从本我中派生出来的，它没有自己的能量，靠本我提供能量。由于这三部分在人格构成中，各自代表不同的心理需要，遵循不同的运作原则，因此往往相互矛盾、冲突，无节制的本能欲求会受到已内化为超我的道德规范和外界客观现实的限制，必然导致本我、自我和超我之间的冲突。这种心理冲突会在自我中产生焦虑，这种焦虑具有信号作用，会动员自我内部的防御机制来防止本能的过度泛滥，由此可见，自我作为中介，往往处在本我驱使、超我谴责和现实限制的夹缝之中。弗洛伊德认为，如果三者能保持动态平衡，人就能保持心理健康，如果平衡失调就可能产生心理冲突，甚至出现各种神经症症状。

二、心理防御机制

心理防御机制（defense mechanisms）是一种自我保护的心理过程，是自我在本我冲动与超我要求的日常冲突中，个体应对各种紧张性刺激时用以保护自身心理康宁的一种心理策略。为了在本我和超我之间寻求妥协，自我常常对本我进行压制，将极端的不符合社会规范的欲望排除在意识之外而保留在不被察觉的潜意识当中。弗洛伊德假设，所有人都使用自我防御机制应对内部冲突；为了保护人们的自尊，防御机制引导人们采用自欺或者歪曲现实的方式看待眼前的问题，形成一种"积极的错觉"（即否认事物的消极含义）。心理防御机制通常是在"无意识"水平上，"不自觉"做出的反应。下面是一些常见的防御机制。

压抑（repression），将超我不允许的东西从意识压抑到潜意识，以免发生冲突；遗忘或在潜意识中否认苦恼的事情；将痛苦或危险的想法排除在意识之外以免被觉知。例如，回忆痛苦的经历会使人回到痛苦的过去，为了避免痛苦的感受在记忆中再次出现，自我学会了压抑，将意识中不愉快的经历压抑到潜意识中。

否认（denial），拒绝承认不愉快的现实；抵制或忽视无法接受的刺激；虽然意识到了刺激，但拒绝做出反应。例如，一个人不顾各种危险继续抽烟，认为肺癌、心脏病等只会在别人身上发生。

幻想（fantasy），用想象的方式满足受挫的欲望。例如，白日梦。

认同（identification），模仿敬佩的人，学习其态度与行为，并使之成为自己人格的一部分，增强自我价值感。例如，儿童学习其父母的行为方式，学生对老师的模仿。

升华（sublimation），把不被社会认可的动机或欲望转化为社会认可的东西；将受挫的欲望以社会认可的活动来满足。例如，愤怒的情绪通过打篮球来发泄。

转移（displacement），用另一个对象或目标取代引起焦虑的对象或目标；需要无法直接得到满足时，转移对象以间接的方式满足；把消极的情感转移到无辜的人或物上；将敌意等情感从最初唤起情绪的目标转移到危险较小的其他目标上。例如，一个在单位被领导训斥的男人回到家中对自己的妻儿大喊大叫。

分离（separation），将情感与伤害性环境分开，或者将相互矛盾的态度区分为不同的逻辑层次。例如，在一个环境中受到伤害，在以后的生活中，不愿再提及或重返这个环境。

投射（projection），把自己不能接受的或不好的意念、欲望、感受、态度或冲动强加于他人身上或外部世界。例如，攻击性非常强的人会认为别人具有侵略性；以小人之心，度君子之腹。内向投射（introjection），是与投射作用相反的一种心理防御机制，是指本来指向外界的敌视、攻击、伤害等冲动和感情转而指向自身。

反向形成（reaction formation），把某种不允许的冲动、欲望潜意识地转化为强烈的相反形式；想做某事但又害怕由此而引起焦虑，于是去做与实际愿望相反的事；认同相反的态度与行为，把它们作为屏障，以防止危险欲望的表达；行为表现与内心欲望相反，以减少内心欲望引起的焦虑。例如，极度热情地接待一位内心很讨厌的人。

合理化（rationalization），用一种自我能接受、超我能宽恕的理由来代替真实的动机或理由；对失败或缺点不是找出其真正原因，而是给予理性的、逻辑的却是错误的解释。例如，精神胜利法、酸葡萄心理。

抵消（undoing），用一种象征性的事物或行为来抵消已经发生的不愉快的事情。例如，亲人已经死亡，但在吃饭时仍为他摆一双筷子。

退行（regression），个体在面对挫折时，倒退到一个以前发展的阶段（包括更幼稚的反应以及较低水平的愿望）以应对焦虑。例如，一个成年人在压力面前表现出咬手指的行为。

固着（fixation），个体长期使用某一心理防御机制或过度依赖某种心理防御机制时，导致心理、行为发展停滞或反应僵化。例如，一个常常发脾气的小孩，成年之后遇到不顺心的事就大发雷霆。

个体恰当地使用心理防御机制，有利于保护健康的心理环境，以应对各种紧张性刺激。但是过度使用心理防御机制，会耗费日常功能运作与健康成长所需要的能量，终有一天内心承受不了，将导致毁灭性的后果。例如，可以暂时使用超我来掩饰自卑的感觉，但是一旦这种防御机制失效，将会产生更严重的自卑。因此，从长远的角度来看，滥用心理防御机制不是解决问题的方法，应该学会坦然面对问题，发挥各种潜力去克服困难（库少雄，2011）。

三、心理性欲发展阶段

弗洛伊德将本能视为人类的基本心理动力。本能来自身体的内部刺激，它驱使人通过活动来满足由于内部刺激所产生的心理和生理需求，宣泄和消除由于刺激所引起的紧张、痛苦和焦虑。在几十年的学术生涯中，弗洛伊德多次提出和修改他的本能理论，如前期提出的自我保存与种族繁衍的本能（包括饮食本能、避险求安本能等），后期提出的生本能和死本能等。但是他所反复强调、深入研究的则是性本能。他认为，性本能是诸本能中最重要也是最活跃的因素。在弗洛伊德的理论中，性本能是一种范围广泛的驱力，包括所有寻求快乐或与他人身体接触的行为。性本能从出生时开始，贯穿于生命发展的过程。

心理性欲发展阶段理论是弗洛伊德关于心理发展或者说人格发展的主要理论，他以性本能，即力比多的发展作为划分标准，力比多的发展最初集中于儿童的身体器官上，然后将其依附于或者将其能力发泄到他人身上（父母中异性一方、同龄群体中异性中的某一人）。弗洛伊德将这一发展过程划分为五个阶段，每个阶段都有一个对应的主要功能区和相应的年龄，并以每一阶段的性发生带作为这一阶段的名称。

1. 口唇期

口唇期约自出生至1.5岁。这一阶段力比多贯注于口唇、口腔活动，婴儿从吮吸母乳中获得必要的营养，也从吮吸行为中获得快感，并且对其他口唇、口腔活动也极感兴趣，他们经常从吹泡泡、咀嚼东西等活动中取乐，还喜欢吮吸手指、把手头能拿到的东西放在嘴里。弗洛伊德认为，婴幼期的性欲表现并无成年人的性意识。

精神分析理论认为，母亲亲自哺乳，不但为婴儿提供最佳营养，而且对于婴儿的母爱需要与口欲满足也是不可缺少的，对婴儿心理健康的发育是必要的。哺乳期的断奶问题也值得注意，一般以出生后10~12个月为宜，过早或过迟都可能对婴儿的心理发育不利。在断奶问题上可能会发生3种偏差：① 断奶过早使婴儿口欲不足，可能成为儿童日后贪食症与异食癖的心理根源，也可能成为成年后贪食、嗜饮（酒）与吸烟癖的心理根源；② 断奶过迟或给婴儿长时间的塞吸奶瓶，使其口欲过度满足，可能成为幼儿与青少年神经性厌食与神经性呕吐的心理根源；③突然中断哺乳，由于对婴儿的口欲剥夺，可能成为日后儿童与成人的"口欲攻击"（包括习惯性咬人、咬坏东西与口头攻击或习惯性秽语等）的心理根源。

2. 肛门期

肛门期约自1.5岁至3岁。这一阶段力比多下移贯注于肛门、直肠区的活动，此时也是训练幼儿大小便习惯的时期。幼儿可以从控制排便中获得快感，即肛欲满足。幼儿就是通过对自己身体器官的掌握而达到对环境的控制，同时，这也是幼儿人格独立性和自主性发展的一个重要时期，如果过早或过于严厉地进行便溺训练，成人之后可能会出现沉默、内向的性格特征（库少雄，2011）。

3. 前生殖器期

前生殖器期约自3岁至6岁，这一阶段力比多转移贯注于幼儿尚未发育的生殖器，他们喜欢抚摸或显露自己的生殖器。这种幼儿期的行为只是幼儿的一种性游戏，因此不应用成人的偏见对他们进行过于严苛的责备；否则因此造成的心灵创伤，可能对性产生罪恶或恐惧感，成为成年后性功能障碍的根源。一般通过转移孩子的注意力，即可消除此不良行为。

在口唇期和肛门期，力比多主要贯注于身体的各部分获得肉体的快感，而在前生殖器阶段，力比多开始转移贯注于外界对象，目标首先是家庭中的异性父母。这一阶段的幼儿，心理发展产生了一种强烈的冲突，即对异性父母的依恋和对同性父母的"仇视"，这一情结在男孩中被称为恋母情结（或俄狄浦斯情结），在女孩中被称为恋父情结（库少雄，2011）。父母可以通过引导幼儿对同性父母的认同，帮助幼儿顺利度过这一时期。

4. 潜伏期

潜伏期约自 6 岁至 12 岁，这一阶段儿童性的欲望被压抑，力比多的能量转移到可被社会接受的创造性游戏活动和学习上，性心理比较平静，没有上述各时期复杂、激烈的矛盾冲突。这时儿童的超我出现，已经把社会的一些行为标准内化，注重"有规则的游戏"，对性意识的压抑能力增强，使得儿童可以把更多的精力放在日常的学习和生活中。但潜伏期的儿童并没有完全解决上一个阶段的恋母或恋父情结，这一时期的儿童表现出对同性伙伴的认同，更愿意与同性伙伴交往，而明显地排斥异性伙伴。

5. 生殖器期

生殖器期始于 11～13 岁，由于身体和内分泌系统的迅猛发展，第二性征日益明显。此时青少年的性心理也迅猛发展，青少年被异性所吸引，但其整体心理水平还较幼稚，理性发展不足，意志较薄弱，易受外界不良诱惑影响，因此这一阶段青少年的心理发展很容易出现各种危机。

对于弗洛伊德的思想，许多学者批评他过分夸大了潜意识的作用和性本能的意义而无视意识、理性和社会性在人的心理结构和心理动力中所占有的位置，具有唯潜意识论和泛性论的倾向。然而，弗洛伊德的历史地位及其理论的意义仍然是不可低估的，他对人类心理和行为认识的创见性发展，不仅表现在他提出了许多富于启示性的解释，开辟了心理学和人类自我认识的新领域，更重要的在于他提供了一种新的方法论，即深层心理学方法。正是从这个意义上讲，无论弗洛伊德的理论在具体的结论、阐述方式和技术手段诸方面存在怎样的谬误，但他为人类思想提供了一个崭新的思路，以至于在今天，任何关于人的理解如果缺乏对潜意识的考察都会失去说服力。这也正是由弗洛伊德所开创的精神分析学能够在一个世纪里仍然方兴未艾的一个重要原因。

第二节　埃里克森的心理社会发展理论

埃里克森（E. Erik Homburger Erikson，1902—1994），儿童精神分析医生，新精神分析学派的代表人物，1902 年生于德国法兰克福，1939 年加入美国国籍。

埃里克森 1927 年在维也纳一所新型学校授课，同时在精神分析研究所受训；1933 年至 1939 年，作为一名儿童精神分析医生，在哈佛大学医学院、耶鲁大学医学院等医学院和人类关系研究所任职，研究自我发展问题；1939 年至 1944 年，参加了加利福尼亚大学伯克利分校儿童福利研究所的纵向"儿童指导研究"，主要问题包括人的生命周期各个阶段中冲突的解决、儿童游戏结构的性别差异等；1950 年，他的重要著作《儿童期与社会》一书问世，并于 1963 年再版。他在此书以及后来的一些著作中，清楚地介绍了一个关于儿童发展的崭新学说。

1951 年后，埃里克森回到马萨诸塞州里格斯失调青年治疗中心工作，在发展其思想体系的基础上，着重研究了"自我同一性"问题。后来他把有关同一性概念及有关理论总结在《同一性：青少年与危机》（1968）一书中。此外，他的著作还有《青年路德：一个精神分析和历史的研究》（1958）、《领悟与责任》（1964）、《甘地的真理：论好战的非暴力根源》（1969）、《新的同一性维度》（1973）、《杰斐逊演讲集》（1974）等。

一、埃里克森对弗洛伊德理论的发展

（一）埃里克森对弗洛伊德的超越

埃里克森的理论主要是围绕自我的概念和整个生命周期中人格的发展展开，他对弗洛伊德理论的超越主要体现在以下四个方面。

第一，埃里克森加深了人们对自我的理解，阐明了自我作为一个创造性的问题解决者是怎样从每一个个体的遗传、文化和历史背景中产生和发展的。

第二，埃里克森拓展和细化了弗洛伊德提出的心理性欲发展阶段理论，揭示出隐含于弗洛伊德理论中的社会维度。

第三，埃里克森把发展的概念扩展到人的整个生命周期，覆盖了从婴儿到老年期的整个发展过程。

第四，埃里克森探索了文化、社会和历史对人格发展的影响，强调了社会文化环境对自我发展的影响。

（二）自我及其同一性

埃里克森关于自我概念的理解与弗洛伊德存在着很大的不同。弗洛伊德把自我看作是本能、超我和外界环境之间的协调者，而埃里克森认为自我是人格中一个有力的、独立的部分，自我不依存于本我，而是具有自己的需要、机能和目标。埃里克森赋予了自我许多积极的特点，例如，信任、希望，独立、意志，自我、决心，勤奋、胜任，同一性、忠诚，亲密、爱，创造、关心，整合、智慧等。这些在弗洛伊德的理论中是没有的。

根据埃里克森的观点，自我的基本功能是建立并保持自我同一性。他把自我同一性描述成一个复杂的内部状态，它包括一个人对其身份意识的个体感、唯一感，自我形象的完整感，过去与未来之间的连续感，对某一团体的理想和价值的内心趋同感。当个人在发展中缺乏同一性时会感到混乱和失望，这就是埃里克森所讲的同一性危机。

此外，埃里克森认为自我同一性最初起源于婴儿期，但要到青年期才能正式形成。一般在人的一生中都会出现一段时间不能确定自己是谁，不能确定自己的价值和方向。自我同一性危机通常出现在青春期，但有些中年人也会有类似经历。

二、人格发展的八个阶段

埃里克森认为发展是一种进化过程，是一种普遍都要经历的生物、心理、社会和文化事件产生的结果。他把人的发展分成八个阶段，在每个发展阶段里都有普遍性的心理与社会矛盾需要解决。在描述这些矛盾时，他使用了危机一词，所谓危机，并不是指一种灾难性的威胁，而是指发展中的一个重要转折点。在这个转折点上，个体不可避免地要对发展的方向做出选择。积极的选择有助于加强自我的力量，而消极的选择会导致自我力量的削弱。特定阶段危机能否顺利解决将会对下一阶段产生积极或消极影响。如果个体能够顺利度过某一特定阶段的危机，那么在他的人格发展中就会相应获得一种积极的自我人格特征。

在埃里克森所划分的八个阶段中，前五个阶段是与弗洛伊德的心理性欲发展阶段相对应的，而后三个阶段则是埃里克森理论中所独有的。这八个阶段的顺序是由遗传因素决定的，每一个阶段都不可忽视，每一个阶段的发展都是在先天因素与环境因素的相互作用中进行的，所以该理论被称为心理社会发展理论。

1. 基本信任和不信任的冲突

这一阶段是婴儿期（0～1.5岁），相当于弗洛伊德的口唇期。此时是基本信任和不信任的心理冲突期。表面看来婴儿除了一些基本的生理需求外，还不可能有其他方面的发展，但事实上，通过吮吸乳汁这一口唇活动，婴儿建立了和母亲、环境之间的关系，这样的身体经历正在为心理信任状态提供基础。这一阶段，如果婴儿的生理需要得到了满足，就会感到舒服、安宁，这种心理上的安全感会使婴儿对周围环境产生基本的信任，但是，如果对婴儿照顾不周，婴儿基本的生理需求无法得到满足，就会引起婴儿的怀疑、恐惧，产生一种不信任感，这种不信任感会影响个体以后的人际交往。在这一阶段，如果婴儿的信任感超过不信任感，就会获得"希望"的积极品质，他们会认为这个世界愉快多于不愉快，可预测的东西多于不可预测的东西。一个具有"希望"品质的人敢于冒险，不怕挫折和失败，对未来怀有热切的渴望和期待。

2. 自主与害羞和怀疑的冲突

这一阶段是儿童期（1.5～3岁），相当于弗洛伊德的肛门期。此时儿童的运动神经进一步发展，有了对自己身体的控制能力，例如，儿童学会了爬、走、说话等技能，特别是这时的儿童有了自我意识，开始有意识地决定自己做什么或不做什么，这些控制能力的发展和智力能力的增强，使儿童产生了一种自主感。但另一方面，儿童还存在着对父母强烈的依赖，他们会因为这种依赖而感到害羞和怀疑。儿童这种自主与害羞相对立的心理特点，使这一阶段父母与子女的冲突开始变得激烈，一方面父母必须承担起控制儿童行为使之符合社会规范的任务，即让儿童养成良好的习惯，如训练儿童大小便、按时吃饭、节约粮食等。另一方面，儿童有了自主感，他们坚持自己的进食、排泄方式，如果父母听之任之，将不利于儿童的社会化发展；反之，若过分严厉，又会伤害儿童的自主感和自我控制能力，使儿童产生自我怀疑，感到害羞。因此，父母要遵循适度原则，不断调整教育方式，在帮助儿童养成良好的生活习惯的同时，又能使儿童树立良好的自信，形成活泼开朗的性格。当儿童顺利度过这一阶段，就会获得"意志"的品质，所谓意志，是人的一种内在力量，它使人在以后的生活中，表现出自主选择的决心，愿意掌握自己的命运，并能向艰难困苦挑战。

3. 主动对内疚的冲突

这一阶段是学龄初期（3～6岁），相当于弗洛伊德的前生殖器期。此时的儿童在获得一定程度的自我控制的能力后，开始怀着极大的好奇心探索更加广泛的外在空间领域，这一时期如果儿童的主动探索行为受到鼓励，就会形成主动性，这为他将来成为一个有责任感、有创造力的人奠定了基础。如果成人嘲笑儿童的独创行为和想象力，就会使他们逐渐失去自信心，这使他们更倾向于生活在别人为他们安排好的狭窄圈子里，缺乏自己开创幸福生活的主动性。因此，儿童是否能够战胜内疚感顺利向下一阶段发展，在很大程度上取决于成人对其主动行动和好奇心的反应。在此阶段如果儿童发展了较多的主动性，就会形成"目标感"，一种正视和追求有价值的目标的勇气。

4. 勤奋对自卑的冲突

这一阶段是学龄期（6～12岁），相当于弗洛伊德的潜伏期。此时的儿童生活重心已经由家庭转移到了学校，学校成为训练他们适应社会、掌握今后生活所必需的知识和技能的主要场所，学业及与教师、同伴的关系成为儿童主要的生活压力。他们必须通过自己的勤奋学习，才能顺利完成学业，获得能力，取得成功。勤奋感的获得会使他们在今后的独立生活和承担工作任务中充满信心，反之，就会产生自卑。此时，要注意培养儿童多方面的兴趣，埃里克森说："如果他把工作当成唯一的任务，把做什么工作当成唯一的价值标准，那么他就可能成为自己工作和老板们最驯服和最无思想的奴隶。"当儿童的勤奋感大于自卑感时，他们就会获得"能力"的品质，能力指一种运用自如的聪明才智，这种聪明才智不会为自卑所损伤，是今后承担社会工作的基础。

5. 自我同一性和角色混乱的冲突

这一阶段是青春期（12～18岁），相当于弗洛伊德的生殖器期。这是从儿童发展为成人的一个重要转折期，一方面，青少年的身体迅速发育成熟，本能冲动的高涨会带来一系列问题；另一方面，更重要的是青少年面临新的社会要求和社会冲突，要经历各种选择的混乱状态，往往会感到困扰和混乱。所以，青少年期的主要任务是建立自我同一感，避免角色混乱。这是青少年期个体不可回避的一个转折点，如果获得自我同一性，就容易取得社会和职业的自我认同，而一旦自我认同难以达成，长时期角色混乱，青少年就很难应对社会的挑战。

埃里克森把同一性危机理论用于解释青少年对社会不满和犯罪等社会问题上，他说，如果一个青少年感到他所处的环境剥夺了他在未来发展中获得自我同一性的种种可能性，他就将以令人吃惊的力量抵抗社会环境。在人类社会的丛林中，没有同一性的感觉，就没有自身的存在，所以，他宁做一个坏人，或干脆如死人般活着，也不愿做不伦不类的人。形成自我同一性，就获得了"忠诚"的品质，埃里克森把忠诚定义为不顾价值系统的必然矛盾，而坚持自己确认的同一性的能力。

6. 亲密对孤独的冲突

这一阶段是成年早期（18～25岁），发展的主要任务是获得亲密感以避免孤独感。

亲密指的是一种关心他人，渴望而且准备把自己的同一性与他人的同一性融合在一起，与他人共享的能力。这一时期的年轻人面对成家立业的社会任务，非常希望能与另一个人共同生活。只有具有牢固的自我同一性的青年人，才敢于冒与他人发生亲密关系的风险。因为与他人发生爱的关系，就是把自己的同一性与他人的同一性融为一体。这里有自我牺牲或损失，只有这样才能在恋爱中建立真正亲密无间的关系，从而获得亲密感，否则将产生孤独感。在这一阶段，若亲密感胜过孤独感，就会使青年人获得"爱"的品质，在埃里克森看来，爱是奉献，是相互献身，是与他人的感情共鸣。

7. 生育对停滞的冲突

这一阶段是成年期（25～65岁），生命步入成年期，基本上已经建立了家庭，拥有了事业，这一时期的成年人开始关注下一代的繁衍和成长。埃里克森认为，生育感有生和育两层含义，一个人即使没生孩子，只要能关心孩子、教育指导孩子也可以具有生育感。反之，没有生育感的人，其人格贫乏和停滞，是一个自我关注的人，他们只考虑自己的需要和利益，沉浸在自己的天地中，而不关心他人（包括儿童）的需要和利益，这种情形会产生停滞。在这一时期，人们不仅要生育孩子，同时要承担社会工作，这是一个人对下一代的关心和创造力最旺盛的时期，人们将获得"关心和创造力"的品质。

8. 完美对绝望的冲突

这一阶段是老年期或成熟期（65岁以上）。当人进入老年期，主要的生命活动都已经逐步完成，这时老人常常会回顾过去，如果他的一生是有意义的，那么他就会产生一种满足感与完美感；如果他的一生是令人失望的，有许多未完成的计划，那么他就会感到绝望。面对这样的冲突，老人要学会自我调整，自我调整是一种接受自我、承认现实的感受。如果一个人的自我调整大于绝望，他将获得"智慧"的品质，埃里克森把它定义为以超然的态度对待生活和死亡。

埃里克森认为，前一阶段的顺利发展将为后一个阶段的发展打下良好的基础；在每一个心理社会发展阶段中，都面临着"危机与转机"，解决了核心问题之后所产生的人格特质，都包括了积极与消极两方面的品质，如果各个阶段都保持向积极品质发展，就算完成了这阶段的任务，逐渐形成了健全的人格，否则就会产生心理社会危机，出现情绪障碍，形成不健全的人格。

埃里克森关于人格发展八阶段的理论是其最著名的贡献，他绘制的发展图像描述出人在不同阶段时具有的生长、克服各种困难以及外来障碍的能力。其理论的心理社会特征是对弗洛伊德五个心理性欲发展阶段的一种超越和发展。埃里克森把关注的重点扩展到人的整个生命过程，确定了人从出生到老年的各个发展阶段，他是第一个承认人到成年时仍要继续发展的现代理论家。梅尔（1978）曾这样总结埃里克森的理论：在整个一生里，个人在发展过程中总是一种性格，努力容纳辩证地来看两种不可调和的对立物。与此同时，某一阶段困难的最终解决又产生了下一阶段的冲突。环境方面的生活经历既限制了人又解放了人。社会及其变化保存了个人生存所必需的独特品质。

尽管有人批评埃里克森的理论只是在一个非常一般的水平上研究个人发展问题，没有考虑到社会阶级、种族集团以及不同社会的差别。但是，也应看到，他的理论对孩子的抚养、精神病学、社会工作以及美国和西方世界其他地区的临床工作都曾产生过深刻的影响。精神病学者、社会工作者以及临床和教育心理学专家都使用埃里克森的理论和方法来分析他们工作中的问题。因此，在看到其理论存在缺陷的同时，也应看到其所具有的历史意义。

第三节　　行为主义理论

20 世纪初期，由美国心理学家华生创立的行为主义（behaviorism）学派盛极一时。在心理学发展史上，行为主义的影响是其他心理学理论和流派所不能比拟的，从 1913 年华生发表《行为主义心目中的心理学》一文算起，行为主义及其后来的新行为主义统治了西方心理学近半个世纪，由此可见行为主义在西方心理学中的地位和影响。行为主义的基本观点认为，人类的行为都是后天习得的，无论是正常的行为还是病态的行为，都是经过学习而获得的，并由于强化而得到巩固，环境决定了一个人的行为模式。因此行为主义又被称为学习理论。在本节中，主要介绍华生、斯金纳和班杜拉三位行为主义大师对行为主义理论的贡献。

一、华生的行为主义

约翰·布劳德斯·华生（John B. Watson，1878—1958），行为主义心理学创始人，生于美国南卡罗来纳州，1900 年获得福尔曼大学硕士学位；后入芝加哥大学，师从杜威、安吉尔、唐纳尔森和洛布，1903 年获得该校第一个心理学博士学位，后任芝加哥大学讲师和心理实验室主任；1908 年转任约翰斯·霍普金斯大学教授，1915 年当选为美国心理学会主席。1957 年，美国心理学会为表彰他对心理学的贡献，授予他荣誉金质奖章。

（一）华生对心理学发展方向的改变

无论在理论上还是在方法上，行为主义都是心理学发展的一次重大转向。从心理学的研究对象来说，华生把心理学定义为自然科学的一个实验分支，认为心理学不应以那些不可捉摸、不可接近、不能直接观察的意识为研究对象，而应该以那些能听得见、看得到、摸得着的人类行为为研究对象，由此，行为主义确立了刺激-反应的研究模式，认为心理学就是研究刺激和反应之间的对应关系的。从方法上说，行为主义表现出明显的客观主义研究倾向，主张用观察法、条件反射法、测验法等客观方法来取代传统的主观内省的方法来研究人的心理和行为。从心理学的任务上来说，华生主张心理学应该通过发现刺激与反应之间的规律性关系，根据刺激预知反应或根据反应推知刺激，以此来预测和控制人们的行为。

（二）刺激-反应模式

华生的行为主义理论以巴甫洛夫的经典条件反射理论为基础，并将这一方法应用于人类研究，提出了刺激-反应模式。华生认为，心理学应该把人类的外显行为作为研究对象，而行为是靠刺激和反应之间的连接发生的。刺激是能引起反应的外界环境或所经历的事件、事物和过程。而反应是对环境变化的一种适应性行为，是对环境的一种适应过程。华生把人的反应归结为四种：① 外显的遗传反应，如眨眼、打喷嚏及恐惧、愤怒、狂喜等反应；② 潜在的遗传反应，如腺体分泌、血液循环等；③ 外显的习惯反应，如打球、跳舞等；④ 潜在的习惯反应，如思维、想象等。华生把一切刺激和反应都最终归结为一种物理和化学的变化（肌肉收缩和腺体分泌），这就使心理学的性质与物理学、化学在某种意义上等同起来，从而揭下了心理学的神秘面纱。不过，也有人因此批评他的行为主义不是心理学，而是生理学。

二、斯金纳的操作行为主义

波哈斯·弗莱德里克·斯金纳（B. F. Skinner，1904—1990）生于美国宾夕法尼亚的萨斯奎汉纳城，1931 年获博士学位，1939 年在明尼苏达大学任副教授，1945 年任印第安纳大学心理学系主任，1948 年重返哈佛大学，被聘为该校心理学系终身教授。他的主要著作有《有机体的行为》《科学与人类的行为》《言语行为》《强化程序》等。他是新行为主义的一位重要代表人物。

（一）操作条件反射

斯金纳的理论是以他的操作性实验为基础的，在斯金纳的实验中，他研制了一个特殊的箱子，箱内有一个与外界联系的杠杆，杠杆下有一个食物盘，如果杠杆被压下，指示灯会亮，并有食物从外面送入食物盘中。这就是世界著名的"斯金纳"箱。斯金纳将动物，如白鼠放入箱中，开始，白鼠只会到处乱跑，偶然地会将杠杆压下，这时指示灯会亮一下，并有食物送入盘中，白鼠便得到食物。白鼠压杠杆是一种偶然行为，这种行为是操作性的，出现食物是一种强化，是对白鼠操作行为的鼓励。实验发现，在偶然压杠杆得到食物后不久，白鼠会不断地压杠杆以继续得到食物，这便是操作条件反射形成，但若白鼠压杠杆后不再得到食物，即没有强化，则操作行为会消退。它与经典条件反射的最大区别是在操作条件反射中，动物是主动产生某种行为的。

（二）斯金纳的基本理论观点

首先，在对"什么是行为"这个问题上，斯金纳认为行为并不是有机体通过活动表现出的外显反应，他对行为的界定包含了感知、记忆、思维等有机体的内部活动，显然，这样的定义混淆了行为与意识的区别，他在抛弃传统心理学主观而不符合科学规则的研究传统的同时矫枉过正，走向了另一个极端。

其次，在对行为的理解上，斯金纳区分了两种行为，一种是反应性行为，反应是由明确的刺激引起的，如巴甫洛夫实验中唾液的分泌就属于这一种；另一种是操作性行为，没有明确的先行刺激，而是有机体对环境的主动适应，由行为的结果控制，斯金纳着重研究的是操作性行为。他进一步提出了建立操作性条件反射的原则：① 任一反应若有强化刺激尾随其后，则有重复出现的倾向；② 强化刺激可以是增强条件反应速率的任务事件。

由此，斯金纳认为人类行为的真正原因不在于本能或情感，而在于外界的环境条件。任何有机体都倾向于重复那些指向积极后果的行为，而不去重复指向消极后果的行为。这样，在操作行为中，通过强化作用便可以塑造人的行为。强化可分为积极强化和消极强化。积极强化是指加入一刺激而提高行为的重复率，如压杆得到的食物，它有助于形成某种行为，而消极强化是指撤销某一刺激从而提高行为的重复率，如切断使动物痛苦的电击刺激。另外还要注意惩罚与消退的概念。惩罚是指呈现不愉快或令人痛苦的刺激从而减少某行为的发生率，如对孩子某种行为的责备或惩罚则有助于孩子改变或放弃该行为。消退是指被强化的行为在将来出现时没有得到强化物，那么该行为重复率就会降低甚至停止该行为的现象，如小孩发脾气是为了引起母亲的关注，久而久之形成习惯，根据消退概念，可在这种行为发生时不予理睬，排除对他的关注，小孩得不到预想中的结果就会不再哭闹。斯金纳的这种观点在行为矫治方面得到了广泛应用，对社会工作具有尤其重要的意义。

三、班杜拉的社会学习理论

阿尔伯特·班杜拉（Albert Bandura），1925 年出生于加拿大阿尔伯特州北部的蒙太尔小镇。他大学毕业后赴美国艾奥瓦大学，师从赫尔的学生斯彭斯；1952 年获临床心理学博士学位；1953 年被斯坦福大学聘为讲师，从事儿童心理的教学与研究工作，后获聘斯坦福大学心理学教授；1973 年当选为美国心理学会主席。班杜拉的主要著作有《青少年的攻击行为》（与沃尔斯特合著）、《社会学习与人格发展》（与沃尔斯特合著）、《行为矫治原理》等。

班杜拉曾做过一个关于儿童攻击行为的实验研究，他将 66 名儿童随机分成 3 组，观看成年人攻击塑料玩具人的录像，第一组看到的录像中，成年人的攻击行为受到赞扬，为奖励组；第二组看到的录像中，成年人的攻击行为受到指责，为惩罚组；第三组看到的录像中无赞扬或指责，为无强化组。看完录像后，将儿童带到实验室，让儿童在实验室自由玩耍 10 分钟，实验室中有一些塑料玩具人。结果发现三组儿童都出现模仿成人攻击塑料玩具人的行为，但第一组和第三组发生率较高。

通过实验研究，班杜拉认为，个体在获得某些行为的过程中并未直接得到过强化，人类大多数行为都是可以通过观察学会的，观察学习最显著的特点是学习者不是通过直接的刺激-反应模式来学习的，学习者本身也不直接介入行动过程本身，不亲自接受强化，不直接做出反应，学习者只是通过观察他人的行为，从而模仿并塑造自己的行为。可见，模仿学习是行为形成的一个重要途径，人的许多社会行为都是通过模仿学习而获得的，因此，社会学习理论的核心是模仿学习。进一步，班杜拉指出学习的四个阶段。其一，观察者必须注意并察觉榜样行为中最关键的特征；其二，观察者必须成功回忆起该行为；其三，观察者必须重视该行为；其四，观察者必须被激发去学习和执行该行为（罗伯特·费尔德曼，2013）。

社会学习理论强调三种强化对学习的作用，这三种强化分别是直接强化、替代强化和自我强化。直接强化，指通过外界因素对学习者的行为直接进行干预。个体是在观察结果和自己形成的结果的支配下，引导自己的行为的。例如，勤奋学习得到老师家长的表扬，那就会更加努力学习。但班杜拉认为，外在结果虽然给行为以影响，但是，它不是决定人的行为的唯一结果。替代强化，指观察者如果看到他人成功或受到赞扬的行为，就会增强产生同样行为的倾向；如果看到失败或受到惩罚的行为，就会削弱或抑制发生这种行为的倾向。例如，当一个教师强化一个学生的助人行为，班上的其他人也会争先恐后去帮助他人。自我强化，即行为达到自己设定的标准时，以自己能支配的报酬来维持、增强自己的行为的过程。它主要依存于自我评价的个人标准。例如，补习英语的学生为自己设立一个成绩标准，当到达这个标准时对自己进行自我奖赏。

由于行为主义理论能够解决一些实际问题，因此，在实用主义思想指导下，行为主义心理学在美国很快就盛行起来。行为主义从 20 世纪 20 年代兴起，一直流行到 20 世纪 50 年代才逐渐衰落。它的影响深远，不但其客观研究方法得到了肯定，而且为行为治疗奠定了理论基础，在当前的行为改造、心理治疗中，行为主义的方法占有重要地位。

第四节　　人本主义理论

人本主义心理学是美国当代心理学主要流派之一，它是在对行为主义和精神分析理论进行深刻批判的基础上发展起来的，被称为心理学中的第三思潮。由美国心理学家马斯洛（A. H. Maslow）创立，代表人物有罗杰斯等人。

与传统心理学不同，人本主义心理学表现出了对"人"的极大关注。它批判了传统心理学把人兽性化、非人格化和无个性化的倾向，认为行为主义把人与动物等同起来，以刺激-反应的公式取代对人的内在心理过程的研究，陷入了机械还原论和环境决定论；而精神分析理论把病人与正常人等同起来，以潜意识的功能取代人的整个心理生活的研究，陷入了生物还原论和悲观论。在对传统理论进行深刻批判的基础上，人本主义第一次把人的本性与价值提到了心理学研究的首要位置，阐释了人的潜能和动机在人的发展中的重大作用，提出了诸如"自我实现""顶峰体验"等一系列涉及人类高级精神生活领域的范畴。

一、马斯洛的需要层次理论

亚伯拉罕·马斯洛（1908—1970）是人本主义最主要的创始人之一，1934 年在威斯康星大学获得博士学位后，前往哥伦比亚大学担任著名机能心理学家桑代克的助手。1951 年，他应邀担任布兰迪斯大学心理学系教授兼系主任。马斯洛的主要著作有《动机与人格》《存在心理学探索》等。

需要层次理论是研究人的需要结构的一种理论，是马斯洛在 1943 年发表的《人类动机的理论》中提出的。这一理论有三个基本的假设前提：① 人要生存，他的需要能够影响他的行为，但是只有未满足的需要能够影响行为，而满足了的需要不能充当激励工具；② 人的需要按重要性和层次性排成一定的次序；③ 当人的某一级的需要得到最低限度满足后，才会追求高一级的需要，如此逐级上升，成为推动继续努力的内在动力。

马斯洛认为人类行为的心理驱力不是性本能，而是人的需要，需要是人类内在的、天生的存在，而且按先后顺序发展，他将这些需要分成了以下五个层次。由下而上依次如下：① 生理需要，是个人生存的基本需要，如人的衣、食、住等；② 安全需要，包括心理上与物质上的安全保障，如不受盗窃和威胁、预防危险事故、职业有保障、有社会保险和退休金等；③ 爱与归属的需要，人是社会的一员，需要友谊和群体的归属感，需要在人际交往中获得彼此的同情、互助和赞许；④ 尊重需要，包括要求受到别人的尊重和自己具有内在的自尊心；⑤ 自我实现的需要，指通过自己的努力，实现自己对生活的期望，从而真正感到生活和工作很有意义。

表 2-1 列出了马斯洛的需要层次、各级需要在得到满足和未得到满足时的状况。

表 2-1　马斯洛的需要层次与人格发展水平

需要层次	未满足状态	满足状态	案例
自我实现的需要	疏离	健康好奇心	经历到一种深刻的感受
	生活没有意义	顶峰体验	
	厌倦	潜力的实现	
	有限的活动	工作是愉快的，并能体现价值	
尊重需要	感到无能	自信	因表现突出而获得奖励
	否定与怀疑	优越感	
	自卑	对自我有积极认识	
爱与归属的需要	不自然、羞怯	自由地表达感情	彼此真诚地相爱
	感到不被人需要	完整感	
	无价值的感觉	温暖感	
	空虚	获得新的生命与力量	
	寂寞	共同成长的感觉	

需要层次	未满足状态	满足状态	案例
安全需要	不安全	安全	有一份稳定的工作
	向往	舒适	
	一种损毁的感觉	平衡	
	害怕	沉着、镇静	
	摆脱不了的思想、情感	安宁	
生理需要	饿、渴	放松	饱餐一顿后的满足感
	性欲受阻	紧张消除	
	紧张	各种快乐的感觉	
	疾病	身体健康	
	无处安身	舒适	

（资料来源：《自杀：理解与应对》，库少雄著，人民出版社，2011年，有改动。）

人在满足高一层次的需要之前，至少必须先部分满足低一层次的需要。这五个层次的需要又可分为两大类：第一类是缺失需要，包括生理需要、安全需要、爱与归属的需要。这类需要可产生匮乏性动机，为人与动物所共有，一旦得到满足，紧张消除，兴奋降低，便失去动机；第二类需要是生长需要，包括尊重需要、自我实现的需要，这类需要可产生成长性动机，为人类所特有，是一种超越了生存满足之后，发自内心地渴求发展和实现自身潜能的需要。满足了这种需要个体才能进入心理的自由状态，体现人的本质和价值，产生深刻的幸福感，马斯洛称之为顶峰体验。马斯洛认为人类共有真、善、美、正义、欢乐等内在本性，具有共同的价值观和道德标准，达到人的自我实现关键在于改善人的自我意识，使人认识到自我的内在潜能或价值，人本主义心理学就是促进人的自我实现。

马斯洛从38位成功的名人，其中包括富兰克林、林肯、罗斯福、贝多芬、爱因斯坦等人的人生历程中归纳出自我实现者的16项人格特征。马斯洛认为，这些人格特征是这些人自我实现的主观条件。自我实现者的人格特征包括：① 能准确、全面地洞察现实，持有较为实际的人生观；② 悦纳自己、他人和世界；③ 自主、自然地表达情绪与思想；④ 视野广阔，就事论事，较少考虑个人利害；⑤ 有独处的需要，能享受自己的私人生活；⑥ 有独立自主的性格，能独立于环境和文化；⑦ 以新奇的眼光欣赏事物，对平凡事物不觉厌烦，对日常生活永感新鲜；⑧ 生命中曾经有过引起心灵震动的神秘体验和巅峰经验；⑨ 不只是关心熟人、朋友和亲人，还关心全人类；⑩ 有至深的知交，有亲密的家人；⑪ 有民主风范，尊重别人的意见；⑫ 有强烈的道德感但并不一定接受传统的道德标准，能区分手段与目的，绝不为达到目的而不择手段；⑬ 带有哲学气质，有幽默感；⑭ 富有创见，不墨守成规；⑮ 对世俗和而不同；⑯ 对生活环境有时时改进的意愿与能力（库少雄，2011）。

马斯洛提出的需要层次理论是对人类动机心理学的一大贡献。主要表现在：① 指出需要是调动人的主体积极性的内在动力，突出了满足需要在人的发展方面的重要性；

② 看到了人与动物在需要问题上的区别，认为低层次需要是人和动物所共有的，高层次需要则为人所特有的，基本克服了传统心理学人兽不分的弊端；③ 把人的需要看成一个多层次、多水平的系统，探讨了人的需要的性质、结构、种类、发生和发展的规律；④ 分析了人的各层次需要及其相互关系，特别强调了高层次需要的出现以低层次需要的基本满足为条件，但只有高层次需要的追求和满足才使人更充实、更幸福。

二、罗杰斯的自我理论

罗杰斯是美国人本主义心理学的又一代表人物。他的自我论和马斯洛的自我实现论在基本观点上是一致的，都认为人有追求自我价值实现的共同趋向。但他更强调人的自我指导能力，相信经过引导，人能认识自我实现的正确方向。罗杰斯的主要著作有《来访者中心疗法》（1951）、《论人的成长》（1961）、《一种存在方式》（1980）等。

关于自我的形成，罗杰斯认为，刚出生的婴儿没有自我概念，自我概念是在个体与环境相互作用的过程中形成的。儿童出生后，随着身心的发展，由最初的物我不分、主客不分，到逐渐把自我与环境区分开来，并在语言的帮助下进一步分清主我和客我。一般来说，在自我概念的形成过程中，儿童都怀有一种得到他人积极关注的心理倾向。积极关注（positive regard）简言之就是"好评、积极的回应"，他人以积极的态度支持个体。但是，要获得积极关注这样的评价经验，通常要满足评价者的条件，达到评价者的要求。例如，一名儿童必须学习成绩优秀才能得到教师、父母的喜爱和关心。这种只有符合了某些条件才能得到的积极关注称为有条件的积极关注。与之相对应的是无条件的积极关注，所谓无条件的积极关注，是一种没有价值条件的积极关注体验，即使儿童的自我行为不够理想，他觉得自己仍会受到父母或其他人的尊重、理解和关怀。婴儿有受关注、受赞赏的心理需要，当父母能够为他提供这种无条件的积极关注时，儿童的需要就会得到满足，他会觉得自己是有价值的，获得积极的自我评价，获得安全感，按照自己的内在情感和价值生活，这样在自我和现实之间就不会出现不一致，这种人在自我实现的道路上，会无拘束地发展自己的潜能，达到最终指向的目标，成为一个拥有健康人格的人。反之，如果父母不能为儿童提供无条件的积极关注，儿童时时担心达不到父母的期望而陷入不安全感中，他们就需要通过防御机制来满足自我的需求，儿童为了得到父母的爱，必须达到父母的要求，从而抑制、否定、扭曲自己内心真正的想法，这样就会在自我和现实之间产生冲突。这种人在生活中很容易出现心理障碍。

在此基础上，罗杰斯进一步提出了健康人格的特点。① 经验的开放性。对一切经验采取开放的态度，个体毫无拘束地体验所有的情感和经验，他们不封闭自我。② 存在主义的生活方式。对生活有着新鲜感，生活于存在的每一个瞬间。③ 信任自己的机体。健康的人格犹如一切资料都程序化了的计算机，并不徒劳地思虑所面临的每一件事。但是他们考虑问题是全面的，并且能对行动的过程迅速做出决定。④ 富有自由感。机能健全的人是"意志"自由的人，他们的决定都是出自个人的意愿，而不是受外部的强制或内部的压抑。他们能享受到生活的个人权利感，相信未来是自己决定的。

⑤ 高度创造力。这种人富有创造和创新能力，而不是遵循或者消极适应社会和文化传统。

<h1 style="text-align:center">第五节　皮亚杰的认知发展理论</h1>

皮亚杰（Piaget，1896—1980）是瑞士的教育心理学家，发生认识论的创始人。他的认知发展理论是近代认知心理学中最重要的理论之一。他生于瑞士的纳沙特尔，十几岁就开始发表论文，1915 年和 1918 年相继获纳沙特尔大学学士和博士学位，曾在苏黎世、巴黎从事过精神病诊治工作，1921 年被推荐为日内瓦大学卢梭学院实验室主任，后又升任助理院长并先后执教于纳沙特尔大学、日内瓦大学、洛桑大学和巴黎大学，曾先后当选为瑞士心理学会等多个学术团体的主席，还长期担任设在日内瓦的国际教育局局长和联合国教科文组织助理总干事之职。他还是多家心理学刊物的编委，1955 年在日内瓦创立国际发生认识论中心并任主任，直至去世。他曾经被多所著名大学授予名誉学位并获多种学科奖。

1925 年皮亚杰发表的《心理学与认识的批判》首次明确阐述心理学与认识论研究相结合的必要性。他一生最大的贡献是创立发生认识论的理论体系。皮亚杰通过儿童心理学，特别是儿童智慧心理学，把生物学与认识论和逻辑学相沟通，以揭示认知增长的机制，从而把传统认识论改造成为一门实证的经验科学。发生认识论继承了欧洲机能主义心理学传统，并把认知结构加以全新改造，提出认知结构的构造理论，强调主体认知结构在认识形成过程中的重要作用，并以不同水平的认知结构作为划分儿童认知发展阶段的根据。他的认知发展理论对教育和临床心理学产生了深远的影响。

皮亚杰代表性著作有《儿童智慧的起源》《儿童对现实的构造》《儿童符号的形成》《发生认识论导论》《结构主义》《生物学与知识》《哲学的洞察与错觉》等。皮亚杰及其理论在获得了世界性声誉的同时，也遭受了来自不同学派的众多批评，有人认为，忽视社会实践对人的认知发展的制约作用，是其理论的严重缺陷之一。

认知发展理论是皮亚杰理论体系中最重要的部分，因此本节主要就其认知发展理论中的相关知识做简要介绍。

一、认知发展理论的基本概念

1. 知识

皮亚杰认为，认识并不是一种既存的状态，而是一种"发生"的过程，它并不存在于进行认识的主体之中，也不存于被认识的客体之中，而是发生于主体对客体进行认识时所构成的交互关系中，而"知识"就是这个过程所产生的结果。

2. 智力

皮亚杰对于智力的看法，有别于以往的心理学者。以往的心理学者认为智力是心理结构的一部分，具有固定的成分或结构，因此要想了解人类的智力，需要从分析智力的组成入手。然而皮亚杰却从生物发生学的观点，认为智力是一种生物适应环境的结果，皮亚杰也认为智力具有结构，但是他并不认为智力的结构是以一种静态的固定形式存在于生命之中的，他认为智力是生命为了适应变化的环境而发展出来的一种适应形式，它是种有机的、动态的、具有发展性的结构。因此，皮亚杰认为在个人的生命中，智力是会随着个体与环境的互动而进行发展性变化的。不仅如此，甚至对于全人类的历史来说，从远古到现代，人类的智力也是处于不断地发展状态当中的。

3. 图式和认知结构

图式是皮亚杰用来描述认知结构的一个重要概念。图式是认知结构的一个单元，一个人的全部图式组成一个人的认知结构。个体出生后不久，即开始用一些与生俱来的基本行为模式对环境中的事物做出反应，例如，初生的婴儿具有吮吸、哭、视、听、抓握等行为，这些行为模式被称为先天性遗传图式，它是人类长期进化的产物。以这些先天性遗传图式为基础，儿童随着年龄的增长及机能的成熟，在与环境的相互作用中，遇到某事物，便会用某种对应的图式予以核对和处理，通过同化、顺应等过程，图式会不断得到改造，认知结构也不断发展。皮亚杰将认知发展和智力发展均解释为个体的图式随年龄增长而产生的改变。

4. 同化和顺应

同化和顺应是皮亚杰用来解释儿童图式发展的两个基本过程，同化是把与已有认知结构相符的外界因素纳入机体已有的图式或结构中，以此来获得知识。而顺应则是通过改变图式以处理新信息，来适应客观环境的变化。在认知结构形成的过程中，同化是极重要的机能。同时，顺应也是不可缺少的。在前后相联系的认识过程中，同化保证认知结构的连续性，而顺应产生认知结构的创造性；同化保证认知结构的量变，而顺应产生认知结构的质变。同化与顺应之间的平衡过程就是认识的适应，也就是人的智力行为的实质所在。

5. 平衡与平衡化

当同化和顺应达到一定的比率时，认知机能便达到一种平衡，这种平衡状态就是适应。但这种平衡是很容易被内外条件的变化所破坏的，进而出现又一次的不平衡。于是，机体再一次进行自动调节，努力达到新的平衡。机体不断追求新的平衡的过程，就叫平衡化。由此可见，平衡是一种状态，平衡化是一个过程，一个动态的过程。

在认知发展的过程中，最基本的平衡化就是同化与顺应两种机能之间的平衡化。同化与顺应是人的认识活动中不可分割的两个方面，这两个方面的平衡状态叫适应，不平衡就形成不适应。当认知结构重新达到新的平衡时，就重新进入新的适应。因此，可以进一步说，认知过程从一种较低级的适应发展到较高级的适应就是平衡化的过程。

6.运算

运算是皮亚杰理论的主要概念之一。皮亚杰所指的运算是心理运算。运算是动作，是内化了的、可逆的、有守恒前提和逻辑结构的动作。首先，心理运算是一种在心理上进行的、内化了的动作。它是一种由外在动作内化而成的思维，或者说是在思维指导下的动作。其次，心理运算是一种可逆的内化动作，即动作的过程在思维中可以向相反的方向进行。再次，运算是有守恒前提的动作，当一个动作已具备了思维的意义，这个动作除了是内化的可逆的动作，它同时还必定具有守恒性前提。所谓守恒性是指认识到数目、长度、面积、重量、质量等虽然可以以不同的形式呈现，但是过程中的量保持不变。最后，运算是有逻辑结构的动作，儿童的智力发展到运算水平，即已具备内化、可逆性和守恒性特征时，智力结构演变成运算图式，运算图式或者说运算不是孤立存在的，而是存在于一个有组织的运算系统之中。

二、认知发展的阶段

皮亚杰认为，认知结构既不是先天地预成在人的头脑中，也不是由外部的客体简单地复印在人脑中的。它是主客体相互作用的产物，具有动态的结构。在长期的实验观察研究中，皮亚杰将人类个体自儿童至青少年的认知发展过程划分为四个阶段，这四个阶段划分的依据并不是年龄，而是以个体认知结构整体形式的特征作为划分标准。具体的阶段划分如表 2-2 所示。

表 2-2　人类个体自儿童至青少年的认知发展过程

阶段	年龄	特征
感觉动作期	0～2 岁	凭感觉与动作以发挥其图式功能； 由本能性的反射动作到目的性的活动； 能够区分主体与客体； 对物体认识具有物体守恒性概念
前运算期	2～7 岁	能使用语言表达概念，但有自我中心倾向； 能使用符号代表实物； 能思维但不合逻辑，不能见到事物的全面； 泛灵论，赋予无生物以生命特征
具体运算期	7～11 岁	能根据具体经验思维以解决问题； 能理解可逆性的道理； 能理解守恒的道理
形式运算期	11 岁以上	能进行抽象思维； 能按假设验证的科学法则解决问题； 能按形式逻辑的法则思考问题

就上述的认知发展阶段，皮亚杰的观点如下。

1. 阶段的发展顺序是固定不变的

个体认知能力的发展，往往由于社会文化、生物遗传等因素的影响存在着一定的个体差异，每个人的成熟程度及速度都不完全相同。但是，这些发展阶段在每个人的发展过程中出现的顺序都是一样的，也就是说，每个人的认知发展都要经历表 2-2 中所列出的四个阶段。而且，每个阶段之间存在着连续性，任何阶段都是不可跨越的，如处于感觉动作期的儿童不可能跳过前运算期而直接发展到具体运算期。

2. 阶段发展具有整合性

在某一个特定阶段形成的认知结构，会被整合到下一个发展阶段的认知结构中。因此，每一个新的发展阶段不仅具有新的结构，还包含着以前的发展成果，例如，当儿童处于前运算期时，在感觉动作期所形成的认知结构、思维能力并不会消退，它会在前运算期出现，并且会以更高级的形式出现，同理，前运算期获得的认知能力也会在具体运算期出现。

3. 每个阶段本身又是一个发展过程

发展是一个连续的动态过程，每个阶段本身都有自身的发展过程，表现为每个阶段都包括了一个准备期和一个完成期。例如，在形式运算期，从十二岁到十五岁这个时期被称为准备期，而十五岁以后形成的平衡期则被称为完成期。因此，当我们说某一个儿童处于某一发展阶段时，一定要考虑到他是处于这一阶段的哪个发展水平，只有这样才能准确了解儿童认知发展的实际水平。

4. 每个阶段都包含一个形成期与最终平衡模式

每一个发展阶段都是一个朝着最终的平衡（同化与顺应的平衡）结构发展的过程。只有当认知结构发展达到这个最终的模式之后，个体才能完全具备此发展阶段的整体特征。例如，前运算期的特征是能使用语言表达概念，但有自我中心倾向；能使用符号代表实物；能思维但不合逻辑，不能见到事物的全面，无法了解他人的观点、看法等。这些特征只有在达到前运算期成熟的儿童身上才能完全看到，这就是这一阶段的最终平衡模式，而在这一阶段较早期的过程中，儿童所表现出来的特征往往只是上述特征中的某些部分。

三、道德发展三阶段论

皮亚杰认为，道德的实质或者说成熟的道德包括两个方面内容：一是对社会规则的理解和认识；二是对人类关系中平等、互惠的关心，这是公德的基础。儿童的认知结构和认知能力首先得到发展，之后认知能力决定儿童对社会情境的推理能力。也就是说，认知发展是道德发展的必要条件，道德发展是认知发展的一部分。随着认知能力的发展，道德发展由一个非常以自我为中心的道德推理阶段发展到以合作和互利为基础的公平系统阶段。皮亚杰根据儿童对规则的理解和使用，对过失和说谎的认识及对公正认识的考察和研究，把儿童道德的认知发展划分为三个有序的阶段。

前道德阶段（0～3岁），这一阶段的儿童对问题的思考是以自我为中心的，按照自己的想象去对待规则。他们的行为容易冲动，感情泛化，行为直接受结果的支配，道德认知不守恒。例如，同样的行动规则，若是出自父母就愿意遵守，若是出自同伴就不愿意遵守。

他律道德阶段（3～7岁），这一阶段道德认知的特点是单方面尊重权威，有一种遵守成人标准和服从成人规则的义务，绝对服从父母、权威者或年龄较大的人。在儿童眼中，服从权威就是好，不听话就是坏，并且把规则认为是固定的、不可变的；从行为的物质后果来判断一种行为的好坏，不考虑行为的主观动机；看待行为有绝对化倾向，判定是非总是抱极端的态度，要么是好，要么是坏，并且认为别人也是如此看待的。例如，儿童在看电视时，总是问父母剧中人物是好人还是坏人；赞成惩罚，并认为受惩罚的行为本身就是坏的。

自律道德阶段（7～12岁），这一阶段，儿童已经开始认识到规则是由人们根据相互之间的互动而创造的，它是可以依照人们的愿望加以改变的；判断行为时，已不再只是考虑行为的后果，还考虑行为的动机；能够设身处地为他人着想，判断不再两分法、绝对化；提出的惩罚较温和，更直接针对所犯的错误，把错误看作是对过失者的一种教训。

皮亚杰认为儿童道德发展的这些阶段的顺序是固定不变的，儿童的道德认识是从他律道德向自律道德转化的过程。他律道德阶段的儿童是根据外在的道德法则进行判断的，他们只注意行动的外部结果，慢慢地，儿童的道德判断开始注意客观动机，用平等或不平等、公正或不公正等新的标准来判断是非，这是一种为儿童自身已具有的主观价值所支配的道德判断，属于自律水平的道德。只有达到了这个水平，儿童才具有真正的道德。

皮亚杰以其深具开创性的理论及自身的社会实践，在教育心理学中占有了极为重要的地位，他的理论对心理学、社会学、教育学等都产生了广泛影响。尽管许多学者对皮亚杰的认知发展理论提出了这样那样的批评，认为他的理论过分关注生物因素而忽视了社会文化的影响，由此便看不到教育对儿童认知发展的重要作用等，但是，人的精力是有限的，不能苛求任何一种理论必须要面面俱到才是有价值的。直到今天，皮亚杰的认知发展理论仍是人们研究认知发展的基本架构，其理论价值由此可见一斑。

第六节　　科尔伯格道德发展阶段理论

科尔伯格（Lawrence Kohlberg）是美国当代发展心理学家，他致力于儿童道德判断力发展的研究，提出了道德发展阶段理论。他的理论是以皮亚杰的认知发展理论为基础建立的，他认为儿童道德的发展是与其认知能力的发展相适应的，道德教育绝不是背记道德条例或强迫纪律，而是促进道德认知水平的发展。因此，他对儿童的道德发展进行了阶段划分，用道德两难问题的讨论法来研究儿童道德的发展。

一、道德发展阶段理论的主要内容

科尔伯格的道德发展阶段理论强调道德发展是认知发展的一部分，道德判断同逻辑思维能力具有一定的相关性，同时强调社会环境对道德发展具有很大的刺激作用。

在研究儿童的道德发展时，科尔伯格发明了一种称作道德判断量表的结构性交谈技术，这些量表描述了一种道德故事，即道德两难故事，故事以两种相互冲突的道德方面为特点，发展了皮亚杰在探究儿童道德发展时对比两种道德行为的做法。科尔伯格的具体方法是，编制了九个道德两难故事和一系列问题，其中最著名的就是海因兹偷药的故事。欧洲有个妇女患了癌症，生命垂危。医生认为只有一种药能救她，即本城一个药剂师新研制的镭。配制这种药成本为200元，售价却要2000元。病妇的丈夫海因兹到处借钱，但最终只凑得1000元。海因兹恳求药剂师，说他的妻子快要死了，能否将药便宜点卖给他，或者允许他赊账。但遭到药剂师的拒绝。海因兹没有别的办法，于是破门进入药剂师的仓库把药偷走。问：这个丈夫该这么做吗？为什么？利用这类两难故事，科尔伯格研究了75名10～16岁的被试。以后每隔三年重复一次，直至22～28岁。他让被试听了故事后判断是非，然后提出一系列问题让他们回答，再根据他们的回答划分道德判断发展的水平。同时他又根据一系列回答，编制了各种不同水平的量表，用来测定其他儿童的道德发展水平。科尔伯格从被试的陈述中区分出30个普遍的道德属性，如公正、权利、义务、道德责任、道德动机和后果等。每一个属性可分为6个等级，合计180项，然后把谈话中儿童的道德观念进行归类，再将其归属到180项分类表的一个小项下作为得分。儿童在某一阶段的得分在其全部表述数中所占的百分比，便代表儿童在该阶段的道德判断水平。这种方法是科尔伯格研究人的道德判断发展的重要手段，他在研究中发现人的道德判断存在着一个渐进的发展过程，可分为一系列不同的阶段，由此他把人的道德判断分为三种水平，每种水平各有两个阶段，共六个阶段。

1. 前习俗水平

处于前习俗水平的儿童已了解是非善恶的社会准则和道德要求，但基本上是以自我为中心，依据自身受表扬和被谴责的经验来判断正误好坏，这一水平有两个阶段。① 惩罚与服从的定向阶段。这个阶段的儿童认为凡是权威人物赞扬的就是好的，遭到他们批评的就是坏的。他们道德判断的理由是根据是否受到惩罚或服从权威。他们凭自己的水平做出避免惩罚和无条件服从权威的决定，而不会考虑惩罚或权威背后的道德准则。② 工具性的相对主义的定向阶段。这一阶段儿童首先考虑的是，准则是否符合自己的需要，有时也包括别人的需要，并初步考虑到人与人的关系，但人际关系常被看成是交易的关系。对自己有利的就好，不利的就不好。好坏以自己的利益为准。

2. 习俗水平

处于习俗水平的儿童主要以社会为中心，他们有了满足社会的愿望，比较关心别人的需要。道德判断的做出既是考虑个体，也是考虑团体成员的结果。儿童认为自己所处团体的期望与目的是有价值的，他们不会去考虑那些非本团体成员的利益。这一水平有两个阶段。① 人际关系的定向阶段或好孩子定向阶段。这个阶段的儿童认为一个人的行为正确与否，主要看他是否为别人所喜爱，是否对别人有帮助或受别人称赞。② 维护权威或秩序的定向阶段。这一阶段的儿童意识到了普遍的社会秩序，强调服从法律，使社会秩序得以维持。儿童遵守不变的法则和尊重权威，并要求别人也遵守。

3. 后习俗水平

处于后习俗水平的人力求对正当而合适的道德价值和道德原则做出自己的解释，而不理会权威人士如何支持这些原则。他们决定事情正确与错误不涉及个人或社会情境，而会遵循一些正义、互惠、平等、尊重等原则。这个水平有两个阶段。① 社会契约的定向阶段。在习俗水平的第二阶段，个人持严格维持法律与秩序的态度，刻板地遵守法律与社会秩序。而在本阶段，个人看待法律较为灵活，认识到法律、社会习俗仅是一种社会契约，是可以改变的，而不是固定不变的。一般说来，这一阶段的人会考虑不违反大多数人的意愿和利益，但并不同意用单一的规则来衡量一个人的行为。道德判断灵活了，能从法律上、道义上较辩证地看待各种行为的是非善恶。② 普遍的道德原则的定向阶段。这个阶段个人有某种抽象的、超越某些刻板的法律条文的、较确定的概念。在判断道德行为时，不仅考虑到适合法律的道德准则，还考虑到未成文的有普遍意义的道德准则。道德判断已超越了某些规章制度，更多地考虑道德的本质，而非具体的准则。

以上三水平六阶段的内容，简要总结至表 2-3 中。

表 2-3　道德判断的三水平六阶段

三水平	总体特征	六阶段	阶段特征
前习俗水平	了解关于是非善恶的社会准则；以自我为中心，从行动后果和自身利益判断是非好坏	惩罚与服从的定向阶段	以是否受到惩罚或服从权威为判断依据
		工具性的相对主义的定向阶段	好坏以自我利益为标准；初步考虑人与人的关系
习俗水平	以社会为中心，满足社会愿望；道德判断既考虑个人，也考虑家庭与所属团体	好孩子定向阶段	以是否受到他人喜爱、称赞为判断依据
		维护权威或秩序的定向阶段	意识到普遍的社会秩序，强调遵守法则和尊重权威

续表

三水平	总体特征	六阶段	阶段特征
后习俗水平	对道德原则做出自己的解释；判断是非以正义、互惠、尊重等为依据	社会契约的定向阶段	认识到社会习俗是社会契约，具有可变性；辩证看待是非善恶
		普遍的道德原则的定向阶段	超越道德条文，考虑道德本质、具有普遍意义的道德准则

二、道德发展阶段理论的基本原则

次序性原则。科尔伯格提出的道德发展的六个阶段具有一定的次序性。其顺序在个体的发展中是不变的。

普遍性原则。道德发展的六个阶段是普遍的，即适合于不同国家、不同性别。

整体性原则。道德发展各阶段形成一个结构性整体。

角色承担原则。道德发展各阶段代表了角色承担能力与社会观点方面的不同。

认知前提原则。皮亚杰关于认知发展的各个阶段是道德发展相应阶段的必要条件，但不是充分条件。

科尔伯格对道德发展问题的一系列研究，扩展了皮亚杰关于儿童道德判断研究的理论，在发展心理学中形成了一个重要的道德发展阶段模式，使道德现象得到了比较客观的科学证明，并有助于将道德发展的理论用到学校道德教育中去。他的研究在欧美各国的心理学界和教育界产生了广泛影响。人们对他的"道德两难法"给予了较高评价，认为他对传统道德教育中刻板灌输、强制执行、盲目顺从、机械重复等方法的批判，无疑是正确的，也肯定了他重视社会环境对儿童道德发展的影响作用。但另一方面，科尔伯格仅仅强调道德判断能力，而忽视了道德情感、道德意志和道德行为在道德品质形成和发展中的作用，是不全面的。儿童的道德品质不只是要具备道德认识，还要有丰富的道德情感、坚强的道德意志和良好的道德行为，并使之成为习惯。同时，科尔伯格关于道德认识和行为的关系的看法，也存在着片面性，他过分强调儿童的道德判断能力的作用，而忽视了道德行为的训练。

◆ 本章小结

本章深入探讨了人类行为与社会环境的理论基础，从多元视角解读个体与环境之间的复杂互动关系。首先，通过精神分析理论、心理社会发展理论和行为主义的视角，揭示了个体行为的驱动因素及其社会化过程。弗洛伊德的理论强调潜意识的作用，埃里克森则提出了贯穿整个生命历程的心理社会发展阶段模型，而斯金纳和班杜拉通过强化与观察学习阐明了环境对行为的塑造机制。

然后，本章探讨了人本主义和认知发展的相关理论，这些理论强调人类潜能的实现及认知能力的逐步提升。马斯洛的需要层次理论从需求的角度阐释了人类行为的动因，而罗杰斯的自我理论则关注个体对自身的评价及其心理健康的重要性。皮亚杰的认知发展阶段理论，为理解个体在不同阶段的学习与适应能力提供了科学依据。

通过对以上理论的阐释，本章强调了理论整合在社会工作实践中的重要性。社会工作者需要灵活运用这些理论工具，根据不同个体及其所处环境的特点，制定符合实际的干预策略，为服务对象提供更加科学和有效的支持。

◆ 关键概念

- 精神分析理论
- 本我、自我与超我
- 心理社会发展阶段
- 行为主义理论
- 强化与惩罚
- 观察学习
- 人本主义理论
- 需要层次理论
- 自我概念
- 认知发展阶段

◆ 思考与练习

1. 结合本章内容，描述弗洛伊德人格理论中的本我、自我与超我如何影响个体的决策行为，并举例说明。

2. 在社会工作中，如何应用埃里克森的心理社会发展理论支持青少年服务对象的成长与发展？

3. 针对服务对象的重复性负面行为，设计一个基于行为主义强化理论的干预计划。

4. 马斯洛的需要层次理论如何指导社会工作者制定优先支持策略？

5. 结合罗杰斯的自我理论，讨论社会工作者在服务对象自尊建立中的角色与可以运用的策略。

6. 分析皮亚杰的认知发展阶段理论在儿童心理健康教育中的应用。

第三章

孕期与胚胎：生物、心理与社会影响

在迎接新生命的到来之际，孕期成了一个充满变化和挑战的时期。这一时期不仅是怀孕女性对未来母亲身份的适应时期，更是胚胎发育和成长的关键阶段。在这一章中，我们将深入探讨孕期中的生物、心理与社会影响，以及这些因素如何共同塑造胚胎的健康和未来。

孕期的生理变化是胚胎健康发育的基础。从受精卵的着床到胎儿的成熟，每一个生物学过程都对胚胎的形态和功能产生深远的影响。同时，母亲的心理状态和社会环境也与胚胎的健康紧密相连。心理健康不仅影响母亲的幸福感，也会通过复杂的生物心理社会机制影响胚胎。此外，社会支持系统为孕妇提供必要的资源和援助，帮助她们应对孕期的挑战，从而为胚胎创造一个更加有利的成长环境。

鉴于胎儿发育的特殊过程以及与怀孕有关的许多心理社会因素，社会工作者需要具备基于怀孕、分娩和产后注意事项的全面、准确的知识。案主往往依靠社会工作者和医疗专业人员来获得决策支持和有关怀孕的基本知识，因为社会工作者和医疗专业人员往往是案主发现自己怀孕后最先接触的专业人员之一。在这个关键时刻，社会工作者可以为案主提供大量的支持和教育。虽然这里介绍的大多数发育信息是在医学和生物心理社会模型中表达的，但社会工作者经常在他们的干预中纳入其他理论的信息，以帮助了解怀孕和胎儿发育如何在个人、人际和社会层面上影响案主。

第一节　生物系统：孕期生理变化与胚胎健康

孕期不仅是母亲生命中的一个特殊阶段，也是新生命——胚胎发育的关键时期。在这一节中，我们将深入探讨孕期生理变化的生物学基础，以及这些变化如何直接影响胚胎的健康和发育，为理解孕期与胚胎之间的复杂关系奠定基础。通过这一节的学习，读者将获得关于如何在孕期中维护胚胎健康的宝贵知识。

一、胚胎发育的早期阶段

1. 受精与着床

受精是胚胎发育的第一步，涉及精子与卵子的结合，精子穿透卵子的透明带，与之结合形成具有父母双方遗传信息的受精卵。受精卵随后立即开始经历连续的细胞分裂，这一过程称为卵裂，形成初期的胚胎。在受精后的 4～5 天，胚胎通过输卵管移动到子宫腔内，并开始着床过程。着床是胚胎植入子宫内膜的关键步骤，也是胚胎与子宫内膜结合的复杂过程。着床不仅确保了胚胎能够从母体获得必需的营养和氧气，还标志着妊娠的正式开始。

2. 早期细胞分化

在着床之后，胚胎继续其分化过程，形成三个主要的胚层：外胚层、中胚层和内胚层。这些胚层是胚胎后续发育的关键，决定了器官和组织的发展路径，它们将分别发展成胚胎的各个器官和组织。例如，外胚层将发展成神经系统和皮肤等，中胚层将形成肌肉和骨骼等，而内胚层则发展成消化系统和内分泌系统等。这一阶段的细胞分化受到精密的分子信号调控，任何干扰都可能导致发育异常。

3. 胚胎的敏感性

在胚胎发育的早期阶段，胚胎对外部环境极为敏感。母体的营养状况、疾病和压力都可能影响胚胎的正常发育。例如，叶酸缺乏已被证实与神经管缺陷有关，而吸烟和饮酒则可能增加流产和胚胎发育异常的风险。

4. 基因表达与环境因素

胚胎发育不仅依赖于精确的基因表达，还受到环境因素的影响。环境因素，如营养和有害物质的暴露，可以通过表观遗传机制影响基因的表达，从而改变胚胎的发育轨迹。表观遗传学是研究基因表达如何受到环境因素影响的科学领域，它揭示了环境因素如何通过不改变 DNA 序列的方式影响个体的发育和健康。因此，孕期的健康管理对于确保胚胎健康发育至关重要。

此外，Curtis G B 和 Judith Schuler M S 提出的快速指南，显示了胎儿发育的时间表以及在每个阶段发生的主要事件。胎儿发育分为三个阶段，每个阶段持续约 13 周。社会工作者应该熟悉每个孕期的发展，这样社会工作者就可以帮助案主跟踪其怀孕的进展。

》【延伸阅读】

快速指南：胎儿发育的不同阶段

1. 第一孕期
怀孕 0 至 13 周（基于受精年龄最多到第 10 周）被认为是产前护理和胎儿暴露于母体及环境毒素方面最关键的阶段。
第一个月的发育：
在第一个月结束时，最初的脑、心脏、肺、消化系统和神经系统发育；
手臂和腿的雏形开始形成。
第二个月的发育：
内部器官变得更复杂；
眼睛、鼻子和嘴开始显现；
心跳可被检测到。
第三个月的发育：
手臂、手、腿、脚、指甲、头发和眼睑形成；
指纹形成；

性别可区分（尽管可能在 16 周左右通过超声波才能看到）；

骨骼发育；

可以微笑、皱眉、吮吸和吞咽。

第一孕期结束时，胎儿约 8 cm 长，约 28 g 重。

2. 第二孕期

怀孕 14 至 27 周（基于受精年龄最多到第 25 周）以持续发育和生长为特征，具体如下：

所有发育继续进行，器官和系统的分化继续进行；

有协调的运动；

建立了规律的心跳；

建立了睡眠和清醒的周期。

第二孕期结束时，胎儿长 28～36 cm，重 454～680 g。

3. 第三孕期

怀孕 28 至 40 周（基于受精年龄最多到第 38 周）是发育的最后阶段，该阶段的发育特征如下：

完成发育，器官开始发挥功能；

皮下脂肪组织发育；

胎儿直到分娩前都非常活跃；

对声音有反应。

第三孕期结束时，胎儿长约 48 cm，重约 2700 g。

请记住，医学专业人员通常不是通过实际受孕的日期来跟踪胎儿的生长，而是通过胎龄来跟踪胎儿的生长，这意味着胎儿的年龄是基于女性最后一次月经（LMP）的开始。假设一个正常的周期，LMP 日期大约是在排卵前 14 天，也就是受孕发生的时候。根据受孕日期计算的胎龄是受精或受孕年龄。由于实际的受孕日期往往无法确定，如果月经周期规律的话，使用 LMP 来确定胎儿的年龄往往更可靠。然而，也需要认识到，许多女性的月经周期并不规律。

参考以上的快速指南，可以看到胎儿最复杂和最关键的发育发生在妊娠的前三个月。因此，前三个月被认为是产前护理和胎儿接触母体与环境毒素的最关键时期。虽然整个怀孕期间，胎儿都很容易受到母亲行为和环境的影响，然而，由于心脏、眼睛、四肢、耳朵、牙齿和中枢神经系统等关键器官和系统在前九周发育，在这一初始阶段的威胁可能会对这些器官和系统造成重大的结构和生理损害。随着发育超过 9 周，对胎儿的伤害当然仍可能发生，但往往不那么严重。损害的类型和程度取决于胎儿接触的物质的类型以及接触的时间和数量。

二、孕期生理变化对胚胎的直接影响

1. 荷尔蒙水平的变化

孕期荷尔蒙的变化对于胚胎的发育至关重要。孕激素（如黄体酮等）水平的显著增加，不仅维持着妊娠，还直接影响胚胎的器官发育。雌激素在胚胎发育的早期阶段促进子宫内膜的增厚，为胚胎着床提供营养和支持。黄体酮则在妊娠期间维持子宫内膜的稳定，防止子宫过早收缩，从而保护胚胎。

2. 免疫系统的调整

孕期母体的免疫系统会发生调整，以避免对胚胎的排斥。这种免疫耐受的机制涉及多种免疫细胞和分子的相互作用，确保胚胎不被母体视为外来组织。任何免疫系统的不平衡都可能导致妊娠并发症，如流产或早产。

3. 代谢率的变化

孕期母体的代谢率会增加，以满足胚胎增长的能量需求。这种代谢变化涉及胰岛素抵抗的增强和能量代谢途径的调整。母体的营养状况和代谢健康直接影响胚胎的生长发育，营养不良或代谢性疾病都可能对胚胎产生不良影响。

4. 胚胎对生理变化的敏感性

胚胎对母体的生理变化高度敏感，任何不平衡都可能影响其正常发育。例如，孕激素水平的异常可能导致胚胎发育迟缓或胎盘形成异常。同样，免疫系统的失调可能导致胚胎被错误地识别为外来组织，引发免疫反应，从而威胁胚胎的安全。

5. 生理变化与胚胎健康的关系

孕期生理变化与胚胎健康之间的关系是复杂而精细的。适当的生理变化支持胚胎的健康发育，而任何偏离正常的变化都可能成为胚胎发育的障碍。因此，孕期的健康管理对于确保胚胎的正常发育至关重要。

三、胚胎健康与母体生活方式的关联

1. 营养摄入与胚胎发育

孕期营养不仅关乎孕妇的健康，更是胚胎正常发育的关键。孕期营养是胚胎健康发育的基石，因此孕妇的营养状况直接影响胎儿的生长和器官形成。例如，叶酸的补充对于预防神经管缺陷至关重要，而铁的补充有助于预防贫血，钙的摄入则对骨骼发育至关重要。此外，孕妇的蛋白质摄入对胎儿的组织增长和细胞修复有显著影响。因此，孕期饮食应富含多种营养素，以支持胚胎的健康发育。

2. 适量运动与母体健康

适量的身体活动对于维持孕妇的整体健康和促进胚胎的适宜环境至关重要。运动可以改善孕妇的心肺功能，增强肌肉力量，促进血液循环，有助于减轻孕期常见的不适，如背痛和水肿。此外，适度运动还与降低妊娠糖尿病和妊娠高血压的风险有关。然而，运动强度和类型应根据孕妇的体能水平和健康状况进行个性化调整。

3. 避免有害物质的接触

有害物质的接触，包括烟草、酒精、毒品和某些药物，都可能对胚胎造成严重的伤害。吸烟和饮酒可能导致胚胎生长受限、早产和先天性畸形。孕期应避免使用可能含有有害化学物质的化妆品和家用产品。此外，环境中的污染物，如空气污染和水污染，也可能通过母体影响胚胎健康。

4. 生活方式与胚胎健康的长期影响

母体在孕期的生活方式不仅影响胚胎的即时健康，还可能对其长期健康和发展产生影响。孕期营养不良可能导致儿童后期的认知和学习能力受损。此外，孕期暴露于有害物质的环境中可能会增加儿童日后发展慢性疾病的风险。

5. 孕期生活方式的综合管理

孕期的生活方式管理应包括营养咨询、适量运动、避免有害物质的接触以及心理健康支持。社会工作者和医疗专业人员应合作提供全面的支持，帮助孕妇建立健康的生活习惯。此外，社会支持系统，如家庭、朋友和社区资源，对于孕妇在孕期维持健康生活方式也至关重要。

四、胚胎保护的生物学策略

1. 胎盘的屏障作用

胎盘是孕期中最重要的器官之一，它在胚胎保护中发挥着多重作用。胎盘的主要功能是为胚胎提供氧气和营养，同时去除废物。此外，胎盘还充当部分屏障，保护胚胎免受母体血液中的某些病原体和毒素的影响。胎盘的这种屏障作用对于胚胎的健康发育至关重要，因为它减少了外界有害物质对胚胎可能造成的损害。

2. 胎儿编程

胎儿编程是一个涉及表观遗传学的概念，指的是胎儿在子宫内环境的影响下，对其未来的健康状况产生长期影响的过程。这种编程作用可能会影响个体的代谢、免疫系统和疾病易感性。例如，孕期营养不良或暴露于压力环境中，可能会通过改变基因表达，增加胎儿未来患心血管疾病、糖尿病和其他健康问题的风险。

3. 免疫耐受机制

孕期中，母体免疫系统会发生适应性变化，以避免对胚胎的排斥。这种免疫耐受涉及多种机制，包括调节性 T 细胞（Treg）的增加和自然杀伤细胞（NK 细胞）的功能改变。这些免疫调节机制确保了胚胎不会被母体视为外来组织，从而保护了胚胎的正常发育。

4. 胚胎对环境变化的适应

胚胎在发育过程中展现出一定的适应性，能够对母体内环境的变化做出反应。这种适应性可能通过改变基因表达或细胞信号传导途径来实现，以维持发育过程的稳定性。然而，胚胎的这种适应性是有限的，过度的环境压力仍可能导致发育异常。

5. 孕期生活方式对胚胎保护的影响

母体在孕期的生活方式，包括饮食、运动、休息和避免有害物质的接触，对胚胎的保护机制有着显著的影响。健康的生活方式可以增强胎盘的功能，支持免疫耐受，减少胎儿编程的不利影响，从而为胚胎提供一个更加安全和健康的发展环境。

在本节中，我们首先聚焦于孕期生理变化与胚胎健康之间的关系，详细讨论了孕期中发生的生物学变化，以及这些变化如何直接影响胚胎的发育。通过对这一基础的理解，我们可以更好地认识到孕期健康管理的重要性，并为后续心理和社会因素的探讨奠定坚实的基础。

第二节　　心理系统：孕期情绪、压力与胚胎发展

孕期是女性生命周期中一个特别敏感的阶段，伴随着显著的情绪波动和心理压力。这些心理变化是多方面的，包括对即将到来的母亲角色的期待、对孕期身体变化的适应，以及对未来的不确定性感到焦虑等。孕期情绪的波动不仅关系到孕妇自身的心理健康和福祉，还与胚胎的神经发育和行为模式的形成紧密相连。

孕期的心理状态受到荷尔蒙变化的影响，这些荷尔蒙的变化可以影响大脑中调节情绪的神经递质。此外，孕妇可能会经历焦虑和抑郁等情绪障碍，这些都可能通过母亲与胚胎之间的生理联系对胚胎产生影响。研究表明，孕期的高压力水平与早产、低出生体重以及儿童后期的认知和行为问题有关。

为了促进胚胎的健康发展，理解孕期情绪波动的生物学和心理学基础至关重要。此外，采取有效的压力管理策略和提供心理支持对于改善胚胎的生长发育环境和减少潜在的负面后果具有重要作用。

在本节中，我们将深入探讨孕期情绪变化的科学基础，分析孕期压力对胚胎健康的潜在影响，并讨论心理支持和干预措施如何积极地促进胚胎的发展。通过这些讨论，我们将为读者提供一个全面的视角，以理解孕期心理状态对胚胎发育的重要性，并强调采取适当措施以支持孕妇和胚胎健康的必要性。

一、孕期情绪变化对胚胎的影响

1. 生物学基础

孕期情绪波动的生物学基础与荷尔蒙水平的变化紧密相关。孕期体内的雌激素、黄体酮和催产素等荷尔蒙水平的显著升高，对情绪调节有直接影响。雌激素和黄体酮被认为可以影响大脑中5-羟色胺（血清素）的水平，这是一种与情绪调节密切相关的神经递质。此外，催产素作为一种"爱的荷尔蒙"，在孕期和分娩后增加，与社会联系和情绪联结有关，但其水平的变化也可能与孕期情绪波动相关。

2. 心理学基础

孕期不仅是生物学上的转变时期，也是心理学上的重要时期。孕妇可能会经历身体形象的变化、对未来角色的不确定感以及对母亲角色的适应过程。这些心理社会因素，如压力、焦虑和缺乏社会支持，都可能加剧孕期的情绪波动。

3. 情绪变化对胚胎的影响

情绪变化可能通过神经内分泌途径影响胚胎的神经发育。长期或严重的情绪压力可能导致母体释放应激激素，如皮质醇，这些激素可以通过胎盘进入胚胎的血液循环，影响胚胎的大脑发育。此外，孕期压力还可能影响胚胎的神经内分泌和自主神经系统的发育，从而影响其行为模式和情绪调节能力。

4. 情绪波动与妊娠结果

研究表明，孕期情绪波动与妊娠结果有关。高水平的孕期压力与早产、低出生体重和妊娠并发症的风险增加有关（Glover V，2014）。此外，孕期的抑郁和焦虑症状与儿童后期的认知和行为问题有关。

5. 管理策略

为了减少孕期情绪波动对胚胎的潜在负面影响，管理这些情绪波动至关重要。有效的管理策略包括认知行为疗法、压力管理教育、社交支持的增强以及健康的生活方式。此外，产前心理干预，如正念冥想和放松技巧的运用，已被证明可以减少孕期压力和焦虑。

二、孕期压力与胚胎健康

1. 孕期压力的潜在负面影响

孕期压力被认为是影响胚胎健康的一个重要因素。长期的孕期压力可能会导致一系列不良的妊娠结果，包括低出生体重、早产以及儿童后期的行为和情绪问题。这些影响可能与压力引起的生理反应有关，如增加的应激激素水平，这些激素可以通过胎盘影响胚胎的发育。

2. 孕期压力的生理机制

孕期压力通过激活母体的应激反应系统，增加体内的应激激素，如皮质醇。这些激素可以通过胎盘进入胚胎的血液循环，影响胚胎的神经发育和免疫功能。此外，孕期压力还可能影响胎盘的功能，减少对胚胎的营养和氧气供应（Glover V，2014）。

3. 孕期压力管理的重要性

孕期压力管理是确保孕妇和胚胎健康的关键组成部分。有效的压力管理不仅可以减少孕期并发症的风险，还能为儿童的长期健康和发展打下基础。

管理策略主要包括以下几种。

认知行为疗法（CBT）。认知行为疗法是一种心理治疗方法，它专注于帮助个体识别和改变负面思维模式。在孕期，CBT 可以帮助孕妇挑战和重构那些可能导致压力和焦虑的不合理信念。通过 CBT，孕妇可以学习如何更有效地应对压力情境，从而减少压力的负面影响。

放松技巧的运用。放松技巧是一系列有助于减轻身体和心理压力的技术。深呼吸练习可以降低呼吸频率，促进放松反应。渐进性肌肉放松法（PMR）是一种技术，通过紧张和放松不同肌肉群来达到全身放松的状态。引导性想象则涉及使用指导性语言帮助孕妇在心理上远离压力源，达到一种平静的状态。

正念冥想。正念冥想是一种训练注意力和意识的方法，它鼓励个体专注于当下的体验，而不是对过去或未来的担忧。正念练习可以帮助孕妇更好地管理压力，提高情绪稳定性，增强对孕期变化的适应能力。正念还可以减少孕妇对压力的生理反应，如降低皮质醇水平。

社交支持。社交支持是孕期压力管理的另一个重要方面。一个强大的社交网络可以为孕妇提供情感支持、实际帮助和信息资源。家庭、朋友和社区成员的支持可以显著减轻孕妇的压力感受。社交支持还可以帮助孕妇建立一个积极的社会身份，这对于孕期的心理健康至关重要。

孕期压力管理的综合性方法。孕期压力管理的最有效的方法往往是综合性的，结合了多种策略。例如，一个包含 CBT、放松技巧、正念冥想和社交支持的多方面计划可以为孕妇提供一系列的工具来应对压力。此外，社会工作者和医疗专业人员的合作可以确保孕妇获得个性化的压力管理计划，以满足她们独特的需求和偏好。

孕期压力管理是孕期保健的一个关键方面，它对于促进胚胎的健康发育至关重要。通过采用多种策略，孕妇可以更好地应对孕期的压力，为她们自己和她们的婴儿创造一个更健康的未来。

4. 孕期压力管理的实践

实践孕期压力管理策略需要多学科团队的合作，包括产前护理提供者、心理健康专业人员和社会工作者。社会工作者可以通过以下方式在这个过程中扮演重要角色：① 提供教育和资源，帮助孕妇了解孕期压力的影响和有效的管理策略；② 促进孕妇与心理健康服务的联系，确保她们可以获得必要的支持；③ 支持建立强大的社交支持网络，包括家庭、朋友和社区成员。

必须要特别指出的是，有一种特殊情况——意外怀孕，对孕期所带来的情绪变化与孕期压力相较于有计划怀孕而言更大。研究人员调查了生育计划的有无是否会影响怀孕和分娩的结果，大多数研究得出的结论是，缺乏计划，即意外怀孕会使婴儿面临生理健康和心理健康不利的风险，如虐待、早产、发育迟缓、产前护理延迟或不足，以及对母亲的依恋有不安全感。此外，一些面临意外怀孕的妇女遭受着更多的压力，抑郁，妊娠并发症和更高的死亡率、发病率，以及更低的父亲支持率。对于社会经济地位较低的女性来说尤其如此，她们的意外怀孕、意外分娩、堕胎和少女怀孕率高于经济状况较好的女性。

三、心理支持对胚胎发育的积极作用

1. 心理支持的重要性

心理支持在孕期对孕妇和胚胎都有着不可忽视的积极作用。社会支持是心理支持的一个重要组成部分，它能够显著改善孕妇的心理健康状况，从而为胚胎提供一个更加稳定和健康的成长环境。研究发现，社会支持可以减轻孕妇的心理压力，提供必要的情绪慰藉，并帮助孕妇更好地适应孕期的身体和情感变化。社会支持的增加与孕妇更低的压力水平和更少的抑郁症状有关。当然，心理支持不仅包括来自家庭和朋友的情感慰藉，也包括专业心理咨询和支持团体提供的专门策略。

2. 专业心理咨询的作用

专业心理咨询可以为孕妇提供个性化的指导和策略，帮助她们管理孕期的情绪波动和压力。心理咨询还可以帮助孕妇识别和处理潜在的心理健康问题，如焦虑和抑郁，这些问题如果不加以管理，可能会对胚胎的发育产生不利影响。

3. 支持团体的价值

支持团体为孕妇提供了一个分享经验、获取信息和情感支持的平台。在支持团体中，孕妇可以与其他经历相似挑战的孕妇交流，从而减少孤独感和压力。团体支持还可以增强孕妇的应对能力和适应性，有助于她们在孕期保持积极的心态。

4. 心理干预措施

心理干预措施，如认知行为疗法（CBT）和正念冥想，已被证明对于减少孕期压力和焦虑特别有效。CBT通过帮助孕妇识别和改变负面思维模式，提高她们的问题解决能力。正念冥想则通过增强当下的意识和接受度，帮助孕妇减少压力和情绪波动。

5. 心理支持的长期效益

提供必要的心理支持和压力管理策略，不仅可以改善孕期的心理健康状况，还能为胚胎创造一个更加健康和稳定的成长环境。此外，这些策略的长期效益还包括降低孕产妇和儿童后期发展问题的风险。

心理支持是孕期保健的一个关键组成部分，它对于促进胚胎的健康发育至关重要。增强社会支持、提供专业心理咨询、组织支持团体以及实施心理干预措施，可以为孕妇和胚胎提供一个全面的支持系统。

第三节 社会系统：家庭、政策与胚胎福祉

孕期不仅是胚胎发育的关键时期，也是塑造未来母亲和家庭生活的重要阶段。在这一时期，社会系统的支持对于孕妇和胚胎的健康至关重要。家庭环境、社会政策和社会支持网络构成了孕期社会支持的三大支柱，它们相互作用，共同影响着胚胎的健康发展。家庭作为社会结构的基本单元，为孕妇提供情感和物质上的支持，帮助她们应对孕期的生理和心理变化。家庭关系的和谐与家庭功能的完善，对胚胎的健康发育起到了至关重要的作用。然而，家庭支持的质量和可用性可能因个体和文化差异而异。社会政策在提供孕期支持方面扮演着关键角色。从医疗保健到经济援助，良好的政策可以显著改善孕妇的生活质量，减少孕期并发症的风险，并为胚胎创造一个更加健康的成长环境。政策干预的力度和方向，直接关系到孕期妇女的福祉和胚胎的健康。社会支持网络，包括家庭、朋友、社区和专业机构，为孕妇提供一个广泛的支持系统。社会工作者在这个网络中扮演着桥梁和纽带的角色，他们通过链接各种资源，为孕妇提供综合性的支持服务，帮助她们应对孕期的挑战。在本节中，我们将深入探讨家庭环境、社会政策和社会支持网络如何共同作用，为胚胎提供最佳的发育环境。我们将分析这些社会系统在孕期中的作用机制，探讨它们对胚胎健康的影响，并提出相应的支持策略和建议。

一、家庭环境对胚胎发展的支持

1. 家庭环境的构成与影响

家庭环境，作为孕期妇女社会支持网络的核心，由家庭成员间的相互关系、家庭结构和功能，以及家庭文化等多个维度构成。家庭环境中的和谐关系能够为孕妇提供情感上的安全感和心理上的稳定，这对于缓解孕期压力、促进心理健康具有重要作用。家庭功能的完善，包括经济支持、家务协助和育儿指导，能够为孕妇提供必要的物质条件和实际帮助，从而为胚胎的健康发育提供保障。

2. 家庭支持的具体表现

家庭支持可以通过多种形式体现，包括但不限于情感支持、实际帮助、信息提供和决策参与。情感支持涉及家庭成员对孕妇的关爱、理解和尊重，这有助于孕妇建立积极的自我形象和自尊。实际帮助则包括协助孕妇进行日常生活中的事务，如购物、烹饪和家务，减轻孕妇的身体负担。信息提供意味着家庭成员能够与孕妇分享孕期保健知识，帮助她做出明智的健康决策。决策参与则是指家庭成员在孕期重要决策中给予孕妇支持和尊重。

3. 家庭支持与孕期健康

家庭支持对孕期健康的影响是多方面的。首先，情感支持能够减轻孕妇的心理压力，减少孕期抑郁和焦虑的风险。其次，实际帮助可以确保孕妇获得足够的休息和营养，有助于胚胎的生长发育。此外，信息提供和决策参与能够增强孕妇的自我效能感，使她更加积极地参与到孕期自我保健中。

4. 家庭支持的长期效应

家庭支持不仅对孕期妇女和胚胎的短期健康有益，还具有长期效应。孕期获得良好家庭支持的儿童在成长过程中更可能展现出更好的认知和社交能力。这种支持为儿童提供了一个稳定的基础，有助于他们在未来的生活中更好地应对挑战。

5. 文化差异与家庭支持

家庭支持的质量和可用性受到文化差异的影响。不同文化背景下的家庭可能对孕期妇女的支持方式和程度有不同的期望和实践。社会工作者和医疗专业人员应当考虑到这些文化差异，尊重孕妇的文化背景，提供文化敏感的干预和支持。

家庭环境对孕期妇女和胚胎的健康至关重要。家庭支持通过情感支持、实际帮助、信息提供和决策参与等多种方式，为孕妇提供了一个全面的支持网络。这种支持不仅有助于缓解孕期压力、促进胚胎健康发育，还对儿童的长期发展具有积极影响。社会工作者和医疗专业人员应当重视家庭环境的作用，通过提供家庭支持和干预措施，帮助孕妇和家庭为胚胎的健康发育提供最佳支持。

二、社会政策在胚胎健康保护中的作用

社会政策的制定与实施对于孕期妇女和胚胎的健康发育具有深远的影响。这些政策通过提供必要的医疗资源、经济援助和社会服务，构成了一个全面的支持体系，帮助孕妇应对孕期的挑战，保障胚胎的健康发育。

1. 医疗资源的全面覆盖

社会政策通过确保孕妇能够获得高质量的医疗保健服务，对胚胎的健康发育起到

了至关重要的作用。这包括定期的产前检查、专业的医疗咨询、产前筛查、诊断测试和必要的医疗干预。产前检查可以及早发现胚胎的遗传病或先天性疾病，如唐氏综合征和脊柱裂，从而及时采取干预措施。

2. 经济援助的多维度支持

经济援助是社会政策中另一个关键的组成部分，它为孕妇提供了必要的财务支持，使她们能够专注于胚胎的健康发育。经济援助可以减轻孕妇的经济压力，使她们能够获得更好的营养、住房条件和医疗保健服务。此外，经济援助还可以帮助孕妇在必要时减少工作时间或增加休假，从而减少工作压力对胚胎发育的潜在影响。

3. 社会服务的综合性支持

社会服务，包括心理咨询、家庭支持计划和社区资源，为孕妇提供了额外的支持网络。这些服务可以帮助孕妇应对孕期的情感波动和社交需求，提高她们的生活质量。社会服务还可以提供信息和资源，帮助孕妇了解和利用其他可用的支持系统，如育儿课程和健康教育工作坊。

4. 政策干预的预防性作用

有效的政策干预可以预防胚胎发育问题的发生。通过提供孕期教育和营养补充计划，政策可以增强孕妇的自我保健能力，提高胚胎的发育质量。此外，政策还可以通过规范工作环境、减少有害物质暴露和提供心理健康服务，为胚胎创造一个更加安全和健康的成长环境。

5. 工作环境的规范化

工作环境对孕妇和胚胎的健康有着直接的影响。社会政策可以通过制定和执行工作场所的安全标准，减少孕妇接触有害物质的风险。此外，政策还可以鼓励雇主提供灵活的工作安排和产假政策，使孕妇能够在孕期保持健康的生活方式。

社会政策在保护胚胎健康方面发挥着多方面的作用。通过提供医疗资源、经济援助和社会服务，政策不仅能够为孕妇提供必要的支持，还能够预防胚胎发育问题的发生。社会工作者和政策制定者应当认识到这些政策的重要性，并努力确保所有孕妇都能够获得这些支持，以促进胚胎的健康发育。

三、社会支持与胚胎福祉

社会支持网络的强度和质量对孕期妇女的心理健康和胚胎的健康发展具有显著影响。社会工作者在这一过程中扮演着至关重要的角色，通过链接和协调各种资源，为孕妇提供综合性的支持服务。

1. 社会支持网络的多维作用

社会支持网络包括家庭、朋友、社区和专业机构，它们共同构成了孕妇在孕期的外部支持系统。家庭成员提供的情感支持和实际帮助对于孕妇的心理健康至关重要，而朋友提供了社会互动和情感宣泄的渠道。社区组织和专业机构则提供了更为专业的服务，如孕期教育课程、心理健康咨询和物质援助。

2. 社会工作者的协调作用

社会工作者是连接孕妇和各种社会资源的桥梁。他们通过评估孕妇的具体需求，设计个性化的支持计划，确保孕妇能够获得适合她们情况的帮助。此外，社会工作者还帮助孕妇建立和维护社会支持网络，提高孕妇利用社会资源的能力。

3. 孕期教育的深入实施

孕期教育不仅包括生理和营养知识，还应涵盖心理健康、压力管理和育儿技巧。社会工作者可以通过组织教育工作坊、讲座和小组讨论，提供这些知识。孕期教育的深入实施有助于提高孕妇的自我保健能力，促进胚胎的健康发育。

4. 心理健康服务的专业支持

心理健康服务在孕期同样重要。社会工作者可以提供或协调心理咨询服务，帮助孕妇处理孕期可能出现的焦虑、抑郁和其他情绪问题。这些服务不仅有助于保护孕妇的心理健康，也对胚胎的健康发展至关重要。

5. 家庭支持计划的全面性

家庭支持计划应全面考虑孕期妇女的家庭环境。社会工作者可以协助家庭成员了解孕期的重要性，鼓励他们参与到孕期保健和育儿准备中来。此外，家庭支持计划还应包括家庭功能的提升和家庭关系的协调。

6. 政策倡导和分析的实践性

社会工作者在政策倡导和分析方面发挥着重要作用。他们可以倡导为孕妇提供更多的医疗资源、经济援助和社会服务，以减少孕期并发症的风险，并为胚胎创造一个更加健康的成长环境。此外，社会工作者还可以通过研究和数据分析，为政策制定提供实证支持。

社会支持网络和社会工作者在促进胚胎健康和福祉方面发挥着不可或缺的作用。通过提供孕期教育、心理健康服务、家庭支持计划和政策倡导，社会工作者帮助孕妇应对孕期的挑战，为胚胎的健康发育创造有利条件。

◆ 拓展阅读

孕期问题

🔶 本章小结

本章以孕期及胚胎发育为中心，从生物、心理和社会三个层面系统探讨了影响胚胎健康和发展的主要因素。

在生物层面，重点分析了胚胎发育的关键阶段和母体生理变化对胚胎健康的深远影响。本章详细描述了从受精到胎儿成熟的过程，包括细胞分裂、组织分化和器官发育，揭示了这些复杂的生物学过程如何受到母体营养、激素水平、免疫适应和环境因素的共同作用。例如，叶酸的摄入与神经管缺陷的预防密切相关，而环境毒素的暴露可能导致胚胎异常。此外，强调了胎盘的屏障作用及表观遗传学机制在胚胎发育中的重要性。

在心理层面，本章探讨了孕期妇女的情绪波动和心理健康对胚胎发展的影响。孕期的焦虑、抑郁和压力通过生物-心理-社会机制，可能导致早产、低出生体重及神经发育异常。积极的心理支持和干预，如认知行为疗法、正念冥想和社交支持，有助于缓解孕妇的心理压力，改善胚胎发育环境。本章还分析了母胎之间的情感联结如何促进胎儿的情感与心理健康。

在社会层面，家庭、政策和社区支持网络被视为孕期支持系统的重要组成部分。良好的家庭支持和稳定的社会经济条件能够减轻孕妇压力，为胎儿提供更好的成长环境。社会政策，如产前护理、经济补助和健康教育项目，可以显著改善孕妇健康状况。此外，社区和专业支持，如社会工作者的介入，为孕妇提供资源和情感支持，可以帮助她们更好地应对孕期挑战。

总之，本章通过整合生物、心理和社会三个层面的观点，强调了多学科合作和综合干预对母婴健康的关键作用。深入理解这些因素的相互作用，可以为孕期保健和胚胎发育提供更科学的指导。

🔶 关键概念

- 胚胎发育
- 叶酸与神经管缺陷
- 孕期激素变化
- 免疫适应机制
- 表观遗传学
- 孕期焦虑与抑郁
- 母胎情感联结
- 家庭支持系统
- 社会政策与孕期健康
- 社会工作者的角色

◆ **思考与练习**

1. 简述胚胎发育过程中表观遗传学的作用，并分析母体生活方式对胚胎发育可能产生的影响。

2. 结合实际案例，探讨孕期焦虑对胎儿神经发育的影响，以及如何通过心理干预缓解这一影响。

3. 分析家庭支持和社会政策如何在促进孕期健康中发挥互补作用，并举例说明。

4. 如果你是一名社会工作者，如何设计一个支持孕妇的社区项目，帮助她们应对孕期的生物、心理和社会挑战？

第四章

胎儿期：生物、心理与社会影响

第一节　生物系统：胎儿发育与环境优化

胎儿期是指从受精卵开始到胎儿出生的这段时期，约 40 周，即我们通常所说的怀胎十月。研究发现，人类行为的发展在胎儿期就已经开始，而且胎儿期是人的一生中发展最快、变化最快的时期。个体在母体子宫内的成长对人一生的发展都有着重要的意义。

一、胎儿的发育阶段

当父亲的精子透过母亲的卵细胞壁时，受精卵就诞生了，这时母亲就怀孕了。一个受精卵从针尖大小到一个完全成形的新生儿通常要经过 280 天左右的时间。我们可以将胎儿的发育过程分为三个阶段，第一个阶段是胚前期，第二个阶段是胚期，第三个阶段是胎儿期。

1. 胚前期

从受精到胚胎牢固地植入子宫内膜大约 2 周的时期为胚前期（preembryonic period）。大约在受精完成的 36 小时后，受精卵开始分裂。先是分裂为 2 个，然后是 4 个、8 个，依次类推。最后，受精卵分裂成为一个充满着液体的囊胚。在分裂的同时，受精卵由输卵管进入子宫，到第 4~5 天就形成囊胚；到第 7 天左右，受精卵开始着床，也即接触并附着于子宫内壁，为其发育成胎儿吸收各种养分。当受精卵完成着床时，囊胚已经分裂出 150 个左右的细胞，当这群细胞完全着床时，便成为胚胎。

2. 胚期

从第 3 周到第 8 周称为胚期（embryonic period），也称为细胞和组织分化期。当受精卵与子宫壁完全结合起来后，胚期就开始了。在胚期的最初阶段，发育中的胚胎分为三层，每一层最终会发育成不同结构。外层称为外胚层（ectoderm），将形成皮肤、毛发、牙齿、感觉器官、脑和脊髓等。内层称为内胚层（endoderm），将形成消化系统、肝脏、胰腺和呼吸系统等。两者之间称为中胚层（mesoderm），将形成肌肉、骨骼、血液和循环系统等。身体的每一部分都由这三个胚层最终形成。这一时期的胚胎（embryo）生长非常迅速，胚胎的各器官、系统与外形发育初具雏形。胚期是胚胎快速生长和发展的阶段，很容易受到环境因素的伤害，母亲摄入的某些维生素、烟酒、药物、病毒等有害物质一旦进入胚胎，将会对胚胎产生永久性且不可逆转的伤害，特别是胎儿敏感的神经系统极易因机械或化学干扰（如母亲意外跌倒、滥用药物）受到永久性损伤。所以此时的胎儿更需要来自母体的精心呵护，但事实上这个时期许多女性往往还没有发现自己已经怀孕，更无法采取相应的保护措施。

3. 胎儿期

胎儿期有广义与狭义之分。广义的胎儿期指新生儿出生前在母体内度过的一段时期，即前述的从受精卵形成到胎儿出生共约 40 周的时间。我们在这儿所讲的胎儿期（fetal stage）是狭义的，指从第 9 周至出生的这段时期，是广义胎儿期的第三阶段。此期内的胎儿逐渐长大，各器官、系统继续发育成形，部分器官出现一定的功能活动。

第 9 周。胚胎长约 3 cm，如草莓大小，初具人形，头特别大，眼、耳、鼻、口已可辨认，上肢和下肢已生长得较长，肩、肘、髋以及膝等关节已能看出，早期心脏形成，有搏动。从这时起胚胎可称为胎儿，表示是"幼小的一个人"。

第 12 周。胎儿身长 7～9 cm，重约 20 g，外生殖器已发生，四肢有微弱活动，大多数骨骼中已出现骨化中心，眼睑已发育并且紧闭着，已经有了耳垂，已形成有手指及脚趾的肢体，肌肉正在发育，所以胎儿活动更多了。所有内脏器官均已形成，并且部分开始工作，因而大大减少了感染疾病或药物造成损害的可能。

第 16 周。胎儿身长 10～17 cm，重 100～120 g，皮肤色红，光滑透明，眉毛和睫毛正在生长，骨骼进一步发育，双臂及两腿的关节已经形成，用胸部做呼吸动作，能吮吸自己的拇指，外生殖器可辨男女，腹部检查可听到胎心音，孕妇可感到胎动。这段时期胎儿迅速生长。

第 20 周。胎儿身长 18～27 cm，重 280～300 g，皮肤暗红，透明度降低，胎脂形成，胎儿的上肢、下肢已发育良好，胎头占全身的 1/3，有头发生长，牙齿正在发育，开始出现吞咽活动，此期间胎儿非常活跃。

第 24 周。胎儿身长 28～34 cm，重 600～700 g，皮下脂肪开始沉积，但尚无脂肪沉积，所以胎儿仍然瘦小，皮肤有皱纹，汗腺正在皮肤内形成，上肢和下肢的肌肉已发育良好，会咳嗽及呃逆。

第 28 周。胎儿身长 35～38 cm，重 1000～1200 g。大脑本身增大并且变得比较复杂，全身细瘦，皮肤发红且多皱纹，上有胎脂，指甲未达到手指及脚趾的尖端。性器官进一步发育。因皮下脂肪少，面部皱纹多，形如老人。如此时出生则为早产，能啼哭，会吞咽，四肢能活动，但生活力弱，需特殊护理方能生存。

第 32 周。胎儿身长约 40 cm，重 1500～1700 g，皮肤深红，面部胎毛已脱落，看来更与出生时的婴儿相似，但其身体仍需长胖些，能区分光亮与黑暗，因子宫内没有多余的地方，此时胎儿已转成头向下的体位。

第 36 周。胎儿身长 45～46 cm，重约 2500 g。皮下脂肪多，面部皱纹消失，柔软的指甲已长到手指及脚趾的尖端。此时胎儿的头已降入骨盆。

第 40 周。胎儿发育成熟，身长约 50 cm，重约 3000～3300 g，皮肤粉红，皮下脂肪发育良好，头发长 2～3 cm，指甲已过手指及脚趾的尖端，四肢运动活泼，有强烈吮吸反射。胎儿的位置已经调整到位，准备娩出。

二、影响胎儿发育的生物因素

（一）遗传因素的影响

遗传是指亲代与子代之间的相似，所以遗传与胎儿健康成长有着相当密切的关系，它是胎儿健康成长的基础。

人体是由30万亿～40万亿个各式各样的细胞组成的。所有细胞中都有一个细胞核，染色体在细胞核内。在染色体上，又有许多个遗传因子，称为基因。基因是一种叫作脱氧核糖核酸（DNA）的化学物质的功能片段，构成这种物质的氧和氢的排列稍有差错，基因所具有的性质就会发生变化。基因是遗传的基本单位，是人体产生状态特征、生理特征、生物特征或免疫特征的内在因素，它可以复制自己所携带的遗传信息。人的基因是从上一代传下来的，父母双方将基因传给子女，以保持父母子女间的遗传性。

父母如患有遗传障碍疾病，就有可能造成流产、死胎、畸形、智力障碍等不良后果。遗传障碍疾病是指人类遗传物质染色体或基因发生异常变化，导致胎儿机体结构和功能异常的疾病。遗传障碍疾病一般分为基因病与染色体病。导致遗传障碍疾病的基因障碍主要有隐性单基因障碍、显性单基因障碍和多基因障碍。当两个同样的隐性单基因携带者交合时，婴儿有四分之一的可能成为遗传障碍疾病的患者，有二分之一的可能成为缺陷性基因特征的携带者，只有四分之一的机会不受到影响。显性单基因障碍疾病中最为人所知的可能是亨廷顿病，这是一种神经系统退化疾病，症状一般于35～45岁时开始出现，在10～20年里逐渐加剧。最初的症状是脸部和躯体的抖动痉挛，走路不稳，说话吐字不清。这些较轻的症状逐渐加重，变得无法控制；初期的心理症状一般是判断力减退、记忆丧失，直至产生狂热行为，并有可能引发精神病。在长期患病，如肺炎、心脏病或闷气之后，就会引起死亡。多基因障碍可能是遗传缺陷最常见的原因，它是由基因组的影响而产生的，以复杂的方式发生作用，这样使对主要致病因素的判断变得非常困难。

现在已知导致畸形的遗传病发病率很高。由遗传性疾病造成的胎儿畸形和生命缺陷是相当惊人的。常见的遗传病有3000多种，严重威胁着人们的健康。据调查，很多流产和死胎便是遗传缺陷所致，人体几乎每个器官系统和组织都可能发生遗传性疾病和畸形。例如，在我们日常生活中，近亲婚配的后代出现遗传病的概率较大，胎儿容易出现各种先天性缺陷，如多发畸形和智力障碍等。为预防和阻断遗传病，准备生育的夫妇如果有近亲血缘关系、遗传病家庭史、先天性缺陷或染色体异常等情况，应该进行系统的产前检查。如果发现有遗传病或胎儿畸形，则应该进行选择性流产，或通过现有医学技术进行补救。

（二）母亲身体状况的影响

发育中的胎儿深受母亲身体状况的影响，如母亲的年龄、身高和体重、孕史、营养、药物服用、烟酒嗜好、疾病等，这些都会对胎儿的生长发展产生重要的影响。

1. 年龄

科学研究发现，怀孕时年龄过小或过大，都易对胎儿产生不利影响。35岁以上的妇女生育率较低，并随着年龄的增加继续降低。假如超过35岁怀孕，则属高龄孕妇，分娩时间过长，难产可能性增加，且有可能流产、婴儿体重过轻或生产死胎，生下的孩子患唐氏综合征的比例增高。如果孕产妇年龄低于20岁，由于自身发育尚未彻底完成，没有为胎儿的孕育做好准备，她们产出低体重胎儿、死胎或出现分娩困难等的概率均较高。

2. 身高和体重

除了年龄外，母亲的身高和体重均可影响胎儿生长发育。孕妇体重偏大、偏小或身高偏矮都会对胎儿产生不利的影响，导致胎儿在宫内发育迟缓，增加妊娠的高危程度。肥胖孕妇一般指体重超过标准体重25％的孕妇。临床统计资料表明，这类孕妇的巨大胎儿发生率和围生期胎儿死亡率均比一般孕妇显著增高。瘦弱孕妇一般指体重低于标准体重25％的孕妇。这类孕妇孕期发生贫血、低钙和营养不良的倾向明显增加，而对胎儿的危害更为严重，流产、早产、胎儿发育不良乃至畸形者，均多于正常孕妇。矮小孕妇是指身高不足150 cm、身材明显矮小的孕妇。据调查，这类孕妇由于骨盆比较狭小，胎儿在子宫内的发育受到限制，同时难产的发生率比一般孕妇偏高。

3. 孕史

一般认为，如果一个妇女有过四次以上的孕史，怀孕危险性会增加，小孩更容易是低能儿或死胎。有研究表明，非头胎生儿，特别是之前母亲有过相当密集的孕史，小孩出生时，血液中荷尔蒙的水平会比较低。头胎生的男孩，他们血液中雄性荷尔蒙的水平比非头胎生的男孩高得多。

4. 营养

胎儿在子宫内生长发育所需要的营养物质都由母体供给，当母体营养不良时除影响本身的健康外，同时还影响胎儿的发育，造成胎儿先天不足，抵抗力弱，易患病，智力发育迟缓或者容易引起流产、早产，甚至死胎。因此，孕妇应多摄入胎儿需要的营养，补充足够的蛋白质、维生素、矿物质和微量元素，设法创造有利于胎儿发育的自身条件。蛋白质是制造和修补身体组织的主要原料，胎儿发育的过程是脑细胞形成的关键时期，如果缺乏蛋白质就会影响脑的发育，容易形成日后的永久性伤害。此外，还应保证有足够维生素类及矿物质和微量元素的供给。前者主要指维生素A、B、C、D及叶酸等，尤其是促进神经血管正常发育所需的叶酸。至于矿物质和微量元素，主要是指钙、碘和锌。钙的作用在于营造支撑躯体的骨架，使胎儿的器官系统能在骨支架的保护下正常地发育成长，并保证其躯体形态的健康发育。碘和锌都是能影响胎儿智力的微量元素。不少研究均表明，孕妇缺碘，是影响胎儿正常发育的重要因素之一。全世界有不少缺碘地区，这些地区普遍流行地方性甲状腺肿。而地方性克汀病则发生在地方性甲状腺肿流行的重病区，其发病率可高达 19.9％。在地方性克汀病流行区，除克汀病，还有大量身材矮小、智力低下、语言和听力差、骨龄落后的儿童，这类较轻的缺陷可能也是胚期缺碘的后果。

5. 药物服用

大多数药物都可以通过胎盘从母血进入胎儿体内。妊娠早期用药不当会导致胎儿畸形和死亡，妊娠中期和晚期器官虽分化成熟，但用药不当仍可导致器官功能的变化，影响胎儿和新生儿的发育。有些药物可通过胎盘进入胎儿体内，对胎儿产生不良影响，故妊娠期不能滥用药物。有人报道，有 2％的婴儿重要器官畸形和 2％的次要器官畸形与妊娠第 3～8 周期间的用药有关。一些常用的抗生素、激素、维生素等药物均对胎儿的正常发育有影响。如，抗生素对胎儿的发育影响很大。四环素可导致软骨发育受阻、棕黄色齿、肢小畸形及先天性白内障。氯霉素可引起胎儿血小板减少或胎儿死亡。链霉素、庆大霉素、卡那霉素等可引起听神经损害而发生先天性耳聋，以及前庭损伤，后两种药能引起胎儿肾功能障碍。另外，妊娠早期服用过量的黄体酮或睾酮等激素类药物，可使女性胎儿男性化。孕妇服用大量雌激素可使胎儿发生脑积水、脑脊膜膨出等各种内脏畸形。还有，过量服用维生素也会对胎儿造成严重影响。如孕妇吃了过量的维生素 A 也可引起胎儿骨骼畸形及并指、腭裂、眼畸形；维生素 D 过量，可引起胎儿钙质过多，主动脉、肾脏动脉狭窄，主动脉发育不全，智力发育迟缓及高血压。

另外，频繁接触农药对孕妇及胎儿的损害是多方面的，除可导致出生缺陷发生率增加外，还会促使死胎、死产、围产儿死亡增加。

因此，孕妇应该尽量避免滥用药物和频繁接触农药，以免对胎儿的发育产生严重的不利影响。

6. 烟酒嗜好

烟草中含有尼古丁、氢氰酸、一氧化碳、烟焦油等 1200 多种有毒物质。孕妇如果吸烟或久处重度烟雾环境（被动吸烟）中，有毒物质可使子宫及胎盘血管收缩，血流量减少，出现早产或死胎，烟草中的有害物质除导致新生儿体重轻、体质弱、智力差、多病、死亡率高外，还能引起遗传物质突变，引起先天性心脏病及多种畸形的可能。据调查证实，吸烟的孕妇，新生儿体重比不吸烟孕妇的新生儿体重平均轻 150～200 g。吸烟孕妇比不吸烟孕妇出现早产或流产的概率高 2～3 倍。吸烟能引起胎儿畸形，主要是引起先天性心脏病，为不吸烟者的 2 倍，而且常常是较严重的心脏畸形。

除了吸烟之外，喝酒的嗜好也会影响胎儿的发育，酒精能引起胎儿多种畸形。据研究，孕妇酗酒是胎儿先天性畸形和唐氏综合征及脊髓膜膨出，以致引起智力缺陷的原因之一。酗酒妇女所生婴儿畸形的危险性比不饮酒的妇女高 2 倍。孕妇喝酒过多，可诱发胎儿酒精综合征。胎儿酒精综合征引起的胎儿生长发育缺陷有如下表现：胎儿的出生体重低、中枢神经系统发育障碍、小头畸形、面部的前额突起、眼裂小、斜视、鼻底部深、鼻梁短、鼻孔朝天、上口唇向里收缩、扇风耳。另外，还可能有心脏及四肢的畸形。

7. 疾病

孕妇如患甲状腺功能减退症，胎儿受其内环境的影响容易产生骨和牙齿的畸形、隐睾、甲状腺肿大，婴儿出生后可能患克汀病。孕妇患有糖尿病时，血糖过高，造成胎儿体重过大，分娩时容易发生难产、新生儿窒息。母亲有糖尿病，胎儿受其内环境的影响而导致先天性心脏病或无脑儿的发病率高达 2.9%。孕妇如患有高血压、慢性肾炎，由于胎盘的底蜕膜小动脉痉挛、缺血、坏死，易造成胎盘早期剥离、胎儿宫内窒息或死胎。患有心脏病的孕妇，全身缺氧，必然会影响胎儿的发育，还可能造成早产、死胎。另外，孕妇如果患有艾滋病、肝炎等传染病或吸毒，如果不接受适当治疗，胎儿也会表现出同样的症状，其生长发育无疑会受到严重的影响。

除了这些慢性疾病会威胁到胎儿的生长发育外，还有一些病毒性疾病同样会给胎儿带来不可逆转的伤害。随着人们对病毒性疾病认识的逐渐深入，到 20 世纪 90 年代，已发现有 200 多种病毒类型与人类疾病有关，其中有些病毒性疾病妊娠期妇女的感染率明显高于非妊娠期的妇女，会对妊娠期妇女尤其是胎儿造成严重的危害，以普通的流行性感冒为例，重型流感的流产率是 10%。孕妇感染病毒的途径主要有以下几种：① 呼吸道感染的病毒，主要有鼻病毒、风疹病毒、副流感病毒、流感病毒及腺病毒等；② 消化道传染的病毒，主要有肠道病毒、甲型肝炎病毒等；③ 污染的血液或血制品传染的病毒，主要有乙型肝炎病毒、巨细胞病毒及人类免疫缺陷病毒等；④ 吸毒（注射）传染的病毒，主要有人类免疫缺陷病毒（感染后引起艾滋病）等；⑤ 动物传染的病毒，主要有乙型脑炎病毒等。

病毒性感染的传播多数是在患者与易感人群之间进行的，称为水平传播；而胎儿是在子宫、胎盘或母亲产道中感染的，称为垂直传播。妊娠期女性病毒感染的发生率比非妊娠期女性要高，几乎大部分病毒都能传染给胎儿。其中，风疹病毒、巨细胞病毒、水痘-带状疱疹病毒等对胎儿有严重的影响，巨细胞病毒、单纯疱疹病毒、乙型肝炎病毒等对新生儿有严重影响。妊娠期感染病毒后可引起流产、早产、死胎、宫内发育迟缓及低体重儿，对存活的胎儿可导致先天畸形及其他系统的病变。

主要的先天畸形有先天性心脏病、耳聋、白内障、小头、小眼、四肢发育不全、短指/趾、皮肤藤痕、皮质萎缩等。此外，还可能出现其他异常，如肝脾肿大、血小板减少、智力低下、骨骼病变、脑钙化、发育落后、肝炎、视网膜炎、新生儿肺炎及心肌炎等。

（三）父亲对产前环境的影响

人们很容易认为父亲一旦完成了使母亲怀孕的任务，他对胎儿的影响就微乎其微了。研究者过去也普遍认同这个观点，有关父亲对产前环境影响的研究也非常少。但是近年来人们越来越清楚地认识到，父亲的行为会影响到产前环境的，影响胎儿的发展。

1. 营养

父亲的身体状况决定精子的质量。因此，父亲的营养状况非常重要，精子的生存需要优质蛋白、钙、锌等矿物质和微量元素，需要精氨酸及多种维生素等。如果父亲偏食，饮食中缺少必要的营养素，精子的生成会受到影响，可能会产生"低劣"精子。

2. 父亲烟酒及用药

一方面，烟毒影响受精卵和胎盘的质量，吸烟时间越长、量越多，精子量越少、质量越低、畸形率越高；另一方面，从父亲那里得到的二手烟会影响母亲的健康，从而影响未出生的孩子。在烟雾环境中生活的孕妇，不但呼吸道吸入大量的一氧化碳，而且严重时尼古丁还能通过皮肤、胃、肠道进入母体，进而祸及胎儿。父亲吸烟越多，孩子出生时的体重就越低。类似地，父亲使用酒精和非法药物也对胎儿有很大的影响。酒精和非法药物的使用会损伤精子和染色体，这些会影响胎儿质量。另外，母亲怀孕期间父亲使用酒精和非法药物，也会给母亲制造紧张和不健康的产前环境。

3. 父亲的情绪

父亲的情绪影响很大，若经常忧郁、烦恼或脾气暴躁，会使大脑皮质功能紊乱，影响精子的数量与质量。另一方面，情绪波动大，易在身体上或情绪上虐待怀孕的妻子。父亲作为虐待者会增加母亲的紧张感，或者直接导致身体损伤，从而增加损害未出生孩子的风险。事实上，4%～8%的孕妇遭受着孕期的身体虐待（罗伯特·费尔德曼，2013；汪新建，2008）。

三、优化产前环境

父母的健康是胎儿健康发育的基础，丈夫有良好的营养状况，才能产生足够数量和良好质量的精子。妻子有良好的营养状况，才有可能提供一个胎儿发育成长的温床。因此，一般在计划怀孕前 3 个月，双方就应加强营养，改掉不良习惯，避免环境中的有害物质，创造最佳产前环境。

1. 要养成良好的饮食习惯

计划怀孕的夫妇所需要的蛋白质、脂肪、碳水化合物、维生素与矿物质，要比非计划怀孕的夫妇多，因此，在饮食调节中，应该有的放矢地加强这些营养物质的摄入。各种豆类、蛋、瘦肉、鱼等都含有丰富的蛋白质；海带、紫菜、海蜇等食品含碘较多；动物性食物含锌、铜较多；芝麻酱、猪肝、黄豆、红腐乳中含有较多的铁；瓜果、蔬菜中含有丰富的维生素。计划怀孕的夫妇可以根据各自家庭、地区、季节等情况，科学地安排好一日三餐。不同食物中所含的营养成分不同，含量也不等，所以在日常的饮食中要尽量做到不挑食、不偏食、不节食。

但在强调营养的同时并不是没有限量，一味多食会造成孕妇体重过重，增加行动负担，胎儿生长过度会给分娩带来困难。有些孕产妇因饮食失调造成肥胖，产后数年仍不能恢复，从而影响体形。据研究，营养过剩与糖尿病、慢性高血压、血栓性疾病等发病都密切相关。因此，计划怀孕的夫妇最好是在专业人员指导下根据自己的实际情况掌握好所需营养的量，科学、合理地安排好孕产妇的饮食，使之既能满足孕产妇的需要，又不过量，以保证母婴健康。

2. 要养成良好的生活起居习惯，避免过度劳累和熬夜

过度疲劳会造成免疫力下降，从而使机体很容易受到感冒、胃肠感染、过敏等自律神经失调症状的侵害。对于熬夜，更是害处多多，有关专家对长期熬夜的人和坚持早睡早起的人进行对照研究，发现经常熬夜的人长期处于应激状态，一昼夜体内各种激素的分泌量较早睡早起的人平均高出50%，尤其是过多地分泌肾上腺素和去甲肾上腺素，使血管收缩较早睡早起的人平均高50%。此外，长期熬夜的人更易遭癌症的侵袭，因为癌细胞是在细胞分裂时产生的，而细胞分裂多在睡眠时进行。熬夜使睡眠规律发生紊乱，影响细胞正常分裂，从而易导致细胞突变，产生癌细胞。所以，对于计划怀孕的夫妇，一定要养成良好的作息习惯，保证自己的身体处于最佳状态。

3. 应避免各种食物污染

食物从其原料生产、加工、包装、运输、储存、销售直至食用前的整个过程中，都有可能不同程度地受到农药、金属、霉菌毒素以及放射性核素等有害物质的污染，对人类及其后代的健康产生严重危害。因此，孕前夫妇在日常生活中尤其应当重视饮食卫生，防止食物污染。应尽量选用新鲜天然食品，避免服用含食品添加剂、色素、防腐剂物质的食品；蔬菜应充分清洗干净，必要时可以浸泡一下，水果应去皮后再食用，以避免农药污染；尽量饮用白开水，避免饮用各种咖啡、饮料、果汁等饮品。在家庭炊具中应尽量使用铁锅或不锈钢炊具，避免使用铝制品及彩色搪瓷制品，以防止铝元素、铅元素对人体细胞的伤害。

4. 不要吸烟饮酒和使用其他药物

有确切的证据表明许多药物能直接到达胎儿并引起先天缺陷。同样清楚的是，吸烟越多、饮酒越多，给胎儿带来的风险就越大。除了医生开的处方药之外，不要使用任何药物。同时，伴侣之间要互相鼓励，相互监督，停用药物和放弃不良嗜好。

5. 有规律地锻炼身体

在大多数情况下，怀孕妇女可以继续锻炼身体，特别是可以进行那些日常不剧烈的运动。另一方面，应避免剧烈运动，特别是在非常热和非常冷的天气下尤其应避免。

第二节　　心理系统：感觉与情绪发展

一、胎儿感觉的发展

胎儿虽深居子宫内，但并不是闭目塞听的混沌一团，其神经系统和各种感觉器官在出生前已经逐渐趋于完善，因而能够对母体内外的各种刺激做出反应。

1. 视觉

胎儿虽生活在黑暗的子宫里，但到了第 4 个月的时候对光线已经非常敏感。

研究者曾用手电筒一闪一闪地有节奏地照射孕妇的腹部，发现胎儿会睁开双眼，把脸转向有光亮的地方，胎儿的心跳也随之发生有规律的变化。妊娠后期如果将光送入子宫内，胎儿的眼睛活动可能增强。多次强光照射，胎儿便会安静下来。另外，从胎儿的脑电图上还可看出大脑对光的闪烁产生的反应。新生儿的视力只及 30～40 cm，这恰巧与其在子宫内位置的长度一样，说明新生儿还部分保留着在子宫内生活的习惯。

2. 听觉

早在 1985 年，英国最权威的科技专业期刊《英国妇产科学杂志》就发表了《胎儿能听到声音和学习吗？》的医学综述。该文章通过回顾 30 多篇发表过的相关医学实验报告，证实了怀孕 24 周后的胎儿确实能听到传入子宫内的各种声音，并且在出生后对在子宫内多次听到的音乐有再认的表现。其实在我国，也有类似的研究。国家科委"八五"攻关"胎教"科研课题的主持人刘泽伦，通过与北京大学第一医院、北京大学人民医院的产科和 B 超室的教授合作，从子宫内收录外界传入的音乐、机器噪声，同时记录胎儿的胎动、胎心率和呼吸相应的变化，有力地证明了胎儿不仅能听到声音，而且对舒缓轻柔的音乐有安逸的表现，对噪声则表现出躁动不安。出生后的婴儿听到原先在子宫内听惯了的音乐时，会停止哭泣而转为安详地入睡或进入安静状态。刘斌教授也认为"从第 6 个月起，胎儿就能够聆听着世界，能感受刺激，做出反应，并能分辨出不同的声音，甚至能记忆学习。胎儿对声音的敏感性几乎是难以想象的。"怀孕4～5 个月时，胎儿对声响就有一定的反应了。如突然的高频音响可以使胎儿的活动增加；反之，低频音响可使其活动减少。胎儿大约在 6 个月的时候就具备了听声音的所有条件。这时胎儿经常听到的是血液出入胎盘的湍流声、母亲心脏的跳动声、肠道气体的咕噜声、母亲说话的声音，以及外界的各种乐音和噪声……这所有的声音构成了一组别具一格的交响曲，使胎儿做出一定的反应，使母亲感到胎动的变化。

3. 触觉

胎儿有触觉吗？胎儿的触觉甚至早于听觉。有关的研究表明，2 个月的胎儿即可对细而发尖的刺激产生反应。触及 4～5 个月的胎儿的上唇或舌头，会产生嘴的开闭活动，像是吮吸的样子。开始，当胎儿碰到子宫中的一些组织，如子宫壁、脐带和胎盘时，会像胆小的兔子一样立即避开。但随着胎儿的逐渐长大，特别是到了孕中后期，胎儿变得"胆大"起来，不但不避开触摸，反而会对触摸做出一些反应，如有时当母体持久摸腹壁时，胎儿会用脚踢作为"回报"。

4. 味觉

妊娠 4 个月时，胎儿舌头上的味蕾已发育完全，可以津津有味地品尝稍具咸味的羊水。新西兰科学家艾伯特·利莱用一个简单的实验证明了这一点。他在孕妇的羊水里加入糖精，发现胎儿以高于平时一倍的速度吸入羊水；而他向子宫注入一种味道不好的油时，胎儿立即停止吸入羊水，并在腹内乱动，以表示他的不满。既然胎儿能对母体内外的各种刺激做出相应的反应，母亲的居住环境、言谈举止、耳闻目见、喜怒哀乐也都会对胎儿有所影响。同时，父母应该充分利用胎儿有各种感觉的特征，自觉地提供有益的熏陶和教育，积极促进胎儿身心的健康发育。

由此可见，胎儿，尤其是妊娠中后期的胎儿，其触、视、听、味觉等都发育到了相当的程度，能够感觉到一些外界活动，这时以一定方式进行胎教，可以促使胎儿身心健康发展。

二、胎儿情绪的发展

人的情绪活动与大脑皮层、边缘系统和自主神经关系密切，情绪的变化会引起生理上的变化，胎儿的生长发育和活动与母亲的心理状况更是密切相关。对于胎儿来说，起影响作用的心理因素主要就是母亲的情绪状况。在妊娠前和妊娠中，孕妇不仅要注意补充营养，回避不安全、不卫生、影响胎儿身体发育的因素，还要注意保持良好的心境，保持积极的情绪。孕妇恶劣的情绪不仅可能导致胎儿发生畸形，还将影响到胎儿出生后的身体健康和个性发展。因为，母亲的心理情绪变化会影响内分泌物和血液的成分发生变化，从而影响胎儿物质、营养的正常供给。积极的情绪，可使血液中增加有利于健康的化学物质，而消极的情绪、恶劣的心境，会使血液中增加有害于神经系统和其他组织的物质。现代研究证明，肾上腺皮质激素有明显阻挠胚胎某些组织联合的作用，因而可以引起胎儿唇裂、腭裂等畸形。在怀孕早期，母亲情绪的波动，会导致肾上腺皮质激素增高，有可能生育畸形的婴儿。大量的科学实验表明，人们处于恐惧、愤怒、烦躁、悲哀等消极情绪之中时，身体机能包括内分泌方面会发生明显变化，其中很大一部分体现为血液中所含化学物质（激素等）发生变化，而母体的血液成分是可以直接影响到胎儿的。严重的精神刺激或过度紧张的情绪，都能使孕妇动脉血管收缩导致胎儿供氧不足，其后果严重，甚至可造成死胎。在怀孕后 7～10 周内，孕妇情绪极端变化，有可能引起胎儿口唇缺陷。此外，国外一研究机构曾邀请数百名孕妇进行观察试验。结果发现，母亲情绪不安时，胎儿身体运动增加，胎动的次数比平常多 3 倍，最高时可多 9 倍。如果母亲的情绪长期不安，胎儿的体力会消耗过多，出生时体重往往比正常婴儿轻 $400\sim800$ g。孕妇若极度悲痛，胎儿也经常剧烈运动。若母亲长期情绪压抑，胎儿出生后常常是身体功能失调，消化系统容易发生紊乱。孕妇的情绪状态对胎儿的影响具体表现在以下几个方面。

孕妇焦虑易使孩子成长中出现情绪问题。英国精神病学家的研究显示，孕妇过度焦虑不只是增加胎儿的风险，还易使他们在日后的成长中发生情绪和行为方面的问题。专家在对怀孕 $18\sim32$ 周的孕妇进行的研究中发现，沮丧和焦虑程度高的孕妇，生下的孩子在 4 岁左右就会出现不同程度的行为和情绪问题，如过度活跃、无法集中精力等，发生率是正常人的 $2\sim3$ 倍。专家认为，焦虑和沮丧情绪使孕妇内分泌系统发生了异常。由此，对胎儿大脑发育造成不良影响，增加了孩子在未来的发育过程中的异常概率。

精神刺激对前 3 个月的孕妇伤害最大。美国科学家报告，通过对经历了 1994 年 6.7 级地震的孕妇进行调查发现，处于怀孕前 3 个月的孕妇，比怀孕中晚期或已分娩过的女性更易受到精神刺激的损害，导致早产。调查发现，孕期处于前 3 个月的孕妇，经历地震刺激后大多在第 38 周分娩；孕期处于最后 3 个月的孕妇，分娩往往是在第 39 周。由此可见，精神刺激对早期妊娠的伤害性最大，这个时期是一个特别易伤期。

孕妇情绪紧张可致使胎儿血压升高。澳大利亚科学家通过对绵羊的实验表明，绵羊在怀孕早期精神紧张，即使怀孕刚刚 2 天，也可能会引起胎儿血压升高以及肾功能紊乱。研究专家认为，在绵羊身上的这一发现，与人遇到精神紧张时的情况很相似，因而对胎儿的影响也一样，并会影响胎儿以后的生活。专家指出，孕妇在孕期避免服用药物和进食某些食物固然重要，但也应想尽一切办法避免精神紧张。不过，引起精神紧张的作用力对于不同的人也存在着很大的个体差异。

妊娠态度对胎儿的身心发育影响最大。法国医学专家指出，在孕妇的心理状态中，以她们对胎儿的态度和心理压力对胎儿生长发育影响最大。专家通过对数千名孕妇的调研发现，希望分娩的孕妇所生的孩子与不希望分娩的孕妇所生的孩子相比，无论从心理上还是身体上，在出生时和出生后前者都比后者健康。比如，后者发生早产和低体重儿比率高、精神行为异常者多，特别是拒绝生育的母亲，所生的孩子很多都易患消化系统疾病，或孩子大多感觉迟钝、体弱无力。

其实，我国古代便对孕妇情绪影响胎儿发育有了一定的认识。《妇人秘科》指出："受胎之后，喜怒哀乐，莫敢不慎。"由此可见，怀孕后怎样做好心理保健，让胎儿健康地生长发育，在任何年代都是一件非常重要的事情。

孕早期的心理保健。怀孕早期，孕妇的情绪最容易出现波动，孕妇的心理波动往往是随着妊娠反应出现的。起初，她可能只是凭着想象感觉着腹内血肉相连的小生命，想象着他的模样、他的个性，甚至想象着把他拥抱在怀里的感受，此时的心境是无比甜蜜的。不久，她开始恶心、呕吐、眩晕、食欲不振，甚至整夜地失眠，使她疲惫不堪。于是就开始抑郁和烦恼，担心怀孕的失败，恐惧分娩的痛苦，忧虑腹内胎儿的健康，甚至产生莫名其妙的压抑和焦虑。这些情绪严重时会给胎儿带来不良影响。因此，在怀孕早期，最重要的就是使孕妇减少情绪波动，保持平和、愉悦的精神状态。

孕中期的心理保健。进入妊娠中期以后，孕妇体内已经形成了适应胎儿生长的新的平衡，孕吐等不适应反应也逐渐消失，孕妇的情绪也变得相对稳定。所以，孕中期心理保健的重点是通过生活、工作和休息的适当调整，保证良好的心理状态。首先，在这一阶段，由于孕妇身体状况的安定，往往会使精神松懈，放松对身体状况的注意，这样很可能会导致不良的后果，所以在这一时期一定要坚持定期到医院接受检查。其次，虽然中期距分娩时间尚有一段距离，但会使孕妇感受到一种压力，有些孕妇会从这时开始就对分娩的种种痛苦感到惶恐不安。其实，分娩无痛苦是不可能的，但过分恐惧并不是好办法，所以，孕妇应学习一些分娩的知识，对分娩是怀孕的必然结局有所了解。另外，如果孕妇和家人一起为未出世的孩子准备一些必需品，也许能使孕妇心情好转。这样做往往可以使孕妇从对分娩的恐惧变为急切的盼望。最后，孕中期的妇女应该适当做一些工作，并参加一些平缓的运动，因为适当的活动可以增加孕妇的肌肉力量，对分娩有一定帮助，如果孕妇每天不做任何事，很容易引起心理上的郁闷、压抑、孤独，这对胎儿是不利的，所以，如果没有异常情况，孕中期的妇女仍可正常上班，这样对于改善心理状态也大有益处。

孕晚期的心理保健。进入孕晚期以后，孕妇子宫已经极度胀大，各器官、系统的负担也接近高峰，因而，孕妇心理上的压力也是比较重的。由于临近预产期，孕妇对分娩的恐惧、焦虑或不安会加重，容易出现情绪不稳定、精神压抑等心理问题，这一阶段的心理保健，首先应该克服孕妇对分娩的恐惧，最好的办法就是让孕妇自己了解分娩的全过程以及可能出现的情况，对孕妇进行分娩前的有关训练，这对有效地减轻心理压力、解除思想负担以及做好孕期保健都大有帮助。其次要做好分娩准备，分娩的准备包括孕期的健康检查、心理上的准备和物质上的准备，准备的过程也是对孕妇的安慰。最后要注意的是，如果身体没有出现意外情况，孕妇不宜提早入院，一方面，医院不可能像家中舒适、安静和方便，另一方面，如果孕妇入院后较长时间不临产，会有一种紧迫感，尤其看到后入院的人已经分娩，对她也是一种刺激。另外，产科病房里的每一件事都可能影响孕妇的情绪，这种影响有时并不十分有利。

第三节　　社会系统：家庭、政策与婚育观念

除了受生物因素和心理因素的影响，胎儿的发育还受到社会因素的影响。所谓社会因素，主要指人类行为发展的社会外部环境，既包括社会物理空间环境、时间环境和文化规范等静态结构，又包括社会的动态发展变迁。社会因素作为影响胎儿发育的社会外部环境因素，属于母体所处的周围外环境中最复杂的一部分，其中诸多因素都会对胎儿正常发育有所影响。

一、母亲职业环境

在工作场所接触的化学物质和辐射会损害胎儿的健康发育。如在工作场所接触铅和汞的母亲会损害胎儿健康发育，也容易导致胎儿的先天缺陷。离子电磁辐射有较强

的致畸作用，包括 α、β、γ 和 χ 射线，其致畸作用与各射线的穿透力有关。1945 年原子弹在日本广岛和长崎爆炸，导致当地怀孕妇女产下死胎和出生有严重残疾的孩子，说明核辐射对胎儿的正常发展有很大的影响。当前，越来越多的工作环境暴露于电脑面前，虽然临床上尚未有明确的证据显示其对胎儿有致畸作用，不过为了排除可能的负面影响，孕妇不宜长时间、近距离地观看电视、使用电脑和移动电话（韩晓燕，朱晨海，2009）。

二、家庭因素

家庭规模和结构、家庭经济条件、父母受教育程度，以及家庭气氛等家庭内部因素对胎儿发育都能产生重要影响。

1. 家庭规模和结构

随着社会的发展，家庭规模和结构正处于不断变化之中，在一定程度上对胎儿的生长发育起着影响作用。

核心家庭又称夫妇家庭，即父母与未婚子女共同居住生活的家庭，包括三种具体形式：仅由夫妻组成，夫妻与未婚子女，仅有父或母与子女。夫妻加上一个未婚子女的独生子女家庭是核心家庭的一种典型形式。单亲家庭就是仅有父或母与子女的家庭，它是核心家庭的一种特殊形式。扩大家庭即二代以上的人共同居住生活的家庭。一般来说，随着社会的发展，家庭规模日趋小型化，家庭结构日益由扩大家庭向核心家庭转化。在这里，我们着重讨论核心家庭中的独生子女家庭和单亲家庭等两种类型对胎儿发育带来的不利影响。

首先，如果即将成为父母的夫妻本身是独生子女，很可能在心理上还不是十分成熟，生活自理能力比较差，夫妻感情尚欠磨合，事业和经济上的压力偏大等。这一切都会影响他们的家庭生活，特别是孕妇的情绪状态，甚至影响他们对胎儿的态度。根据有关研究，人们发现胎儿能对母亲相当细微的情绪、情感差异做出敏感的反应。第一类为理想母亲，她们盼望得到孩子。这类母亲怀孕感觉最佳，分娩最顺利，小孩身心也最健康。第二类为矛盾母亲，这类母亲表面上似乎很高兴，可胎儿却能注意到母亲潜意识里的矛盾情绪和母亲内心深处的排斥心理。这些胎儿出生后，大部分有行为问题和肠胃问题等。第三类为冷漠母亲，这类母亲不想得到孩子，但她们的潜意识希望这种信息在某种程度上能被胎儿接受。这些胎儿生下后，情绪低落，情感冷漠，昏昏欲睡。第四类为不理想母亲，这类母亲不愿意得到孩子，其早产率最高，婴儿也常会出现体重过轻或情绪反常。

其次，单亲家庭的问题对胎儿的发育也易造成极大的影响。单亲家庭问题主要有遗腹子和私生子问题等。所谓遗腹子，指还没有出生时父亲就已经去世了的孩子。私生子，就是指出生时没有正式合法的父亲的孩子。从胎儿的生长发育来说，遗腹子和私生子都有一个共同的问题：妻子（母亲）由于丈夫（父亲）的死亡或缺位，在心理情绪上很难保持一个良好状态，这势必给胎儿的发育造成不利影响。就遗腹子问题来说，丈夫的死亡对于怀孕的妻子来说，其精神上的打击是显而易见的，一方面因为丈夫去世而悲伤抑郁，另一方面因妊娠反应出现的身体不适而产生了烦躁心理，或因担心胎儿畸形甚至孩子出世后的家庭生活压力而产生恐惧心理。对于私生子来说，孕妇则还需承担经济上、心理上的压力，尤其是世俗舆论带来的巨大心理压力。这一切无形中给胎儿正常的生长发育带来了严重的负面影响。

2. 家庭经济条件

家庭经济条件既与单个家庭的收支水平密切相关，还与地区经济水平有关。从我国情况来看，东部地区的经济水平要比中部地区、西部地区高，而西部地区尤其是一些老少边远地区的经济水平最低。一般来说，越是处在经济发达地区的家庭，其经济条件就越好。另外，城市家庭与农村家庭、大中城市家庭与小城市家庭相比，前者的经济条件一般要比后者的好。同时，地区经济水平与医疗保健水平呈高度正相关。因此家庭经济条件越好，孕期保健工作通常就做得越好，孕妇的营养可能就越好，对胎儿的生长发育更为有利。据国外学者的研究，大多数的死亡婴儿生于社会经济地位较低的家庭。

3. 父母受教育程度

关于家庭条件对儿童智力的影响，有学者提出了智力环境的概念。所谓智力环境，就是家庭中每个成员智力水平的平均数。父母受教育程度越高，其家庭智力环境可能越好，一方面他们可能更加重视胎教，另一方面他们较高的文化素质也更有利于胎教的进行。此外，父母受教育程度越高，其职业收入也就可能越高，其家庭经济条件也就越好，更有利于胎儿的生长发育。

近年来有不少青年夫妇，双方均有良好的事业与收入，婚后却不要孩子，被称为丁克家庭。丁克家庭的夫妇倾向于过有质量的、自由自在的二人世界生活，加之他们要发展自己的事业，希望过轻松的生活，所以尽管有的人很喜欢小孩，但都选择推迟甚至放弃生育。据调查，丁克家庭的夫妇的受教育程度普遍较高，随着年龄的增大最终选择生育的夫妇占了相当的比例。但此时怀孕的女性生育年龄偏大，面临着高龄怀孕的危险，增加了不育、流产和胎儿畸形的风险。

4. 家庭气氛

从优生优育角度看，融洽的夫妻关系、和睦的婆媳关系、民主的家庭气氛，都有利于夫妻生活质量的提高，有利于适当怀孕时机的选择，有利于孕妇良好情绪状态的保持，最终有利于胎儿的生长发育。

夫妻感情融洽是家庭幸福的重要条件之一，同时也是胎教和优生的重要因素。在美满幸福的家庭中，胎儿会安然舒畅地在母腹内顺利成长，生下的孩子往往聪明健美。倘若夫妻感情不和睦，彼此间经常争吵，长期的精神不愉快及过度的忧伤抑郁，会导致孕妇大脑皮层的高级神经中枢活动障碍，可引起内分泌、代谢过程等发生紊乱，并直接影响到胎儿。如果在夫妻感情不和的情况下受孕，可能影响受精卵的生长发育，影响下一代的健康。如果在怀孕早期，夫妻之间经常争吵，孕妇情绪波动太大，可导致胎儿发生唇裂等畸形，并能影响出生后婴儿情绪的稳定；如果在怀孕中晚期夫妻不和而致孕妇精神状态不佳，则会改变胎动次数，影响胎儿的身心发育，并且婴儿出生后往往出现烦躁不安、易受惊吓、哭闹不止、不爱睡觉、经常吐奶、频繁排便、明显消瘦等。

可见，夫妻感情直接影响着胎教。国外某研究机构的观察试验，发现孕妇在争吵后，3 周以内仍情绪不宁，此间的胎动次数也较前增加一倍。有一孕妇的丈夫突然去世，由于她处在极度悲痛之中，胎儿常在腹中做剧烈运动，出生后每次吃奶都发生呕吐，因而瘦弱不堪。有些妇女在怀孕时丈夫脾气不好或精神病发作，所生的婴儿也多有消化功能不良等现象。据统计，这类感情不和睦的父母孕育的胎儿在心身缺陷方面的概率比那些美满和谐、感情融洽的父母所生的孩子要高 1.5 倍，出生后婴儿因恐惧心理而出现神经质的概率也比后者高 4 倍，这类儿童往往发育缓慢，怯弱胆小。

因此，夫妻双方从婚后到受孕，乃至整个怀孕期间，都要互相尊重，互相理解，注重培养双方的感情。在孕期，双方更应心平气和地对待彼此的分歧，并以极大的爱心共同关注爱情的结晶，使整个家庭在孕期充满温馨和爱。

三、社会政策

从个体家庭角度看，胎儿生育似乎是家庭内部的事情。但从社会角度看，胎儿生育又涉及社会制度和政策层面。由于各个国家的人口分布情况不同，经济发展阶段和水平不同，各个国家的生育政策极不相同。有的国家人口过少，且生育率过低，就制定了优惠政策鼓励多生；有的国家人口太多，人口增长过快，便制定了限制政策鼓励少生；有的国家经济发达，实行高福利的生育政策，制定严格的社会劳动保护政策以保护孕产妇；有的国家经济落后，生育方面的劳动保护政策和福利措施很少甚至没有。显然，国家劳动保护政策的有无和福利水平的高低对该国人口生育的影响是巨大的。事实上，我们可以看到这样的一种现象，在有些国家，妇女即使没有职业，单靠生育小孩领取的国家补助就足以维持较高的生活水平。而许多国家的妇女如果没有职业，一旦生育，就会陷入经济困境。由此看来，社会劳动保护政策和福利政策的制定有利于生育妇女的保护，从而有利于胎儿的生长发育。

除人口政策和保护福利措施之外，国家有关婚姻的各项法律规定也同样作为一个重要的外部环境影响着胎儿的生育。婚前医学检查主要包括严重遗传性疾病、指定传染病和有关精神病的检查。

严重遗传性疾病指由于遗传因素先天形成，患者全部或部分丧失自主生活能力，后代再现风险高，医学上认为不宜生育的遗传性疾病。婚检首先针对的就是遗传病，包括两大类：单基因遗传病和多基因遗传病。前者由于致病基因单一，因而遗传患病率较高，而后者由于致病基因多元，患病概率相对较低。目前有数千种遗传病威胁着人们的健康，由于没有根本治疗的办法，给家庭、国家、民族带来了痛苦和沉重的负担。通过婚检可以及时发现，并根据其情况做遗传风险度测算及遗传方式的分析，这样在医生的优生指导下，可以尽量降低不健康儿童的出生率，减轻家庭和国家的负担。

指定传染病指艾滋病、淋病、梅毒、麻风病等医学上认为影响结婚和生育的其他传染病。通常通过血常规、尿常规、肝功能检查、胸透、内科检查、性病检查等项目均可排除会影响婚姻质量和配偶健康的乙肝、活动性肺结核、肾病、性病等很多种疾病。

有关精神病指精神分裂、狂躁抑郁型精神病及其他重型精神病。

四、社会政治格局

政治格局是否稳定不仅关系到国家的长治久安，而且关系到生命的孕育成长。有的国家政局动荡，战乱丛生，人民的生命和财产安全受到严重影响。在此情况下，孕产妇所需的营养、心理健康甚至人身安全都可能无法保障，对胎儿的生育造成了深刻的影响。有学者研究了第一次世界大战和第二次世界大战期间的妇女生育情况，发现胎儿流产、早产、死胎和出现畸形的比例比非战争时期增加了许多。究其原因，主要是政局的动荡给孕产妇的心理上造成的巨大恐惧和压力导致了这种现象的发生。

五、婚育观念

婚育观念指人们对于婚姻和生育的思想、观点和看法。它包括两性观、婚姻观和生育观三个方面。两性观是指人们对男女性别的看法，生育观包括生育态度、生育的性别取向、理想子女数、对子女质量的期望。婚育观念有传统婚育观念和科学、文化、进步的新型婚育观念之分。婚育观念对人们的生育行为有直接的影响。

近亲结婚。一方面，在现代社会中，近亲结婚作为一种传统落后的婚姻观念在一些国家和地区继续存在。近亲婚配的后代出现遗传病的概率较大，胎儿容易出现各种先天性缺陷，如多发畸形和智力障碍等。

重男轻女。重男轻女的现象在一些国家仍然存在。为了"传宗接代"，也为了"养儿防老"，人们试图人为控制胎儿的性别，为生一个男婴，不惜终止妊娠、多次流产、超生，甚至弃婴、杀婴。其后果从社会角度看，会导致出生人口性别比严重失衡；就个体生命角度看，会导致胎儿生长发育的进程被迫中断。

晚婚晚育。随着社会的发展，人们受教育水平提高，相当多的育龄人群在婚育观念上发生了较大变化，过去早婚早育、多子多福的观念正逐渐被晚婚晚育、少生优育的新型婚育观所取代，单身不婚、丁克家庭的现象已逐渐被人们所接受。结婚生育不再是从众的行为，而是个人经过深思熟虑的选择。这为胎儿的成长准备了较为成熟的物质精神条件。但另一方面也应看到，在人们对婚姻的态度越来越宽容的同时，非婚同居等生活方式的出现也给婚姻带来了许多不稳定因素，堕胎、私生子等问题对胎儿的健康成长造成了威胁。

🔺 拓展阅读

胎儿期问题

🔺 本章小结

本章系统探讨了胎儿期这一重要阶段对人类生命发展的深远影响。从生物学层面，本章详细分析了胎儿的发育过程，包括器官系统的完善、神经网络的形成等。同时，母体的营养状况、健康状态以及环境暴露对胎儿的发育有着直接和间接的影响。本章强调了基因等在胎儿健康中的重要性，揭示了母体的生活方式如何通过基因表达影响胎儿的未来发展。

在心理学层面，本章探讨了母胎之间的情感联结以及母体情绪和压力对胎儿神经系统发育的影响。研究表明，孕期母亲的心理状态通过内分泌和神经途径对胎儿产生重要影响，良好的心理支持和正向情感体验有助于胎儿的健康发育。本章还讨论了胎儿在子宫内的感知能力和早期行为特征，揭示了这些行为对未来认知与情感发展的意义。

从社会学视角来看，本章分析了家庭支持、社会政策和社区资源对孕期母体及胎儿健康的促进作用。稳定的家庭支持和良好的社会经济条件能够减轻母体压力，优化胎儿的成长环境。社会工作者在提供孕期教育、心理支持和资源协调中发挥了重要作用，特别是在高风险孕期的干预中。

通过生物、心理和社会三个层面的综合分析，本章为理解胎儿期的复杂性提供了理论基础，并为社会工作者和医疗从业者的实践提供了指导。

🔺 关键概念

- 胎儿发育阶段
- 神经网络形成
- 母体营养与胎儿健康
- 母胎情感联结
- 胎儿感知能力
- 家庭支持系统
- 社会政策与孕期健康
- 社区资源

◆ 思考与练习

1. 简述胎儿发育的主要阶段及其生物学特点。

2. 结合表观遗传学理论，分析母体生活方式对胎儿未来健康的影响。

3. 母胎情感联结如何通过心理机制影响胎儿的神经系统发育？

4. 家庭支持系统在胎儿健康保护中发挥了什么作用？请举例说明。

5. 针对高危险孕期，社会工作者可以提供哪些具体干预措施以优化胎儿发育？

6. 从社会政策角度，分析如何通过公共资源支持孕期母体和胎儿健康。

广义的婴儿期指的是从个体出生到3岁左右的这段时期，它是人生发展中最快的时期之一。在这一特殊时期，婴儿的身心发展极为迅速，从襁褓生活到直立行走，从不会说话到学会用简单的语言表达自己的思想，从仅有感知发展到有一定的思维能力，从完全依赖他人到初具独立生活能力。总之，婴儿在生物、心理和社会性等方面都取得了长足的进展，特别是动作和语言方面的发展。我们将从婴儿的生物发展、动作发展、语言发展、认知发展和社会发展等几个方面详细论述这个问题。

第一节　　生物系统：生长阶段与动作发展

人的发展是遗传因素和环境因素共同作用的结果，也即生物因素、心理因素和社会因素共同作用的结果。在胎儿期，生物因素特别是遗传因素往往发挥着比较重要的作用，社会因素对胎儿的影响相对来说较小。到了婴儿期，社会因素发挥着越来越重要的作用，但生物因素仍然继续发挥着作用。

一、婴儿期的生物发展阶段

我们首先来看看婴儿期的生物发展情况。一般对于婴儿的生物发展可按不同的阶段来进行描述，通常有两种做法，一种是将其分为新生儿期、乳儿期和婴儿期（狭义的，是广义婴儿期的第三阶段）三个阶段，其中从出生到28天为新生儿期，从1个月到12个月为乳儿期，从1岁到3岁为婴儿期；另一种是将其分为0~1岁、1~2岁、2~3岁三个阶段。我们在这里按后者对婴儿的生物发展进行简单的描述。

（一）0~1岁婴儿的生物发展

1. 体重

3个月时婴儿的体重约为出生时的2倍；1岁时，体重约为出生时的3倍。

2. 身长

1岁时，婴儿平均增长25~26 cm，约为出生时的1.5倍。

3. 脑重

婴儿的脑重从出生时的350 g左右到1岁时的950 g左右，是一生中脑发育最快的时期。

（二）1~2岁婴儿的生物发展

1. 体重

婴儿2岁时，体重为12 kg左右，是出生体重的4倍。

2. 身长

婴儿 2 岁时身长约为 85 cm，比 1 岁时增加约 10 cm。

3. 前囟

婴儿前囟于 1 岁半时闭合。

4. 牙齿

婴儿乳牙共 20 颗，2 岁时基本出齐。

5. 脑发育

婴儿 2 岁时头围达 48～49 cm，脑重为 1050～1150 g，约占成人脑重的 75％。大脑的绝大部分沟回均已明显，神经细胞约 140 亿个，并不再增加；脑细胞之间的联系日益复杂化，后天的教育与训练刺激大脑相应区域不断增长，个别差异开始表现出来。

（三） 2～3 岁婴儿的生物发展

1. 体重

婴儿的体重在 2～3 岁之间增加约 2 kg。

2. 身长

婴儿的身长在 2～3 岁之间增长 7～7.5 cm。

3. 牙齿

婴儿 2 岁半乳牙完全出齐，共 20 颗。

4. 脑发育

婴儿的头围在 2～3 岁之间增加约 1 cm，小脑的发育已基本完成，能维持身体平衡和动作的准确性。脑的功能日益复杂化，觉醒状态下脑电图的个体差异变大。

二、动作发展

随着生物系统的迅速发育，婴儿的动作能力也开始发展。不过，人类婴儿动作能力的发展与动物动作能力的发展比起来要低级得多。很多动物常常从出生的第一天就会行走，在很短的时间内便发展出很好的动作能力。而人类婴儿的动作，则直接与大脑皮质的功能和水平有关，因此在动作发展上一开始就采取了与动物不同的路线。人类婴儿在出生后的几个月中只有两种活动。一种是吮吸、觅食、抓握等反射活动，利用这些反射活动，婴儿与陌生的世界取得了最初的平衡；另一种则是婴儿自发的蹬腿、挥臂、扭动躯干等身体反应活动。这种身体反应活动是婴儿自发的，既无目的，又无秩序，身体活动所涉及的身体部分极广，这些活动是婴儿今后动作发展的基础。在婴儿出生后的半年内，爬行、直立行走和手的动作能力发展得比较晚。

（一）婴儿动作发展的规律

婴儿的动作发展是在大脑和神经中枢、神经、肌肉的控制下进行的，因此婴儿动作的发展与婴儿的身体发展、大脑和神经系统的发展密切相关。婴儿动作发展在某种程度上标志着心理发展的水平，动作的发展同时也促进婴儿的心理发展。婴儿的动作发展也具有规律性。

1. 从头到脚

婴儿头部动作先发展，其次是躯干动作，最后是脚的动作。婴儿最先学会抬头和转头，然后是翻身和坐，接着是使用手和臂，最后才学会腿和足的动作，能直立行走和跑跳。

2. 由近及远

婴儿动作发展从身体中部开始，越接近躯干的部位，动作发展越早，而越远离身体中心的部位发展越迟。以上肢为例，其动作发展最先是肩头和上臂，其次是肘、腕、手，最晚则是手指。下肢的动作发展也是如此。

3. 由粗到细

婴儿先学会大肌肉、大幅度的粗动作，以后才学会小肌肉的精细动作。如新生儿只会蹬腿、挥臂、扭动躯干这些粗大动作，四五个月的婴儿是用手臂甚至是整个身体来抓取放在面前的玩具，而不是用手或手指。随着神经系统和肌肉的发育，加上大量的自发性练习，婴儿开始学习控制身体各个部位的精细动作。

4. 从无意识动作到有意识动作

个体动作发展是从无意识的反射动作向有意识的、高度控制的技能动作发展，从刻板模式化的动作向越来越灵活的动作发展。

5. 整分原则

个体最初对刺激做出的动作反应是整体性的，动作是全身性的、笼统的、弥漫性的，然后逐渐分化，分化为局部的、精确的、专门化的动作。例如，对于一个玩具，刚开始婴儿是全身爬过去接触，后来发展为用手去拿（汪新建，2008）。

（二）婴儿的基本反射性动作

先天反射性动作是个体赖以对外界进行适应并实现后续发展的基础。从胎儿期起，个体就已经具备反射性动作以适应胎内环境；出生后，新生儿主要通过一些先天反射性动作来适应周围环境，并逐渐在后天的经验环境中发展出更为复杂的动作。有些反射性动作一生都保留，一些反射性动作则在出生后几个月就消失。根据我国学者董奇、陶沙的研究，婴儿主要有以下几种反射性动作。

吮吸反射。奶头、手指或其他物体碰到嘴唇，新生儿立即做出吃奶的动作。这是一种食物性无条件反射，即吃奶的本能。吮吸反射是最强的反射之一，当新生儿开始吮吸时，其他活动会被抑制。

抓握反射。物体触及掌心，新生儿立即把它紧紧握住。如果试图拿走，他会抓得更紧，新生儿强大的握力可以使他的整个身体在被抓物上悬挂片刻，早产儿也能抓紧物体直至身体被提起。一般这种反射在婴儿出生后3~4个月内消失，如果继续存在则会妨碍手指的精细动作发育。

觅食反射。奶头、手指或其他物体并未直接碰到新生儿的嘴唇，只是碰到了脸颊，他也会立即把头转向物体，做吃奶动作。这种反射使新生儿能够找到食物。

拥抱反射。在婴儿熟睡时，突然将盖在身上的被子掀开，婴儿就会受惊而将双手猛地往上一举；或在婴儿熟睡时往其脸上吹口气，也会有同样的反应，这种反应就叫作拥抱反射。一般做这种反射时，婴儿的双手会同时上举，假如只举一只手而不举另一只手，则表明不举手的对侧大脑半球发育不太正常。如根本无反应，则为大脑发育异常或有颅内出血。拥抱反射应于新生儿2~4个月大时消失。

眨眼反射。物体或气流刺激睫毛、眼皮或眼角时，新生儿会做出眨眼动作。这是一种防御本能，可以保护眼睛。

惊跳反射。突如其来的噪声刺激，或者被猛烈地放到床上，新生儿立即把双臂伸直，张开手指，弓起背，头向后仰，双腿挺直。这也是一种自我保护动作。

击剑反射。当新生儿仰卧时，把他的头转向一侧，他会立即伸出该侧的手臂和腿，屈起对侧的手臂和腿，做出击剑姿势。

迈步反射。大人扶着新生儿的两肋，把他的脚放在平面上，他会做出迈步动作，两腿协调地交替走路。

游泳反射。让新生儿俯卧在床上，托住他的肚子，他会抬头、伸腿，做出游泳姿势。如果让他俯伏在水里，他会本能地抬起头，同时做出协调的游泳动作。

蜷缩反射。当新生儿的脚背碰到平面边缘时，他会本能地做出像小猫那样的蜷缩动作。

巴宾斯基反射（Babinski reflex）。物体轻轻地触及新生儿的脚掌时，他会本能地竖起大脚趾，伸出小趾，使五个脚趾变成扇形。

（三）婴儿动作发展的顺序

在上述基本原则的指导下，婴儿的动作逐步发展起来，在不同年龄时期具有不同的表现特点。

婴儿动作发展主要包括全身动作的发展和手的技能发展两个方面，前者又叫大运动的发展，后者又叫精细动作的发展。根据我国心理学者李惠桐、李世椟等人的深入调查研究，3 岁前儿童动作发展有其自然顺序，我们可以从表 5-1 和表 5-2 中分别了解婴儿全身动作的发展顺序和手的技能发展顺序。

表 5-1　3 岁前儿童全身动作的发展顺序

顺序	动作项目	年龄/月
1	稍微抬头	2.1
2	头转动自如	2.6
3	抬头及肩	3.7
4	翻身一半	4.3
5	扶坐竖直	4.7
6	手肘支床，胸离床面	4.8
7	仰卧翻身	5.5
8	独坐前倾	5.8
9	扶腋下站	6.1
10	独坐片刻	6.6
11	蠕动打转	7.2
12	扶双手站	7.2
13	俯卧翻身	7.3
14	独坐自如	7.3
15	给助力能爬	8.1
16	从卧位坐起	9.3
17	独自能爬	9.4
18	扶一手站	10.0
19	扶两手走	10.1
20	扶物能蹲	11.2
21	扶一手走	11.3
22	独站片刻	12.4
23	独站自如	15.4
24	独走几步	15.6
25	蹲坐自如	16.5
26	行走自如	16.9
27	扶物过障碍棒	19.4
28	能跑但不稳	20.5
29	双手扶栏上楼	23.0
30	双手扶栏下楼	23.2

顺序	动作项目	年龄/月
31	扶双手双脚稍微跳起	23.7
32	扶一手双脚稍微跳起	24.2
33	独自双脚稍微跳起	25.4
34	能跑	25.7
35	扶双手举足站不稳	25.8
36	一手扶栏杆下楼	25.8
37	独自过障碍棒	26.0
38	一手扶栏杆上楼	26.2
39	扶双手双脚跳起	26.7
40	扶一手单足站不稳	26.9
41	扶一手双脚跳起	29.2
42	扶双手单足站好	29.3
43	独自双脚跳起	30.5
44	扶双手单脚稍微跳起	30.6
45	手臂举起有抛掷姿势的抛掷	30.9
46	扶一手单足站好	32.3
47	独自单足站不稳	34.1
48	扶一手单脚稍微跳起	34.3

表 5-2　3 岁前儿童手的技能发展顺序

顺序	动作项目	年龄/月
1	抓着不放	4.7
2	能抓住面前玩具	6.1
3	能用拇指、食指拿	6.4
4	能松手	7.5
5	传递	7.6
6	能拿起面前的玩具	7.9
7	从瓶中倒出小球	10.1
8	堆积木 2～5 块	15.4
9	用匙外溢	18.6
10	用双手端碗	21.6
11	堆积木 6～10 块	23

续表

顺序	动作项目	年龄/月
12	用匙稍外溢	24.1
13	脱鞋袜	26.2
14	穿球鞋	27.8
15	折纸长方形近似	29.2
16	独自用匙自如	29.3
17	画横线近似	29.5
18	一手端碗	30.1
19	折纸正方形近似	31.5
20	画圆形近似	32.1

（四）婴儿动作发展的意义

大量研究表明婴儿的动作发展不仅与其生长发育有关，还与其心理发展也有一定的联系。通过动作，婴儿与客观世界建立了直接的相互作用关系，在这个过程中婴儿建立了自我和客体概念，并产生了自我意识和最初的主客体的分化。具体来说，婴儿动作发展的意义可从以下两个方面来理解。

1. 行走动作发展的意义

在个体的发展过程中，直立行走对个体心理发展带来深刻的影响。

第一，直立行走不仅使婴儿能主动去接触事物，还有利于各种感觉器官的发展，大大扩展了婴儿的认知范围，扩大了他们的视野。

第二，行走发展了婴儿的空间知觉，婴儿从二维形体向三维形体的知觉发展，于是进一步认识了事物的多方面的关系。

第三，行走动作的发展，能使动作有更精细的分工，协调一致、敏捷、灵活，于是能在直觉中分析综合并思考眼前的行动问题，即发展直觉行动思维，并孕育着具体形象思维。

第四，独立行走为婴儿有目的的活动——游戏、早期学习和劳动准备条件，并发展了独立性。

2. 手的动作发展的意义

手的动作是区别人和动物的重要特点，其发展具有重要的意义。

第一，手运用物体能力的发展，使婴儿逐步掌握成人使用工具的方法和经验。当拇指和四指对立的抓握动作出现时，也就是人类操作物体的典型方式的开始。随着这种操作方式的发展，手才有可能从自然的工具逐步变成使用或制造工具的工具。这是促使人的认知发展的重要基础。

第二，随着手的动作的发展，婴儿开始把手作为认识的器官来感觉外界事物的某些属性。手的自由使用，使婴儿动作的随意性不断发展。随着动作的随意性的增强，婴儿活动的目的性也日益增强，并与语言发展相协调，从而为人类智力发展提供良好的条件。

第三，手的动作的发展，进而导致手与眼，即动觉和视觉联合的协调运动，这就发展了婴儿对隐藏在物体当中的复杂属性和关系进行分析综合的能力，于是就产生了直觉（视觉为主）行动（动觉）思维，即婴儿对眼前直觉的物体、动着的物体的思考。这是人类思维的发生或第一步。随着手的动作的发展，特别是双手合作的动作发展，婴儿就进一步认识了事物的各种关系，因而他们知觉的概括性也随之提高，这为发展表象（具体形象思维）及概念的产生准备了条件。

（五）婴儿动作发展的影响因素

关于影响婴儿动作发展的因素，心理学家比较一致的看法是，影响婴儿动作发展的重要因素是生物成熟。因为不论经济条件、文化教育水平如何，世界各个国家和地区的儿童基本上都是按照同样的顺序发展其动作的。但是，许多人也认为环境因素对动作能力发展也起着重要作用。良好的环境能促进婴儿动作的发展，而不良的环境则会妨碍婴儿动作的正常发展。例如，不同的教养方式可以影响动作发展的速度，照料孩子的不同方式会导致动作的差异。

既然婴儿的动作发展与环境因素有很大关系，那么婴儿动作发展能否通过学习训练而加快呢？对这个问题的研究以美国心理学家格塞尔的双生子爬梯实验为代表。他选取了一对双生子 T 和 C 参加实验。从出生后的第 48 周开始，让 T 每日进行 10 分钟的爬梯训练，连续 6 周。而从第 53 周起 C 开始爬梯训练，每日 10 分钟。结果发现，C 只接受了 2 周的训练，在爬梯的各项动作指标上就达到了 T 的水平。该实验表明，不成熟就无从产生学习，而学习只是对成熟起一种促进作用。在个体发育尚未成熟到一定程度以前，进行过高的训练和学习，是不经济的，也是低效的。那么，到底在什么时候训练是有效而成功的呢？

首先，针对婴儿动作发展的特点，要抓住动作发展的关键期进行培养。在培养中要遵守渐进的原则，如"三翻、六坐、九爬、十二坐"，这是婴儿动作发展的自然顺序，遵循这一顺序进行合适的训练，可以使孩子的动作发展更加迅速，但违背顺序的"拔苗助长"，则会损害婴儿的身心健康。总之，按照婴儿的自然动作发展顺序，针对婴儿的具体情况安排活动，但要注意适宜，不可过量。

其次，增加婴儿的感官刺激，给孩子提供大量的练习机会。把婴儿放在襁褓里，对婴儿的动作发展不利。因此，最好较少限制和约束婴儿，对于婴儿正常的动作行为，应该给予鼓励和强化。例如，不要限制婴儿的"左撇子"的习惯，应该顺其自然，注意左右手的共同训练。可以有意识地经常变换环境，创造良好条件，使婴儿身体各部位的运动能力得到较为全面的发展。为此，可以鼓励婴儿多参加一些游戏和玩耍活动。例如，给一岁的婴儿买些可以活动的、色彩鲜艳的有声玩具，给二三岁的婴儿买些拼图玩具，尽可能增加婴儿的感官刺激，使其在活动中发展多种动作能力。

第二节　　心理系统：语言、认知与情绪

婴儿一出生便开始以自己的方式来感知世界，在生物系统发展的基础上，在外部环境的刺激下，逐渐形成和发展着自己的认知能力和情感体验。这一时期婴儿心理发展的特点表现出以下特征。

一、语言发展

语言是人类社会特有的现象，是人与动物的一个主要区别。作为人类进化过程中的一个巨大成就，语言能力的发展开始于婴儿期。婴儿语言的发展可分为两个阶段，第一阶段指生命的第一年，这是婴儿的口头语言开始发生和发展的时期，称之语言准备期或前语言阶段；第二阶段指 1~3 岁，在该阶段中，婴儿语言发展主要表现在词汇发展和表达能力的发展（包括语法的获得）两个方面。

（一）婴儿语言发展阶段

1. 婴儿语言发展的第一阶段：语言准备期

儿童很多心理领域的发展从出生时就开始了，甚至是出生前就开始了。与此不同，婴儿通常要到一岁左右才会发出可辨识的词，并且大约要至十八个月才开始将词联合起来使用。那么，在此前的一段时间，即前语言阶段，婴儿的语言发展过程又是怎样的呢？根据研究，我们可以惊奇地发现，婴儿从出生时的哭声开始，经历一个固定的顺序，发展到能够发出可以辨别的音节和类似于成人语调模式的复杂牙牙语。不管抚养他们的语言社会环境如何，所有婴儿似乎均经历了相同的发音发展阶段。（桑标，2003）

阶段一：反射的发音阶段。其时间是出生到两个月。该阶段的特征主要为反射性的发音，如哭声和烦躁时的发音，以及咳嗽、打嗝、打喷嚏等声音。另外，也可能出现一些类似元音的声音。该阶段的发音部分地决定于婴儿声道的生理结构。

阶段二：叽叽咕咕的声音和笑声。其时间是 2~4 个月。婴儿开始发出一些舒适状态的声音。这些声音似乎是从口的底部发出的，出现了软腭音和后元音，并且出现了持久的笑声和咯咯笑声。

阶段三：发音游戏阶段。其时间是 4~6 个月。婴儿似乎在检测他们的发音器官，以决定他们所能产生的发音范围。该阶段的特征在于出现了很响和很轻的声音，以及很高和很低的声音。一些婴儿产生了长久的双唇颤音和持久的元音，有时也发出一些初始的辅音和元音音节。

阶段四：典型的牙牙语阶段。其时间是 6 个月以上。该阶段的特征是出现了系列的辅音-元音音节，并且在时间的控制上类似于成人。婴儿的声音第一次听起来像是试

图发出词。这一阶段多音节的发音包括重复牙牙语（如"bababa"）或变化牙牙语（如"bagida"）。起初重复牙牙语占优势，在 12 个月左右变化牙牙语出现更多。

阶段五：含混语阶段。其时间是 10 个月以上。牙牙语的最后阶段通常与有意义言语的早期阶段重叠，其特征是所发出的声音和音节串带有丰富的重音变化和音调模式。

2. 婴儿语言发展的第二阶段：语言的产生和发展

当婴儿说出第一批能被理解的词时，标志着婴儿进入了语言产生和发展时期。在此阶段中（1～3 岁），婴儿语言发展主要表现在词汇发展和表达能力的发展两个方面。

1）词汇的发展

词汇的主要功能在于其概括性与调节性，因而成为概念的基础。词汇的发展不仅是儿童语言发展的重要内容，而且也是其思维发展的指标之一。

（1）词汇数量的增加。

婴儿最早可以在第 9 个月时说出第一批有特定意义的词语，最晚则可能到第 16 个月才能说出。第一批词已经具备了交流的意义，且具有明显的表达性和祈使性的功能。1～3 岁婴儿的词汇就在第一批词汇的基础上，经过 2 年的发展逐步增多。一般认为，1 岁左右出现 20 个左右的词，2 岁末出现 300～500 个词，3 岁末出现近 1000 个词。每年的发展与增长速度并不相同。

（2）词汇范围的扩大。

通过调查研究，发现婴儿的词类范围扩大情况大致如下。自 1.5 岁后，名词和动词在婴儿口语中占有比较大的比例（占 24.2%～38.5%）。除了名词和动词之外，其他各类词，如形容词、副词、代词、连词等，是随着年龄增长而提高其百分比的。对于各种关系词，如副词和连词等的内容在婴儿期还是非常贫乏、初级的。

（3）词语的获得与运用。

到 15 个月时，婴儿一般能说出 20 个以上的词语。婴儿词语的获得过程有以下三个方面的内容：① 在第一批词的基础上，继续掌握在某些场合限定性很强的词；② 已掌握的词语开始摆脱场合限制性，获得了初步概括的意义；③ 开始直接掌握一些具有概括性和指代性功能的名词和非名词性词语。这三种现象交织在一起，从而构成了婴儿掌握词语和概念过程的独特画面。接着，是婴儿对确立的范围进行分析，找出并确定其基本特征的过程。此后，对包含这些基本特征中的一条或多条内容的事物，婴儿都会用该词语来称呼。

2）表达能力的发展

0～3 岁婴儿语言表达能力的发展，大致经过两个阶段：一是理解语言阶段（1～1.5 岁）；二是掌握合乎语法规则的语句，开始积极语言活动阶段（1.5～3 岁）。

（1）理解语言阶段。

理解语言阶段可以说是正式学语的阶段。这一阶段婴儿对成人所说的语言的理解在不断发展，但是婴儿本身积极的语言交际能力发展较慢。该阶段婴儿的语言发展主要有两个特点。一个特点是能说出词，这是婴儿语言发展中的一个重要质变。到 1.5 岁时，语言发展较早的孩子能说出少量的简单句子，出现了"以词代句"的现象。其中主要是生活中常常接触的人与事物的名称，还有少数的动作名称，如爸爸、妈妈、叔叔、阿姨、牛奶、袜子、再见等。这里的一个词，如"妈妈"，常代表各种含义，有时指要妈妈抱，有时要妈妈帮他拣东西。这种一个词代表了一个句子意思的现象就是"以词代句"。不过，有些 1.5 岁左右的孩子语言发展较快，能说出一些简单的短句，如"妈妈再见""爸爸好""姐姐棒"等。另外一个特点是对成人语言的"理解"发展较快，理解"词"比说出"词"发展要早。婴儿能对成人的某些问话，如"要吃奶吗？""和爸爸睡好吗？"，做出点头或摇头的回答。因此这是一个提高婴儿理解语言的能力的重要阶段。

（2）积极语言活动阶段。

此阶段是 1.5～3 岁，婴儿开始积极的语言活动发展，是婴儿语言发展上一个飞跃的阶段。在这个阶段内，随着婴儿理解语言能力的发展，婴儿的积极语言表达能力也很快发展起来，语言结构也更加复杂化。与 1.5 岁以前的婴儿多是单词句的情况不同，1.5 岁以后的婴儿掌握的词的数量增加，逐渐地开始出现多词句。到 2～3 岁，婴儿能够使用各种基本类型的句子，有各种简单句，也出现复合句，使用句子的字数也在增加，并对说、听等语言活动有高度的积极性，喜欢交际、听童话、听故事、听诗歌，并记住这些内容，成人有可能利用语言作为向婴儿传授知识经验的工具。在语法的获得方面，3 岁末的儿童已基本上掌握了母语的语法规则关系，成为一个颇具表达能力的"谈话者"。

（二）语言获得的理论

1. 后天学习理论

后天学习理论强调后天的学习对儿童习得语言起决定作用，认为语言是一种习得的技能。美国心理学家阿尔波特于 1924 年提出了语言是从模仿得来的观点，认为儿童学习语言是对成人语言的模仿，儿童的语言只是成人语言的简单翻版。更具代表性的行为主义语言获得理论则认为，语言行为是通过强化、塑造、模仿形成的，认为环境因素即刺激和强化的历程决定语言的形成和发展。当儿童与成人相互作用时，儿童做出的语言行为（如说出一个词），如果受到听话人的奖赏（赞许、微笑），他就会再做出这种语言反应；如果受到听话人的惩罚（气愤或不高兴的评论），他就会回避这种语言反应。总之，后天学习理论认为，儿童通过制造类似语言的声音而获得奖赏的方式学习说话。经过不断调整，他们的语言与成人的语言越来越相似。

然而，后天学习理论却难以解释儿童语言获得的全过程。儿童在 3 至 3 岁半就基本上掌握了母语的基本语法结构，会自由地说出各种句子。如果儿童说出的每一个句子都是通过强化（奖励或惩罚）而获得的，那么能把词组合起来成为有意义的句子的数量就太大了，一个人仅仅去听所有这些句子就要花费几乎数不尽的时间。显然，强化论是无法完全解释儿童语言获得的。另外，对多个民族儿童学习母语过程的比较研究发现，尽管英国、德国、俄罗斯、芬兰等国语种的语法规则很不相同，但各民族儿童开始学话时都表现出某些共同的特点。他们不仅经历大致相同的发展阶段，还常犯类似的语法错误。这似乎说明语言的发展是不受外部学习条件影响的。所以，后天学习理论是难以完善解释儿童的语言获得的。

2. 先天成熟理论

先天成熟理论则强调先天的遗传因素起决定作用，认为语言是一种天生的技能。乔姆斯基提出语言的发展是由一种受遗传决定的、与生俱来的机制所引导。他通过对不同语言的分析表明，世界上所有的语言都有一个相似的内部结构，称之为"普遍语法"。人类在遗传上就具有非常独特的"语言官能"，人类的大脑有一个称为"语言获得装置"（language acquisition device）的神经系统。通过"语言获得装置"，儿童才能在周围听到的为数不多的素材的基础上，在较短的时间里建立起该种语言的语法规则。而勒纳伯格则以生物学和神经生理学作为理论基础提出自然成熟说，认为生物的遗传素质是人类获得语言的决定因素；语言是人类大脑机能成熟的产物，因此语言获得有一个关键期，从1岁左右开始到青春期前（十一二岁）为止。

关于语言是一种人类独有的、与生俱来的能力的说法后来也遭到了批评。一些研究者认为，某些灵长类动物至少能够学会语言的基本要素。另一些研究者指出，尽管人类可能在基因上预先做好了使用语言的准备，但语言的有效使用仍然需要相当多的社会经验。

3. 环境和主体相互作用理论

环境和主体相互作用理论又称为交互作用观点，它认为语言的发展是通过将基因决定的倾向和帮助语言学习的环境相结合来实现的。既接受先天因素对语言发展总体框架的塑造作用，又认同语言发展的特殊进程是由儿童所处的语言环境和他们以特定方式使用语言时所受的强化共同决定的。由于与他人的相互作用等，语言的使用和语言技能得以提高，因此社会因素也是影响语言发展的重要因素。简而言之，该理论认为儿童语言是在人脑和语言器官发育及认知发展的基础上，在与成人和其他儿童的交际过程中，经过成人的言传身教（示范、强化、激励等）和儿童有选择地模仿学习，并经概括而成的。

关于语言获得的理论尚无定论，仍未有一种理论能详细而完善地阐释语言的获得过程和机制。总之，儿童语言的获得既依赖于人脑独特的生理机制，也依赖于后天的学习条件，是两者相互作用的产物。可能性较大的是，不同因素在婴儿的不同时期发挥了不同的作用。

（三）影响语言发展的环境因素

根据研究，在4～6个月时，婴儿开始牙牙学语，并且在他们产生词后，即在1～1.5岁时，婴儿通常仍然继续这种牙牙语。虽然牙牙语的开始时间、音调和种类最初并没有因婴儿的国家、民族、文化等出现差异，但 10 个月后，不同社会语言背景的牙牙语开始出现不同的变化。

尽管婴儿的语言发展呈现出相同的阶段性，但同时也存在着明显的个体差异性，这说明婴儿的语言发展还受到了特定环境因素的影响。狼孩的事例充分说明了人类社会作为婴儿语言发展环境的重要性。影响语言发展的环境因素中，起主要作用的是婴儿所接受的教养，即照顾者在语言交流方面为婴儿提供的互动的机会（徐愫，2003）。因此，我们要重视这个阶段婴儿的语言表达能力的培养，要多给婴儿以语言交际的机会，要在已有词汇与经验的基础上，不断扩大与丰富婴儿的语言。实际上，婴儿早期的词汇往往是他们的母亲最常使用的，父母对婴儿的言语越多，婴儿早期词汇的发展就越快。父母如果愿意花较多时间与婴儿进行交流，婴儿往往能用许多生动的语言来表达自己的意思。千万不要以为初生的婴儿听不懂而不去和婴儿交谈。婴儿可能比我们通常认为的要聪明得多。父母和婴儿说话时，声音要柔和，最好和婴儿面对面地说，内容应该涉及各个方面，如认人、穿衣、吃饭，以及物体的名称、形状、颜色、状态等。6 个月以后的婴儿已经可以发出简单的音节。从这时候起，在和婴儿说话时，也要鼓励婴儿说话，积极而机智地回答婴儿的发问。对婴儿语言中的缺点或错误，要正确地示范，不要讥笑以造成"负强化"。除了说话外，父母还可以通过语言游戏和讲故事等来促进婴儿的语言能力发展。

二、认知发展

婴儿的认知就是婴儿的认识过程，是指婴儿认识、理解事物或现象，保存认识结果，利用有关知识经验解决问题的过程。它具体包括感觉、知觉、记忆和思维等过程。婴儿期是一个认知迅速发展的时期，人类关于此领域的研究不断开展和深入，取得了非常丰富的成果。

（一）感知觉发展

1. 感觉发展

感觉是指个体对事物个别特性的直接反映。感觉对于婴儿的发展具有重要的意义，是其得以认识客观世界和自我的重要能力。

1）视觉

研究证明，视觉最初发生的时间是在胎儿晚期，4～5 个月的胎儿已经有了视觉反应能力。人们一直以来都认为婴儿的视觉是一团模糊，但近来的研究发现，新生儿已经具备一定的视觉能力，有了基本的视觉过程。刚出生的婴儿就已能立即察觉眼前的亮光，区分不同明度的光，还能用眼睛追随视刺激。但新生儿的视觉调节机能比较差，视觉集中的时间和距离都是随年龄的增长而增长的。在 14 周左右，婴儿双眼视觉发育成熟，能够将两只眼睛的成像结合起来得到有关深度和运动方面的信息。在 4 个月左右，婴儿就能像成人一样做出调节适应，其颜色视觉的基本功能已接近成人的水平。

从 6 个月至 1 岁左右，婴儿的视觉已基本同成人接近，达到正常人的视力范围。另外，研究表明，婴儿天生对某些特殊的刺激有偏好。如出生几分钟的婴儿对不同刺激的特定颜色、形状和结果有偏好。他们喜欢曲线胜过直线，喜欢三维图形胜过二维图形，喜欢人脸型胜过非人脸型（罗伯特·费尔德曼，2013）。

2）听觉

婴儿出生后是否立即具有听觉？或者说，人类个体的听觉能力是何时才形成的？对这个问题一直存在着相当激烈、复杂的争议。研究结果证实听觉能力早在胎儿期就已经开始存在了。胎儿的听觉系统大约在胎龄 30 周或预产期前 10 周时开始具有功能，但 30 周以前的胎儿或早产儿可能感受到振动的声音形式（朱莉娅·贝里曼，等，2000）关于婴儿的听敏度的研究发现，婴儿在 200～2000 Hz 之间的听觉差别阈限是成人的两倍，而在 4000～8000 Hz 范围内的听觉差别阈限与成人相同。同时实验还证明了刚刚出生的婴儿就有视听协调能力。婴儿能像成人一样根据听觉方向来进行视觉定向，3～6 个月的婴儿的视听协调能力已发展到了能辨别视、听信息是否一致的水平。另外，6 个月以前的婴儿已能辨别音乐中旋律、音色、音高等方面的不同，并初步具备协调听觉与身体运动的能力。

3）嗅觉

大量的研究表明，个体在胎儿末期已具有了初步的嗅觉反应能力，开始感受嗅觉刺激。婴儿刚出生时，就已能对不同的气味做出相应的各不相同的反应，通过嗅觉分辨显示对自己母亲的偏爱，对母亲用过的物品能有明显的分辨，并出现嗅觉习惯化和嗅觉适应的现象。

4）味觉

婴儿的味觉系统在胎儿 3 个月时就已开始发育，在婴儿出生时味觉系统已发育成熟，所以婴儿一出生就已有了味觉，而且还相当敏锐，能对比较淡的、带甜味的东西做出积极反应，而对咸、酸、苦的强烈味道的东西做出消极反应。在 2～3 个月时，在对食物的偏好喜恶方面，婴儿的味觉能力已明显增强。

5）肤觉

新生儿对压力和疼痛很敏感，但是在出生后的几天里，需要给以强刺激才能引发可观察到的反应。最初，婴儿以迅速的全身动作对这类刺激做出反应。之后，婴儿对这类反应渐渐变慢，到一岁左右时已能直接用手和眼睛确定受到刺激的部位。

2. 知觉的发展

婴儿知觉主要包括图形知觉和空间知觉两个方面，其中空间知觉又分为深度知觉、方位知觉和距离知觉三个方面。

1）图形知觉

婴儿的图形知觉发展也比较早。有研究表明，刚出生 2 天的新生儿就能分辨人脸和其他图形，他们注视人脸比注视其他图形的时间要长得多。6 个月的婴儿注视人脸的时间是注视其他图形时间的 2 倍。婴儿偏爱注视人脸的重要原因之一是他们更喜欢看到复杂的图案、曲线、活动物体和轮廓多的图形，而人脸则同时带有这些特点。

2）空间知觉

空间知觉指个体对外界事物一切空间特性的反映，主要包括深度知觉、方位知觉和距离知觉三个方面。婴儿已基本具备了这些方面的知觉能力。

深度知觉，也即立体知觉，是对立体物或两个物体前后相对距离的知觉。婴儿有没有深度知觉？这个问题通过著名的视崖实验已经有了肯定的答案。实验者将婴儿放置在一块很厚的玻璃上，玻璃下方有一半铺有方格图案，让人感觉婴儿趴在一块稳当的地板上；然而，另一半的玻璃下方，方格图案与玻璃具有几十厘米的落差，形成明显的视崖。当母亲召唤婴儿时，观察婴儿的反应。实验结果表明，6～7个月的婴儿显示出了深度意识，9个月的婴儿在接近视崖边缘时表现出了明显的害怕情绪。

方位知觉，指对物体所处的方向的知觉，如上下、左右、前后、东南西北的知觉。婴儿对外界事物的方位知觉是以自身为中心定位，并主要靠听觉、视觉来定向的。刚出生的新生儿就已有基本的听觉定位能力，他们能对来自左边或右边的声音做出向左看或向右看的不同反应。

距离知觉，指个体对同一物体的远近程度或不同物体的远近程度的反映。上述的深度知觉其实就是距离知觉的一种。除了用视崖实验研究婴儿的深度知觉外，学者还用视觉逼近实验研究婴儿的距离知觉。结果发现，新生儿已能对逼近物体有某种初步反应，2～3个月的婴儿已经具备对逼近物体的保护性闭眼反应，但对物体明显的躲避反应则从4～6个月开始。

（二）记忆的发展

广义地说，认识都是记忆，儿童正是将所获得的关于世界的知识储存于记忆中。关于婴儿是否具有记忆能力，是婴儿发展研究的一个基本问题。研究发现，婴儿不但很早就存在记忆，而且他们具有相当好的信息保持能力。例如，5个月的婴儿接触一张面部照片仅两分钟，在长达两个星期后他们仍有能够再认照片的迹象。尽管记忆可能很早就存在，但并非一开始就很完善。贯穿整个婴儿期，记忆会发生各种变化。对于1岁以前的婴儿来说，他们已经有了短期记忆，即信息一次呈现后，保持在一分钟以内的记忆。除此之外，他们可能也会有长期记忆，即信息经多次重复后长久保持在头脑中的记忆。1～2个月的婴儿经过反复训练，可以形成长期记忆。3个月时，他们已经能在几天内记住一个玩具。4～5个月时，他们能寻找忽然消失在视线中的玩具。6个月时，他们开始描绘陌生人而依恋亲人，由以前的"平易近人"变得"认生"，甚至会拒绝曾离开过一段时间的亲人。从1岁开始，由于动作和语言的发展，婴儿的记忆能力有了长足的进步，不但记忆时间有所延长，记忆内容有所增加，而且回忆能力也有很大的发展。婴儿开始用行动表现出初步的回忆能力，并喜欢做藏东西的游戏，也常常能帮助成人找到东西。总之，1～3岁的婴儿期是记忆发展的第一个高峰时期，在此期间婴儿的记忆能力有了极大的进步。婴儿记忆能力的发展对其思维能力具有明显促进作用。

（三）思维的发展

思维是对客观事物概括的和间接的反映过程。它以感知为基础又超越于感知的界限，是认识过程中探索与发现事物内部本质联系和规律性的高级阶段。

3岁前是儿童思维的发生或萌芽的阶段。严格地说，1岁前的婴儿，只有对事物的感知，基本上还没有思维。真正意义上的思维是从1岁后才开始产生的，因为婴儿思维的产生和初步发展是直接与婴儿以表象为基础和以词为中介的概括能力的形成相联系的。

从总体上看，3岁以前婴儿思维基本上属于直观行动思维的范畴。整个3岁以前的思维特点主要是直观行动性。所谓直观行动性，是指婴儿的思维无法离开具体的活动过程，也就是皮亚杰强调的"感知"与"动作"协调性。也就是说，婴儿只能对目前看得见并能实际操纵的物体进行思维，否则便无法进行思维。

研究发现，从总体上来说，3岁前婴儿思维可以分为四个阶段。

条件反射建立时期。在出生后的头一个月，这是新生儿时期。

知觉常性产生时期。从一个月至五六个月是婴儿感觉迅速发展的时期。肤觉、嗅觉和味觉、视觉、听觉相继地发展起来，从五六个月至八九个月，是知觉和知觉常性发展的阶段。从八九个月至一岁，婴儿开始认识客体的永久性，从此，知觉常性和客观永久性迅速发展起来。

直观行动性思维时期。1～2岁，是婴儿动作和语言开始迅速发展的阶段。在动作发展的过程中，由于语言功能的出现，此时婴儿的直观行动概括能力逐步发展起来，这是人的思维的初级形式。当然，2岁左右的婴儿所概括的一般只限于事物的外表属性，而不是本质属性。

词语调节型直观行动性思维时期。2～3岁，这是词的概括、概念，亦即语言思维产生的阶段。但这个阶段仍然带有极大的情境性和直观行动性。一般说来，2～2.5岁和2.5～3岁的婴儿思维水平是有区别的，前者更依赖于直观和动作，后者却有较明显的词的调节。

婴儿思维的产生和发展的意义是巨大的，它不仅仅意味着智慧活动，即智力的真正开始，还意味着人的意识的萌芽。

（四）皮亚杰感觉运动阶段

皮亚杰认为，婴儿处于感觉运动期，是认知发展早期的主要阶段，又可以分为六个亚阶段，具体如表5-3所示。

表5-3　皮亚杰感觉运动阶段的六个亚阶段

亚阶段	年龄	描述	例子
亚阶段1：简单反射	从出生至第1个月	在这个阶段，决定婴儿与世界交互作用的各种反射是他们认知生活的中心	吮吸反射使婴儿吮吸放在嘴唇上的任何东西

亚阶段	年龄	描述	例子
亚阶段2：最初的习惯和初级循环反应	从第1个月至第4个月	在这个阶段，婴儿开始将个别的行为协调成单一的、整合的活动	婴儿可能将抓握一个物体和吮吸这个物体结合起来，或者一边触摸．一边盯着它看
亚阶段3：次级循环反应	从第4个月至第8个月	在这期间．婴儿主要的进步在于将他们的认知区域转移至身体以外的世界，并且开始对外面的世界产生作用	一个婴儿在婴儿床上反复地拨弄拨浪鼓，并且以不同的方式摇晃拨浪鼓以观察声音如何变化。该婴儿表现出调整自己有关摇拨浪鼓的认知图式的能力
亚阶段4：次级循环反应的协调	从第8个月到第12个月	在这个阶段，婴儿开始采用更具计划性的方式引发事件，将几个图式协调起来生成单一的行为。他们在该阶段理解了客体永存	婴儿会推开一个已经放好的玩具，使自己能拿到另一个放在它下面、只露出一部分的玩具
亚阶段5：三级循环反应	从第12个月至第18个月	在这个阶段，婴儿发展出皮亚杰所说的"有目的的行为的改变"，这样的行为将带来想要的结果。婴儿像是在进行微型实验来观察结果，而不仅仅是重复喜欢的活动	婴儿不停改变扔玩具的地点，反复地扔一个玩具，每次都会仔细观察玩具掉在哪里
亚阶段6：思维的开始	从第18个月至第24个月	婴儿在这个阶段的主要成就在于心理表征能力或象征性思维能力的获得。皮亚杰认为只有在这个阶段，婴儿才能想象出他们看不到的物体可能在哪里	婴儿甚至能够在头脑中勾画出看不到的物体运动轨迹，因此，如果一个球滚到某个家具下面，他们能判断出球可能出现在另一边的什么地方

1. 亚阶段1：简单反射

亚阶段1包括了出生后的第1个月，在此阶段，婴儿通过各种先天性反射活动，如吮吸反射等，与外部世界展开互动。在练习过程中，他们开始将新刺激同化到已有的反射图式，并顺应新刺激而不断调整图式，这些活动标志着婴儿认知发展的开端。例如，一个婴儿主要通过母乳喂养，但同时也辅助性地用奶瓶喂奶，那么这名婴儿可能已经开始根据碰到的是乳头还是奶嘴来改变他的吮吸方式。

2. 亚阶段2：最初的习惯和初级循环反应

亚阶段2发生在第1~4个月，当婴儿发现自己偶然做出的某些动作令人愉快时，他开始重复这些动作。这类动作的反复循环纯粹出自内部动机，而与外界无关。对随机运动事件的重复，可以帮助婴儿通过循环反应的过程来构建认知图式。并且此时，婴儿已经能够协调不同的感觉，开始将独立的行为协调为单一的、整合的活动。

3. 亚阶段3：次级循环反应

亚阶段3主要发生在第4~8个月，这阶段的反应更具目的性，婴儿开始关注外面世界，开始学习控制其他东西，他们会重复练习新获得的行为模式，并注意行为的结果。此阶段的婴儿开始能够区分主客体，自我概念开始形成。

4. 亚阶段4：次级循环反应的协调

亚阶段4主要发生在第8~12个月，婴儿开始使用目标指向的行为，将几个图式结合并协调起来，从而产生一系列的行动来解决问题。并且，此阶段的婴儿发展出客体永存性的概念，即使看不到人和物体了，也能够意识到他们是存在的。但婴儿还无法理解物体的转移，即使当着他们的面把东西藏到别的地方，他们仍然会去前一个地方寻找。

5. 亚阶段5：三级循环反应

亚阶段5主要发生于第12~18个月，该阶段婴儿开始思考自己的行为，喜欢反复尝试不同的动作模式并探索其结果，这反映了婴儿了解事物运作方式的好奇心。婴儿有关客体永存性的概念进一步提高，他们能够追踪物体的转移并到新的藏匿处去寻找物体，直到找到为止。

6. 亚阶段6：思维的开始

亚阶段6主要发生于第18~24个月，该阶段主要成就是心理表征能力或象征能力的获得。心理表征是指对过去时间或客体的内部意象。到此阶段，婴儿可以想象看不见物体的可能位置，甚至可以在自己脑海里描绘出看不见物体的运动轨迹。同时，这阶段也是延迟模仿出现的时期，婴儿能够在模仿对象不在场时再现其行为。这意味着婴儿能够把经验转换为心理符号储存在记忆里，并在适当的时候提取出来。

感觉运动阶段六个亚阶段的发展看起来似乎很有规律性，但是认知情况发展的实际情况并非如此。不同婴儿真正进入特定阶段的年龄存在一定差异，进入某个阶段的确切年龄反映了婴儿身体成熟水平和所处社会环境特征之间的相互作用。另一方面，阶段性发展是一个循序渐进的过程，婴儿向下一个认知发展阶段过渡时存在相当稳定的行为变化。婴儿会经历过渡期，在这个阶段行为的某些方面会反映下一个较高阶段，而其他方面仍然显示当前阶段的特征。

三、情绪发展

一直以来，婴儿的情绪并没有像认知那样，受到学者的广泛关注，近年来对婴儿情绪发展的大量研究，使人们从另一个新的角度，更加深入和全面地认识了婴儿的心理发展过程。婴儿情绪的发展与其生物、认知和社会领域的发展是同步进行的，而且发生相互作用。

（一）最初的情绪表现

在生命的头几个月里，婴儿用微笑、叽叽咕咕、视线接触对人做出反应，并未对人显示明显的差别。但许多研究证实婴儿具有先天的情绪机制，在外部刺激的诱发下获得和发展出愉快、感兴趣、惊奇、厌恶、痛苦、愤怒、惧怕和悲伤等基本情绪。关于婴儿的情绪表现有许多不同的观点，其中以行为主义心理学创始人华生的观点影响最大。华生认为新生儿有三种主要情绪：爱、怒和怕。爱——婴儿对柔和轻拍或抚摸产生一种广泛的松弛反应；怒——如果限制婴儿的运动，婴儿就会产生身体僵直、屏息、尖叫之类的反应；怕——听到突然发出的声音，婴儿会产生吃惊反应，当身体突然失去支持时，婴儿就发抖、号哭、啜泣。但是华生的新生儿有三种情绪的理论在后来的经验中并没有得到很好的验证和支持。在根据自己研究和对前人研究的总结中，孟昭兰提出了婴儿情绪分化理论，主要观点有：① 人类婴儿有 8～10 种从种族进化中获得的情绪；② 个体情绪的发生有一定的时间次序和诱因；③ 情绪发展有一定的规律性，也有个别差异。

（二）情绪的分化与发展

1. 婴儿的微笑

笑是婴儿的第一个社会性行为，通过笑可以引起周围对他的积极反应。婴儿微笑发展经历了以下几个阶段。

第一阶段：反射性的笑（第 0～5 周）。这个阶段婴儿的微笑并不是完全的微笑，主要是用嘴做怪相。婴儿在笑的时候，眼睛周围的肌肉并未收缩，脸的其余部分仍保持松弛状态。这种早期的微笑可以在没有外部刺激的情况下发生，是反射性的笑或自发的笑，也被称为"嘴的微笑"，不同于后来产生的社会性微笑。

第二阶段：无选择性的社会性微笑（第 5～14 周）。这种微笑由外部刺激引起，如运动、发声物体或人脸。人的声音和面孔特别容易引起婴儿的微笑，但此时婴儿并不会区分那些对他有特殊意义的个体，因而是一种无选择性的社会性微笑。大约到第 5 周时，婴儿开始对移动着的脸微笑。到第 8 周时，会对一张不移动的脸发出持久的微笑。从第 3 个月开始，婴儿的微笑次数增加，对视觉刺激特别是最初的照料者出现的时候发出更多的微笑。这种发展标志着有选择性的社会性微笑的开始，是婴儿发展的重要里程碑。但这时婴儿对陌生人的微笑与对熟悉的照顾者的微笑并没有多大区别，只是对熟人的微笑比陌生人要多一些。

第三阶段：有选择性的社会性微笑（第 14 周后）。这一阶段，由于婴儿视觉能力的增强，他能够认出熟悉的脸和其他东西，开始能对不同的人做出不同的反应。婴儿对熟悉的人会无拘无束地微笑，而对陌生人则带有种警惕的注意，渐渐地，陌生人的出现不仅不能激起微笑，反而会引起婴儿哭喊、恐惧等退缩行为。这种有选择性的社会性微笑增强了婴儿与照顾者之间的依恋。

2. 婴儿的哭泣

哭泣是婴儿表达情绪的另一种常见方式。就像微笑一样，哭泣可以加强婴儿与照顾者之间的联系。新生儿哭泣的原因有很多，最初主要是因为饥饿、冷、湿、疼痛及睡眠被扰醒等。婴儿发出的哭泣可以分为不同类型，反映其痛苦的不同性质。婴儿的哭泣大致经过三个发展阶段。

第一阶段：生理-心理激活（出生～1 个月）。新生儿的哭泣通常由饥饿、腹部疼痛或身体不适所引起。这时，只要满足其生理需要或将其抱起、轻拍，稍加安抚即可停止哭泣。

第二阶段：心理激活（1～2 个月）。这一阶段婴儿表现为一种低频、无节奏的没有眼泪的"假哭"。当婴儿得到注意或照看时，哭声往往会停止。母子对视、吮吸拇指和身体接触等都可以减少婴儿的哭泣，但以身体接触最为有效。

第三阶段：有区别的哭泣（2～22 个月）。在这一阶段，不同的人可以激活或停止婴儿的哭泣。当父母或成人离开或不在附近时，婴儿就会哭泣。这种哭泣是一种社会行为，反映出婴儿的依恋需要。

3. 对他人面部表情的识别和模仿

婴儿除了能够表达自己的情绪之外，还能对他人的情绪进行辨别和做出反应。婴儿能够区别不同情绪最主要的证据来自婴儿面部表情的研究。有研究发现，婴儿运用面部表情和分辨他人情绪的能力是逐步发展起来的。婴儿很早就能识别和模仿成人的面部表情，并且能对照顾者的不同情绪做出不同的反应。当母亲表情愉快时，婴儿显得很快乐；当母亲出现悲伤表情时，婴儿就停止微笑；当母亲愤怒时，婴儿就把头转向一边并停止动作，甚至开始哭泣。对他人的表情和情绪状态的识别是婴儿与他人进行主动交往的一个重要条件。对他人情绪的识别提高了婴儿在社会生活环境中的适应性，特别是对母亲面部表情的识别可以加强母婴交流，为婴儿提供特定情境下的行动信息。例如，当婴儿不能肯定是否接受陌生人的拥抱或食物时，如果母亲的表情是鼓励和肯定的，婴儿就更可能接受对方的行为或物品，反之就会拒绝甚至哭泣。

第三节　　社会系统：依恋、道德感与社会性

一、依恋

依恋是婴儿与主要照顾者之间特殊的亲密关系，是婴儿出生后所面对的第一个人际关系。由于婴儿的主要照顾者通常就是母亲，婴儿的依恋对象通常也是其母亲，因此婴儿的依恋又称为母婴依恋。其具体表现为：婴儿对母亲发出更多的微笑，对母亲牙牙学语，依偎、拥抱母亲；喜欢与母亲在一起，接近母亲时就会感到非常舒适、愉快，与母亲分离时就会感到不安而产生悲伤；对陌生人的出现也会感到紧张和焦虑，母亲的出现则可以使婴儿感到安全。

（一）依恋的发展

建立正常的依恋关系对婴儿的发展有着极其重要的意义。许多研究者发现，与许多动物幼崽一出生就与母亲形成了亲密关系相比，人类婴儿与照顾者之间建立亲密关系的时间要晚得多。婴儿依恋是在其出生后逐渐发展起来的。一般将婴儿依恋的发展分为以下三个阶段。

1. 无差别的社会反应期（出生～3个月）

无差别的社会反应期的婴儿对人的反应是不加区分的，无差别的反应。他们缺乏辨别不同个体的能力，因此他们对所有人的反应几乎是一样的，喜欢所有的人，愿意注视所有人的脸，看到人的脸或听到人的声音都会微笑、手舞足蹈。这个时期婴儿还没有表现出对任何人的偏爱，包括对母亲也未产生偏爱，而只是在物体和人中表现得更喜欢人，并表现出特有的兴奋。

2. 选择性的社会反应期（3～6个月）

这个时期的婴儿对人的反应有了区别，对母亲很偏爱，对他所熟悉的人和陌生人的反应是不同的。他们更频繁地对熟悉的面孔微笑、发声，而对陌生人的微笑则相对减少，甚至消失。婴儿开始能辨认并偏爱所熟悉的人，喜欢与熟悉的人进行接触。这时的婴儿在母亲面前表现出更多的微笑、牙牙学语、依偎、拥抱，而对其他家庭成员和陌生人的反应就少了许多。婴儿所熟悉的人往往更容易安慰孩子，能更迅速、更广泛、更频繁地引起婴儿的微笑和发声。这时期的婴儿还不怯生，同时也不拒绝熟悉的人离开。

3. 特定依恋期（6个月～3岁）

从第六七个月起，婴儿对母亲的存在极为注意，特别喜欢与母亲在一起。当母亲

离去时，婴儿开始通过哭泣表示抗议，表现出分离焦虑。婴儿出现了明显的对母亲的依恋，形成了对母亲的特殊情感。同时，他们对陌生人的态度变化很大，见到陌生人不再微笑、牙牙学语、依偎，而是表现出更为明显的警惕、戒备和退缩，产生了怯生。

（二）依恋的类型

婴儿在六七个月时，基本上都能与母亲形成依恋，但其依恋的性质是各不一样的，而且婴儿对母亲的依恋表现并不相同。安斯沃斯等人采用"陌生人情境程序"研究婴儿的依恋。他们将婴儿与其母亲和一位陌生人安置在实验室里，通过母亲离去、返回及陌生人出现等系列程序，考察婴儿与不同人（陌生人、母亲和自己）在一起和其他人离开和返回时的情绪和行为。

根据研究结果，安斯沃斯认为，由于父母行为的影响，可能使婴儿形成四种类型的依恋：安全型依恋、回避型依恋、矛盾型依恋和混乱型依恋。

1. 安全型依恋

大约70％的婴儿属于安全型依恋。他们在与母亲独自相处时，能很安逸地玩玩具，并不总是依偎在母亲身边，而是积极探索环境，只是偶尔靠近母亲，更多的是用眼睛看母亲，对母亲微笑或交谈。母亲在场时使婴儿有足够的安全感，对陌生人的反应也比较积极，但当母亲离开时则明显地产生不安。当母亲返回时，就寻找母亲，很快地与母亲接触，以结束这种分离忧伤。

2. 回避型依恋

大约20％的婴儿属于回避型依恋。他们对母亲是否在场表现出无所谓的态度，与母亲在一起时似乎对探索不感兴趣，与母亲分离后也没有多少忧伤；当母亲重新返回时，往往不予理睬，常常避免与母亲接触。他们对陌生人没有特别的警惕，但常采用回避和忽视的态度。这类婴儿实际上并未与母亲形成特别亲密的感情联结。

3. 矛盾型依恋

5％～10％的婴儿属于矛盾型依恋。即使母亲在场，他们也非常焦虑，不愿意进行探索活动；当与母亲分离时，则表现得非常忧伤、苦恼、极度反抗；当母亲返回时，常表现出矛盾的心理，对母亲曾经离开感到非常不满，寻求与母亲的接触，但对母亲的接触又表示反抗。

4. 混乱型依恋

后续的研究者发现，还存在第四种依恋类型——混乱型依恋。有5％～10％的婴儿属于该类型。该类型婴儿表现出前后不一致、矛盾和混乱的行为。当母亲回来时，他们会跑到她身边却不看母亲，或最初显得很平静，后来却爆发出愤怒的哭泣。

在这四种依恋中，安全型依恋为良好的、积极的依恋；后三种被称为非安全型依恋，是消极的、不良的依恋。相比之下，那些安全型依恋的婴儿，长大后更有能力、更独立自主、更善于与人交往，为人处世更积极，也更少经历心理困难。混乱型依恋婴儿则在应对压力方面有困难，并可能出现更多的问题行为。

（三）依恋对婴儿发展的影响

依恋是在婴儿与母亲的相互交往和情感交流中逐渐形成的。婴儿的依恋性质在很大程度上取决于母亲与婴儿的交往方式。如果母亲能非常关心婴儿所处的状态，注意婴儿发出的信号，并能正确地理解，做出及时、恰当的反应，婴儿就能产生和发展出对母亲的信任和亲近，促进婴儿良好的发展，反之则不能。

鲍尔比认为，抚养者与婴儿正常依恋关系的缺乏可能会导致婴儿严重的心理障碍。婴儿如果缺乏关心和爱抚，就很难建立对任何人的依恋，从而给其今后的生活带来重要的影响。研究者在动物社会性剥夺研究中发现，长时间被隔离喂养的猴子会表现出极其异常的行为模式，与此类似，他们在对孤儿院里的儿童进行观察后发现，这些儿童表现出明显的发展迟钝，很少哭和发声，身体姿势僵硬，语言发展明显缓慢，表现出孤独，无法形成亲密的人际依恋。

马塔斯等人认为依恋性质对儿童今后的认知发展和社会性适应有一定的影响。他们用证据证实在 12 个月或 18 个月是安全型依恋的婴儿，到 2 岁时比那些当时是非安全型依恋的婴儿能以更高的热情和更大的兴趣解决提供给他们的问题。当儿童遇到不能解决的问题时，安全型依恋的儿童很少发脾气，更多的是接受母亲的帮助。

（四）依恋类型的影响因素

1. 抚养方式

主要照顾者对婴儿的喂养方式及与婴儿的互动方式是婴儿依恋关系形成的关键因素。母亲对婴儿所表现出的敏感性、反应性、耐心程度都直接影响着婴儿的认知模式。安斯沃斯等人研究了母亲在婴儿出生后最初 3 个月的抚养行为对婴儿依恋类型形成的影响。研究者从敏感性、接受性、合作性和易接近性四个方面来衡量母亲的抚养行为，结果发现，婴儿的依恋类型与特定抚养方式密切相关。安全型依恋婴儿的母亲多数有能保持一致且稳定的接纳、合作、敏感和易于接近等特性；回避型依恋婴儿的母亲则倾向于拒绝、不敏感；矛盾型依恋婴儿的母亲通常拒绝、忽略婴儿的需要，并干涉婴儿的自主行为。梅恩和所罗门进一步提出，混乱型依恋婴儿之所以表现出既想接近看护者又要逃避看护者的矛盾行为，可能是他们曾经被忽视或虐待，这使得婴儿不知道在与看护者重聚时应该接近以寻求安慰，还是应该躲避以获得安全。总而言之，安全型依恋婴儿的母亲能够快速并积极回应婴儿的情绪反应；而非安全型依恋婴儿的母亲通常以忽视他们的行为线索、在他们面前表现得前后不一致，以及拒绝或忽视他们社交努力的方式来回应。

2. 气质类型

气质是指那些主要是与生俱来的心理和行为特征，包含个体一致且持久的唤醒模式和情绪特点。托马斯和切斯根据婴儿行为的节律性、活动水平、接近与退缩、适应性、心境、情绪表达等几个维度，将婴儿的气质划分为三种基本类型——容易型、困难型、迟缓型，具体特点如表 5-4 所示。

表 5-4 婴儿气质类型与特点

气质 划分维度	容易型	困难型	迟缓型
节律性	吃、睡、排泄时间有规律	无规律	—
活动水平	—	高	低
接近与退缩	容易接近陌生人与陌生情境	怀疑陌生人和陌生情境	对新刺激有中等程度的初始消极反应
适应性	容易适应新情境并能接受挫折	对新情境适应慢且受挫后脾气暴躁	在无压力地反复接触后逐渐喜欢新情境
心境	积极	消极	—
情绪表达	中等强度的表达	高强度的表达（如大笑、大哭等）	低强度的表达

卡根认为婴儿的依恋类型在很大程度上限于婴儿的气质类型。他比较了婴儿气质研究与陌生情境测验的结果，从中发现，安全型、回避型、矛盾型依恋类型婴儿的百分比与容易型、困难型、迟缓型气质类型婴儿的百分比十分接近。卡根解释道，这是因为在气质上属于困难型的婴儿通常拒绝生活或活动环境的变化，不愿接受新事物，可能在陌生情境中显得更加悲伤，并且不能被母亲抚慰，因此就被归为回避型。而一个气质属于容易型的婴儿则会表达非常友好，容易接受陌生环境，也容易接受母亲的抚慰，因此被归为安全型。迟缓型气质的婴儿害羞，对环境变化接受较为缓慢，在陌生情境中就显得疏远、不依恋，因此被归为矛盾型。在卡根看来，婴儿的依恋类型实际上反映了他们的内在气质类型。

尽管婴儿气质类型在某种程度上与依恋类型相关，但是，婴儿的依恋类型会因照顾者抚养方式的突然改变或者照顾者本身的改变而改变，而气质类型却是相对稳定的，因此气质类型并不能全面地解释依恋类型。

3. 主要照顾者自己的依恋类型

母亲对婴儿通常的反应基于她们自己的依恋类型。母亲在婴儿时是安全型依恋关系，可能对自己孩子的敏感度更高，更积极地回应孩子的需求，孩子也更容易形成安全型依恋关系。因此，代代相传的依恋模式在本质上十分相似。

二、道德感的出现

心理学家林崇德在研究中发现，3岁以前是儿童道德萌芽、产生的时期，是以"好"（或"乖""对""好人"）与"坏"（或"不好""不乖""坏人"）两义性为标准的道德动机，并依此引出合乎"好"与"坏"的道德需求的行动来。在此阶段，婴儿不可能掌握抽象的道德原则，其道德行为是很不稳定的。婴儿的主要任务是理解"好""坏"两类简单的规范，并做出一些合乎成人要求的道德行为。

（一）婴儿的道德观念与道德判断及其行为表现

婴儿的道德观念、道德行为是在成人的强化和要求下逐渐形成的。当婴儿在日常生活中做出良好的行为时，成人就显出愉快的表情，并用"好""乖"等词给予正强化；当婴儿做出不良的行为时，成人就显出不愉快的表情，并且用"不好""不乖"等词给予负强化。在这样的过程中，婴儿就能不断地做出合乎道德要求的行为，并形成各种道德习惯。今后如果再遇到类似场合，婴儿就会立即做出合乎道德要求的行为来，对于不合乎道德要求的行为，则采用否定的态度或加以克制。当婴儿和父母外出遇到父母的熟人时，开始几次婴儿总是被鼓励喊对方叔叔、阿姨或爷爷、奶奶。如果婴儿顺利地喊了对方，就会受到来自父母和对方的称赞和表扬，如"真乖""好""聪明"等。等到了后来再次外出，婴儿遇到别人时，往往会主动和对方打招呼和问好。

婴儿的道德判断也是在与成人的积极交往中逐渐学会的，先学会评价他人的行为，进而学会评价自己的行为。在评价自己的行为时，婴儿先是模仿成人对自己的评价，如成人说"好""乖"，婴儿也认为是"好""乖"，成人认为"不好""不乖"，婴儿也认为"不好""不乖"。之后婴儿将逐渐学会自己评价自己的行为。但是，婴儿道德判断的习得并不代表婴儿的行为总是服从于一定的道德标准。由于易受情绪和周围环境的影响，婴儿的行为是极其不稳定的，其道德观念、道德行为还只是一些初步表现。我们既不能做过高的估计，也不可片面地就婴儿的某些过失行为轻下结论，只能经常地给以提醒、鼓励和要求。

（二）婴儿的道德感及其行为表现

如前所述，婴儿在掌握道德观念的基础上，已经产生了初步的道德感，如责任感、同情心和互助感等。1.5～2岁的婴儿已能关心别人的情绪，关心他人的处境，因他人高兴而高兴，因他人难受而难受，并且力图安慰、帮助他人。当自己的言行因符合他所掌握的社会准则而受到表扬时，婴儿便会产生高兴、满足与自豪的情感体验，反之就会产生羞怯、难受、内疚和气愤等情感体验。在成人的教育引导下，2～3岁婴儿逐渐变得爱憎分明，在看书、观看动画片或听故事时，不喜欢其中的大灰狼、灰狐狸等角色，而特别喜欢成功战胜它们的小兔子、小鸭子等角色。当然，婴儿此时产生的道德情感体验还是非常肤浅的。只有当婴儿对自己的行为意义有了一定的理解或养成了一定的习惯后，他们才会有自主的情感体验。总之，婴儿的道德感只能说是在开始萌芽，各种道德行为也只是刚刚产生，并且逐渐出现最初的一些道德习惯。

三、社会性发展和自我的出现

从一出生起，婴儿就是一个社会的人，处于一个复杂的社会环境之中。他们以家庭为主要活动场所开始了其早期社会化进程，开始了社会交往的发展，并逐渐能够区分别人和认识自我。

（一）早期社会化

社会化是个体在社会的熏陶和教育下，经过社会学习将社会文化逐步内化，从自然人发展成为社会人的过程。社会化的过程从婴儿期已经开始，从此不断发展并持续整个人的一生。

婴儿最初的社会化是在家庭中进行的。1岁以前的婴儿由于无法直立行走，其行动完全依附于母亲和成人，生活和活动局限于家庭。1岁以后，婴儿逐步学会了独立行走，并有了语言交流能力，其活动范围开始向家庭外扩展和延伸。但是家庭仍然是其主要的活动场所，以父母为主的家庭成员的言传身教使其有了初步的道德判断和行为标准。正是这种家庭教育使外在的行为规范逐步内化为婴儿的行为准则，从而成为其早期社会化的主要途径。

（二）社会交往的发展

对婴儿来说，特别是1岁以内的婴儿，他们的语言技能相对缺乏，主要是借助视觉行为、面部表情和身体姿势等非语言符号来进行交往。在出生后的头几个星期，婴儿的交往主要是围绕着基本的生存需要展开。他们通过哭闹等方式向其照顾者表达自己的需要。随后，婴儿便学会区别父母和其他人，学会识别他人的表情和情绪，能够识别不同的交往对象并采取相应的行为。婴儿与其最经常接触的父母的交往带有不同的特点。

1. 与母亲的交往

作为婴儿的主要照顾者，母亲是婴儿生存、发展的第一重要人物，也是婴儿社会性发展的重要基础。在母亲的要求、指导下，婴儿学会了参与、进入交往，主动发起、邀请批评指正交往，并学会如何维持交往、解决交往中的矛盾、冲突，使交往顺利进行。如前所述，从第6个月起，婴儿对母亲的存在特别关心，特别愿意与母亲在一起，出现了明显的依恋，形成了特殊的母婴感情联结。2岁以后，婴儿能认识并理解母亲的情感，知道交往时应考虑母亲的需要和兴趣，并据此调整自己的情绪和行为反应。美国生育问题专家波顿·L·怀特和他的助手在对婴儿正常发展、使认知能力最优化的手段研究中，曾对1～3岁的婴儿进行了长达一年半的跟踪观察，初步的结果表明，婴儿的行为与母亲的关系方式之间有密切的联系。母亲的行为不仅影响婴儿早期的行为，而且对之后儿童认知及社会交往能力的发展也有重要影响。

雷内·施皮茨曾主持的一项关于母爱剥夺的研究从另一个角度证明了母亲对婴儿的重要作用。他指出：在婴儿发育的关键时期同母亲的分离对婴儿会产生毁灭性的后果；如果在 3 个月内母亲或起母亲作用的人回到婴儿身边，受到的影响可大大减轻；但是，如果不采取补救措施，对孩子的损害将是无可挽回的。同时，他也提出了相关的治疗建议，第一是预防，在婴儿生命的第一年里，必须尽力避免对婴儿的爱的对象的长期剥夺；在后 6 个月里，无论在何种情况下，婴儿的爱的对象离开时间决不能超过 3 个月以上。第二是恢复，如果在第一年里婴儿被长期剥夺爱的对象的话，在最长不超过 3 个月的时间内爱的对象回归到他们身边，则可以至少部分地弥补他们遭受到的伤害。第三是替代，如果既不能采取预防又不能采取恢复措施，则可另由一人来代替爱的对象。要特别注意促使婴儿的运动驱力得到最大限度的发展，要积极支持婴儿主动选择它曾被剥夺的爱的对象的替代者。

2. 与父亲的交往

对于婴儿来说，与父亲的交往同样也是必不可少的。父亲是婴儿重要的游戏伙伴，是婴儿积极情感满足、社会性发展、人格发展和性别角色正常发展以及社交技能提高的重要源泉。由于父亲与婴儿接触、交往的时间要明显少于母亲，因此表现出不同的特点。在交往内容上，父亲比起母亲更多的是与婴儿游戏；在交往方式上，父亲更多地通过身体运动的方式接触婴儿，而母亲则更多地通过语言交流和身体接触；在游戏性质上，父亲比母亲进行更多大动作、激烈的、强烈刺激的身体游戏和新异、不寻常的游戏活动，而母亲的游戏多是语言、教育性或带有玩具的游戏。约格曼报告说，父亲的游戏式作用越使人兴奋、越不落俗套，就越有利于婴儿创造力、社交能力的发展。正是这些显著的特点使父亲在婴儿的成长过程中发挥着母亲不可替代的作用，阿特金和鲁宾曾这样描述："随着父亲的积极参与，他们同母亲一样给了婴儿需要的刺激。父亲增强婴儿体验的一种接触同母亲是不一样的。当父亲抱着婴儿时，婴儿会感觉到同被抱在母亲怀里是不一样的。当父亲看上去不一样、说话声不一样、体味也不一样时，他给孩子带来一种多样化的体验。婴儿需要听到一种深沉的声音，感觉到一个男子搂抱孩子的方式。是父亲把孩子在空中荡来荡去，让他骑在肩上。看看在父亲走进屋子时婴儿的神色吧，他的脸蛋变得快活起来，某种新的、使人兴奋的东西注入他的日常生活中……"越来越多的研究表明，父爱剥夺及有缺陷的父爱作用，可能是影响婴儿社会化及其未来幸福的一个重要因素。

3. 与同伴的交往

同伴指婴儿与之相处的具有相同或相近社会认知能力的人。婴儿很早就对同伴发生兴趣，在第 3~4 个月时就会注视和触摸同伴了，在第 6 个月时就会对同伴微笑并发出声音，到 1 岁时同伴互动中出现了较多的交流行为，如微笑、打手势、游戏中模仿等。在 2 岁左右，婴儿开始使用语言来影响和谈论同伴的行为，并逐步开始形成不同的同伴关系。至此，同伴关系逐渐成为婴儿生活中第二重要的社会关系。同伴关系为婴儿学习技能、交流经验、宣泄情绪、习得社会规则、完善人格提供了充分的机会。与婴儿和父母之间形成的垂直关系不同，婴儿与同伴之间形成的是一种水平关系。婴儿与同伴最初的互动方式，是在与母亲早期所建立的互动方式的基础上发展起来的。同伴互动主要由游戏和社会化构成，可以有效弥补亲子互动的不足，有着不可替代的特殊作用。例如，婴儿通过相互模仿，可以学会一个玩具的多种玩法，开阔了眼界，发展了动手操作、解决问题的能力。在家里，婴儿习惯于独占玩具，与家长做游戏遇到问题时，家长往往会迁就他，而和小伙伴一起玩耍时，一不能独占玩具，二要体谅别人，否则会遭到拒绝。而当他向小伙伴们表现出微笑、愉快地发声或说话、友好地抚摸、高兴地拍手、关切地注意等积极的社交行为时，就能及时得到同伴的肯定与接受，进而得到分享与合作的欢乐；反之，如果他去抓人、打人、抢夺别人的玩具，就会引起同伴的反感或引起同样的行为。这样，就使他在各种各样的社交情境与场合中，在各种矛盾与冲突中，有机会学习调整自己的社交行为，去掉不友好的行为，以获得小伙伴的欢迎。这种学习机会的提供是家庭与父母不可替代的。

因此，家长可以带婴儿多参加一些户外活动，为其提供与同伴交往的机会，几个月的婴儿最简单的社交行为就是对视、相互注意。彼此逐渐熟悉后，家长可以教他主动和小伙伴握握手、摸摸脚，互相亲亲脸蛋等。当婴儿学会称呼后，每次见面都可以互相称呼对方的名字，一岁半左右就可玩一些合作游戏，如互相扔球等。在有条件的情况下，应多带婴儿到有大型玩具的场所和同伴们一起玩耍。大的、不可独占的玩具，如荡船、滑梯、攀登架等，能减少小伙伴之间的冲突，使孩子学会按秩序、等待、谦让、互助等更复杂的、积极的交往活动，使孩子的社交能力健康发展。

（三）自我意识的产生

自我意识是指人对自己的认识。婴儿的自我意识包括自我知觉、自我认知和自尊等方面。在 1 岁以前，婴儿还不能清楚地将自己和周围世界区分开来。从 1 岁起，婴儿才将自己身体的各部分和周围世界区分开来，出现自我意识的萌芽。在一项名为点红实验的经典研究中，实验者在婴儿（第 3~24 个月）毫无察觉的情况下，在他们鼻子上点上一个红点，然后观察他们照镜子时的反应。根据假设，如果婴儿已能将自己的形象和加在自己形象上的东西加以区分，这种行为就可以作为自我意识出现的标志。结果发现，15 个月大的婴儿才开始能够擦去自己鼻子上的红点，第 18~24 个月的婴儿借助镜子立即去摸自己鼻子的人数迅速增多，这说明自我意识的发生出现了质的飞跃。

婴儿自我意识的产生是一个生物、认知、情感和社会能力总体推进的过程，其基本过程包括分离和个别化的双向过程：分离指的是逐渐同母亲、同别人、同外部世界的脱离分开；个别化指的是成为独立的个人的过程。精神分析学家玛格丽特·S·马勒把这一分离-个别化的过程分成六个小阶段，这六个心理阶段的顺利完成是健康的社会及个人的自我意识所必需的。在婴儿变成一个自我导向的个人以前，他先需要取得一个自己同别人分离的明确意识。

我向期（第 2 个月）。在我向期阶段，注意的中心主要是内部情感。婴儿在显然缺乏对外部刺激的意识的情况下，做出的行为好像这世界就是一个扩大了的羊膜囊，婴儿本身似乎仍处于胎儿期环境中，对外部世界不注意或很少注意。可以说是胎儿期存在的延续。

共生期（第 2～5 个月）。对内部和外部世界的注意来回往复，两者融合了起来。婴儿还没有能力把一个人同另一个人区分开来、把自己和母亲区别开来，也未能把物体（如玩具）与自己对物体的感觉、运动经验区别开来。婴儿的想法、感觉和行为似乎都把自己和母亲作为一个共同享有的存在——一个共生体。在约 5 个月末时，婴儿开始把自己同母亲、把母亲同他人区别开来，逐渐意识到自己不是母亲的一部分，自我概念开始形成。

分化期（第 5～10 个月）。这一阶段注意的重点开始转向外部事件。这时婴儿在心理上开始成为一个人，具有他自己的超凡能力和表达方式。婴儿开始从共生"孵化"为具有个性的个体。作为个别化前兆的分离现在成为生命存在的特征，在婴儿的意识里开始有自己，有母亲，有其他熟悉的人和陌生人，有已经知道的物体、情境，还有需要认真探索的物体和情境。分离并不具有身体上的含义，而是指关于母亲的稳定的心理图像的形成，还包括对自我躯体的心理图式的形成。

在这一同母亲脱离的阶段里，婴儿在发展自己的同时却比过去更具有依恋性，当母亲离开他时，婴儿表现出苦恼忧伤，但是与熟悉的人如父亲等在一起，或是在家等熟悉的地方，这种情绪则会有所缓和。随着自身或自我发展为自己行为的主要决定者，当婴儿从熟悉的地方到陌生的地方时，苦恼就比较少了。这一过程需要多经受新的体验，需要时间训练在新的环境中生活，这样来形成使他感到熟悉的新的心理图像。

实践期（第 10～15 个月）。在这一阶段，婴儿图式形成、结合能力增强、运动范围扩大，引起视野的开阔，在身体和心理上都同母亲分离，渐渐成为"非母亲"世界的一部分。其他人，尤其是父亲成为婴儿视觉和触觉探索的中心。在婴儿反复对外部世界进行探索、游戏和挑战的同时，每隔一段时间，他便会回到母亲身边，因为母亲是他的"本垒"，是信息和情绪加油的主要"基地"。

和睦期（第 15～24 个月）。随着学会走路、说话，以及用心理图像表现自己和各种关系能力的形成，婴儿的心理诞生了。尽管婴儿仍对母亲表示依赖和顺从，但同时也在不断地努力争取进一步的独立性。这时的母亲应该与孩子保持一段距离，鼓励孩子脱离母亲，走向他自己，在婴儿需要时又能及时给予爱、信息和帮助。

个别化和心理常性（第 24～36 个月）。这个阶段婴儿的心理世界已经有了强烈而稳定的心理图像，其中最重要的图像是母亲，正是这一母亲的心理表象给了婴儿情绪常性。母亲的心理象征使得她不在婴儿身边时，也能给予婴儿爱、信任、信心和保护关怀的情感，此外，随着认知、情感和社会能力的迅速形成和发展，婴儿已经有了对自我的明确的心理图像。

🔷 拓展阅读

婴儿期问题

🔷 本章小结

本章全面探讨了婴儿期这一生命关键阶段在人类发展中的重要意义。从生物学角度，本章详细分析了婴儿的生理发育规律，包括感官与运动能力的发展、营养需求、健康监测的重要性。婴儿在这一阶段的快速生长需要母乳喂养或其他形式的科学营养支持。

在心理学层面，本章聚焦于婴儿的情绪表达、依恋关系的形成以及认知发展的早期表现。婴儿通过与主要照护者的互动逐渐建立依恋关系，这种关系不仅对其情绪调节和社会化起着重要作用，也为未来的心理健康奠定了基础。此外，本章探讨了婴儿在学习过程中感知觉与大脑的协同作用，以及早期经验如何通过神经网络塑造其行为模式。

在社会层面，本章分析了家庭、文化和社会支持系统对婴儿发展的深远影响。父母角色被认为是婴儿社会化过程中的核心，而良好的社会支持网络可以有效缓解父母的育儿压力，为婴儿提供更优质的成长环境。

通过对生物、心理和社会三个层面的深入探讨，本章为理解婴儿期的复杂发展过程提供了理论依据和实践指导。这不仅有助于父母优化育儿方式，也为社会工作者支持家庭和促进儿童福祉提供了坚实的框架。

🔷 关键概念

- 婴儿期发展
- 生理发育
- 感官与运动能力
- 营养需求
- 情绪表达
- 依恋关系
- 认知发展
- 父母角色
- 社会支持系统
- 社会互动
- 家庭教育

◆ 思考与练习

1. 描述婴儿期在生理、心理与社会发展方面的主要特点。
2. 为什么婴儿期的依恋关系对未来心理健康至关重要？
3. 列举促进婴儿感官与运动能力发展的几种方法。
4. 社会支持系统如何在婴儿期的发展中发挥作用？

第六章

幼儿期：认知与社会性发展

在了解了婴儿成长过程的基础上，现在我们来看3～6岁儿童的发展状况，这一阶段的儿童不断从幼稚走向成熟，从家庭步入了更广阔的天地——幼儿园，这一时期被称为幼儿期。随着生活范围的扩大，幼儿主要以游戏的方式积极参与社会生活，与此同时，他们的大脑和神经系统、动作技能、感知觉、语言、记忆、思维等生物、心理各方面都获得了迅猛的发展。在生物、心理和社会三因素的相互作用下，幼儿间的差异和独特性越来越明显，生物和环境因素对幼儿发展的支配力日趋减弱，心理因素的作用日益突出。这些发展变化不仅奠定了幼儿的个性形成，是其社会化的重要表现，还为幼儿进入小学阶段打下了坚实的基础，所以这段时间又被称作学龄前期。

第一节　　生物系统：生长发育与神经系统

3岁以后，幼儿的大脑结构不断完善，机能进一步成熟，身体迅速发展，知觉与运动能力也不断增强，这些生物上的发展都为幼儿的心理发展提供了直接的基础。

一、幼儿期生长发育的基本特征

这一时期幼儿生物的特点是身高和体重的发育速度不如婴儿期快，但在身高、体重、肌肉、骨骼和神经系统等方面依然有明显的发展，这一阶段幼儿的头围已接近成人，四肢的增长较快。毛晓光指出，在此阶段，幼儿的身高约增加15 cm，体重约增加5 kg，体重增长落后于身高的增长，且活动的范围扩大，幼儿的体力消耗增加，体型变为儿童体型，这时，幼儿的头部比例仍然偏大，但身体各部分比例接近成人，身体显得细长。乳牙开始脱落，恒牙开始萌出。学龄前儿童乳牙龋患率较高，龋齿不仅使儿童感到疼痛，而且影响食欲、咀嚼和消化功能。2017年，第四次全国口腔健康流行病学调查的数据显示，我国5岁年龄组儿童乳牙龋患率为70.9%，12岁年龄组儿童恒牙龋患率为34.5%，儿童患龋情况已呈现上升态势。因此，防治学龄前儿童的龋齿也很重要。学龄前儿童的消化功能已发育成熟，各种消化酶发育完全，肠道吸收功能良好。随着幼儿年龄的增长，每单位体重对能量的需要逐渐降低，但对蛋白质、糖、维生素、矿物质的需求相对比成人高。学龄前儿童一天的活动量很大，消耗的能量与营养素也多，所以需要的营养也较多，但每餐的进食量不大，容易饥饿，尤其当早餐进食量少时，易发生低血糖症。

二、脑和神经系统的发展

1. 脑重的增加

出生时新生儿的脑重量约350 g，占成人脑重的25%。出生后，脑重量随着年龄不断增长，增长的速度先快后慢，到3岁时脑重相当于成人脑重的75%，到六七岁时，幼儿的脑重约 1280 g，达到成人脑重的 90%。幼儿脑重量的增加，并不是神经细胞大量增殖的结果，因为到了 2 岁以后，神经元增殖基本停止，脑重量的增加主要是由于神经细胞结构的复杂化和神经纤维的伸长。与此同时，幼儿神经纤维的髓鞘化（myelinization）已逐渐完成。髓鞘化使得神经兴奋沿一定的通路迅速传导，并且更加准确，是脑内部成熟的重要标志。在新生儿期，脑的低级部位（脊髓和脑干）已髓鞘化，接着是与感觉运动、运动系统有关的部位，然后是与智力活动密切相关的额叶、顶叶区，到 6 岁末，几乎所有的皮层传导通路都已髓鞘化，大脑皮质结构日益复杂化。

2. 大脑皮质发育成熟

脑电波频率是脑发育成熟的重要参数。其中，α 波是人脑活动的最基本的节律，频率为 8～13 Hz，它在成人期呈现稳定，一般认为 10±0.5 Hz 的 α 波是人脑与外界保持平衡的最佳节律。θ 波的频率一般为 4～7 Hz，正常成人在觉醒状态下很少出现 θ 波。对脑电波频率的研究发现，4～20 岁个体脑电波频率趋于有规律，α 波频率升高，其中 5～6 岁是第一个显著加速期，具体表现为：枕叶 α 波与 θ 波的对抗剧烈，θ 波减少，α 波增多，表明幼儿的大脑结构趋于成熟。从大脑各区成熟的程序来看，幼儿脑成熟的过程为"O-T-P-F"，即枕叶（occipital lobe）—颞叶（temporal lobe）—顶叶（parietal lobe）—额叶（frontal lobe），到了幼儿末期，大脑皮质各区也都接近成人水平。

3. 大脑机制的成熟

伴随着大脑结构的完善，幼儿的大脑机能也不断成熟，具体表现为皮质的兴奋与抑制过程日趋平衡，兴奋过程也比以前增加了。此时，幼儿的睡眠时间由最初的 22 小时降到 14 小时左右，到了 7 岁儿童只需要 11 小时左右。在 3 岁以前，内抑制（一个刺激引起原来反应的停止或减少）的发展缓慢，儿童刚才在玩一个物体，马上又转向另一个有趣的活动，成人对他说的话，转身就忘了。4 岁以后，随着神经系统结构的发展、语言的获得，幼儿的内抑制迅速发展，他们更易控制自己的行为，减少冲动性，这对于提高幼儿对外界变化着的环境的适应能力，具有重要意义。但从总体上来说，这一时期兴奋过程与抑制过程是不平衡的，前者强于后者。

4. 大脑单侧化现象的形成

人的大脑两半球，在进行言语及其有关的高级心理活动时表现出偏于一侧的现象，称之为单侧化（unilateralization），又称之为一侧化（lateralization），或称为不对称（asymmetry）。每个半球只对来自身体对侧的刺激做出反应。现代生理学的研究表明，大脑单侧化现象自婴儿开始显现，而在幼儿时期明显形成。我国郭可教授通过对一个右半脑严重病变、损及颞叶后部的 5 岁幼儿的研究，发现其具有明显的左侧空间忽略，如在视野测定中，左侧视野不能见物。一个突出的表现是在医院的花圃里，当其姑姑在其近处左侧视野里，他竟看不见，大声呼喊"姑姑""姑姑"，并向前走。但是，该幼儿的言语能力完全正常，日常会话和对答都没有任何问题。这一事实表明，儿童在 5 岁时大脑两半球机能已经单侧化，左右脑半球优势已经明显形成。

另外，优势手（即使用较多的手）的出现也是大脑优势半球的外部标志之一。Springer Nature 旗下的学术期刊 *Nature Communications* 中发表的一篇遗传学论文中指出，只有约 10% 的人是左利手，当右脑半球对这只手的控制更占优势时就会出现这种现象（右利手则反之）。导致优势手的大脑不对称现象在生命早期就已出现，表明这可能与遗传有关。日本田中敬二指出，优势手在 1.5~5 岁间形成。我国关于优势手的研究取得了基本相同的结果。李鸣果等人曾用幼儿抓物的方式研究不同年龄儿童优势手的形成，结果表明 1 岁的儿童使用左右手的次数接近 1∶1，随着年龄增长，儿童使用左右手的次数逐渐增多，至 5 岁以后基本趋于固定值。钟其翔对广西幼儿园儿童的调查指出，小班幼儿左利手占 27%~30%，中班就只占 9%，而大班幼儿中只占 4%~9%。从上述研究材料可见，幼儿优势半脑在 5 岁左右已经形成，左右脑已有明确的分工。

146

三、运动能力的发展

研究发现，墨西哥陶瓷制造业家庭的孩子掌握数量守恒的比非陶瓷业家庭的孩子多。这可能是因为陶瓷业家庭的儿童在形状、外表知觉和泥块大小等操作（运动）方面具有丰富经验，而非陶瓷业家庭的儿童虽然拥有相关知觉经验，但缺少相应操作经验。这种运动（操作）能力更多地依赖环境在某种程度下促进的生物发展上的成熟，而不是单纯学习的结果。许多研究都证实，如河北省体质与健康调查的数据表明，3~6 岁儿童男女表现出相同的趋势，即形态指标中的身高、体重、坐高、胸围在年龄间差异非常显著，表现为随年龄增长而明显增加，其中男童大于女童，城市优于农村。这些都足以说明运动发展是一个成熟过程，但又要受到后天环境因素的影响。

运动技能是由意识或无意识控制的身体技能，因此运动能力的发挥离不开知觉过程。试想，骑自行车时必须考虑距离、大小恒常性、手脚协调、身体平衡等一系列知觉过程，经过多次练习后，我们能熟练地骑自行车，这时几乎意识不到知觉过程的存在，甚至认为这仅仅是一件体力活了。正因为如此，知觉-运动技能往往被简称为运动技能。

运动技能通常被分成两类：大运动技能和小运动技能。大运动技能指牵动大肌肉和大部分身体的行为，而小运动技能主要涉及手的使用或者双手动作的灵活程度，表 6-1 描述了 2~5 岁儿童的大运动技能和小运动技能以及知觉-运动特点。

表 6-1　2~5 岁儿童大运动技能和小运动技能以及知觉-运动特点

大致出现的年龄	选择的大运动技能和知觉运动行为	选择的小运动技能和知觉运动行为
2 岁	走；上下楼梯、后退、侧行；奔跑；捡起物体而不摔倒	穿鞋、穿袜子；转门把、旋瓶盖；使用铅笔、模仿画直线和画圆形、曲线
3 岁	走直线约 3 m；把球扔到约 3 m 远处；骑三轮、自行车；单腿站数秒钟	描圆圈；解前面和两侧的纽扣；用 9 块立方体搭建各种形状；涂画各种形状

大致出现的年龄	选择的大运动技能和知觉运动行为	选择的小运动技能和知觉运动行为
4 岁	单足跳；下楼梯，每次下一足；奔跑时姿势良好、手腿动作协调；能够走平衡木	扣上全部纽扣；描十字形和正方形；粗略地画人形和房子
5 岁	抓住向自己弹来的大球；双足并跳；在 11 秒内大约单足跳 15 m	系鞋带；描三角形；画动物、细致的房子

皮亚杰认为，知识来源于行动，了解一个物体就是对它发生作用并且改变它。在强调知觉经验与运动经验的结合方面，吉布森的观点与其不谋而合。20 世纪 80 年代后期，吉布森提出了可知度（affordance）的概念，意思是知觉行为的可行程度，知觉某一对象的可知度，就是学习它的意义以及了解下一步知觉行动的可行性，一个新的运动技能形成，意味着一个新的可知度已被发现。随着生理成熟和环境经验的不断增加，知觉-运动技能不断熟练，逐渐由有意识的认知控制阶段向无意识的运用阶段过渡，这些都为幼儿心理方面的良好发展奠定了坚实的基础。

第二节　心理系统：知觉、记忆与语言

与前一阶段相比，幼儿的心理水平有了很大的发展，在认知、思维、语言、情绪、记忆等方面出现了明显的变化。以下就从这几方面具体考察心理系统对幼儿期的影响。

一、知觉发展

知觉是指直接作用于感觉器官的事物的整体在脑中的反映，是人对感觉信息的组织和解释过程。

知觉的发展较少地依赖生物成熟，而更多地取决于生活经验的丰富。早在 1963 年，赫尔德和海因所进行的实验就表明，单纯的视觉经验对知觉发展的影响远不如运动加上视觉经验对知觉发展的影响大。如果幼儿具有丰富的知觉经验，他就很容易从相似的一群猫中认出自家的猫。当然，更精确的知觉技能有助于幼儿能根据颜色、大小和一般形状将物体进行分类。3 岁的幼儿可以区分白狗、灰狗、黑狗和花狗等不同颜色的狗，到了 6 岁，他就知道"狗"这个概念代表整个此类动物，无论它的形状、大小和颜色如何。有时，幼儿不能在知觉对象之间进行区分，可以通过成对物（如苹果和橘子）比较的方法，让其认识到物体的多种属性，并说出成对物的相似点和相异点，再或者为物体附上语言标记，这样可以有利于与已有知识相联系促进短时知觉学习向长时记忆的转换，便于幼儿进行正确分类。

知觉差别能力的发展有助于人们进行阅读。因为从本质上看，阅读是从视觉符号获取信息的过程，书面词汇大约占人们平时语言的 50%，当然，听觉差别能力的发展，也有利于人们更好地掌握语言。以下就从知觉的整体性和部分性、大小恒常性、对象恒常性等几方面进行简单介绍。

1. 知觉的整体性和部分性

知觉的整体性是指在感知外界事物时，不仅仅是对事物的个别属性进行感知，而是将事物的各个属性、部分整合为一个整体进行感知。这种整体性是对事物进行认知和理解的基础，也就是说，人们能感知到事物的个别属性是相互联系、相互影响的。比如，当人们看到一张面孔时，不仅是看到眼睛、鼻子、嘴巴等个别部分，而是将这些部分整合在一起，形成对面孔的整体印象。因此，我们对事物的个别属性的感知是整体的、相互关联的。

一般来讲，4～7 岁，幼儿开始偏爱规则或对称图形，开始时，他们只对整个图形产生反应，对图形中的细节并不太在意，但是到了后期，他们开始对整体和部分同时产生反应。对 4～8 岁儿童进行实验，发现随着年龄的增长，知觉差别的能力也在提高，年长儿童能区分与标准格式类似但事实上不同的书信形式，而年幼儿童则不具备这个能力。同样，对于某些知觉对象较新，其中细节模糊，而周围边缘清晰时，幼儿更容易知觉到整体，如果图形中某些部分很突出的话，幼儿就会更多地注意到局部。因此，很多幼儿书籍常用鲜艳的颜色、丰富的线条来吸引幼儿的注意。大概到了 6 岁半，儿童们能更多地表现出将部分综合成整体的技能。

2. 大小恒常性

在不同的物理环境里，从不同的角度、不同的距离知觉某一熟知的物体时，虽然该知觉对象的物理属性（大小、形状、明度、颜色等）受环境情况的影响而有所改变，但是对它的知觉却保持相对稳定性，这就是知觉的恒常性。婴儿在 8 个月大小时已经能在 70 cm 内保持大小恒常性，但只有到大约 6 岁时，儿童才具有了日常的这种实际能力，到了 10 岁，才达到正常成人的水平。有时，幼儿站在桥上时会伸手去抓桥下的轮船、飞鸟，或者仰望天空伸手去抓天上的星星，这些都是幼儿未获得大小恒常性的表现。

在知觉的发展过程中，视觉体验、视觉系统的神经发展及客体永久性的获得在促进幼儿大小恒常性方面起着共同的作用，这种恒常性不仅使幼儿的物质世界呈现稳定性和可靠性，还能促进有效阅读。因为幼儿一旦掌握了某个字母或词汇，无论它是呈现在书上、黑板上还是电视上，无论阅读的距离有多少，幼儿都能轻易地再认。

3. 对象恒常性

当知觉对象的物理特性（距离、空间形状、颜色和光线等）在一定范围内发生变化的时候，知觉形象并不因此而发生改变，知觉的这种特性称为对象的恒常性。比如，在观察一个苹果时，无论它放在什么地方，颜色和光线如何，我们都能将它知觉为苹果。

对于幼儿来说，当物体在空间中沿水平方向进行旋转时，这种对象恒常性就会发生困难。皮亚杰认为，2岁以前的孩子对物体位置改变是不加注意的，因为他们更多的是局限于从自身的角度去考虑问题；2~4岁的孩子开始对物体位置的实际变化相应调整自己的行为和动作，从而对物体做出反应；4岁以后，幼儿就能成功地调整自己的行为，以与相同位置的物体保持一致。有关研究证实了皮亚杰的这一观点。可见，知觉变化和行为变化的融合，是儿童成功做出反应的必要条件。

4. 对多余线索的需要逐渐减少

随着年龄的增长，幼儿在辨认一个熟悉的物体时，对多余线索的依赖逐渐减少，即年长的儿童比年幼儿童能更快地认出某个熟悉的物体，只需较少的线索。谭思洁等人（2000）对1412名幼儿进行有关心理指标的测试与评价时，发现3~6岁幼儿的快速反应能力随年龄增长而明显增强，此阶段应是发展灵敏、技巧、快速反应、平衡能力的良好时机。从阅读的角度来看，减少准确辨认变形的视觉符号的时间有利于个体发挥自己的认知或概念形成能力。随着年龄的增长和经验的增加，幼儿的概念范畴也发生相应变化，能将具有共同要素的物体或事件归为一类，例如，将父母、兄弟姐妹归为家庭，将各种颜色、大小的各种猫都归为"猫"这个种类。

幼儿知觉各方面的发展，无论是知觉的整体性与部分性、大小恒常性、对象恒常性和对多余线索的需要逐渐减少，各种知觉并不是单一地发挥着作用，从生命诞生之日起，个体就不断地将各种感觉通道的信息综合成更详细、更精确、更有意义的关系，在此过程中，幼儿的知觉发展呈现三种趋势：知觉特异性不断增加，即知觉与刺激信息之间的一致性增加；实现注意最优化，排除无关信息的干扰，同时对细节进行分类，并对每类命名标签化；由于大大减少对刺激物的重新感知过程，提高了知觉过程的"经济效益"。可见，知觉的发展决定着幼儿如何来认识世界。据世界卫生组织的调查统计，全球大约有6%~8%的孩子患有动作不协调等症状。如果经过一到两年的生长发育不能及时发现，就会扩大与同龄儿童在动作协调方面的差距，这样不但对生理、心理和社会适应等方面造成重创，而且今后会产生对做同样的动作失去信心、遇挫不振和脱离群体等负面的影响。单大卯（2000）通过对810名不同性别、不同地域的3~6岁学龄前儿童感觉统合能力的测试发现，我国学龄前儿童感觉统合失调的发生具有普遍性，并存在明显的地域、性别、年龄、出生状态以及后天教育差异。鉴于此，儿童感觉统合训练已受到相关人员的高度重视，并在政策支持、专业研究、机构服务等方面体现出积极态势。

二、记忆发展

与记忆能力相比，幼儿认知和语言能力的发展较受到学者们的关注，相应的理论探讨和实证研究比较丰富。其实，记忆的发展是幼儿认知能力发展的基础。因为，只有当幼儿能记住和回忆事件和物体时，他们才开始形成概念，对事物进行分类，进行运算，才能够与他人进行有效的沟通。所以，有必要先了解幼儿的记忆能力。具体来讲，幼儿的记忆发展呈现以下特点。

1. 以无意的形象记忆为主

无意记忆又称不随意记忆，是指事先没有任何目的，也不使用任何记忆方法的记忆。此时幼儿容易被生动、形象、色彩鲜艳、富有节奏感的事物所吸引，凡是引起了他们浓厚兴趣、强烈情感的事物或事件都易进行无意注意，并能长期保持，比如电视中的广告、歌曲，幼儿喜欢看，也喜欢唱。而对于比较抽象的词语材料、公式、定义之类的事物，幼儿通过意志努力、运用一定的方法有意识进行记忆的能力还相对薄弱。如果成人采用一些方法，如告诉幼儿"我给你讲一个故事，讲完后你要讲给我听"，可以培养幼儿的有意识记忆能力。

2. 以机械记忆为主

幼儿由于知识经验缺乏和理解力较差，对材料的识记经常根据事物的表面特征和外部联系，进行机械记忆，他们能完整地唱出某首流行歌曲，却不知其含义；可以流利地背出很多唐诗宋词，却不知所指。在幼儿末期，意义记忆开始出现，他们越来越多地在理解的基础上对记忆材料进行组织和加工，能够不引用原话讲述故事，其意保持不变。当然，成人在教儿歌时，如果一边向幼儿解释儿歌的含义，一边要求幼儿记住儿歌，会大大促进幼儿的有意记忆。

3. 易记易忘

由于幼儿的神经系统易兴奋，形成的神经联系不稳定，联结快，消失得也快，他们易记易忘，尤其是对于那些没有理解、比较抽象的事物。

4. 记忆精确性较差

当幼儿在复述故事时，他们很难讲出完整的故事，他们往往被其中的某些有趣情节所吸引，或者讲出的是些毫无联系的情节。这些在回忆材料时出现的脱节、遗漏和顺序颠倒现象，主要是幼儿的神经系统发育还不够完善，想象力十分丰富的缘故。有时，父母会非常苦恼，幼儿是否在撒谎？其实这并非幼儿有道德方面的问题，而只是因为其受制于幼儿的记忆特点。

除了以上的特点，一般来讲，幼儿的常识越丰富，记忆的效果越好，这可能是由于新事物更易与幼儿的已有的认知结构形成联系。有一项研究对10个3岁的孩子和其母亲参观一家自然历史博物馆途中谈话进行考察，其中，半数母亲在途中和孩子进行自然交谈，另一半应实验者的要求，只对孩子的看法做反应，而不做公开讨论。一周后的结果发现，所有这些孩子都只记得他们与母亲交谈过的事情。所以，与成人的互动在幼儿的记忆发展中也起着非常重要的作用。总之，幼儿的记忆呈现出具体形象性和自我中心性的特点，这与其认知特点相一致，换句话说，记忆发展是幼儿认知发展的基础，其中又渗透着认知发展的特点，体现着认知发展的一般趋势。

三、认知发展

关于儿童的认知发展，皮亚杰的理论最具影响力和说服力。他将儿童的认知发展分为四个阶段，3～6 岁幼儿处于第二个阶段——前运算阶段，这时幼儿的认知特点主要有以下几个方面。

1. 具体形象思维

2 岁末，由于符号功能的发展（儿童用某种信号物代替另一事物的能力），如语言、想象性游戏和延迟模仿能力的出现，幼儿开始从具体动作中摆脱出来，进行初步的逻辑思维——表象思维。但由于知识经验的贫乏和语言能力的相对薄弱，幼儿的思维还必须借助外界事物的形象。比如，幼儿在算加减法时，必须要扳手指头。

具体形象性思维表现在，幼儿对事物不能凭借其内在本质下定义，他们往往只能根据事物的具体形象下功能性的定义，诸如花是香的、电视是看的之类。林仲贤等人（2000）探讨了 3～5 岁儿童对物体的认知及对他人的认知过程。结果表明，儿童通过视觉认知外界物体时，物体的外观特性（形状与颜色）起着主要的作用；在认知过程中，通过触觉及视觉对物体认知的信息产生矛盾时，儿童对物体的真实性往往产生怀疑及犹疑不决，影响对物体的真实性认知。儿童对他人行为的认知发展水平，取决于儿童对物体认知结构的复杂性。3～5 岁儿童对物体的认知能力随年龄的增长而提高。

同理，幼儿还无法根据事物的本质特征进行分类，如要求对 9 个积木块分类，其中 4 个是绿色的，5 个是黄色的，当问及是黄积木多还是积木块多时，幼儿往往回答是黄积木多。此时，他们容易被鲜艳的颜色所吸引，而没有注意到积木是木质的这个事实。林泳海和周葱葱（2003）通过实验法，探讨了 3.5～6.5 岁儿童式样认知的发生和发展过程。式样涉及序列，是重复出现的，有规则性的图案、花样、动作、声音，或事件等，它需要幼儿具备高度的思考推理能力，能意识到一组事物之间的异同以及能分辨一组事物之间的主要及非主要特征，辨识事物之间的关系。结果表明：① 3.5～4.5 岁和 5.5～6.5 岁是儿童的式样认知发展的两个快速发展期；② 儿童式样认知发展的特点——3.5 岁儿童处于式样认知发展的萌芽状态，4.5 岁儿童式样认知开始发展，5.5 岁儿童式样认知比 4.5 岁儿童有所发展，但仍处于开始发展阶段，6.5 岁大部分儿童已基本上或完全有了式样概念；③ 儿童对各类式样的认知有一个由易到难的顺序，即从循环式样→重复式样→滋长式样→变异式样。

幼儿开始广泛地运用各种类型的包括两两相对的科学概念，如大与小、轻与重、长与短、前与后、左与右、上与下、方与圆、早与晚等概念，以表征客观世界。在前运算阶段存在两种协调，认识沿着这两种协调的方向发展。第一个方向是主体内部协调的方向，幼儿很快变得能完成分类、建立对应关系、初步推理。第二个方向则是客体之间的外部协调方向，表现在儿童在这一阶段的中后期开始提出大量的关于客观事物间的关系的"为什么"的问题，这标志着因果性解释的开始，也是形成广义因果关系的方向。皮亚杰认为这种外部协调促进了空间结构与运动结构的形成。

可见，与 3 岁以前的思维特点相比，此阶段幼儿的认知思维发展出现了质的飞跃，主要是语言的发展，使思维的抽象性和概括性大大提高，直观-语言思维正在取代知觉-运动思维。可以说，思维起源于动作，经过表象思维，随着符号功能的进一步发展，必然要发展成抽象逻辑思维（abstract logical thinking），达到形式运算阶段。

感觉-运动动作行程缓慢，按部就班，一次一个动作。符号表象的运算速度快，灵活性大，它可以在头脑中以一闪即逝的瞬间把握过去、现在和将来的一系列事件，前者按其本质是依赖于动作和具体操作的结果，而后者更多的是依赖于知识本身；前者强调对动作和结果的依赖，后者则侧重于知识和真理；前者是具体刻板的，后者是抽象灵活的。事实上，后者可以使自我成为认识的对象，即较成熟的头脑可以反省自己的思想。最后，前者必须是个人化的、特异的和非交流性的，每一个儿童拥有一个独自的认识世界；后者则自如应用具有社会意义的符号系统（自然语言），因而能够与他人交往，并在交流中逐步走向社会化。

2. 自我中心

某天，皮亚杰与儿子一同乘车旅游，他惊奇地发现儿子居然不认识久已熟悉的山峰；同样，他又发现，坐在桌子对面的孩子坚持认为对方所看到的、放在他们中间的事物和自己看到的是完全一样的。为了探究这些现象，皮亚杰创设了著名的三山实验，揭示出自我中心这个概念。该实验材料是三座高低、大小和颜色不同的假山模型，实验首先要求儿童从模型的四个角度观察这三座山，然后要求儿童坐在模型的正面，并且放一个玩具娃娃在模型对面，要求儿童从四张不同视角拍摄的山的图片中指出哪一张是玩具娃娃看到的。结果发现多数儿童无法正确指出玩具娃娃的视角，他们只能从自己的角度来描述山的形状。这个实验揭示了处于前运算阶段的儿童的思维模式，对儿童早期教育起到重要的作用。自我中心是指儿童由于思维发展水平低而表现出的思维上的种种不足，个体倾向于从自己的立场和观点去认识事物，而不能从客观的、他人的立场和观点去认识事物。

在认知过程中，幼儿的思维推理受客体知觉或空间特性的限制，倾向于只关注客体的某一维突出特性，而不能对其整体性或一些不变的关系做出反应，表现在人际交往中，幼儿完全以自己的身体和动作为中心，从自己的观点和立场去理解事物，而不能认识他人的立场，不能区分自己和他人的观点。究其本质，自我中心是由于幼儿的思维缺乏可逆性，是同化与顺应对抗的结果。他们不懂得动作的结果是可以还原的。如果问一个 4 岁的孩子："你有兄弟吗？"他说："有。""他叫什么名字？"他说："李刚。""李刚有兄弟吗？"他回答："没有。"又如，幼儿知道 1＋2＝3，但如果问他 3－1 等于几，他就不知道了。

这种自我中心的特点在幼儿生活的很多方面都有所表现。张向葵等人（1998）对 120 名 3.5～6.5 岁儿童用访谈法研究了他们对死亡特征、外延和原因的认知，结果发现，他们对死亡认知是随年龄发展而提高的，对死亡抽象认知能力有所提前，对死亡认知表现出自我中心性和情感性。去中心化（decentration）是与自我中心（egocentrism）相反的过程。随着年龄的增长，儿童开始摆脱自我中心的局限，逐渐脱离了一切以自身观点和情感为中心的倾向，并且开始理解他人的知觉、意图、思想和情绪，这种发展过程叫作去中心化。要做到去中心化，必须具备两个条件：① 意识到"自我"是个主体，并把主体与客体相互区分开；② 把自己的观点与其他人的观点协调起来，而不是认为自己的观点是独一无二的（奥布霍娃，1988）。

3. 泛灵论和实在论

泛灵论又称万物有生论，是一种主张一切物体都具有生命、感觉和思维能力的哲学学说。如果你细心观察就会发现：有一个时期宝宝会把一切东西都视为有生命、有思想感情和活动能力的。因此，我们常看到这个时期的孩子与枕头谈心，与布娃娃、布熊等玩偶讲话，等等。普拉斯基认为，到了四五岁，幼儿从认为所有物体都有生命转变为只有移动着的物体才有生命。所以，他们以为"月亮是跟着我走的"，可以看出，此阶段的幼儿受到具体形象思维和自我中心的束缚。同时，幼儿还认为，一切事物，包括物体、图片、词语、梦境都具有同样的真实性，词语"桌子"不代表桌子，它和桌子都具有同样的真实性。实在论的出现，是由于幼儿尚无能力把思维过程与物质世界区分开来，因此当成人威胁淘气的幼儿"大灰狼来了"，可能使他彻夜难眠或做噩梦。

4. 缺乏守恒

当着四五岁孩子的面，将两个同样大小的罐子装满水，问其容量是否相同，答案是肯定的，然后将一罐水倒进另一个形状不同的罐子，幼儿就会坚持说高的那个罐子水多。尽管幼儿见到了实验的全过程，他还是做出了缺乏守恒概念的错误判断。这主要是因为幼儿在认知上：① 没有掌握可逆性，幼儿不能想象水倒回原来的水罐会是怎样的；② 缺乏同一性，不能认识到事物的最终状态尽管不同，但有着它一贯的连续变化过程，同一事物还是能得到维持；③ 缺乏互补性，幼儿只注意到物体的某个显著特征，如长或高，而不能同时兼顾考虑长度和宽度等多维特性的变化。从这种意义上看，缺乏守恒概念是自我中心的一个具体表现。皮亚杰认为，这一阶段的儿童仍未彻底解除自我中心化，且思维尚未达到可逆性，因此无法解决守恒问题。

四、语言发展

随着生物成熟和环境经验的不断增加，幼儿出现了符号功能——语言系统，它对于幼儿来说，是一个质的飞跃，意味着他们不再仅仅停留在用一个一个具体动作去感知世界了。知道能够用词代表物，这是个体早期发展的重要成就。

在语音方面，声母、韵母的发音能力随着年龄的增长逐步提高。其他方面表现如下。

1. 词汇的发展

3～6 岁是人一生中词汇量增长最快的时期，据调查，在我国 3～4 岁幼儿的词汇量为 1953 个左右，4~5 岁幼儿的词汇量为 2224 个左右，5~6 岁幼儿的词汇量为 2515 个左右（潘伟斌，2017）。

幼儿所掌握的词类范围在不断扩大，实词（如名词、动词、形容词、代词、数量词）和虚词（如副词、介词、连词、助词）在 3 岁前已初步掌握。虽然词类在不断扩大，但仍以名词和动词为主，名词和动词在词类中所占的比例逐年递减。其他词，如时间词、空间方位词等，呈逐年上升趋势。

在词义的掌握方面，幼儿出现了名词的词义扩张与缩小现象。他们往往将一个名词包括很多不同的含义，例如，幼儿所认为的"狗"包含了羊、牛、猪等各种四足动物，他们在称呼时，好像在表达：我知道它不是狗，但我不知它叫什么，它像狗。词义的缩小表现为幼儿有时会将"布娃娃"特指自己家的布娃娃。词义的扩张与缩小现象在 2~6 岁表现得最为明显。随着幼儿生活经验的丰富和抽象能力的不断提高，他们对词类的理解会更加完善。

154

2. 表达能力的发展

1）语法的发展

幼儿使用复合句说话大约是从 3 岁开始的，到 5~6 岁以后，幼儿对复合句的使用量迅速增加，但还不太自如，有些较复杂的复合句还不会使用。与此同时，幼儿的语法基本上合乎语法规则（当然有时也会出现一些语法错误）。这并不是因为幼儿从理论上真正弄懂了语法规律，而是因为幼儿经过对成人的模仿，并与之交谈，在实际运用语言的过程中逐渐形成了一种"语感"，对符合语法结构的话，听着正常，反之则听着别扭，由此开始了对语法结构的初步掌握。李甦等人（2002）采用口语表述和运作表达两个实验探讨了 3~6 岁幼儿言语表达能力的发展特点。结果表明，幼儿口语表达和动作表现能力随年龄增长逐渐提高，3~5 岁是幼儿口语表述能力发展的快速期。口语表述内容由可视的、外在的特征逐渐转向内在特征，呈现由固有属性向关系属性发展的趋势。幼儿期动作表达特点以发展核心动作并进行扩展为主。4 岁是动作表达的转折时期。4 岁和 5 岁是两种表达方式关系发展最密切的时期。这一研究结果说明了 3~6 岁幼儿的言语表达能力兼具知觉-运动技能和直觉表象思维阶段的特点，从某种意义上证实了语言发展与认知发展的密不可分性。

2）语用技能的发展

语言是人际间交流的重要工具。在交流的过程中，除了能够掌握句法和语义，还要能正确地理解说话当时的具体情境和语境，这就涉及一个概念：语用技能。所谓语用技能，是指个人根据交谈双方的语言意图和所处的语言环境有效地使用语言工具达到沟通目的的一系列技能，包括说和听两方面的技能。研究发现，即使 3 岁的幼儿也能掌握依次轮流谈话的技能，只有 5% 抢先说话，不过一般只会抢说 1~2 个词。知道在什么场合使用怎样的语言，使幼儿的口语表达能力逐步得到提高，从孩子接受幼儿园教育开始，就要鼓励孩子说完整的话，对于表达能力较弱的幼儿来说，需要使用游戏来耐心引导，如在角色游戏中，比如在商店或者医院等具体的场景使用具体的问题进行引导，"你想买什么呀？""我想买玩具。""你哪里不舒服？""我肚子痛。"等，另外还可以借用创编诗歌的方式让幼儿把话说得更加连贯、流畅，通过欣赏优美的诗歌，让幼儿对诗歌产生兴趣，抓住这一契机，引导幼儿初步按照诗歌的格式，创编自己想到的内容。

相比较说的语用技能，听的语用技能掌握相对缓慢。有一项研究，给一年级和三年级小学生的游戏指导语中省略了关键信息，三年级的学生迅速发现并报告，而一年级学生并未意识到信息的缺乏。同样，学龄前的幼儿也很难辨别信息。

五、情绪发展

情绪是个体心理体验的一个重要组成部分，是与他人进行沟通的重要途径。早在婴儿期，儿童的情绪体验就以高兴、愤怒、轻蔑、惊讶、恐惧和厌恶的顺序发展。随着年龄的增长，幼儿的情绪过程越来越分化，出现了许多高级的社会性情感，如尊敬、怜悯、公正、同情、羡慕和骄傲等。

情绪能力主要包括情绪理解（emotion understanding）和情绪调节（emotion regulation）两个方面。情绪理解是指对所面临的情绪线索进行解释的能力。情绪调节是指幼儿控制自己情绪的能力。从总体上讲，幼儿期的情绪和情感发展具有以下几个特点。

1. 情绪理解能力增强，情绪冲动性减少

随着神经系统的不断成熟以及言语、认知、思维能力的不断发展，加之游戏、集体活动经历的增多，儿童能够理解他人的情绪，对规则的认识和体验有了初步的发展，儿童对情绪调节能力逐渐增强，情绪的冲动性也就相应减少。国外研究发现，幼儿阶段是儿童情绪理解迅速发展的时期，儿童开始掌握情绪词汇。另有研究发现，从3岁开始，儿童能够评价引发情绪的原因，能意识到引起一种情绪可以有不同的原因，并开始自发地追问这些原因。

2. 情绪情感以外显性为主，内隐性逐渐增强

该阶段的儿童，情绪情感的表现几乎丝毫不加控制和掩饰，但随着语言能力和认知随意性的初步发展，儿童逐渐能调节自己情感的外部表现，这是由外显性向内隐性过渡的表现。例如，在幼儿园里遇到和其他小朋友不同的待遇，可能不会当时表现出来，而会在回家面对家长时才哭。当然，这种控制能力还是相对较弱的，其内隐性发展仍然不是太好。

3. 情绪表现形式日益多样化，情感不断丰富深刻

婴儿的情绪表达形式较为单一，基本上是与生理需求相联系的情绪体验，如哭、笑、恐惧等。随着年龄的增长和认知能力的增强，个体的情感体验层次不断增加，对母亲、父亲、小伙伴、老师、亲戚等会有不同的爱的情感，这种爱可以分成依恋、喜爱、友爱、尊敬等不同的层次。同时，情感所指向的事物也从表面特征向内在特点发

展，情感内容逐渐深刻。在游戏中，与思维、自我意识相联系的情绪情感也开始表现出来，个体开始辨别善恶，幼儿可能会因为扮演警察而自豪，扮演小偷而羞耻。张秀娟（2022）在对3～6岁学前儿童认知灵活性和情绪理解的发展特点及关系研究中，通过选取3～6岁幼儿共482名作为研究对象，采用维度卡片分类任务和情绪理解任务对幼儿认知灵活性、情绪理解能力的发展特点和关系进行考察，得出以下主要结论。① 幼儿情绪情境理解的发展遵循愿望、情绪情景的辨别、线索、信念的层次顺序；幼儿3岁时对情绪情境的辨别、愿望和情绪关系的理解已达到较高水平，5岁以后对线索、信念和情绪关系的理解快速发展。② 女生对信念和情绪关系的理解得分高于男生。申燕等人（2022）以幼儿园小、中、大班共115名学前儿童为被试，在进一步考察学前儿童心理理论与情绪理解发展特点及关系的基础上，主要探讨了学前儿童心理理论与情绪理解发展的性别差异。研究结果表明，学前儿童心理理论与情绪理解发展具有相同的发展趋势，而且学前儿童心理理论与情绪理解发展存在显著的性别差异，在此阶段女孩心理理论与情绪理解发展水平高于男孩。

第三节　　社会系统：自我意识、性别认同与社会交往

一、自我意识的发展

自从詹姆斯将自我划分为主体我与客体我以后，自我意识就作为自我研究中的核心一直备受关注。

自我意识是对自己身心活动的觉察，即自己对自己的认识，具体包括认识自己的生理状况（如身高、体重、体态等）、心理特征（如兴趣、能力、气质、性格等）以及自己与他人的关系（如自己与周围人们相处的关系、自己在集体中的位置与作用等）。自我意识的结构是从自我意识的三层次，即知、情、意三方面分析的，是由自我评价、自我体验和自我调节（或自我控制）三个子系统构成的，以下就从这三个方面进一步阐述。

自我作为一个相对独立的亚系统和集合体，有着自己的组成要素，这些要素以一定的方式联系着并形成一定的结构。它具有两个特点：一是区分于他人的"分离感"，意味着自己作为独立的个体，有着区别于他人的身体、情感和认知等方面的独特性；二是跨时间、跨空间的"稳定的同一感"，即知道自己是长期持续存在着的，无论空间和自身的变化如何都能认识到自己是同一个人。

1. 自我评价

自我评价是指人对自我各方面所做出的价值评估。幼儿的自我评价是从3岁左右才开始的，其形成和发展的基础来自以下三个方面。一是他人的爱、支持或赞成；二是具有特别的才能，如在游戏或体育活动中取得成功等；三是能够与他人或理想自

我进行比较。幼儿的自我评价具有一致性较高、区别性较小的特点，这主要是由于此阶段儿童还未消除自我中心现象，其自我评价内容往往不符合现实，评价水平较高。发展过程为首先是依从性评价，幼儿按成人的要求调节自己的行为，然后发展到对自己的个别方面进行评价，接着是多方面的评价。总体而言，幼儿的自我评价主要特点如下。① 以表面性和局部性为主要特征。主要集中在对别人或对自己外部行为的评价上，同时也出现了从外部行为向内在品质转化的倾向。集中于对某个具体行为做出评价，慢慢地向整体性评价发展。例如，他们往往用"我很漂亮""我有辆小汽车"来评价自己。② 模糊性和笼统性。幼儿的自我评价往往比较含糊和概括。若涉及心理方面的表达，也只是笼统的表达，如"小丽是个好孩子"。由于其认知发展处于具体形象思维阶段，幼儿往往把自我、身体和心理混为一谈。③ 情绪性和不稳定性。幼儿的自我评价常常带有明显的主观情绪性，随着自己情绪不同而对自己产生不同的评价。

2. 自我体验

幼儿的自我情感体验发生在 4 岁左右。具体表现为，从生物性体验（如愉快与愤怒）向社会性体验（如委屈、羞怯）发展（高月梅，张泓，1993），社会性体验呈现逐年丰富趋势，并表现出易变性和暗示性的特点。此外，幼儿自尊的发展主要依赖于他人外在的、积极的反馈与评价。

3. 自我控制

自我控制是人控制自我的能力，自制性、独立性、坚持性和果断性是自我控制能力强的表现，而冲动性、易受暗示性、动摇性和优柔寡断性则是自我控制能力弱的表现。受大脑皮质兴奋机制中相对抑制机制占有较大优势的影响，到二三岁幼儿才出现自我控制和自我调节能力，此时幼儿的自控能力相对较弱，时常有冲动性的行为表现。另有研究者发现，自控能力受多种因素的影响，自控能力随年龄增长逐步提高，言语指导在幼儿自控行为中起着重要作用。

在自我控制能力中，幼儿"独立自立"的需要最受学者们的关注，埃里克森对此有经典的阐述。随着幼儿知觉的精确性、运动的灵活性以及语言能力的大大提高，幼儿不再满足狭窄的世界，渴求探索新奇的事物，他们会闯入父母的卧室，会大声大叫破坏宁静的环境等，此时幼儿一方面享受着自主，一方面又会体验着歉疚感。假设成人对其行为进行严厉斥责，就会使其内化为严厉的超我，抑制了大胆的主动性。因此，如果父母放手让孩子做一些他们力所能及的事情，以平等的身份介入幼儿的活动，而不是限制太多、惩罚太多，就会有利于其获得"成就感"、自信和独立自主的能力。当然，也应对幼儿的行为有一定的限制，这样有助于其对社会规范的学习。

国外有学者将自我控制划分为五个方面内容：① 抑制行为冲动；② 抑制诱惑；③ 延迟满足；④ 制定计划和完成计划内容；⑤ 在社会情境中，根据场合不顾自己的喜好而采取恰当的行为方式。其中延迟满足被认为是自我控制中的核心部分，它是指个体为更有价值的长远结果放弃及时满足的选择取向，以及在等待中展示的自控能力。

有关延迟满足和自我控制的中外跨文化比较研究的结果表明，一方面中国的传统文化和父母都十分重视自控能力的培养，而另一方面中国幼儿又呈现出任性、自控能力差的局面，中国幼儿家长最担心孩子的就是任性。自我延迟满足同样随着年龄增长，尤其是4～5岁，发展较为显著。

我国学者韩进之对学前儿童自我的发展也进行了探索性研究，主要涉及儿童的自我评价、自我体验和自我控制三个方面，研究发现，我国学前儿童自我意识随儿童年龄的增长而发展。儿童自我系统中各成分的发生时间比较接近，但基本不同步。其中，自我评价发生于3～4岁，自我体验发生在4岁左右，自我控制则开始于4～5岁。3岁时，40%的幼儿处于依从性评价；4岁时，63%的幼儿能进行个别评价；到幼儿末期，大部分孩子都能进行多面性评价。沈悦等人采用自编的3～6岁儿童自我控制教师评定问卷，以半年为单位对3～6岁儿童自我控制进行测量，结果表明，3～6岁儿童自我控制的发展随着年龄的增长而提高，3.5～4.5岁是自我控制发展的敏感期；女孩的自我控制水平显著高于男孩；男孩自觉性的发展水平滞后于自我控制其他维度的发展，而女孩自觉性的发展水平最高。

二、性别认同

（一）性别概念

幼儿期的儿童产生了最初的性别意识。在这一时期，男孩更倾向于与男孩一起玩，女孩更倾向于与女孩一起玩。并且，男孩比女孩花更多时间玩追逐打闹游戏，女孩则花更多时间玩有组织或角色扮演的游戏。性别概念主要表现于性别认同、性别角色、性别化行为上。性别认同是指对一个人在基本生物学特性上属于男或女的认知和接受，即理解性别，包括正确使用性别标签；理解性别的稳定性，男孩长大之后成为男人；理解性别的恒常性，一个人不会因为其发型、服饰或喜欢的玩具的类型而改变自己的性别。性别角色是指社会规定的与某一生物性别（男性或女性）相对应的一整套心理与行为模式。性别化行为则是指个体在意识到自己的性别之后，学习了有关性别角色的社会规定，自觉地认同这一套规范，掌握相应的性别角色行为，在社会场合表现出适宜的性别角色行为。

研究表明，在3岁左右，儿童基本上能够确定自己的性别，并且还能区分其他人的性别；到4岁左右，幼儿可以认识到，性别不随情境的改变而改变，能够理解性别稳定性概念；到5～7岁时，儿童能够理解性别的恒常性概念，性别不会随着表面特征的改变而改变。关于性别角色，儿童在3岁时，就具备了相当多的关于男性、女性期望的知识，形成对性别模式的认知和理解。像成人一样，幼儿期的儿童，男孩更倾向于涉及能力、独立性、竞争性的特征，而女孩则被认为应该更具有友善、善于表达等特征。在性别行为上，儿童2岁左右，男孩更偏爱于飞机、汽车等玩具，而女孩更喜欢洋娃娃之类的玩具。

（二）性别角色的影响因素

从仅具有生物差异的男女幼儿到承担社会性别角色，实际上是一个复杂的性别社会化的过程，是在先天遗传素质的基础上，通过幼儿与社会环境相互作用而逐渐实现的。可以具体划分为生物因素、认知因素、社会因素。

1．生物因素

先天遗传素质是性别角色形成的自然基础。性染色体决定着男女差别的遗传基因，这是性别角色差异的生物学开端。性染色体决定着男女性腺的形成和性激素的分泌，进而导致男女两性生理差异的形成，为以后的性别角色分化奠定了生理基础。另有研究证明，性激素影响以性别为基础的行为。出生前接触高水平雄激素的女孩，与没有接触雄激素的姐妹相比，更可能表现出与男性刻板印象相关的行为，更喜欢与男孩同伴玩耍，更喜欢汽车玩具。与此类似，男孩如果在出生前接触异常高的雌激素，也会表现出与女孩刻板印象相关的行为。

2．认知因素

儿童在对性别概念理解的过程中渐渐形成了性别图式，即组织性别相关信息的认知框架，通过观察、学习社会文化中所呈现的两性差异而形成的认知结构，它包括了对于男性或女性而言哪些是适宜的，哪些是不适宜的"规则"。性别图式支配着儿童信息加工的过程，并通过影响儿童的信息选择，加强了性别认同以及性别角色刻板印象。

3．社会因素

许多社会因素都会影响幼儿性别角色的形成，如家庭中父亲的缺席、母亲想要一个女儿的愿望等都可能影响儿童的性别认同等，目前以下几方面比较受到学者关注。

家庭教养方式。家庭教养方式对幼儿性别角色的形成和发展有直接的、最初的，也是最有力的影响。孩子一出生，父母因性别而给予不同的待遇，对不同性别的孩子给予不同的教养方式。在一般情况下，父亲对儿子比较粗鲁，而对女儿则比较和善；父母对男孩子的教育是期望型的，着重于获取成功和控制自身的情绪这两个方面，而对女孩子的教育是保护型的，总是对其给予更多的保护、爱抚和更多的身体接触；在穿着上，父母几乎从婴儿性别被确认的那一时刻起，就开始为其购买带有不同性别色彩的服装。同时，父母的言传身教都会对子女性别角色的形成产生重大影响。

幼儿园教师的教育态度。幼儿园教师的教育态度在幼儿性别角色形成过程中起着十分重要的作用，幼儿园的教师对幼儿在人格特质方面有着与社会一致的看法且受到社会上性别角色刻板印象的影响，认为女孩比较文静、顺从、易于控制，而男孩比较调皮、具有攻击性等。教师对幼儿的不同看法和态度，会以各种不同的方式影响孩子的自我评价，影响男女幼儿性别角色的形成和发展。

大众传媒。在现代社会里，电视、电影、广播、书籍、报刊等大众传播媒介对人们的社会生活产生着巨大而深刻的影响，它们也在帮助延续有关性别角色的规范和标准的传统观点，对儿童性别角色的形成产生着重要影响。儿童在观看影视作品的过程中，会以片中的人物为模仿对象，并将社会对性别角色定型的看法内化到自己的认知系统中，进而形成自己的性别角色观念和行为。

（三）性别认同的理论

1．心理分析理论

心理分析理论为男女两性的性别认同设立了不同的发展模式，其中男性生殖器的优越和重要性是一个关键性的假设。男性因恐惧被阉割而放弃恋母之情，认同父亲，并将社会的准则融为自己个性的一部分。而女性则因为没有阴茎而自卑，把希望寄托于父亲身上。当其愿望最终不能实现时，又转而认同母亲。

2．社会学习理论

社会学习理论通过"认同"的概念解释了性别角色定型的现象。该理论指出了个体性别认同形成的过程中的主要影响因素：一是个体对同性榜样的观察及模仿父母；二是他人对个体性别行为的直接强化。社会学习理论只强调了性别认同过程中外显行为的可塑造性，而忽视了情感因素和心理活动。父母往往是幼儿学习性别角色的榜样与强化者。

3．认知发展理论

认知发展理论主要强调的是幼儿的性别概念而非行为。科尔伯格认为，性别认同是幼儿性别学习的基本的组织者和管理者。幼儿从他们的所见所闻中形成了性别刻板概念。当他们获得了性别一致性时，他们的性别信念就固定了下来并且不可逆转。他们积极地评价自己的性别认同，并且表现出与性别概念相一致的行为。

4．性别基模理论

性别基模理论是对性别发展和差异的解释理论。其假设是幼儿和成人都有关于性别的基模，这些基模直接影响行为和思维。贝姆指出，性别基模是信息的重要组织者。性别基模使个体搜索与基模一致的信息，而与基模不一致的信息则被忽视或转化。性别基模形成后，幼儿就被期望按照与传统性别角色相一致的行为行事。

5．社会结构假说

性别角色社会化的过程受到家庭结构和家长性别的影响。在男孩和女孩的性别角色发展过程中，父亲比母亲所起的作用更重要。男孩和女孩在婴儿时都体验到来自母亲的母性角色，形成了对母性角色的最初认同，而父亲角色包括给予幼儿有关外面世界的规范和期待。

6．文化影响说

米德通过在三个原始部落中的调查发现，两性的心理特征和行为模式的不同不是由生理结构的不同决定的，而与部落的传统文化有关，其中男人和女人对待孩子的方式是形成成年后的性格和构成鲜明的性别差异的最重要的因素。这种文化影响的机制是，在一种社会结构中，文化通过内化为一种社会标准，自个体出生就对其施加影响，使得个体在成长的过程中为适应环境而按其标准行事。简言之，是文化和社会规范规定了人的品性，而非性别。

上述理论虽然存在很大差异，但其共同点在于都认为幼儿可以通过由社会提供观察学习的榜样（如父母、其他成人与其他幼儿等）和直接指导（如强化与惩罚）这两种途径来完成性别角色认同的过程。

三、幼儿的社会性游戏

在日常生活中，幼儿最开心的时候是处于搭积木、拍皮球、讲故事、过家家等的各种游戏中。游戏给幼儿们带来不少欢笑与快乐，也是其积极参与社会生活的主要方式。随着幼儿的成长发展，家长对他们提出了更高的要求，独立穿衣、吃饭、上厕所、收拾玩具等，在幼儿园，幼儿们需要完成手工、绘画、唱歌、跳舞等任务，这些都要求幼儿以力所能及的方式参与社会生活，一方面幼儿渴求与成人一样的生活方式，另一方面由于其能力还比较有限，暂时还无法实现这一宏大目标，因此游戏就成为解决这一矛盾的最佳方式。有人据此将幼儿期称为游戏期。

游戏不仅是幼儿积极参与社会生活、认识世界的主要方式，也是幼儿心理治疗的首选方法。因为幼儿还处于不断地学习和掌握语言的阶段，不善于用语言表达出自己的思想和情感，而在游戏中，他们往往能将所思所想投射出来，所以儿童的游戏活动备受理论与临床实践工作者的重视。当然，要想使游戏达到治疗的效果，还必须在治疗过程中娴熟、灵活地运用心理学方法和技术。

（一）游戏的理论

关于游戏的实质，有不少精彩的学术观点和理论解释，限于篇幅，以下择要介绍。

1. 经典的游戏理论

从 19 世纪下半叶到 20 世纪 30 年代，学者们从各自的哲学观点提出了一系列游戏理论。如德国心理学家、生物学家格罗斯从本能论的观点出发，提出了儿童游戏是对未来生活的一种无意准备、是为成熟做的预备性练习的生活预备说或练习说。

席勒-斯宾塞提出了剩余能量说，他们认为，当个体完成了与生存相关的行为之后，如果有多余的能量，就要以一定的方式发泄出来，游戏是最好的形式。对于这种观点，不少学者提出的批评主要为，我们经常见儿童即使玩得"精疲力竭"，还要接着玩，他们好像不是在用剩余的精力，而是用全部的精力；此外，还无法确定哪些行为使用的是生存的能量，哪些是过剩的能量。

德国的提扎鲁斯（Lazarus）的休闲和放松说（recreation and relaxation theory）与剩余能量说正好相反，他认为，人们生活中有太多令人劳累和疲惫的事，需要放松和休息，游戏就是用来使机体得到恢复的。这种理论似乎认为，体力劳动者不会感到劳累，而实际上脑力劳动者和体力劳动者都需要游戏，这正是该理论被攻击最多之处。

美国心理学家霍尔（Hall）提出了复演论（recapitulation theory），认为儿童时期就是在重复整个人类的演化过程。到了渔猎时代，男孩就玩打猎方面的游戏；到了畜牧时代，儿童就玩宠物游戏；到了部落时代，儿童就玩团体游戏。这个观点的问题是，儿童的游戏内容并非全按照人类的演化历程进行发展。

2. 精神分析学派的理论

弗洛伊德针对儿童的游戏提出了补偿说（compensation theory）。其主要观点为，儿童在现实生活中有很多不能实现的需要和愿望，借助于游戏，儿童在游戏中可获得一种非现实性的满足和"控制感"，因而增强"自我"的发展，认为游戏的动机是"唯乐原则"且游戏期是短暂的。弗洛伊德对游戏的看法与精神分析学说的整体理念是一致的。

埃里克森从积极的方面发展了弗洛伊德的观点，不仅认为游戏可以降低焦虑与满足潜意识中的愿望，还认为游戏是情感和思想的一种健康的发泄方式。他把游戏当作一系列未被展开的心理社会关系加以探讨，提出三个阶段，分别是自我宇宙阶段、微观阶段、宏观阶段。在游戏中，儿童可以复制他们的快乐经验，也可以修复他们的精神创伤，促进自我对生物因素和社会因素进行协调和整合。目前这一理论已被应用于投射技术和心理治疗（韩晓燕，朱晨海，2009）。

佩勒认为，儿童对于角色的选择，基于他对于某个角色的感情，游戏的背后隐藏着深刻的情绪原因，对角色的选择具有高度的选择性。如果没有情感内驱力，就没有模仿，就没有游戏中的模仿。他通过观察发现，儿童扮演的角色一般有三类：一是出于对一个特定人物的热爱、钦佩、敬重的感情去扮演，希望像成人一样自己的愿望得到满足；二是依据对于一个人的恐惧或愤怒等感情去扮演，以帮助儿童克服恐惧；三是扮演那些不合身份、低于身份的角色，这样可以在安全氛围中做自己想做而现实生活中不允许做的事情。

门宁格发展了弗洛伊德的思想，强调游戏的益处在于宣泄和降低焦虑。游戏最重要的价值就是为释放被抑制的攻击性提供了机会。

3. 皮亚杰的游戏理论

皮亚杰从认知结构的图式出发，认为同化与顺应之间的平衡是有机体适应活动的组织方式。如果同化超过顺应，儿童就出现游戏，比如说一个孩子张开手臂满屋子做着飞扑动作可能表示"我是一只飞翔的鹰"。当然，如果顺应超过同化，儿童就出现模仿等行为，产生一个新的图式。儿童就是在不断地同化与顺应的过程中，通过游戏去实现某种愿望；通过练习所获得的图式，可以为将来所需要的种种技能做好准备。在感知活动阶段，婴儿会从事一些能获得机能性快乐的游戏，如吸吮手指头；到了前运算阶段，象征性游戏成为幼儿的典型游戏，幼儿们会玩各种过家家游戏，扮演爸爸、妈妈、医生、病人等各种角色。此时，游戏的内容已经超越了幼儿们当前的现实生活空间。可见，游戏为练习图式提供了机会，大大满足了幼儿们的认知兴趣。

同时，皮亚杰不同意格罗斯关于游戏是一种本能的准备性练习的观点，他认为如果按照格罗斯的观点，既然游戏是一种本能活动，应该在出生时就发生。皮亚杰通过系统的、长期的观察研究，推翻了游戏是一种本能练习的观点，并提出了关于游戏发生、发展的过程。

4. 学习理论

桑代克认为游戏是一种学习行为，遵循效果律和练习律，受到社会文化和教育要求的影响。各种文化和亚文化对不同类型行为的重视和奖励，其差别将反映在不同文化社会的儿童的游戏中。儿童在游戏中学习，在游戏中成长。通过各种游戏活动，幼儿不但能练习各种基本动作，使运动器官得到很好的发展，而且认知和社会交往能力也能够更快、更好地发展起来。游戏还帮助幼儿内化了该社会的文化价值，对于学习社会规则和参与社会生活有着重要的作用。

综上所述，以上几种游戏理论虽然分析角度不一致，其实仍有共通之处。具体来讲，首先，游戏能满足儿童社会生活中的身心发展需要，它是生物性、心理性和社会性发展的统一；其次，游戏是一种具有多种心理活动特点的活动，具有虚构性、愉悦性、主动性和"控制感"；最后，这些理论在某种程度上挑战了传统上的认知观念——"业精于勤，荒于嬉"，有助于人们更好地了解幼儿的发展。

（二）游戏的种类

游戏的种类有很多。依幼儿的行为表现分类，游戏分为语言游戏（language play）、运动游戏（motor play）、想象游戏（imaginative play）、交往游戏（intercourse play）、表演游戏（dramatic play）（它可以被看作是前四种游戏的综合体）。其中，3 岁时，幼儿开始合作式的想象游戏，游戏中建立起轮换规则。6 岁是想象游戏的高峰期，交往游戏也逐步成熟；根据幼儿认知特点分类，游戏分为练习性游戏（practice play）、象征性游戏（symbolic play）、结构游戏（constructive play）和规则游戏（game with rules）；按照社会性特点，游戏分为独自游戏（solitary play）、平行游戏（parallel play）、联合游戏（associative play）、合作游戏（cooperative play）和旁观游戏（onlooker play）；依创造性特点，游戏分为累积型游戏（accumulative play）（一种把不同内容的片段性游戏活动连接起来的游戏类型）、幻想游戏（fantastic play）、假定游戏（make-believe play）；依幼儿教育方法，游戏分为自发游戏（spontaneous play）和教学游戏（teaching play）。

（三）游戏的发展及意义

游戏与幼儿的关系十分紧密，可以说游戏是伴随着幼儿的成长而不断发展的，具体发展经过了由简入繁的过程，以下从内容、形式和技能三方面展开。

1. 游戏的内容越来越丰富

最初幼儿的游戏内容从动作开始，如拍皮球、推小汽车、跳房子、捉迷藏等。到了幼儿中期，他不再满足于身体的游戏，开始玩一些想象性游戏，如女孩给洋娃娃喂饭时，不仅用汤匙，喂完后还轻轻地拍着娃娃的背部，力图展现母女关系。幼儿人多的时候，他们还喜欢聚一起玩过家家游戏，幼儿们分别扮演着医生、护士、病人，从入院、询问病史、测量体温、吃药、手术、术后恢复等一系列过程反映了医院的日常生活，揭示了成人活动的社会意义。即使是过家家游戏，幼儿们也会在其中重现过去和现在，预测将来的生活情境，比如说披着纱巾扮演公主，戴着头盔假装外星人等。

2. 游戏的形式越来越多样化

美国学者佩根根据实验研究、非正式观察和被试的自我报告，提出了游戏的发展模式：① 探索性活动始于婴儿早期并持续终身，但其花费的时间因经验的积累而下降；② 练习性游戏是婴儿期最初的游戏形式，以后继续发展，每当掌握新技能时就会有这种游戏；③ 象征性游戏在将近1岁时出现，在幼儿期达到明显的高峰；④ 规则游戏开始于婴儿参与成人发起的嬉戏活动，在幼儿期仍然是由成人发起的简单的规则游戏，至小学中期达到高峰；⑤ 结构游戏在练习性游戏开始衰退、象征性游戏开始减少时，逐渐成为主要的游戏形式；⑥ 象征性规则游戏虽然早期有一定的表现，但直至小学时期才成为主要的游戏形式。这些游戏形式虽然出现的时间先后不一致，但其发展却持续终身。

在这些游戏中，所需要的道具也越来越复杂，起初只是一只小皮球、一个洋娃娃，后来，发展到一套炊具、一套医疗器具。参与的人数也越来越多，最初是独自游戏或旁观游戏，即一个人玩或看别人玩；后来出现了平行游戏，虽然在一起玩，却各玩各的，有时也讲话，但主题都是自己的活动，没有交流，不是真正的"对话"；接着又出现了联合游戏和合作游戏，这时他们由于认知上的自我中心，容易发生冲突，为了游戏的继续，幼儿们又会去缓和矛盾、化解冲突，在协调互动的过程中，他们开始理解别人的观点和立场，逐渐实现去自我中心。

3. 游戏所需技能越来越高级

随着游戏内容和游戏形式的日益复杂化，游戏所需技能也越来越高级。比如，练习性游戏需要幼儿知觉与运动技能的协调一致；象征性不仅对幼儿的知觉与运动技能提出了要求，还需要幼儿记忆、表象思维、语言，以及情绪的表达能力参与；当然，到了结构游戏、联合游戏和合作游戏时期，幼儿的认知能力、创造能力、独立能力和合作能力都得到了综合提高。

可见，在游戏内容、形式和所需技能的变化过程中，幼儿的身心都得到了全面的发展。首先，游戏能够促进幼儿的生理发展。在游戏中幼儿能够自由地变换姿势，做出他们感兴趣的动作，有利于促进骨骼肌肉和神经系统的发育，同时可以促进小脑平衡能力的发展。其次，游戏可以满足幼儿在认知、情绪等心理发展方面的需要。游戏能够让幼儿们享受愉快、幸福的童年，"游戏是孩子的天性"，游戏不仅仅满足了孩子好动、好奇、好模仿的特点，还能给孩子带来快乐感、成功感、自主感，满足孩子好合群、好交往的特点，使其在需要和愿望的满足中产生快乐和喜悦，身心朝着健康的方向发展；同时，在思考的深度方面，也能促使幼儿逐步从关注事物的表面现象向关注内在本质特征的方向转变。再次，游戏可以促进幼儿社会性发展。在换位思考方面能够站在对方的角度思考问题，增强角色获取能力，培养团结协作的精神，从而能够使幼儿获得生存和生活的经验。最后，游戏能够促进幼儿学习能力的提高。游戏让幼儿们体验到学习与创造的乐趣，玩中学，学中玩。游戏所具有的虚构性、愉悦性、主动性和"控制感"特点，能极大地激发幼儿们的兴趣和求知欲，即使遇到了困难，他们也极力地去克服，这样就有利于意志力的培养。

四、幼儿期的道德发展

（一）道德发展概述

道德发展（moral development）是指人们的公正感、对于正确与否做出判断的意识以及与道德问题相关的行为的变化。从心理学的角度，一般可以划分为三个基本成分：道德认知、道德情感、道德行为。三者是相互联系、相互制约的统一体。婴儿已经初步理解好与坏，并能做出一些合乎成人要求的道德行为。同时道德感萌芽，如害羞、初步的同情心等。到了幼儿期，儿童的道德进一步发展。这里着重介绍道德认知的发展。

（二）道德发展理论

1. 皮亚杰关于道德发展的观点

皮亚杰是第一个系统研究儿童道德认知的心理学家。他认为，儿童的道德认知发展是从他律道德向自律道德转化的过程。他将儿童道德发展划分为三个阶段：前道德判断阶段、他律道德阶段、自律道德阶段。

幼儿期儿童所处的大致阶段是道德发展的他律道德阶段。这种道德的形成是源于儿童对成人权威单方面的尊重。此时，儿童的思维是自我中心的，行为上也经常是个人的自发行为。比如，皮亚杰观察儿童在打弹子游戏中的表现，发现这个年龄段的儿童总是按照自己的想法去进行，没有规则意识。由于认知的局限，儿童并不能真正理解成人制定规则的意图，也不能理解道德规则的发生和它们的运用。他们只注意规则的字面意思，认为只要服从于规则就是"好"的，否则就是"坏"的。对于过失行为，该阶段的儿童倾向于根据物质损失的大小来评判，不注重过失行为的动机。对于惩罚的公正，这一时期的儿童认为所有惩罚都完全是必要的、合理的，并将惩罚的公正程度与严厉程度联系起来，认为最严厉的惩罚就是最公正的惩罚。

2. 科尔伯格的道德发展论

在皮亚杰道德阶段理论的基础上，科尔伯格继续研究了儿童的道德心理，他在长期实验研究的基础上，将道德品质分成是非观念、权利观念、责任观念、赏罚观念、道德意图、行为后果等不同类别，并完整提出了道德发展三水平六阶段模型，具体如下。① 前习俗水平，分为两阶段——惩罚与服从的定向阶段与朴素的工具性享乐主义阶段。② 习俗水平，分为两个阶段，分别是好孩子定向阶段和维护权威和社会秩序定向阶段，即第三阶段和第四阶段。③ 后习俗水平，分为社会契约的定向阶段和普遍性的道德原则定向阶段，即第五阶段和第六阶段。根据这一模型，幼儿期的儿童处于道德发展的前习俗水平，这个水平的特点是儿童的道德判断着眼于行为的具体后果与自身的利害关系。儿童的道德评价，首先考虑的是是否符合自己的需要，有时也包括别人的需要，也初步考虑到人与人的关系，但这种关系常常被看成交易的关系。凡是对自己有利的就好，否则就不好。好与坏的根据是以自己的利益为准，是比较实用的。

3. 道德的社会学习理论

社会学习理论认为儿童的道德的发展是因为儿童表现出符合社会规范的行为得到正强化。然而，并不是所有的道德行为都会直接得到强化。根据社会学习理论，儿童还可以通过观察他人的行为来间接学习道德行为。儿童会模仿因行为受到正强化的榜样，最终学会自己表现出这些行为。例如，当看到其他小孩分享糖果受到表扬后，他更有可能在以后的生活中表现出分享行为。并且，儿童并不是简单地、不假思索地模仿他们看到其他人得到奖赏的行为。他们注意到某些特定情境和某些行为之间的联系，这就增强了相似情境激发观察者相似行为的可能性，由此出现抽象模仿。幼儿模仿榜样的过程为更为普遍的规则和原则的发展创造了条件，在观察到榜样由于做出了符合道德期望的行为而受到奖赏的重复事件后，儿童开始推理和学习道德行为的普遍原则。

道德发展对于幼儿参与社会生活，由生物人转变为社会人有着重要意义，它是一个逐渐习得社会规范、社会价值观的过程。其影响因素是多方面的，认知发展是基础，同时幼儿周围的环境对于幼儿道德发展也起重要作用。

（三）幼儿期道德发展特点

幼儿3岁前只有某些道德感的萌芽，进入幼儿园以后，特别是在集体生活环境中，幼儿逐渐掌握了各种行为规范，道德感也逐步发展起来。小班的幼儿道德感主要是指向个别行为的，如知道打人、咬人是不好的。中班幼儿不但关心自己的行为是否符合道德标准，而且开始关心别人的行为，并由此产生相应的情感。如中班幼儿的告状行为就是幼儿对别人行为方面的评价，它是基于一定的道德标准而产生的。幼儿在对他人的不道德行为表示出愤怒或谴责的同时，还对弱者表现出同情，并表现出相应的安慰行为。到了大班，幼儿的道德感进一步发展和复杂化。他们对好与坏、好人与坏人，有鲜明的不同感情。这个年龄幼儿的集体情感也开始发展，表现为幼儿喜欢自己的班级、愿意维护自己班级的荣誉或利益。幼儿的羞愧感或内疚感也开始发展起来。特别是羞愧感从幼儿中期开始明显发展起来，幼儿对自己出现的错误行为会感到羞愧，这对幼儿道德行为的发展具有非常重要的意义。

杜军（2020）运用在道德基础情境问卷的基础上编制的幼儿道德敏感性情境问卷，通过整群抽样对1300名3~7岁幼儿的5个主要道德领域的敏感性进行问卷测试，最终获得1260名幼儿的有效测量数据。研究发现：3岁幼儿5个领域的道德敏感性水平均较低，但在圣洁、权威和关爱领域上初步具有了一定的道德敏感性；3~7岁幼儿5个领域的道德敏感性均随着年龄增长而快速提高；不同地域幼儿5个领域及整体道德敏感性发展水平之间存在着显著差异，如3~5岁是城市幼儿道德敏感性的快速发展期，4~6岁是郊区和农村幼儿道德敏感性的快速发展期，7岁时，3个地域之间的差异消失；幼儿道德敏感性随年龄增长而提高的过程明显具有性别差异特征。

总的来说，幼儿期的道德感是不深刻的，大多是模仿成人、执行成人的口头要求，他们的道德感是在集体活动中和在成人道德评价的影响下逐渐发展起来的。

五、社会性交往对幼儿的影响

幼儿在成长的过程中，必然会受到多方面环境因素的影响。其中，社会性交往对幼儿的影响重大而又深远，是其社会化过程中的主要动因。婴儿刚出生首先接触的是家庭，虽然随着接触范围的日益扩大，幼儿的交往对象不再局限于父母，但许多研究仍证实，父母是影响幼儿成长的"重要他人"。同伴的交往，尤其是与同伴的游戏活动在幼儿的发展中也占据着难以取代的地位。另外，教师对幼儿的影响力日益上升，尤其到了幼儿末期，他们逐渐成为新一轮的"重要他人"。

（一）家庭

家庭是由家庭成员及成员间的互动关系组成的一个动态系统。家庭系统中的诸多因素对儿童的发展或多或少地会产生这样或那样的影响，如父母的人格特点、父母的教养观念、父母的教养方式、父母的婚姻关系、出生顺序、是否为独生子女等，其中父母的教养观念与教养方式和家庭结构等对儿童社会性发展更重要，尤为研究者所关注。

1. 父母教养观念与教养方式

通过教育期望，父母将一定阶层的观念文化和价值取向渗透到幼儿的生活中，影响着幼儿的价值观、人生观和行为准则，不仅如此，父母的教养观念与教养方式还对幼儿成年后的人格特点、自我概念、行为方式、事业成就和婚姻状况都有着深远的影响。3~6岁学前幼儿的教育，则是家庭和幼儿园二者同向同步、合力共育的。我国儿童教育学专家陈鹤琴先生曾讲过，对幼儿的教育不是家庭教育或学校教育能够独立完成的，只有两者通力配合才能达到应有的效果。我国学者陈会昌等人（1997）关于家长教养观念和儿童发展关系的研究表明，父母家庭教养观念、父母对学校教育的看法和孩子的社交能力之间有一定程度的相关；家长对孩子独立性、礼貌及整洁等个性品质培养的重视程度与儿童社会交往能力呈显著相关。

最早研究父母教养方式的是鲍姆林德。麦考贝和玛丁在鲍姆林德研究的基础上，将父母教养方式分为四类：权威型、专制型、放任型、忽视型。其具体特点如表 6-2 所示。

表 6-2　教养方式

父母对孩子的要求	有要求		无要求	
	高回应性		低回应性	
	权威型	放任型	专制型	忽视型
父母对孩子的回应	特点：坚定的，制定清晰一致的规则限制。 与孩子关系：尽管他们倾向于严格，像专制型父母，但是他们深爱着孩子并给予情感支持，他们尝试与孩子讲道理，解释为什么应该按照特定的方式行事，与孩子交流他们施加惩罚的原因	特点：不严格且不一致的反馈。 与孩子关系：基本上不对孩子做出要求，并且不认为自己对孩子的行为结果负有很大的责任，他们很少限制孩子的行为	特点：控制、惩罚、严格、冷漠。 与孩子的关系：他们的话就是法律，崇尚严格、无条件服从，不能容忍孩子的反对意见存在	特点：表现出漠不关心以及拒绝行为。 与孩子的关系：他们与孩子的感情疏远。视自己的角色功能仅仅是喂养、穿衣以及为孩子提供庇护的场所，在最极端的情况下，忽视型父母会导致忽视——儿童虐待的一种形式

父母所采取的特定教养方式常常导致儿童行为上的差异。① 专制型父母的孩子更倾向于性格内向，表现出相对较少的社交性，不是非常友好，在同伴中经常表现不自在。其中，女孩特别依赖父母，而男孩往往表现出过多的敌意。② 放任型父母的孩子倾向于依赖他人和喜怒无常，社会技能和自我控制能力较差。他们与专制型父母的孩子拥有很多同样的特点。③ 权威型父母的孩子表现最好。他们多表现为独立、友善、有主见且有合作精神。他们追求成就的动机很强，也常获得成功并受到他人喜爱。无论在与他人关系还是自我情绪调节方面，他们均能够有效调节自己的行为。④ 忽视型父母的子女表现最差，在情感发展方面较为混乱。他们感到不被爱以及感情上的疏离，并且也阻碍了其生理和认知方面的发展。不过值得注意的是，没有哪一种分类系统能够完全地预测儿童是否会发展得很好。很多专制型和放任型父母教育的孩子也发展得很成功。而且，父母的教养方式并不是稳定不变的，有时候也会从一种类型转变成另一种类型。

我国学者对父母教养方式问题进行了大量研究。如陶沙等人采用母亲教养行为问卷对 408 名 3～6 岁儿童母亲的日常教养行为的结构进行了考察，并对其中 142 名母亲进行了儿童消极行为特征问卷的调查。研究发现：① 3～6 岁儿童母亲的教养行为包括敏感性、接触与参与、交往指导、认知发展指导、积极情感的表达与消极情感的表达等 6 个主要成分；② 儿童的年龄对母亲教养行为的参与程度、促进儿童认知能力发展、积极情感与消极情感表达等方面具有显著影响，儿童性别仅在母亲的敏感性方面具有显著影响；③ 儿童的消极行为特征与母亲教养行为的不同方面具有不同的关系。李茹（2015）从研究中发现，受教育程度高的父母多持民主型教育方式，而单亲家庭的父母较多持专制型教育方式；受教育程度低的家长的孩子自信心、独立性比较差；单亲家庭类型的幼儿自信心、独立性比较差。

父母对幼儿行为、态度的影响主要通过二者之间的人际交往而实现。在交往过程中，父母一方面以其自身行为、言语、态度等特征，为幼儿提供观察和模仿的范型；另一方面还通过对儿童行为的不同反应对儿童行为做出积极的或者消极的强化，以此巩固或改变儿童的某些具体行为。此外，父母还常根据一定的社会准则、规范向幼儿直接传授有关的知识和技能，以促进其认知和社会性发展。

林洵怡等人（2023）选取福州市 226 名幼儿及其父母为研究对象展开调查。结果表明：权威型教养方式与父母教育卷入呈正相关，而专制型教养方式与父母教育卷入呈负相关；父母教育卷入、幼儿自我控制与幼儿科学问题解决能力分别呈正相关；父母教育卷入对父母教养方式和幼儿科学问题解决能力之间的联系具有中介作用；幼儿自我控制在权威型教养方式和教育卷入的关系中起调节作用；幼儿自我控制能够调节父母教育卷入对权威型教养方式和幼儿科学问题解决能力关系的中介效应。研究结果揭示了父母教养方式与幼儿科学问题解决能力关系的内在机制，有助于提供有针对性的家庭教育方法以提高幼儿科学问题解决能力。

朱晓文等人（2023）的研究发现，家庭教养方式对青少年的校园欺凌经历有显著影响。权威型教养方式能有效降低青少年实施欺凌及遭受欺凌的风险；专制型教养方式则会提升实施欺凌及遭受欺凌的风险；放任型教养方式仅会增加实施欺凌的风险。

吕蒙（2023）利用 Conners 儿童行为问卷（父母版）和杨丽珠等人所编制的父母教养方式问卷，对沈阳市某幼儿园 3～6 岁幼儿的父母进行调查，并利用 SPSS 24.0 软件进行数据处理，得到结论：不同教养方式对幼儿问题行为的六个维度影响不同；幼儿年龄不同，其品行、身心健康、焦虑问题行为存在显著差异（$P<0.05$）；父母的学历、经济水平与幼儿的品行、焦虑问题行为均存在显著差异。

张小琼（2021）从民主型、权威型、专制型和忽视型四种父母教养方式类型出发，研究其与幼儿主动性攻击和反应性攻击行为之间的关系。得出结论如下：① 父母使用最多的教养方式是民主型，权威型和专制型居中，忽视型最少；② 幼儿攻击性行为的性别差异不显著；③ 幼儿攻击性行为的年龄差异显著，小班幼儿攻击性行为显著高于中班和大班，中班和大班无显著差异；④ 父母的专制型和忽视型教养方式与幼儿主动性攻击行为存在显著关系；⑤ 父母的权威型和忽视型教养方式与幼儿反应性攻击行为存在显著关系。

2. 家庭氛围与家庭结构

家庭氛围是指家庭中占主导的一般态度和感受，是通过语言和人际互动而形成的。这种氛围直接影响着家庭中每个家庭成员的心理，尤其对幼儿个性品格的形成有着重要意义。和谐的婚姻关系和配偶支持对儿童的成长是有利的。在这种家庭环境中，父母与子女有充分的思想和情感交流，幼儿心情比较轻松和舒畅，培养出来的孩子容易形成开朗、自信、积极的心态和开阔、灵活的思维习惯。一个经常争吵、挑剔、不和的家庭环境对父母和儿童都会产生不良影响，气氛紧张、关系不和谐、缺乏关爱的家庭中培养出来的孩子，易出现情绪紧张、自卑、嫉妒、攻击性行为等问题。

离婚家庭对于儿童的影响是比较明显的，国内外许多研究表明，离异家庭儿童在智力、同伴关系、亲子关系、情绪障碍、自我控制和问题行为等方面，与完整家庭的儿童相比都存在着显著差异。高月梅也发现，4～6岁离异家庭儿童与同龄的完整家庭儿童在心理发展上存在着差异，在学习情况和认知发展的某些方面，离异家庭儿童明显较差。在社会性发展方面，离异家庭儿童的同伴关系（结伴的难易、与好友的关系、与伙伴的交往）显著差于完整家庭儿童。总之，离异家庭的孩子处于不利的环境中。夏勇的研究发现，父母离婚对儿童心理发展各方面消极影响的时间效应是不同的；父母离婚对儿童的问题行为和亲子关系的影响是长期存在的，离异家庭儿童在认知发展方面表现出反应延搁效应；父母离婚对儿童的同伴关系和情绪的影响不是长期存在的。

在家庭中，父母会影响儿童，儿童也同样会影响父母，两者是相互作用的。比如，幼儿的年龄和心理发展水平会影响父母的教养方式，对于年龄小、心理发展水平低的幼儿，父母多采用简单的惩罚方式。而对于年龄稍大的幼儿，父母喜欢采用摆事实、讲道理的方法。此外，幼儿的行为特征也会影响父母的行为方式，如易激动、孤僻的幼儿与安静的、反应灵敏的幼儿唤起的易焦虑父母的反应是不同的，前者可能会增加父母的焦虑，而后者则可能会减弱父母的焦虑。

（二）同伴

大多数幼儿期的儿童渴望寻找同伴并喜欢自己的同伴，并且此时的社会交往更加密切、频繁和持久。从3岁起，儿童偏爱同性同伴，经常与同性同伴发生联系，相互间面对面的接触增加，更多的互动以协调他们的活动，常常合作解决问题。这一时期，群体游戏明显增加，游戏的象征性趋于复杂，趋向更多角色，提出与角色相关的规则，并且他们还相互学习，交流分享生活中的经验。

皮亚杰在他的早期著作中论述了同伴关系及其同伴间的游戏在儿童发展中的作用。他认为，正是产生于同伴关系中的合作与感情共鸣使儿童获得了关于社会的更广阔的认知视野。可以说，良好的同伴关系可以帮助幼儿获得熟练的社交技巧。布朗恩特研究表明，来自能为儿童提供更多与同伴接触机会地区的儿童发展了更好的社会技能；良好的同伴关系有助于幼儿获得安全感和归属感，还有利于其自我概念和人格的发展。总体上来说，同伴关系具有以下几个方面的意义。① 同伴关系有利于幼儿社交能力的发展。年幼的儿童是非常自我中心化的，通过在游戏过程中培养的同伴关系，有利于共情能力的发展，学会通过平等协商去解决矛盾，从而有利于去自我中心化，学会站在他人的角度考虑问题，通过合作解决冲突。② 同伴关系是获得社会支持和安全需要的重要源泉。在同伴群体中可以获得情感需求的满足，获得爱和除了父母之外的亲密关系，这将影响到以后人生中亲密关系的建立。研究表明，早期的同伴关系不良将导致儿童、青少年短期或长期的社会适应困难。③ 同伴关系还可以为儿童提供行为榜样和社会比较对象。在同伴交往中，儿童之间可以相互学习，将同伴的行为作为自己的学习榜样。李幼穗的研究表明，如果儿童经常跟慷慨大方的伙伴一起玩耍，他们也会变得慷慨大方，表现出互相谦让、共同分享的行为。因此同伴之间的影响有利于道德行为的形成。同时，儿童会将自己的行为与同伴的行为进行比较，通过这种比较建立起自己的自我形象，在比较中调整不受欢迎的行为，有利于幼儿自我调节能力的培养。

在幼儿的同伴交往过程中，有不同的互动方式，依照同伴的接纳程度，分为四种。① 受欢迎儿童，这类幼儿喜欢与同伴交往，其交往行为积极友好，因而普遍受到同伴的喜爱和接纳，在同伴中地位较高，有较强的影响力。② 被拒绝儿童，这类儿童同受欢迎儿童一样在交往中表现活跃、主动，但常常表现出不友好的交往方式，如强行加入其他小朋友的活动、抢玩具、大声喊叫等，攻击行为和消极行为较多，友好行为较少，因而被多数同伴拒绝。③ 被忽视儿童，这类幼儿不喜欢交往，常常独处或一人活动，在交往中退缩或畏缩，不积极不主动，对同伴既很少有友好、合作行为，也很少有不友好、攻击行为。因而没有多少同伴喜欢他们，也没有多少同伴讨厌他们，在同伴中地位较低。④ 一般儿童。这类幼儿在同伴交往中表现一般，既不特别主动、友好，也不特别不主动、不友好；同伴有的喜欢他们，有的不喜欢他们，在同伴中地位一般。一般来说，受欢迎儿童比不受欢迎儿童对社交问题能提出更好的解决办法（Brochin H A，Wasik B H，1992)，被拒绝儿童解决冲突的策略最不恰当，表明高社交地位儿童比低社交地位儿童能更好地解决冲突（Erwin P G，1994）。

（三）教师

进入幼儿园后，教师就成为幼儿交往的重要对象。教师对幼儿的影响主要表现在四个方面。

教师的期望效应。罗森塔尔随机从某班抽出 20％的学生，告诉教师，这些学生具有智力上的优势，在学习期间将有超常的智力表现，结果 8 个月后，经过测试，这20％的学生的智力增长远高于其他学生。由此，罗森塔尔提出了著名的罗森塔尔效应，又称教师期望效应，即由于教师对学生抱有的主观期望而导致的学生在学业和行为方面发生改变的现象。

教师的榜样作用。幼儿善于观察和模仿，教师在日常生活中的待人接物更是幼儿模仿的对象。如果幼儿的手划了一道口子，给教师看时，教师给予关怀与帮助，而不是随口说"哭什么哭，自己去医务室上点儿红药水"，这样不仅使幼儿感到温暖与被接纳，还有助于幼儿学习助人等新社会技能。

教师的强化。在幼儿园里，得到教师奖励、表扬的行为幼儿易于保持，而受到惩罚与批评的行为幼儿会相应减少。

相比较于父母，幼儿更重视教师的评价，他们会依据教师的评价调节自己的行为，努力达到教师的期望。

拓展阅读

幼儿期问题

本章小结

本章系统探讨了儿童在幼儿期这一重要阶段的认知与社会性发展特点。从生物层面，本章强调了幼儿大脑发育的迅速进展，神经连接的重塑以及感官和运动能力的进一步精细化，为认知和社会性行为的发展奠定了生理基础。

在心理层面，本章分析了幼儿在语言学习、思维能力、情绪调节以及自我意识等方面的显著变化，特别是幼儿如何通过游戏、模仿和互动发展关键的社会技能。本章还讨论了幼儿自我控制与同伴互动的重要性。

在社会层面，本章探讨了家庭环境、教育资源和文化背景对幼儿发展的影响。父母的养育方式、学校的教育支持以及社区的资源丰富性对幼儿的认知与社会性发展有重要作用。

通过综合生物、心理与社会三个层面的分析，本章强调了幼儿期作为个体社会化与认知成长的关键阶段的重要性，为家庭、教育和社会工作提供了实践指导。

关键概念

- 幼儿期发展
- 语言学习
- 情绪调节
- 自我意识
- 社会交往
- 同伴互动

思考与练习

1. 描述幼儿期在认知发展和社会性发展方面的主要特点。
2. 列举促进幼儿语言学习的几种方法，并说明其可能的效果。
3. 家庭环境如何影响幼儿的情绪调节与自我意识？
4. 从教育资源的角度，分析社区支持对幼儿认知发展的作用。

第七章

儿童期：身心发展与社会化

儿童期指的是从 7 岁左右到性成熟以前（即 13 岁左右）这段时期。7 岁左右的儿童开始进入小学，接受正规的教育，他们接触的社会领域扩大，从依赖双亲尤其是母亲到学习逐渐独立。进入小学以后，"自己已经是一个独立的人"这一观念渐渐趋于明显。由于此时他们意识到自己不论在学习、生活还是在社会中，人们已经开始衡量、确定他们的优劣，所以他们会有由于自己表现得好或坏而产生的成功或失败的经验。发展心理学家郝洛克描述这时期是人生重要的里程碑，儿童进入小学后，其态度及行为将有一些改变。

第一节　　生物系统：身体、动作与运动发展

儿童在发育过程中，由于遗传和生活环境（营养、体育锻炼、疾病等）等因素的影响，会出现各方面（形态、机能、性成熟等）的个体差异，但总体上儿童生长发育的一般规律还是存在的。

一、身体的发展

人体在性成熟之前一直处于发展变化之中，儿童在这一段时期内，身体是缓慢而又稳步地发展的，但到了儿童末期或开始进入青春发育期时，身体上的发展变化来到继婴儿期后的第二个高峰期。

1. 身高与体重

儿童身体发展的重要标志是身高和体重。它们标志着内部器官，如呼吸、消化、排泄系统以及骨骼的发育，体格检查时首先量身高、称体重，道理就在于此。此时儿童的身高、体重都比以前显著增加。骨骼肌肉苗壮成长，尤其下肢骨骼增长比身体增长还快，八九岁后小肌肉发育较快。这一时期，儿童整个躯体构造形式也发生了较大的变化，躯干和手臂变长，躯干和臀部变宽，整个骨骼结构变大变宽，整个身体显得修长了。

2. 神经系统的发展

大脑结构的发展。根据生理学研究材料：7 岁儿童的脑重为 1280 g；9 岁儿童的脑重已接近成人，达 1395 g；12 岁儿童的脑重已与成人一样，达 1400 g。由此可见，儿童期脑重的增加还是非常显著的。脑重增加表明脑神经细胞体积增大和脑细胞纤维增长；同时，儿童的额叶此时显著增大，额叶的发展对于高级神经活动的发展有重大的意义。

大脑机能的发展。在儿童的高级神经活动的基本过程中，兴奋和抑制的机能，都有了进一步的增强。大脑兴奋机能的增强可以从儿童睡眠时间逐渐缩短看出。在皮质抑制机能方面，儿童的内抑制约 4 岁以后就蓬勃发展起来，儿童在其生活条件下，特

别是由于语言的不断发展，随着儿童年龄的增长，内抑制机能也日益增强，这表现在儿童能更细致地综合分析外界事物，并且更善于调节控制自己的行为。同时，由于儿童语言的进一步发展，第二信号系统活动日益发展起来。

3. 淋巴系统的发展

人体的淋巴系统在出生后第一个十年中发育速度特别快，这是因为这一阶段机体对疾病的抵抗力弱，需要强有力的淋巴系统来进行保护，所以在 7～10 岁时，淋巴系统处于一个极快的发展之中，到了 10 岁左右发展达到最高峰，几乎已达到成人时期的200％，这也表明 10 岁左右的儿童已获得相当的免疫力，身体健康处于最良好的阶段。之后由于其他各系统逐渐成熟和对疾病抵抗力的增强，淋巴系统也会逐渐退缩，达到与成人基本一致的水平。

二、动作的发展

在儿童期，儿童动作的精确性和灵活性日益增强。但是男女儿童的动作发展存在差异。儿童在进入学校以后，无论是在动作的速度、强度、灵活和平衡等方面，还是在动作的具体内容上都有很大的发展变化。与此同时，男女儿童动作发展上的差异开始比较明显地表现出来。这种差异在学前期已初露端倪，男孩在长肌动作协调方面，如抛球、上下楼梯比女孩强，而女孩在短肌动作方面，如单足跳、跳跃、奔跑比男孩略胜一筹。埃斯佩·斯查德认为，跑、跳、投掷是儿童活动中的共同要素，于是就用这三个要素作为测定男女儿童动作差别的根据。他发现男女儿童随年龄的增长，这三方面的活动都有增进，女孩活动的增进是在 5 岁到学龄早期，大约到 13 岁时发展到顶点，此后的活动水平或是保持原状或是下降。青春期前的男孩在动作技能方面的优势很微弱，而从青春期开始男孩的动作优势则越来越明显。

三、运动的发展

在儿童期，运动和知觉-运动能力迅猛发展，孩子们能够进行持久的、竞争性的运动而不感到疲劳。在入学前儿童已经掌握了一些基本的运动技能，绝大多数儿童能以十分协调的手臂和大腿运动进行跳绳、弹跳、爬绳等活动。6～12 岁，儿童基本的运动技能仍稳步地改善和发展。动作的力量增强了，如手抓握的力量稳步提高，男孩优于女孩；从刺激的出现到身体做出动作所需的时间（即反应时间）缩短了，男孩仍优于女孩；平衡，也就是在静止或运动的体验中控制躯体的能力在儿童期渐渐提高，这是通过让他们走平衡木测定的。

知觉运动协调发展的一个重要意义表现在学习中。有些孩子在学习中表现出种种问题，尤其是阅读、写作和数学学习困难，究其原因并不在于孩子本身不认真、不努力、不用功，而是出于知觉、运动发展落后和知觉-运动不协调。研究表明，触觉和运动感知能促进视觉的发展，视觉又是学习阅读和写作的关键。如果因为种种原因，如中枢神经系统的障碍、情绪不安或经验缺乏，造成知觉发展方面的显著落后，那么儿童的智力发展就受到了阻碍。因此，孩子入学前有必要接受知觉发展方面的测验，以判断是否落后。如果发现孩子知觉发展落后，就应当及时做进一步的检查和测验，然后根据孩子的具体情况，进行训练，尽快、尽可能有效地提高孩子的运动技能，提高知觉-运动的协调性，从而促进儿童的智力学习。

第二节　　心理系统：感觉、知觉、注意与思维

一、感觉发展

感觉是事物在人脑中的直接反映，同时又是思维发展的直接基础。正像列宁所指出的："感觉是运动着的物质的映象。不通过感觉，我们就不能知道实物的任何形式，也不能知道运动的任何形式。"同时他也指出："感觉的确是意识和外部世界的直接联系，是外部刺激力向意识事实的转化。"因此，儿童感觉的发展，在儿童心理发展上具有重大意义。

1. 视觉的发展

视敏度的发展。视敏度俗称视力，指在一定距离内感知和辨别细小物体的视觉能力。儿童期的视力的绝对感受性的增长慢于幼儿期，但差别感受性的增长却很快。另外，在儿童期，随着年龄的增长，视力调节能力也在不断发展着，特别是10岁的儿童，其晶状体的弹性较大，这种能力的发展也较快。

颜色辨别能力的发展。学前晚期儿童，一般已能很好地辨别各种主要颜色（如红、黄、蓝、绿），也能知道各种色调的细微区别（如红与紫、青与蓝），但用词来标明这些色调或根据词的指示来选出各种色调的颜色，还是有困难的。许多研究指出，学龄儿童的颜色视觉是随着年龄的增长不断发展的，而在良好的教学条件下，这种发展的速度会大大加快。研究表明：① 儿童在学校学习期间，颜色视觉感受性获得显著的发展，如果7岁儿童的颜色差别感受性是100%，那么10～12岁的儿童和7岁儿童比起来，增长率很大，即可以提高60%；② 女孩比男孩的颜色视觉能力一般要高一些，原因当然不是先天性的，而是由于女孩在生活中接触有颜色的东西更多一些，对颜色更有兴趣一些。

2. 听觉的发展

苏联卫生部中央耳鼻喉科学研究所生理科研究了4～80岁正常人听觉的年龄变化后指出，人的听觉感受性随着人的年龄增长而发生有规律的变化。虽然每个人之间存在着个体差异，但年龄特点是非常明显的。

很多研究也一致指出，儿童时期的听觉感受性是随着年龄的增长而不断增长的。

必须强调，小学儿童辨别音调能力之所以不断提高，是和学校中的教学，特别是音乐教学分不开的。

二、知觉发展

知觉是事物的整体在头脑中的反映。事物具有各种不同的属性（可以看见的、听见的、有味的……），因而在知觉中，经常有各种分析器参加，是各种分析器分析综合的结果。为了更好地知觉事物，一方面必须有精确的分析，另一方面又必须有整体的综合。例如，知觉一幅画，既要精确知觉图画中所画的各种事物，又要能知觉图画中各种事物的联系，分出主要的和次要的东西，认识它的意义。

人的知觉是一种有目的、有意识的心理过程。它不是生而具备的，而是在儿童的生活活动过程中，在教育的影响下，随着儿童整个心理的发展而逐步发展起来的。进入儿童期，在教学的影响下，儿童知觉的有意性、目的性很快地发展起来，知觉中分析与综合的统一性水平也在不断地提高。同时需要明确的是，虽然儿童知觉发展的年龄特征是存在的，但也并不是统一的、不变的，它是和教育影响密切相依存的。同时，它的发展又是不平衡的，在知觉的发展过程中，各个儿童不完全一样，同一儿童在知觉不同事物的时候，水平也不完全相同。而这种不同，主要和儿童的经验有关。

在空间知觉方面，实验研究表明：在5～7岁，儿童能比较固定化地辨别自己的左右方位；在7～9岁，儿童初步地、具体地掌握左右方位的相对性；在9～11岁，儿童能比较概括、灵活地掌握左右概念，灵活地理解左右的相对性。

同时，儿童进入小学以后，在教学的影响下，时间观念能很快地发展起来。随着年龄的增长，能使用时间标尺的儿童人数逐渐增多。此外，儿童使用时间标尺的技能也随年龄增长而提高。

三、注意发展

注意是对事物的定向活动，是对某些事物的指向和集中。注意是产生各种心理过程时必不可少的心理属性。没有对事物的注意，就不可能有对事物的认识。一切学习和工作如果没有集中的注意，就不可能很好地进行，就不可能获得成效。注意一般可以分为无意注意和有意注意两种，前者是指没有自觉目的和不加任何努力而不自主的、自然的注意，是被动的，是对环境变化的应答性反应；后者是指自觉的、有预定目的的、必要时还须做出一定努力的注意活动，是注意的一种积极、主动的形式。注意服从于一定的活动任务，并受人的意识的自觉调节和支配。例如，我们正在听课，忽然从窗外传来一阵动听的歌声，我们可能不由自主地倾听歌声，这是无意注意；但由于我们认识到学习的重要，因而迫使自己把注意力集中在听课上，这就是有意注意了。

儿童注意的发展变化受儿童主导活动的制约，低年级时以无意注意为主，到了高年级有意注意逐渐发展起来；在教学活动的影响下，儿童对抽象材料的注意也在逐步发展，与此同时，具体的、直观的事物在引起儿童的注意上，仍然发挥着重要作用。

学龄期的儿童由于语言的进一步发展，第二信号系统活动日益发展起来，这样，儿童的抽象逻辑思维能力的发展就有了可能，同时，也就加强了儿童各种心理过程的有意性和行为的自觉性，所以到了中高年级，儿童对一些抽象的词和能够引起智力思考的作业，比年幼儿童的注意更容易集中、稳定。与此同时，儿童的注意范围也随着年龄的增长而有所扩大；注意的分配和转移能力的发展，也随之发展起来。年龄越大的儿童，其注意的外部表现越不明显，如"开小差"也不易从外表看出。这一时期儿童的注意虽然有了较大发展，但还不能做过高的估计，仍需进一步提高。

四、记忆发展

儿童进入学校以后，学习成为其新的主导活动。学习是有一定要求的认识活动，儿童必须学会识字、算术，准备回答问题和接受检查等，这就要求记忆达到一个新的水平。因此，在儿童期，儿童的记忆发展有了新的特点。主要表现如下。① 有意记忆和有意再现逐渐超过无意记忆成为这一阶段儿童主要的记忆方式，儿童的有意记忆是随着年龄的增长而不断发展的。随着学习动机的激发、学习兴趣的发展、学习目的的明确，有意记忆的主导地位则越加显著。② 意义记忆逐渐超过机械记忆，并在记忆活动中逐渐占有重要地位，其转变的关键阶段在小学三四年级。③ 抽象记忆发展的速度逐渐超过形象记忆。形象记忆是指对过去感知的事物或活动的形象的再现；而抽象记忆则是对概念、公式、定理等抽象材料的记忆。随着教育的影响、知识的丰富思维的发展，儿童的抽象记忆能力不断提高。④ 记忆策略的使用。通过分析策略使用的自发性与受益性，米勒把记忆策略的发展划分为四个阶段：无策略阶段，部分使用或使用策略的某一变式阶段（有些场合会使用记忆策略，有些场合却不会），完全使用但不受益阶段（能够在各种场合使用记忆策略，但并没有提高回忆成绩，即出现策略利用缺陷现象），使用且受益阶段（能够使用记忆策略，并且还会提高回忆成绩，策略有效性有了很大的提高）。6 岁以前的儿童基本上不会自发地使用策略来帮助记忆，8 岁左右的儿童处于过渡期，10 岁以上的儿童开始自发地运用一定的策略来帮助记忆。记忆策略主要包括复述、组织、精细加工等。各种记忆策略的发展很大程度上依赖于儿童自身的知识经验，而学习与训练则可以帮助他们有效提高运用策略的能力（韩晓燕，朱晨海，2021）。

记忆是有个体差异的，不但记忆能力有高有低，而且记忆类型也各有所长。成人应当关注孩子的日常活动，从中发现他擅长哪方面的记忆，并尽量为孩子创造条件，发挥其优势记忆。如果没有发现他有什么特殊之处，也应当注重平时的训练，从小培养孩子有意记忆和理解记忆的能力，创造有利条件，为孩子的学习打好基础。

五、思维发展

儿童思维的发展经历着一个非常复杂而漫长的过程，是一个从低级到高级、从不完善到完善的发展过程。这个过程进行的情况和速度，在很大程度上取决于正确组织起来的教学和教育工作。童年期儿童思维正处于由具体形象思维为主向以具体形象为支柱的抽象逻辑思维为主转变的过渡阶段，具有过渡性质，虽然抽象逻辑思维日益占主要地位，但思维中的具体形象成分仍然起重要作用。皮亚杰认为7~12岁儿童的思维属于具体运算阶段。此时，思维的自觉性不断随着年龄的增长而发展，思维由缺乏批判性、灵活性（年龄越小的儿童越明显）向独立性、批判性转变，但还是容易产生片面性和表面性。儿童数的概念的发展随着年龄的增长而逐渐扩大和加深，7~8岁初步形成三位以内整数概念系统，9~10岁形成整数、小数概念系统，11~12岁整数、小数、分数的概念系统逐步趋于统一，分数概念也已基本掌握。判断的发展是从简单到复杂，从反映事物单一联系到反映事物多方面联系，从反映外部联系到反映内部联系。随着概念和判断水平的发展，相应的推理能力也发展起来。这时期儿童还有了逆向思维，可以倒过来、倒回去思考问题。儿童还能重建事物，并能对人的、社会的、自然的，甚至是数学的过程做出新的解释。也就是说，他们能用心理行为代替实际的、感觉上的和运动上的体验，从而能够接受不同观点、不同难度、更复杂和更高级的学习任务的挑战。

六、想象能力的发展

想象在儿童生活中，同样起着重要的作用。儿童入学以后，为了能真正掌握教材，就必须有积极的想象参加。如阅读文学作品，只有借助于想象才能更好地理解原文；学习数学，经常要求有丰富、精确而又灵活的空间想象（数量、形状等）；学习自然常识教材，也要借助于丰富的想象，来重现自然事物。同时，对于儿童个性发展来说，想象也是极为重要的，因为在信念、理想的形成上，想象也是必不可少的心理因素。

儿童期的孩子随着年龄的增长，想象有了进一步的发展，主要表现在想象的有意性迅速增强、想象中创造成分日益增多、想象更富于现实性。同时，儿童在教学影响下，由于表象的积累和抽象逻辑思维的发展，不但再造想象更富于创造性成分，而且以独创性为特色的创造想象也日益发展起来。此外，学龄初期儿童的想象仍然带有幻想的性质，仍然非常喜爱童话和神仙故事，他们和学前儿童想象的最大不同之处在于，学龄初期儿童虽然仍很喜爱童话和神仙故事，但是他们已日益明确地懂得了童话和神仙故事的虚构性。随着年级的升高，儿童对童话和神仙故事的爱好才逐步降低，而代之以更富有现实性的或结构复杂、想象丰富的文艺作品，如描写英雄人物的作品，或像《西游记》一类的小说。这也足以表明学龄初期儿童的幻想正处在从远离现实的幻想逐步向现实主义的幻想发展的过程中。

七、语言能力的发展

在一般情况下，儿童已基本掌握了口头语言，能够熟练地与成人交谈。儿童的口语交际能力和技巧是以后书面表达的基础。儿童期孩子的语言发展，除了进一步完善口语能力外，最主要的特点和任务就是书面语言和内部语言的发展。

儿童进入小学，开始接受正规、系统的学校教育。一方面，在学校系统的教育下，儿童的词汇不断丰富，语言的连贯性大大提高，但口头表达能力还比较差，常常显得神态紧张、声音偏低、发音不准确、语句重复、出现病句等。另一方面，儿童也开始了书面语言的学习。

1. 书面语言的发展

书面语言比口头语言复杂，是指个体借助阅读来接受他人思想或借助文字来表达自己思想的语言类型，包括识字、阅读、写作三个阶段。汉字是形、音、义三部分的统一，儿童要掌握汉字，必须能辨别汉字的形状、读音、意义。小学低年级儿童由于知觉还不够精细，因此在刚开始学习书面语言时，存在不少困难。随着大脑功能的发育与增长，小学生渐渐能掌握汉字的形、音、义，掌握大量的词汇。然后在掌握词汇的基础上，开始运用分析综合的能力来理解课文，学习并增强阅读技能。小学二三年级时，儿童学会流畅地朗读，从四年级开始，阅读变成一种手段，通过阅读来了解世界。最后进入书面语言的最高阶段，即写作阶段。写作是儿童词汇量、语法修饰、思维能力的综合体现，小学儿童的写作能力相对来说是比较低的，还处在初级阶段，有待于继续提高。

2. 内部语言的出现与发展

内部语言是指人们对自己发出的、不起交际作用的语言，对有关自己所要说的，所要做的思想活动本身进行分析综合，用批判的态度来对待自己的思想内容和思维活动。换句话说，内部语言的主要特点在于以自己的思想活动作为思考对象。例如，儿童在回答教师的问题时，必须先考虑怎样回答；在写作文或做书面作业的时候，必须先考虑怎样写或怎样做；在演算习题的时候，必须先考虑运算的层次、方式方法等。内部语言与外部语言不同，外部语言是用完整的句子来表达，而内部语言往往是以一个词、一个短语代替一个完整的句子的方式来进行的。它的发展大体经历三个阶段：出声思维阶段、过渡阶段、无声思维阶段。小学低年级儿童内部语言还很不发达，往往一边思考问题一边说出声音，他们读课文时是读出声音的，还不会默读。到高年级，儿童才会默读，这标志着外部语言转化成了内部语言。

研究表明，小学儿童入学时的口语熟练程度对今后的听、说、读、写有深远的、不断积累的影响，所以口语能力是其他语言技能发展的基础。

八、智力的发展

1. 什么是智力

关于智力的定义，目前尚无统一的观点，斯滕伯格和德特曼在综合各学者观点的基础上，认为智力包括以下几个基本内容：① 社会适应能力；② 学习能力；③ 知识；④ 元认知能力；⑤ 推理和想象能力；⑥ 问题解决和决策能力；⑦ 信息加工能力。一个人的智力发展水平等受多种因素的影响。遗传因素是智力发展的物质基础，它提供了一种发展的可能性。而环境和教育对智力发展起推动作用，决定其发展的方向、水平和速度。在个体发展的不同阶段，智力发展也各具特点。儿童期正处于智力快速发展的时期，儿童智力水平不断提高，智力结构也在不断完善中（韩晓燕，朱晨海，2021）。

2. 智力的构成

智力双重模型。就像上述智力的定义，智力是一个具有多因素、多层次的复杂结构。卡特尔提出了智力双重模型，认为智力包括流体智力和晶体智力。流体智力指一般的学习和行动能力，反映了个体的信息加工能力、推理能力和记忆能力，并随着个体生理成长曲线的变化而变化，在成年早期达到高峰后逐渐下降。晶体智力指个体已获得的知识、技能和策略，反映了个体的常识、社会推理能力，它有利于个体更好地面对自己的生活和处理具体问题，晶体智力随着年龄的增长而增长（韩晓燕，朱晨海，2021）。

智力三元论。心理学家斯滕伯格认为最好把智力看作信息加工的过程，我们需要了解人们是如何把材料储存在记忆中的以及之后如何用它来解决智力任务的。信息加工的三个方面说明了智力的概念：成分要素、经验要素、情境要素。成分要素反映了人们加工和分析信息的有效程度，这方面的有效性使得人们能够推理出一个问题的不同部分之间的关系，解决问题，然后评估解决方案。经验要素是智力中涉及洞察力的部分。在经验要素上具有优势的人能够轻易地把新材料与他们已知的材料进行比较，并能以新颖和创造性的方式与已知的事实结合并联系起来。情境要素涉及实践智力，是处理日常生活需要的方式。根据斯滕伯格的观点，在多大程度上拥有每一种要素是因人而异的。我们完成任何任务的优异程度，都反映了任务与个人特有的要素模式之间的吻合程度。

智力多元论。美国心理学家霍华德·加德纳提出了多元论，认为人们至少有八种不同的智力，而且每种都是相对独立的。① 语言智力，对语言文字的感受、运用，以及欣赏语言作品深层内涵的能力，包括阅读、写作、日常会话能力等。② 逻辑-数学智力，数学运算与逻辑思维和推理的能力。③ 空间智力，对三维空间的知觉与思维能力，包括导航、辨别方向、设计构图能力等。④ 音乐智力，对音乐的感知、辨别、欣赏与表达的能力。⑤ 身体-运动智力，操纵物体或支配肢体完成精密作业的能力。⑥ 人际智力，对他人情绪、期望、动机的知觉、理解与恰当反应的能力。⑦ 自我认知智力，关于自己内部各方面的知识，对自己的感受和情绪的认知。⑧ 感受自然的智力，对自然与文明相互作用，以及对自然生命周期的理解能力。

3. 智力的测量

智力测量是一种通过测验的方式衡量人的智力水平的科学方法。法国心理学家比奈和西蒙制定了世界上第一个标准化智力测量表。现在使用最广泛的也是在比奈量表的基础上修订的斯坦福-比奈智力量表第五版，另外还有韦氏儿童智力量表第四版、瑞文标准推理测验等量表。人类的智力呈正态分布，低于常模，称之为智力障碍；高于常模，称之为智力超常。有 1%～3% 的儿童被认为是智力障碍，主要是以智力功能和涉及概念、社会和实用技能的适应行为上存在局限性为特征的。不过轻度或中度的智力障碍儿童可以通过特殊教育改善其状况。

九、社会认知的发展

社会认知是指对人及其行为的认知，而不是对物以及非人的客观存在的认知，它包括感知、判断、推测和评价。社会认知不是生来就有的，而是有一个发展过程。儿童在与他人的不断接触中，在与客观世界的互动过程中，逐渐形成了对自己、对他人的知觉和评价，获得了关于道德和社会规则的判断和社会习俗方面的知识。

1. 儿童社会认知发展的特点

儿童社会认知的发展有不同的阶段和不同的层次方向，总体而言有如下特点：① 由浅入深，即儿童对人和社会关系的认识从注重表面现象到考虑比较持久的特征；② 由简单到复杂，即从狭隘地注重问题的一个方面到能够同时考虑问题的各个方面；③ 由刻板到灵活；④ 从自我中心，主要关心自己和此时此地的事物到关心其他人的幸福和将来的事情，逐渐学会从他人的角度考虑问题；⑤ 从具体到抽象；⑥ 从零乱的、弥散的甚至是矛盾的观念到系统的、有组织的、完整的思想。

2. 儿童社会认知发展的原则

区分人和物。婴儿最初区分的是有生命的物体和无生命的物体，到了幼儿期知道了人具有独立行动的能力，人具有情感，而物没有。另一方面，儿童在和他人特别是照看者的接触中获得了对社会关系的初步认识和理解，他们认识到人们之间的相互作用、相互交谈等。在儿童与同伴的活动过程中，逐渐建立起信任、亲密和友谊的情感联系。总之，由于儿童和他人的相互作用，他们逐渐形成了社会关系的概念以及关于自己和同一性的概念。

理解他人的观点。这一时期，儿童与以前不同，他们开始比较明显地认识到别人有自己的思想和喜好，他们不再是自我中心的，而是经常会考虑别人的需要和兴趣，从而改变自己的行为。比如，一个 4 岁的孩子，看到弟弟在喝牛奶，就从弟弟那里拿走了牛奶。因为他自己不喜欢喝牛奶，所以他认为弟弟也不喜欢喝牛奶，他拿走弟弟的牛奶在他看来是因为爱弟弟而在帮他的忙。

3. 关于人的概念

自我概念的发展。在儿童期，儿童产生了一种"我"是谁、"我"在哪里的感觉。到了儿童期末期，他们形成了比较复杂和稳定的自我知觉和情感网络。自我评价能力是自我概念发展的主要成分和主要标志，是在分析和评价自己的行为和活动的基础上形成的。儿童期的自我评价总体水平比较高，但是到 12 岁时便开始下降，具体而言有以下特点：从依从性评价发展到独立性评价，儿童逐渐减轻对他人评价的依赖性，开始独立地进行自我评价，自我评价的独立性随年级而增高；从比较笼统的评价发展到对自己个别方面或多方面的评价；评判的标准从外部特征转向内在的稳定特质；自我评价的稳定性逐渐增强。另外，库珀史密斯的研究发现，高自我评价的男孩更富有创造性，更为自信、坦率，愿意表达自己的意见，善于接受批评，而低自我评价的男孩往往比较孤独，有不良行为习惯，学习成绩不好（林崇德，2018）。

关于他人的概念。从儿童期开始，儿童对他人的概念也随之发展起来，表现在儿童对他人的描述越来越多地使用一些指向内心心理特征、行为特征、价值、态度的抽象的形容词，他们不再局限于外表，而是能推理出他人的行为动机及特征。但儿童对自己和他人的关系认识还很不够，他们很少关心自己和他人的关系。

朋友和友谊。在 2～12 岁之间，儿童与同伴相处的时间越来越长，与成人的交往则越来越少；并且这一时期儿童更多与同伴玩耍的趋势随年龄增加而加强。在与同伴交往的过程中，友谊也随之形成。儿童友谊概念的发展是有阶段的。达蒙采用几种不同的方法对儿童友谊概念的发展进行了研究，认为在 5 岁到青少年之间，儿童友谊概念的发展经过了三个主要阶段。第一阶段是基于他人行为的友谊，在 5～7 岁，对儿童来说，朋友就是自己的游戏伙伴，是那些愿意与自己分享玩具，和自己共同活动的他人，通常是邻居和同学。此阶段的"友谊"是不长久的，容易建立也容易中断。第二阶段是基于信任的友谊，在 8～11 岁，儿童认为朋友是帮助他的人，是彼此能分享某些东西的人。朋友之间具有某些共同的兴趣，能相互满足一些需要和愿望。友谊的主要特征是友好和体谅。之后是第三个阶段，基于心理亲密的友谊，这时的友谊在一段时期内是相对稳定的。朋友之间互相帮助，相互理解，交流思想、情感和秘密，求得心理上的安慰，排除孤独、悲伤、恐惧的感觉。

4. 道德判断

道德原则对于一个人的生活具有重要的指导意义。那么儿童是如何获得并内化社会道德原则以及获得服从规则的动机的呢？皮亚杰对此做了许多研究，并为以后他人的研究打下了基础。

（1）皮亚杰的理论。

皮亚杰采用谈话法研究儿童的道德思想，考察儿童关于道德问题的认知和判断的发展变化，他把儿童的道德发展分为两个阶段——受外界支配阶段和自主阶段，以六七岁为界线。这两个阶段的区别如下：① 道德约束从"他律"到"自律"，即从受外在力量支配转变为受自身价值标准支配；② 道德判断的依据从"结果"转为"意图"，并发展到两者的统一；③ 对错误行为处理从笼统的惩罚到具体采用不同方式的惩罚。从六七岁开始，儿童越来越多地经历到涉及相互尊重的人际关系。他们被卷入地位平等的同辈关系之中。由此，他们不可避免地会遇上并非总和自己持相同观点的其他儿童，对不同观点的意识逐渐增强。到 10 岁时，道德系统已经历了相当大的变化，此时的儿童认识到，规则是人为制定的。道德很像是一件谈判和解事务；规则是灵活的，只要达成协议就可予以改变。责任被视作一种平等或对他人福利的关心。皮亚杰相信，对规则的理解趋于成熟就伴随产生了遵从这些规则的能力。

（2）科尔伯格的理论。

科尔伯格认为皮亚杰的划分太粗，他和他的助手们对此进行了进一步的研究，扩大和延伸了皮亚杰的工作，提出了自己的理论。他们向儿童提出一系列两难问题，要求儿童进行判断并说明理由。最经典的事例是"海因兹偷药"。海因兹的妻子生病快要死了，有一种药可以救她的命，可是药太贵了，海因兹没有足够的钱去买可以救妻子性命的药。药商以高出成本很多倍的价钱出售，不肯降低价格，也不肯延期付款，于是，海因兹就破门而入，偷了药店的药。问儿童：海因兹是否应该这样做？为什么？在分析了儿童对这些两难问题的反应后，科尔伯格提出了道德发展的三个水平（前习俗水平、习俗水平和后习俗水平），每个水平又分为两个阶段。道德判断的水平不在于回答是"对"还是"错"，"对"和"错"都可能得高分。分数的高低取决于判断的理由，取决于人们论证的结构和种类。一般说来，小学中低年级的儿童处于前习俗水平的工具性相对主义的道德推理阶段。他们判断是非时是以自己的利益为依据的，对自己有利的就是好的，否则就是不好的。高年级的儿童逐渐从前习俗水平转向习俗水平。他们开始有了满足社会需要的愿望，也比较关心他人的需要。这是儿童的道德发展进入好孩子定向阶段。儿童主要根据是否被他人喜欢、受到他人称赞等而行动。他们开始懂得按照别人的要求和期望来行事，另一方面，他们也开始关心他人、维持相互关系等。

（3）吉利根的女孩道德发展理论。

男孩与女孩的教育方式不同，导致男孩与女孩看待道德行为上有差异。在批判科尔伯格的理论对女孩道德发展解释力不足的基础上，吉利根提出了女性道德发展的三阶段论。阶段一：个体生存的定向。女孩首先关注的是对自己实际的、最有利的东西，然后逐渐由自私过渡到责任感，即考虑什么对他人是有利的。例如，一年级的女孩在和朋友玩耍时可能坚持只玩她自己选择的游戏。阶段二：自我牺牲的善良。女孩开始认为必须为他人而牺牲自己的愿望，但逐渐从"善良"过渡到"真实"，即同时考虑他人和自己的需要。例如，这个阶段的女孩认为应该玩好朋友喜欢的游戏，即使自己不喜欢。阶段三：非暴力的道德。在他人和自己之间建立起道德等价性，伤害任何人，包括自己，都是不道德的，这是道德推理的最复杂阶段。

总体上讲，儿童的道德知识已初步系统化，在道德认识方面，儿童从比较肤浅的、表面的理解逐渐过渡到比较精确的、本质的理解，但具体性较大，概括性较差；在道德品质的判断上，儿童从只注意行为的效果过渡到比较全面地考虑动机和效果的统一关系，但常常有很大的片面性和主观性；在道德原则上，从简单依附于社会的、他人的规则逐步过渡到受内心道德原则所制约，但常常受外部的、具体的情境所制约（林崇德，2018）。

十、情感、意志和个性的发展

1. 情感的发展

情感是人对客观现实的一种特殊的反映形式，是人对客观事物是否符合人的需要而产生的体验。情感也和其他心理过程一样，是在人的实践活动中产生的，同时，它又反过来对人的实践活动起着重要作用。

儿童进入小学后，生活环境改变了，在已有的心理发展水平上，情感有了进一步的发展。表现在以下方面。① 情绪调节控制能力增强，情绪的稳定性增强。步入小学阶段后，儿童会发展出一套控制情绪的技巧，懂得在一定的情境中如何表达自己的情绪情感，并对结果有所预期。对情绪情感的有效掌控有利于儿童较好地适应学校生活，并与他人保持良好的社会交往。但同时需要注意的是，儿童情绪情感的自制力有限，需要家长和教师的耐心指导，帮助他们调节和控制自己的情绪。② 情绪情感的内容不断丰富，社会性成分不断增加。儿童情绪情感的发展由对个别事物产生的情绪情感，逐渐转化为对社会、对集体和对同伴的情绪情感；由事物的外部特征引起情绪情感，转化为由事物的本质特征引起情感体验。③ 高级情感进一步发展。随着年龄的增长和生活范围的拓展，儿童的社会性需要越来越丰富，进而促进了其高级情感的发展。儿童在道德感、理智感、意志感、美感和荣誉感等方面均得到迅速提高。如儿童具有强烈的集体荣誉感，能够在团体活动中团结一致，共同努力。因为个人原因而影响到班级荣誉时，儿童往往会表现出内疚、自责、懊悔等（龚晓洁，张剑，2011）。

2. 意志的发展

意志是调节人的行动的心理过程，是人的心理活动能动的表现。低年级儿童的主动性和独立性较差，不善于向自己提出学习和工作的要求，不会主动完成任务。到了中高年级，意志的主动性和独立性逐渐发展起来。但整个小学阶段儿童的主动性、自觉性还是比较差；在学习和工作中坚持性较差，意志常会动摇，特别是年幼儿童，因此需在实践中培养儿童的意志品质。同时，儿童的意志品质存在着很大的个体差异，这些个体差异和儿童的生活条件、教育条件以及神经系统的发展都有密切关系。

3. 个性的发展

儿童从进入学校的时候起，开始真正成为集体的成员，学校中正式组织起来的儿童的集体关系和集体生活，是儿童个性发展的最主要的条件。进入小学，在系统学习和各种集体活动中，儿童个性进一步发展起来，但总体来说，这一时期，儿童的个性尚未定型。此时的发展表现在：自我评价的独立性日益增长，自我评价的原则性逐渐形成，自我意识的批判性有一定程度的发展，自我评价内容逐渐扩大，水平逐步提高，但儿童道德意识和道德行为的发展还很片面，最大的特点是容易从行为的结果来评价行为的好坏，而考虑不到行为的内部动机；中高年级儿童对道德概念理解水平都不高，增长速度都很慢。

第三节　　社会系统：社会交往、学习与社会化

一、儿童社会交往的发展

交往是同儿童的生活紧密联系的。儿童期生活的重大变化使儿童的社会交往也发生了相应的变化，表现在以下几个方面。

1. 儿童与同伴的交往

友谊。与幼儿相比，儿童期孩子之间的交往更密切，孩子们共同学习，共同活动，不仅交往频率增多，而且同伴间有组织的活动、协同活动也增多。在交往过程中，一个重要特点是小朋友之间开始建立友谊。友谊（friendship）是和亲近的同伴、同学等建立起来的特殊亲密关系，对儿童的发展有重要影响。它为儿童提供了相互学习社会技能、交往、合作和自我控制，以及体验情绪和进行认识活动的机会，为以后的人际关系奠定了基础。进入小学，儿童已经很重视与同伴建立的友谊关系。当朋友在场时，其学习和活动会更加快乐（林崇德，2018）。儿童对友谊的认识是逐渐发展的，随着儿童年龄的增长，对友谊的认识也逐渐清晰。友谊的发展表现在亲密性、稳定性和选择性等方面。随着人从童年向少年、青年过渡，友谊的这些特性也都处在不断的发展变化之中。在交往活动中，有的儿童更善于结交朋友。心理学家认为，这可能与其社会认知发展水平较高有关。与同伴交往的经验发展了儿童的角色转换技能，而较高水平的角色转换技能又有助于儿童建立良好的交往关系。有关研究发现，角色转换技能较好的儿童比角色转换得分较低的同龄伙伴社会化程度更高，更受同伴欢迎，更善于与他人建立亲密的友谊。

同伴团体的形成是儿童期交往发展的另一个特点。儿童在同伴群体中与同伴交往的需要是逐步建立的，儿童与同伴的交往随年龄的增长而增加。埃利斯等人观察了436 名 2～12 岁儿童在家庭中以及邻居附近的游戏活动，以了解儿童与成人的交往、与同龄伙伴的交往，以及与其他年龄儿童的交往情况。结果发现，从婴儿期到青少年前期，儿童与其他儿童的交往稳步增加，而与成人的接触则相对减少。此外，儿童更多与同性别伙伴玩耍的趋势随年龄增加而加强。

小学时期是开始建立同伴团体的时期，因而也被称为帮团时期（或帮派时期）（gang period）。同伴团体的影响是通过同伴交往实现的。同伴团体之所以会产生，是由人的社会性决定的。人是社会动物，是社会群体的一分子，具有交往与归属的需要。当人离群索居或置身于陌生人群中时会产生孤独、焦虑。作为社会个体的人，他的一切活动都需要与他人相互联系。儿童的同伴团体能满足其交往与归属的需要，在促进儿童社会化过程中发生着重大影响。虽然从学前期开始，儿童就已初步具有了一定的同伴交往经验，但这种同伴关系还是很不稳定的，是很容易发生变化的。因此，同伴

对幼儿的影响还不是很明显。进入小学以后，随着儿童独立性的逐渐增强和社会性的不断增加，他们开始建立比较稳定的同伴关系，寻求较为长久的友谊关系。在此基础上，就开始形成了同伴团体。

日本学者广田君美认为，整个朋辈群体形成和发展的过程可以分为五个时期。① 孤立期。儿童之间还没有形成一定的团体，各自正在探索与谁交朋友（一年级上半学期）。② 水平分化期。由于空间的接近，如座位接近、上学同路等自然因素，儿童之间建立了一定的联系（一至二年级）。③ 垂直分化时期。凭借儿童学习水平和身体能力的高低，分化为属于统治地位的和被统治地位的儿童（二至三年级）。④ 部分团体形成期。儿童之间分化并形成了若干个小集团，出现了统帅小集团或班级的领袖人物，团体成员的团体意识增强了，并出现了制约成员行为的规范（三至五年级）。⑤ 集体合并期。各个小集团之间出现了联合，形成了大团体，并出现了统率全年级的领袖人物，团体成员的团体意识增强了，出现了制约成员的行为规范（六年级）。

儿童在团体中的地位、儿童是否被同伴团体接纳等对儿童心理发展产生一定的影响。总之，一方面要鼓励儿童进行广泛的同伴交往，指导、培养和锻炼他们的交往技能，帮助他们掌握各种交往策略，使他们在同伴团体和同伴交往中学习社会技能，发展社会性。另一方面，正是由于同伴团体对儿童可能产生巨大的影响，教育者需要密切注意儿童的同伴交往对象和范围，指导儿童建立良好的同伴关系，使儿童能从同伴交往中受到积极的影响。

2. 儿童与父母的交往

儿童的人际交往逐渐丰富起来，与同伴的交往也明显增多，这势必导致与父母的交往相对减少，但依然会保持与父母的亲密的关系，父母、家庭仍然是他们的避风港。儿童对父母怀有深厚的感情，因此，儿童与父母的关系对儿童的发展仍起着重要作用。这种作用主要体现在家庭生活中，父母通过几种社会化心理机制对儿童施加影响（林崇德，2018）。① 教导。父母的言传身教，直接向儿童传授各种社会经验和行为准则。② 强化。父母采用奖惩的方式强化儿童的行为准则，并巩固这些行为准则的地位。③ 榜样。父母往往是儿童最早开始模仿的对象。儿童仿效父母，学习父母的行为方式。④ 慰藉。儿童对父母形成的依恋感使他们易于向父母倾诉不安和烦恼，以得到父母的安慰和帮助。除此之外，父母对儿童的态度、教育方式、家庭教育气氛等，也对儿童的人格产生着影响。

伴随着我国社会改革进程的深入和社会发展的加快，我国家庭中的亲子互动关系也出现了一些新的特点。

第一，家庭结构逐步核心化，使得家庭内部的结构关系简单化。在家庭中，孩子的主要关系即与父亲或母亲发生的单方面联系，这样父母对孩子的关注更多，这是家庭关系简单化有利的一面。但不利的是，孩子的交往范围受到局限，缺少了与兄弟姐妹间的相处，这影响孩子以后的人际交往方式和态度的正常发展。此外，家庭中这种单一的互动模式，加重了父母与子女之间的心理依恋。对于学龄期的儿童，主要表现在很难适应新环境，不愿意上学，产生入学适应困难等。

第二，互动内容之间狭窄化。面对激烈的社会竞争，父母"望子成龙"的心情更急切，父母对孩子的主要关注点就是学习。他们花更多时间陪同孩子写作业、辅导功课，与孩子谈论学习问题，而忽视孩子其他方面的需求。更有甚者，有些父母还要求孩子参加各种培训班、特长班。孩子的学习压力越来越大，父母与子女之间的互动片面集中于学习活动上。

第三，溺爱和过度保护剥夺了儿童的独立性。许多家长都尽最大能力满足孩子的要求，孩子大小事务全包揽。孩子无论遇到了什么问题，家长都亲自过问，帮孩子做决定，替孩子解决问题。但是，过度保护却容易使孩子缺乏自信心和自主性。儿童期独立性的培养是至关重要的，因为孩子要作为独立个体走进学校，这不但影响着孩子对新环境的适应，而且会对孩子的人格发展起一定的作用。因此父母应鼓励孩子自己做决定，引导他们独立地处理问题，允许他们犯错误，并纠正错误使孩子尽快成长起来。

第四，生活方式的变化降低了亲子互动的频率。一方面，随着生活节奏的不断加快，许多父母忙于生计和事业，很少有时间与孩子接触，互动频率降低，致使亲子之间产生隔阂和陌生感。另一方面，电子媒体大量进入家庭，孩子的闲暇时间被各种电子媒体侵占，与父母交流的机会越来越少，这也在一定程度上疏远了亲子之间的关系（汪新建，2008）。

3. 儿童与教师的交往

儿童与教师之间的交往即形成师生关系。师生关系（teacher-student relationship）也是其人际关系中的一种重要关系。与幼儿园的教师相比，小学教师更为严格，既引导儿童学习，掌握各种科学知识与社会技能，又监督和评价学生的学业、品行。与中学教师相比，小学教师的关心帮助更加具体而细致，也更具有权威性。由于小学师生关系的特殊性，小学教师对儿童的影响是重大而深远的。

人际交往通常都是双向性的，师生交往也同样如此。教师的教学水平、人格等影响着学生，而学生的学业成绩、活动表现等对教师做出的评价也起着作用。同时，学生也利用种种指标来评价教师。师生关系作为一种双向互动的人际关系，对其进行研究可以从学生或教师两个角度着手。就学生而言，儿童对教师的态度是师生关系的一个重要成分；就教师而言，教师的期望是师生交往中颇为重要的因素。所以在分析小学生的师生关系时，可以从儿童对教师的态度和教师的期望这两个角度来讨论。

儿童对教师的态度。几乎每一个儿童在刚跨进小学校门时，都对教师充满了崇拜与敬畏，教师的要求甚至比家长的话更有权威性。然而，随着年龄增长，儿童的独立性和评价能力也随之增长起来。当儿童的道德判断进入可逆阶段后，他们就不再无条件地服从、信任教师了。他们对教师的态度开始变化，开始对教师做出评价，对不同的教师也表现出不同的喜好态度。他们对自己喜欢的教师报以积极反应，极为重视所喜欢教师的评价，而对自己所不喜欢的教师报以消极的反应，对其做出的评价也可能做出相应的消极反应。由此可见，儿童对教师的态度中情感成分比较重，教师努力保持与学生的良好关系有助于其教育思想的有效实施。

教师的期望对学生的行为会发生显著的影响。教师在情绪、身体语言、口头语言教学材料、赞扬与批评等不同水平上，都表现出他们的期望。大量观察研究表明，教师对有高期望的学生和认为能力差的学生的对待方式有所不同，当教师对学生有高期望时，教师就表现得更和蔼、更愉快，他们会更经常地发出微笑，表现友好的行动，点头，注视学生，谈话更多，提问更多，并提供较多的有挑战的材料，提供更多的线索，经常重复问题，给予密切关注，等待学生回答的时间也更长，更经常地赞扬学生。

教师的期望和他们与学生的关系受许多因素的影响：教师自己的态度，儿童的外表、社会阶段、能力、兴趣、人格、学业、家庭等。此外，对学生的控制程度也影响教师的期望。如果学生的表现是可预见的，回答教师的问题、交作业、参加考试、阅读课外书等，会给教师留下好印象，并提高教师的期望。因此，在教育过程中，教师应善于向学生表达自己良好的期望，尤其对待后进学生更应满腔热忱，更多地采取积极鼓励的方式激励学生努力学习。

二、学习活动的开展

儿童进入学校之后，学习活动逐步取代游戏活动而成为儿童期这一阶段的主要任务，并对儿童的心理产生重大影响。学习活动是指学生在教师的指导下有目的、有计划、有系统地掌握知识技能和行为规范的活动。在学习的过程中，学生的认知活动需利用一定的学习策略，越过直接经验的阶段，而进入间接经验的学习阶段。

（一）学习活动的特点

1. 学习动机

学习动机是指引起学习活动，维持学习活动，并使这一学习活动趋向教师所设定的目标的内在心理过程。儿童的学习动机直接影响着儿童的学习态度和学习成绩。研究证明，高动机水平的学生，其成就也高；高成就水平也意味着较高的动机水平。根据动机的来源，可以将学习动机分为外在动机（为了得到奖赏）和内在动机（爱好、兴趣）。根据动机的远近和起作用的时间，又可以将学习动机分为直接的近景性动机（学习是因为父母管得紧）和间接的远景性动机（学习是为了长大成为某种人）。调查显示，低年级的学生还没有显露与社会责任相联系的动机，学习动机比较具体，更多地与学习活动本身直接联系，与学习兴趣相关。随着年龄的增长，学习动机发展的主要趋势是由近景性动机向远景性动机，由实用性动机向社会性动机发展。

2. 学习兴趣

学习兴趣是促使儿童自觉地从事学习活动的一种重要的推动力。儿童期的学习兴趣特点主要表现为以下几个方面：① 儿童最初对学习过程、对学习的外部活动更感兴趣，后逐渐对学习的内容、对需要独立思考的学习作业感兴趣；② 学习兴趣从不分化到逐渐产生对不同学科内容的初步分化性兴趣；③ 对有关具体事实和经验的知识较有兴趣，对有关抽象因果关系的知识兴趣在初步发展；④ 对游戏活动的兴趣逐渐降低，对社会生活的兴趣逐步在扩大和加深。

3. 学习态度

学习态度受学习动机和学习兴趣制约，是儿童在学习活动中逐渐形成的，它也是影响学习效果的一个重要因素。

对作业的态度。儿童认真负责地对待作业，是展现学习态度发展的一个重要方面。初入学儿童还没有把作业看作学习的重要组成部分，还不能以负责的态度来看待作业。随着教师的教育和引导，儿童对作业态度的发展主要表现在以下几个方面：其一，儿童开始按一定时间来完成作业，并能自觉停止其他活动，主动安排学习时间，准备功课；其二，儿童开始按一定顺序来完成作业，而不是毫无章法；其三，儿童开始按教师要求集中精力完成作业，并能排除外在干扰。然而，学生作业负担过重，事实上降低了儿童学习的积极性，也不利于培养其良好的学习态度。

对评分的态度。考试、测验、评分作为教育评价的重要手段，是反映儿童学习成绩与学习成果的客观指标之一，也是激励其不断进步、追求上进的有效手段。然而在应试教育的影响下，分数的功能被异化为唯分数论，反而成为约束和禁锢儿童的工具。社会调查普遍显示，学龄期儿童对考试感到紧张，绝大多数不喜欢，甚至害怕和厌恶考试。

儿童对分数的态度，很大程度上受父母和教师左右。因此，教育者首先要正确认识评分的意义，既肯定分数的现实作用，又必须认识到它只是教育工作的一个极小的组成部分，不要把分数视为衡量儿童学习的唯一标准，多鼓励孩子学习，激发他们的学习动机。

4. 学习策略

学习策略是指儿童为了有效地学习知识而采取的各种行动和步骤。儿童期的学习策略的基本趋势表现为，在获得学习策略的早期阶段，儿童多使用单一的策略；当儿童的作业从非技能性向技能性过渡时，策略运用的多重性表现明显。学习策略主要受制于儿童本人，它干预学习环节，调控学习方式，直接或间接地影响主体达到学习目标的程度。

（二）学习活动的作用

首先，学校学习是在教师指导下有目的、有系统地掌握知识、技能和行为规范的活动，有利于儿童知识的积累和社会化的完成。与学前儿童的游戏相比，学生的学习不仅具有更大的社会性、目的性和系统性，还带有一定的强制性。儿童必须明确认识学习的目的，使自己的活动服从这一目的，并对这一目的的实现情况进行检查。为了实现这一目的，教师要进行有计划、有步骤、有组织的教学活动，组织儿童的注意、记忆、思维等心理过程。学习是社会对儿童提出的要求，是儿童必须完成的社会义务，因此，儿童不能完全按自己的意愿或兴趣行事。儿童在这种特殊的学习过程中，产生了责任感和义务感，在完成学习任务的过程中，儿童的意志力也得到了培养和锻炼。这对其个性发展具有重要意义。

其次，学校学习有利于儿童心理发展。学习是通过教学活动来实施的，小学儿童必须通过教学活动，掌握读、写、算等最基本的知识技能，为进一步掌握人类的知识打下最初的基础。在掌握这些知识经验的过程中，儿童不但心理活动的内容有了改变，而且各种心理过程也起了变化。心理活动的有意性和自觉性都明显地发展起来，其思维活动也逐渐从具体形象思维过渡到抽象逻辑思维。

最后，学习活动是以班集体为单位的，在共同的学习活动中，儿童相互交流、相互帮助，不仅发展了社会交往的技能，提高了社会认知的水平，培养了合作、互助的集体精神，自我意识也进一步发展起来，儿童之间形成了班集体和各种同伴团体，掌握了各种基本的社会行为规范，有利于儿童道德的发展。

三、儿童社会化的发展

吉登斯在《社会学》一书中谈到，社会化是儿童或其他社会新成员学习他们那个社会的生活方式的过程，可分为初级社会化（primary socialization）和次级社会化（secondary socialization）两个阶段。在初级社会化阶段中，家庭是这一阶段最主要的社会化机构；在次级社会化阶段中，学校、同辈群体、组织、媒体，最后是工作单位成为个人社会化的主要力量。就社会化的内容而言，美国一位影响颇大的心理学家墨森认为，社会化是儿童学习社会情绪、对父母的依恋、道德感和道德标准的内化、自我意识的形成、对性别角色的认同、亲善行为的形成、对自我和攻击性的控制、同伴关系的建立，等等。

儿童期是人生发展的一个重要转折阶段，一方面，儿童要逐渐脱离对父母的强烈依赖，开始独立面对一个新的社会环境。在这个新的环境中，儿童不仅要自己学会读书、写字、计算，还要学会如何与周围的同学、教师相处，如何适应团体的生活，如何掌握基本的社会技能。面对生活中的这些变化，儿童往往会显得茫然失措。另一方面，根据皮亚杰的理论，儿童期的认知发展水平已从前运算阶段过渡到具体运算阶段，这一阶段的心理运算特征是自我中心日益薄弱、非中心化、可逆性和分类思维。学龄期儿童随着认知水平的提高，他们已经开始区分自我和外部世界，自我意识已逐渐萌芽，这时如何培养儿童良好的自我意识和自我评价，对儿童未来的人格发展是非常重要的。因此，做好儿童的社会化工作，帮助其发展新的、更有力的心理能力，使儿童平稳地度过这个转折期，对人一生的发展都有着极其重要的意义。

1. 培养儿童的自尊心、自信心，形成积极的自我概念

在研究儿童的自我概念对现实生活的影响时，学者发现对能力的自我知觉和实际的学业成绩之间，存在着密切的关系，帕基报告得出的结论是较高水平的自尊和每一

年级学生的学习成绩之间有着显著的联系，"一方面的变化似乎也伴随着另一方面的变化"。

根据埃里克森的人格发展八阶段理论，学龄期的儿童面对的基本冲突是勤奋对自卑感，这一阶段的儿童都应在学校接受教育。学校是训练儿童适应社会、掌握今后生活所必需的知识和技能的地方。如果他们能顺利地完成学习课程，他们就会获得勤奋感，反之，就会产生自卑感。当儿童的勤奋感大于自卑感时，他们就会获得"能力"的品质。因此，儿童社会化的一个主要任务就是要培养儿童的自尊心和自信心，克服可能产生的自卑感，使儿童感到自己是有"能力"的，这对儿童今后的独立生活和承担工作任务是非常有利的。

心理学者一般把自尊心定义为儿童在想到或评价自己具备的品质和能力时的内心体验。

美国心理学家苏珊·哈特于20世纪80年代编制了一个适用于儿童的自我概念量表，发现儿童的自尊心是由4个维度组成的。① 认知能力。在学校学习好，感觉自己聪明、记东西快，看过的东西能理解。② 社会能力。朋友多，受欢迎，在同学中是个重要人物，觉得自己被别人喜欢。③ 体育能力。体育好，很早就被选拔参加比赛，学新项目快，上场比赛的时候比当观众的时候多。④ 一般自我价值。确信自己是个好人，对现状很乐观，希望像这样生活下去。

因此在对儿童的教育过程中，我们一定要以欣赏和宽容为基本准则，尽力做到"三要三不要"。所谓"三要"是指以下内容。第一，要多听孩子的意见，经常与孩子做一些象征"平等"的活动，让孩子感到自己是受重视、受尊重、受信任的。这样，在保护孩子自尊心的同时，还有利于培养孩子的责任意识。第二，要学会欣赏孩子的优点，对孩子的优点给予恰如其分的肯定，在我国的传统观念中，虚心是一个人的美德，因此，为了避免儿童产生骄傲自满的情绪，父母或教师，往往对儿童的优点和进步视而不见，这一点对儿童自我概念的形成是不利的。儿童特殊的生物、心理特征决定了他们对自己的认识更多地依赖于外界的评价，因此经常的肯定性评价（例如，"你真棒""你是好样的"等）会给儿童传递一种信息："我"是有能力的，"我"可以把事情做好。这种有意识的强化会逐渐被儿童内化形成他们对自己的评价。这种鼓励的教育方式可以激发儿童的热情，使他们以积极的态度投入各项社会活动中去。第三，要宽容孩子的过失，儿童在日常生活中犯错误是在所难免的事，不论是家长还是教师，对于犯错误的儿童一定要给予耐心的引导，帮助他们认识到错误的原因所在，告诉他们为什么错了，怎样能做好。

所谓"三不要"是指以下内容。第一，对孩子的一些错误和缺点不要动辄打骂斥责，甚至用挖苦、讽刺、厌恶、嫌弃、不信任、漠视等对孩子进行心理惩罚，特别是不要当众训斥孩子，这样很容易使儿童形成孤僻、悲观的性格。第二，不要凭借父母或教师的权威，强迫孩子按成人的意图行事，这样会使儿童感觉到自己在父母或教师心中没有地位，受不到重视，自己心中的想法无法表达从而产生精神压抑。第三，在生活中，不要轻易使用"笨""蠢""没有人家聪明""没出息"等带有强烈贬义色彩的词语。无论是家长还是教师，往往会因为恨铁不成钢的心态，对孩子口无遮拦，然而，恰恰是这样一些无心之举，却会给孩子带来沉重的心理压力，使他们产生严重的自卑感，觉得自己处处不如别人，害怕见教师，回避同伴，使孩子的自尊心受到深深的伤害。

儿童的自尊心是非常脆弱的，苏霍姆林斯基曾说，儿童的尊严是人类最敏感的角落，保护儿童的自尊心，就是保护儿童前进的潜在力量。我们一定要像对待玫瑰花上颤动的露珠一样小心，用我们的爱为儿童的健康发展创造一个和谐、宽松的社会环境。

2. 培养儿童的社会交往技能，形成良好的适应能力

社会交往技能是人的社会性当中最重要的内容之一，它指的是人在与别人进行交往时所表现出来的运用口头语言、身体语言、情绪和认识等方面的技能。社会交往技能在很大程度上决定着人的社会关系的好坏、事业的成败以及人在社会上的吸引力和别人对他的满意度。大量的研究表明，良好的社会交往技能所导致的良好的同伴关系，是儿童和青少年心理健康和取得学业成功的必要前提。

20世纪七八十年代以来，国外心理学者掀起了一股研究儿童、青少年和成人的社会交往技能的热潮。在对儿童期的研究中，人们发现，儿童社会交往技能的发展与遗传、母子关系、孩子在家庭中的出生顺序、家庭的文化与教育背景等有密切关系。那么，在家庭教育中，怎样才能培养儿童的社会交往技能呢？下面介绍一些已有的研究成果。

第一，家长应该注意多表扬那些符合社会期望的"好行为"，如合作与分享行为，而不鼓励孩子那些"不好的行为"，如攻击行为和独自游戏、目中无人等。我国古代著名的孔融让梨的故事，就是一个很好的实例。当家里吃好吃的东西时，可以让孩子充当分东西的人的角色；当孩子有机会与别的孩子一起玩时，鼓励孩子想到别人，把玩具分给别人等。

第二，要经常向孩子提供好的榜样。有的研究者做了这样的实验，让一名善于交际的孩子充当榜样，向那些性格内向、不善于交际的孩子演示各种社会交往技能，如对别人微笑、分享行为、发起积极的身体接触、给以口头赞许等，结果，这种方法有效地增加了榜样所演示的各种行为。研究者还发现，榜样与儿童越相似，效果就越好（例如，充当榜样的孩子起先也是内向、容易退缩的孩子）；对榜样演示的行为当场做出评价，提醒孩子这样做的好处是什么，也会增强榜样演示的效果。在家庭教育中，可以充分利用看电视、做游戏等机会，发现这种榜样，向孩子做解释。

第三，经常性的训练非常必要。有些社会交往技能是需要家长教授的，如怎样参与到别人的游戏活动中去，怎样对同伴的友善行为做出回应，怎样与同伴分享食物、玩具，怎样给予同伴关心、帮助和同情，在这些时候应该说什么话，做出什么样的表情和动作，经常向孩子讲述这些，比单纯让孩子模仿别人效果要好得多。

关于家庭教育方式的许多研究发现，如果家长热情而态度鲜明地要求孩子遵守社会礼节所要求的各种规则，他们就往往能教育出懂规矩、善于和别人交往的孩子；相反，那些不大向孩子提要求、纵容孩子的家长，培养出的孩子往往是攻击性强、不受同伴欢迎的孩子，他们对别人提出的要求常采取对抗的态度。有的研究还表明，对孩

子过于保护的母亲培养出的孩子（尤其是男孩子），在和成人打交道时表现得非常善于交际，但他们在周围同伴中常显得不安和拘束。因此，对孩子过分保护并不是一种可取的教育方法。

3. 儿童的性别角色社会化

人类的性别表现和性别行为不是无缘无故发生的，而为性别心理所制约。性别心理又受生物因素，特别是社会因素所影响。人从一个婴儿要成长为真正的男人或女人，必须经历一个社会化的过程。从幼儿开始，怎样会意识到自己是男孩或女孩，怎样承担起做丈夫、父亲或妻子、母亲的职责等，都要学习、领会，即实行社会化。

儿童性别心理的发展，主要是以下要素的形成和发展。儿童通过观察和模仿所得到的自身感受，周围人对他们一些行为表现是赞许或反对的反应这两条途径来得到某种心理刺激。

（1）认清性别标志。

性别标志就是同是男是女联系在一起的语言和行为。它既包括对主体（自身）的认识，也包括对客体（他人）的认识。儿童通过衣服、头发、胡须、称呼等认清自己或他人的性别。例如，幼儿通过父母对他说"你是男孩子"，自己穿男孩的衣服，站着小便等认清自己是男孩；从别人的头发、服装、胡须等方面认清他是"哥哥"或"姐姐"。如果把自己或他人的性别搞错，会引起别人的笑话，这就使他的认识得以纠正。例如，一个小男孩同妈妈一起去女浴室洗澡，阿姨们都取笑他，说"你到底是男孩还是女孩呀？怎么到女浴室洗澡？"他就会很不好意思，那么下次洗澡就会让爸爸带他去而不与妈妈一起去了。

对于性别标志的认识，一般人都是不会发生错误的。但有极少数人主体的性别认识有倒错现象，即所谓的性别同一性障碍。这样的人在生理上是正常的男人或女人，但往往从幼年开始就强烈地认为自己是异性，即男人认为自己是女人，女人认为自己是男人。这种倒错心理往往终身难改，发展下去就可能要求做性别更换手术。若在幼年时的性别社会化过程中发生障碍，以及没有认清性别标志，那么就有可能产生变态的心理。

（2）学习性别角色规范。

性别角色规范就是在社会生活中，人们以不同的性别角色出现，而社会对不同的性别角色有不同的期望和要求。性别角色的规范是从幼儿开始就进行点点滴滴的灌输而逐渐形成的。父母在孩子很小时，就对他们的行为是否符合其性别角色而加以赞许或批评。孩子从赞许或批评中逐渐懂得了怎样做才符合自己的性别角色规范。另外，父母对待孩子的方式也有性别角色的区别。性别角色的规范同父母的教育和他们对所期待的理想性别角色的要求是分不开的。

同时，性别角色的规范受社会文化因素的影响也很大，在《儿童性别社会化的新视点》一文中，作者王海英提到，儿童的性别，在其刚出生时仅具有生物学意义，随着儿童的成长，其性别角色中的社会文化烙印越来越深。由于社会所赋予的男性文化和女性文化具有不公平性，儿童性别社会化带有一种根深蒂固的刻板认识，即男孩要勇敢、冒险、独立，女孩要柔弱、温顺、服从。因此，为了使儿童在其性别社会化的过程中，最大可能地降低性别角色的消极影响，在对儿童的教育过程中应努力注意以下几个方面：① 淡化性别角色，鼓励个人特色；② 重视儿童身边重要他人的再社会化；③ 增加低幼阶段的男性影响。

（3）对性别角色的情感倾向。

性别角色的情感倾向是指一个人对那些和性别相联系的活动所持的态度和偏好。这种情感倾向在一生中可以有多次变化。例如，一个女孩在幼小时与男孩、女孩一起玩耍，到六七岁以后就只和女孩玩，和男孩的界限分得很清楚。据研究发现，三岁左右的孩子就具有比较稳定的性别角色情感倾向了。这种情感倾向的形成和发展受到多种因素的影响。

四、电子产品对儿童期的影响

1. 儿童依赖电子产品的原因

学龄（包括学前）儿童依赖电子产品的原因是多方面的。首先，我国现代家庭中父母大多是双职工，无暇照顾子女，孩子单独留在家里的次数越来越多，时间越来越长，同时现在的儿童大多是独生子女，在家中也没有兄弟姐妹一起玩耍，所以儿童只得与电视等电子产品进行交流。其次，现代城市中人与人之间的隔阂与戒备都比较深重，家长通常认为让孩子在家里看电子产品远比让他们出去玩耍要安全得多，电子产品发挥了"保姆"的作用，也使得儿童受电子产品的影响越来越深。最后，电子产品呈现出的五光十色的画面和逼真的声音效果，更能迎合儿童的口味。

2. 儿童依赖电子产品的影响

积极影响。对儿童来说，电子产品主要具有三大功能，即信息功能、教育功能和娱乐功能。电子产品是强有力的教学工具，也是社会化的重要途径。如儿童电视节目等扩大了儿童的知识面，教会他们新的社会技能、正确的社会观念及社会规范，并对儿童知识学习、技能学习、学业学习、智力发展、个性社会性发展均有一定的促进作用。

负面影响。电子产品中不健康的内容对儿童的发展有负面影响，在早期的研究中，主要关注电视与儿童的攻击行为之间的内在关系。例如，班杜拉认为，电视上的暴力镜头具有示范作用，儿童在观看的时候会通过观察学习而进行模仿。长时间地看电子产品牺牲了儿童参与其他活动（如看书）的时间，容易造成儿童思维不够深刻、不能认真思考问题等现象。电子产品还可能刺激儿童的消费主义和物质主义心理。现在，电视节目等中都会插播广告，商业味十足，甚至在儿童节目中也附有大量的广告。儿童在观看了广告后，会怀着好奇的心态要求家长为自己购买广告中的商品，甚至养成追求物质享受、争相攀比的不良习惯。对电子产品的过度沉迷还会给儿童带来许多消极影响。例如，导致儿童近视等。过多地看电子产品，还会使儿童转向自我封闭，不愿与别人交往。

3. 儿童依赖电子产品的干预

对儿童而言，电子产品是强有力的社会化工具，它对儿童既有消极的影响又有积极的影响。学龄儿童缺少正确价值判断的能力，社会经验不足，"自我防御功能"较弱，这就需要父母进行监控。父母要尽量控制孩子每天看电子产品的时间，并指导他们选择合适的节目。家长可以从以下方面进行干预：① 参与孩子选择观看内容；② 与孩子共同观看、讨论节目内容；③ 教会孩子带着批判的眼光观看节目；④ 将每天看电子产品的时间控制在两小时以内；⑤ 要以身作则，为孩子树立良好的榜样，不长时间看电子产品；⑥ 强调体力活动的益处；⑦ 不在孩子的卧室放电视等电子产品；⑧ 避免用电子产品作为孩子的"保姆"。对于电视等中的暴力场面或其他儿童不宜的内容，父母可以采取的干预措施包括：① 向孩子及时指出，虽然节目中的角色并没有受伤或被杀，在实际生活中暴力却会造成伤害或死亡；② 拒绝让孩子观看已知的充满暴力的节目等。

🔺 拓展阅读

儿童期问题

🔺 本章小结

本章聚焦于儿童期这一重要阶段，从生物、心理和社会三个层面深入探讨了个体在此时期的显著发展特征及其影响。从生物学角度，儿童期是个体体能增长与脑部发育的关键阶段。运动技能进一步完善，身体素质显著提高，脑部神经网络持续优化，为认知与情绪调节提供了重要支持。

在心理学层面，本章强调了儿童在认知能力、情绪管理和社会性发展方面的进步。儿童的逻辑思维逐渐增强，学习能力和记忆力显著提高，同时，他们开始形成自尊心和责任感。情绪调节能力的发展使儿童能够更好地处理人际关系，增强与同伴的互动能力。

在社会学层面，社会交往、学习活动的参与等对儿童的发展起到至关重要的作用。本章分析了儿童社会交往的发展、学习活动的开展、儿童社会化的发展等，强调了儿童与同伴和教师等交往的特点、儿童参与学习活动的重要性，以及做好儿童的社会化工作对人一生发展的重要意义等。

通过对生物、心理与社会三个层面的综合分析，本章强调了儿童期对个体长期发展的重要意义，为家庭、教育机构及社会工作者在支持儿童成长过程中提供了理论指导与实践框架。

◆ 关键概念

- 儿童期发展
- 注意发展
- 想象能力
- 智力
- 意志
- 自尊心
- 友谊
- 学习活动
- 儿童社会化

◆ 思考与练习

1. 描述儿童期在认知发展和社会性发展方面的主要特点。
2. 为什么情绪管理能力的发展对儿童期的社会性互动至关重要？
3. 家庭环境如何影响儿童的自尊心发展？请结合具体案例分析。
4. 从教育资源的角度，分析社区支持在儿童期成长中的作用。

第八章

青春期：生物成熟与心理变化

青春期（adolescence）一词来源于拉丁语 adolescere，本意为发育、成长，向成熟发展，这个阶段是人生发展中继婴幼儿之后的第二次身体快速增长时期，被称为第二次发身期。

随着对自身了解的增加，人们逐渐发现在儿童期与成年期之间存在着一个特殊的过渡时期，在这个生命阶段，从身体的外形或生理构造来看，和儿童期的孩子差异较大，趋向于成年人；但是从心理发展、社会适应方面来看，又呈现出与儿童期的孩子、成年人都迥然不同的新特征。这个人生发展的新阶段，我们把它称为青春期。根据贝肯的观点，现代意义上的青春期理论主要是在美国南北战争结束后通过的义务教育法、童工法、少年犯罪的特别法定程序等基础上创立发展起来的。

青春期的延续被称为青年期。凯尼斯顿指出，青年期仍然被成年社会认为是过渡阶段，因为处于青年期的他们仍在大学求学、职业不稳定、经济不独立、社会或生活方式尚未固定下来，因此，我们可以认为，青年期是介于青春期与成年期之间的一个生命阶段。

学术界对青春期和青年期的起止时间还有一定的争议。生理学界根据个体生理和心理发展的特点，认为 13 岁是青春期的开始，25 岁则标志着青年期的结束。人口学以个体在青春期生理发育的正态曲线分布为基础，把 15～25 岁这一时期确定为青春期和青年期，并据此进行人口统计。从社会学的角度来看，青春期和青年期是个体社会化的必经阶段，个体与青年期的告别是以获得职业、经济自立、建立家庭为标志的，即把结束学业和获得职业（经济独立）、结婚（心理上的成人感）、成立家庭（有单独的住所，脱离对父母的依赖）作为社会成熟的 3 个标准，并以此确定青年期的结束。

考虑到以上生物、心理和社会因素的影响，我们认为，青春期的年龄为 13～18 岁，青年期则为 18～25 岁，这两个阶段统称为青少年期。

第一节　　生物系统：身体、生理与性发育

一、身体发育成熟

身体开始发育，导致外形的显著变化是青春期的鲜明特点，青春期开始最显著的外部特征是身高和体重的增加。

1. 身体长高

身高的快速增长是个体进入青春期发育的最直观的标志之一。个体虽然出生以来就在不断地发育成长，但是进入青春期后的生长率远远超过其之前的平均水平。在进入青春期以前，男女儿童身高平均每年增加 2～3.6 cm，而进入青春生长期后身高平均每年可增长 6～8 cm，多者达 10～12 cm。一般来说，女孩的身高发育高峰比男孩开始的早，结束的也早。女孩在 8～9 岁就进入生长突增阶段，11～12 岁达到生长高峰

期，在这之后增长速度会逐渐减慢，一般在 19～23 岁就不再长高了。男孩在 10 岁左右进入生长突增阶段，到 13 岁后达到生长高峰期，直至 23～26 岁才停止。因此，十一二岁的时候女孩要比男孩个子高，这种现象会持续到十三四岁。男孩的生长突增期要比女孩晚 2 年左右，且生长期较长，到成年时男子的平均身高要超过女子约 10%。

在身高突增阶段，人体各部位的生长发育是不同步的，但会按照一定的顺序进行。坦纳指出，一般情况下腿的长度首先达到顶点，然后是躯体的宽度，最后是肩部。由于上下肢的增长要比脊柱的增长速度快一些，因此，在身体其他部位发育起来之前，手和脚看起来会较长，导致青春期的少年会出现长臂长腿的不协调体态，不过等到完全发育后，脊柱的增长又会超过四肢的增长，形成成人体型，这时身高就基本定型了。

2. 体重增加

在青春期，个体身高迅速增长的同时，体重也以较快的速度在增加。和身高的突增比起来，体重的生长突增值略显逊色，但它有增长时间长、变化幅度大，而且在性成熟之后仍然可以继续增长的特点。一般来说，女孩较于男孩会早些进入体重的突增阶段，但增加的总量比男孩要少。据统计，青春期结束后，男孩的体重平均增长约 31.2 kg，女孩平均增长约 24.1 kg。女孩体重在八九岁以后进入快速增长期，12 岁左右达到增长高峰，其后增长速度逐渐减缓。男孩的体重在十二三岁时开始快速增长，到 13 岁左右，男孩的体重开始超过女孩。

体重的增长不仅和骨骼有关，同时和肌肉、脂肪的增长也有密切的联系。肌肉组织的发育在青春发育初期主要是指肌纤维随身高的突增而增长。青春期两性肌肉的增长都非常突出，其增长与骨骼的生长保持平衡，已经接近或达到成人水平。不但肌肉重量在体重中的比例增加了，而且肌肉组织也变得更为紧密，肌肉的力量大大增强，因而体力也随之增强。但这种发展仍然有较大的性别差异，男孩的肌肉组织生长更快，显得粗壮有力，在力量、速度和动作协调方面迅速超过女孩，而女孩的肌肉则偏向柔软，具有相当的灵活性。

在肌肉生长发育的同时，身体中的脂肪也在增加。两性皮下脂肪的增加在 1～6 岁之间一直很缓慢，女孩约从 8 岁，男孩约从 10 岁起才开始加快增长。但女孩比男孩拥有更多的皮下脂肪，并且女孩以更快的速度增加，这在青春期刚开始的几年中表现得尤为突出，实际上男孩在青春期开始前身体的脂肪是略有下降的。这导致的结果是男孩在青春期结束时，肌肉和脂肪的比例大约为 3：1，而女孩的比例大约为 5：4。因此，青春期的个体在力量和运动能力方面会出现性别差异。据估计，青春期早期身体成长方面的性别差异大约有一半是由皮下脂肪的差异导致的。

二、生理机能发育成熟

在青春期，个体体内的器官和组织迅速地发育、增强，并在青年期逐步趋向成熟。

1. 心血管系统的发育

心血管包括心脏和全身的血管。心脏是人体的重要器官。婴儿出生后的一年内，心脏的重量可增加一倍。青春期时心脏迅速生长，重量增加到新生儿的 10 倍左右，17～18 岁时心脏重量能接近成人水平。心脏机能的强弱可以由脉搏、血压来判断。新生儿的脉搏在安静的时候达 120～140 次/分，青春期后达到成人水平，平均值约 72 次/分。成人的脉搏跳动慢于新生儿，是因为经过青春期的发育，心肌纤维弹力增加，心肌变得厚实，使得心脏的收缩力增强，能充分满足生理机能对血液的需要。

心脏所产生的压力称为血压，年龄小时，心输出量少，而血管发育比心脏早，相对管径大，血流阻力小，所以血压较低。随着年龄的增长，血压会逐渐上升。但在青春期，由于性腺、甲状腺分泌旺盛，血管的发育反而落后于心脏的发育，血管口径相对血流量来说过于狭窄，阻力增大，会出现青春期高血压，这是发育过程中的一种暂时现象，随着年龄增长会自然消失。通常到十八九岁时血压趋于稳定，一般高压为 90～130 mmHg（1 mmHg≈133.32 Pa），低压为 60～80 mmHg。

2. 呼吸系统的发育

青春期之前，儿童肺的弹力组织发育较差，肺泡数量少，血管丰富。由于儿童的胸廓狭小，呼吸肌较弱，肺容量相对较小，而代谢旺盛，需氧量大，所以他们的呼吸频率较快。婴儿出生时呼吸频率约为 40 次/分，5 岁儿童约为 25 次/分。约到 7 岁时，肺结构才发育完全，12 岁左右时肺的重量可以达到出生时的 9 倍，此时，肺的呼吸功能急剧增强。随着肺组织和呼吸肌的发育，肺活量在 14 岁时迅速增大，到十七八岁时接近成人水平。一项 1979 年至 2019 年中国在校生肺功能水平纵向变迁研究显示，男生肺活量主要在 12～18 岁时快速增长，女生肺活量基本在 7～22 岁时一直缓慢增长，男生肺活量基本在各个年龄段均高于女生，在 12～18 岁时肺活量差异最大。在青春期发育过程中，血红蛋白的含量也在显著升高，当青少年的肺活量进入稳定期后，他们的血液可以携带更多的氧气，有利于进行较持久的体力劳动和体育锻炼。

3. 神经系统的发育

青春期是智力高度发展的年龄阶段，而智力的发展又以大脑和神经系统的发育为基础。大脑和神经系统的高度发达为青少年的身心发展打下了坚实的基础。

婴儿出生后，脑和神经系统便迅速生长发育，相对于身体其他部位来说，脑的发育一直处于领先地位。神经系统在个体出生后的 5～6 年内一直保持着快速发育。到 6 岁左右，大脑半球的传导通路基本完成了髓鞘化，脑的重量达到成人的 90%，因此这个阶段的教育对儿童智力的发展具有重要影响。脑的重量到 12 岁时约为 1400 g，这时脑的重量基本达到成人水平，脑的容积接近成人脑的容积，神经系统的结构也已与成人无异。脑的重量和容积在青春期增加甚少，但皮层细胞的机能却在迅速发育，在十三四岁时会出现第二次飞跃。此后一直到 20 岁左右，脑细胞的内部结构和机能不断进行复杂的分化，沟回增多、加深，神经联络纤维的数量大大增加，大脑机能进一步完善，并在整体上趋于成熟，具体表现为感觉和知觉非常敏感，记忆力、思维力不断提高，为个体系统深入地掌握知识提供了物质基础。

4. 内分泌腺的发育

青春期的发育主要受内分泌的控制和影响，所以内分泌腺的发展具有特殊意义。内分泌腺是人体无导管腺体，通过分泌激素实现全身性调节。激素在血液中的含量很少，但它能刺激生长，影响代谢，在生物发展过程中起到重要的调节作用。

1）脑垂体

脑垂体被称为腺的首领组织，出生时已经发育得很好了，在青春期生长最为迅速，功能也比较活跃。从前叶分泌出的激素有甲状腺刺激激素、促肾上腺皮质激素等主要激素。除生长激素外，其他激素起着刺激其他内分泌腺，使其开始活动的作用。如果脑垂体出现异常，那么身体的发育必然会出现紊乱。

2）甲状腺

甲状腺位于气管的两侧，主要分泌甲状腺素，其主要功能为促进骨骼的生长发育，促进神经系统的发育，具有调节新陈代谢的作用，对全身的发育都有广泛的影响。甲状腺在青春期发育最快，重量达 20 g 左右，此时生理功能达到最旺盛时期。

三、性发育成熟

1. 第二性征

青春期的发育除了表现在身体外形的生长和内部机能的成熟外，还明显地反映在第二性征的出现和性成熟上。

第二性征是相对于第一性征而言的。所谓第一性征是指由遗传决定的生殖器官和性腺上的差异，如男性的睾丸和阴茎、女性的卵巢和子宫。第二性征是个体性成熟的更为明显的标志，主要指那些重要的能够区分男女性别但对生殖能力无本质影响的身体外部形态特征。第二性征的发育是青春期最重要的身体变化之一，它标志着个体的生殖能力开始成熟。第二性征的出现存在着明显的性别差异，女孩一般要比男孩提前1～2年，同时由于受到地区和所处社会环境等因素的影响，第二性征开始出现的年龄存在很大的个体差异。尽管具体时间会因人而异，但变化顺序对于每一个个体都是相同的。

2. 男孩的性成熟

男孩生长期的开始一般表现为睾丸的发育和阴囊的增大，并伴有阴毛的出现。睾丸是男性的主性器官，可以分泌雄激素，从而刺激阴茎、前列腺、输精管等的发育和第二性征的出现。

3. 女孩的性成熟

女孩生长期开始的标志一般是乳房的发育，但也有女孩阴毛的出现要早于乳房的发育。体内的性器官几乎同时开始加速成长，包括卵巢、子宫、阴道以及输卵管。卵巢是女性的主性器官，产生卵子或卵细胞，可以分泌雌激素和孕激素。雌激素可以刺激其他性器官的发育和第二性征的出现。孕激素可以进一步促进子宫内膜的增长、腺体的增长，以及乳腺的生长。月经初潮发生在生长期中段，正常的出现年龄范围是10~16岁，在初潮之后往往有一段不育性期，时间为1年或18个月。

4. 早熟和晚熟

由于女孩的生长期要比男孩早1~2年，导致早熟男孩可以与同龄女孩保持一种生物意义上的同步，被同龄群体认为更有吸引力、更有能力、更易成功。但也有学者认为在学校里，早熟男孩更可能出现不良行为和物质滥用问题。而晚熟男孩的问题则是损伤性的。由于生长期到来得晚，在同龄群体中身体显得弱小，力量不强，较少有机会承担社会责任和任务，导致自我评价低下。结果，这样的男孩常采取一些令人讨厌的补偿行为，包括引起注意的手段。有些晚熟男孩会接受激素治疗，但也有反对意见，一个青年可能会感到他的性成熟是人为的，或者第二性征的较快发展可能强化早期的神经过敏模式。不过，实验结果表明，如果在激素治疗时伴以适当的心理治疗，这样的并发症就很少发生。

早熟女孩通常需要克服适应不良问题。有研究表明，早熟女孩比同伴更沉闷、无主见、不自信、不善于表达，更顺从，更不受欢迎和孤僻，有更多的情绪障碍。早熟女孩的情绪障碍与所处的社会文化背景有密切关系，如果社会将苗条的身材看作女性有吸引力的重要标准，那么早熟女孩会因体重和脂肪的急剧增加而形成低下的自我形象；如果整个社会对青少年性特征的看法较为一致，那么早熟女孩会拥有较高的自尊。晚熟的女孩由于和正常发育的男孩处于相同的发育水平，因此被认为好交际和富于表现力，并且具有更高的活动性、社会性、领导能力。但也有不利的一面，晚熟女孩第二性征出现得晚，身体单薄、纤细，可能会被同伴忽视或排斥，从而产生困惑和烦恼。

5. 成长加速、成熟前倾

有研究表明，青少年的身体发育、生物成熟指标不但在绝对量上有所增大，而且其发展的过程有前倾化的趋势。这种现象被称为发展加速现象，可以从两方面去考察，一方面是身高、体重等成长速度的加快，即成长加速现象，另一方面是月经初潮、首次遗精现象的低龄化，即成熟前倾现象。

成长加速现象自19世纪就引起了欧美学者的密切关注。有统计表明，第二次世界大战后，许多国家的青少年都出现了成长加速的情况。第一次世界大战时，美国人平均身高为167.8 cm，第二次世界大战时为171.3 cm，在第二次世界大战后则迅速上升为177.3 cm。

随着社会经济发展，中国青少年的发育情况也呈现出加速增长的趋势。根据全国学生体质健康调研数据分析，1985—2019年，中国7~18岁儿童青少年总体身高、体重的平均值均呈增长趋势，各年龄段增速不一（李成跃，等，2023）。在发达国家，近一个世纪以来，青少年平均每10年增长约1 cm，而我国青少年的身高增长速度明显高于这个水平。

相对于成长加速现象，成熟前倾现象引起了学者的更多关注。根据欧洲医院 1840 年至 20 世纪 60 年代的医疗记录，女青少年的初潮年龄一直在下降之中，在 100 多年里，平均每 10 年提前了 4 个月左右。挪威的女孩在 1840 年时，初潮年龄约是 17 岁，而在 1970 年时大约是 13 岁。在美国，女孩的初潮年龄在 1970 年时约为 12 岁，自 1980 年，初潮年龄已经低于 12 岁。有研究表明，19 世纪末，美国及其他国家女孩初潮的平均年龄是 14 岁或 15 岁，而到 21 世纪初是 11 岁或 12 岁，青春期的其他标志也都有所提前。当今的中国社会，同样也出现了性成熟不断提前的趋势。根据上海社会科学院青少年研究所在 1989 年、1999 年、2004 年、2018 年所做的跨度 30 年的大型调查来看，中国男生的性成熟年龄从 14.43 岁提前到 13.03 岁，而女生则从 13.38 岁提前到 12.21 岁，青少年性生理成熟持续前倾。成熟前倾及与其相关的心理、社会问题引起了广大青少年和家长的关心，人们担心青春期会无限期提前。有学者认为，如果地区环境条件的改善已经达到一定水平，青春期的平均年龄会接近其遗传所设定范围的底线。

四、影响青少年生物系统发育的因素

对个体青春期的时间和发育速度产生重要影响的因素有很多，但归纳起来，基本上可以分为以下两类。

（一）遗传因素

遗传是一种生物现象，通过遗传基因，传递着祖先在长期的进化过程中所形成的某些适应环境的结构与机能。青春期开始的时间和发育速度在很大程度上是由遗传因素决定的。人们普遍相信，个体的身高、体重等身体形态以及内脏机能的发育受遗传因素和其他生物因素影响较大。一般认为，父母的身高体形对孩子有重大影响，据研究，这种影响至少占 60%。

（二）环境因素

这里所说的环境因素包含自然环境因素和社会环境因素两大类。

自然环境因素主要是指季节与地理气候条件对青少年生理发育的影响。春季是万物复苏的季节，身高增长快，而秋冬季则体重增长快。季成叶通过分析 1985 年和 2000 年中国学生体质与健康的调研资料，证实青少年的身高受气候的影响，有鲜明的地区特征，即生活在高纬度、昼夜温差大、日照充足地区，如生活在北方沿海地区的青少年身高水平高，而生活在温暖湿润、昼夜温差小、降水量多的地区的青少年身高水平相对较低。

社会环境因素主要包括营养因素、运动因素、疾病因素以及居住环境因素。

1. 营养因素

营养是生长发育的最主要的物质基础。在青春期，由于身体在短时间内发生急速变化，新陈代谢旺盛，活动量大，因此需要充足、合理、平衡的营养输入。在进行营养供给的同时，还应该注意到对营养需求的两性差异。随着身体迅速发育直到逐步成熟停止，女孩身上的脂肪组织生长超过肌肉组织，与女孩相比，男孩的肌肉组织约为她们的 2 倍，脂肪组织则少得多。这种组织发展需求的差异导致男孩要比女孩摄取更多的钙、蛋白质、锌和铁等。

青少年特别容易受到营养或饮食失调的影响，因为人的食欲受到情绪和生理饥饿的制约，青少年正处于生长发育的关键时期，生物、心理都发生着急剧的变化，如果他们不能很好地适应青春期的各种变化，就会引起或加剧营养失调，典型的例子是肥胖症和厌食症。

导致肥胖症的基本原因除了遗传因素之外，主要是摄入的热量超过了新陈代谢的需要。随着我国居民生活质量的提高，肥胖症在青少年群体中所占的比例越来越高。根据北京大学儿童青少年卫生研究所对从 1985 年至 2019 年的七次全国学生体质与健康调研数据分析来看，中国 7～18 岁青少年的超重与肥胖检出率由 1985 年的 1.2% 增长至 2019 年的 23.4%，并预测 2030 年将会增长至 32.7%。肥胖症严重威胁着青少年的健康成长，青少年体内蓄积的过量脂肪会侵蚀脑垂体，使脑垂体后叶脂肪化，阻碍促性腺激素和生长激素生成，从而严重危害青少年的生长发育、生殖发育和性发育成熟。肥胖男孩易出现前列腺发育萎缩、睾丸萎缩、生殖器发育停滞。肥胖女孩往往月经初潮提前发生，成年后易出现排卵障碍症，卵子发育不良，雌激素和孕激素大幅度降低乃至消失。另外肥胖还会造成血液循环系统疾病、糖尿病等内分泌系统疾病，严重危害心智健康，影响智力发育、思维能力及动手能力。

与肥胖症相反的是厌食症，最常见于青春期，由坚持拒绝摄入足量食物引起体重的急剧减轻（减幅可达到 50%）、基础代谢率降低、活力减退、女性闭经，而且免疫力的降低使人易患各种疾病。据统计，厌食症的患者大多数年龄在 14～18 岁。越来越多的男孩也表现出厌食症的症状，有 5%～15% 的患者是男性，而且这个比例还在增长，这种情况的出现与类固醇的使用有关。在青春期的女孩，无论她们的饮食习惯怎样，都会正常地出现脂肪的累积，但是由于一些女孩不理解这种现象，可能会对过重的体重感到惊恐并采取强制节食的办法。一般来说，女孩会在生活发生巨大改变期间开始节食，这类重大影响事件包括青春期的开始、失恋、突然进入一个陌生且倍感压力的新环境等。当女孩自我感觉节食成功时，会因为害怕再次变胖而继续拒食，最后可能出现的结果是健康开始恶化，体重减轻、营养不良导致身心功能的衰退，产生诸如心脏病、肾衰竭、肝脏损坏、肺炎等并发症。

2. 运动因素

生命在于运动，适当的体育锻炼可以平衡骨骼以及全身钙、磷代谢，加速矿物质在骨骼中的沉积，使骨骼密度增加；锻炼还能使骨骼直径增粗、骨髓腔增大、血液循环加快，供给骨骼更多的营养。据统计，业余体校的青少年学生比其同龄人要高 10 cm 左右。刘振玉指出，只要坚持 6 个月的身体训练，可使个体体内生长激素含量提高，促进生长发育，平均增高 2 cm 以上。

3.疾病因素

许多急性或慢性疾病，如贫血、缺钙、慢性寄生虫病等，都会明显限制青少年的生长发育。随着我国计划免疫工作的深入开展，许多传染性疾病得到了有效控制，但仍有一些重要器官及全身性疾病影响着青少年的生长发育，常见的有慢性消化道疾病、寄生虫病、地方病（如甲状腺肿）、先天性疾病、内分泌疾病、遗传性疾病、哮喘、结核病等。

4.居住环境因素

环境污染不但会影响青少年的健康，引发各种疾病，而且会明显阻抑其正常发育进程。如铅、汞等污染物可影响青少年智力的发育，氮氧化物、尘粒等可引起上呼吸道疾病。黄皓、王家林指出，学生身高、体重、肺活量、收缩压、舒张压与环境污染物的关联顺序基本相同，按其关联程度的大小依次为工业废水或废气中的烟尘，废气中的二氧化硫，废气、工业废渣和废水中的铅。有研究表明，空气污染和环境内分泌干扰物等因素也可能与肥胖存在关联。

近年来，学者除了关注环境污染，还进一步研究了微观居住环境对青少年健康的影响。国外研究者在建成环境干预的3D模型中，证明适当的邻里密度、土地利用混合模式和街道连通性有助于促进人们积极出行实现身体健康，社区中的公园、绿地、体育馆、游乐园等场地设施与青少年健康紧密相关。国内学者论宇超等基于社区和学校两个空间视角提出，社区和学校因素共同作用于青少年体质健康，且学校邻里环境因素对青少年健康更重要。

第二节　　心理系统：思维、自我中心主义与情绪

一、思维的发展

（一）形式运算思维

形式运算思维在皮亚杰的认知发展理论中属于第四个阶段，是对命题之间的意义联系进行思考的运算。有了形式运算能力就能够进行抽象的逻辑思维，运用符号逻辑进行命题运算。个体进入青春期后，思维从具体运算过渡到形式运算，智力就发展到了一个较为成熟的阶段，青年期及以后的发展仅仅是经验和知识的增加，思维方式不再有质的变化。

在形式运算阶段，青少年能够在头脑中把事物的形式和内容分开，可以离开具体事物，超出事物的具体内容或具体感知，根据假设来进行逻辑推理，进行更为抽象的思维。与具体运算相比，二者主要有以下几个方面的差异。

1. 思维范围的扩大

具体运算思维有较大的局限性，处于具体运算阶段的儿童只能把逻辑运算应用到具体的事物上，他们对事物性质和关系的思考离不开当时情境中的具体事物，思维的对象局限于现实所提供的范围。而形式运算的思维范围突破了具体心理运算的界限，能将逻辑运算运用于纯粹用言语表达的假设的问题中，兴趣由自我向社会转变，对社会现象变得敏感，并开始思考与探讨诸如真理、正义等人生大问题，思维的范围扩大了。这意味着青少年能够更快更多地探索未知领域，因为更强的分类技能和概念形成能力使得他们可以储存更多的信息，使其恢复修正的速度更快。

2. 概括能力的加强

具体运算阶段的儿童抽象概括能力有了较快的发展，但受知识经验和认知水平的限制，他们不能充分利用事物的所有特征进行概括。而青少年的概括能力则大大加强，能够超越具体的内容，把同样的逻辑过程运用于其他相近问题的分析和解决中。但沃森认为，概括的效果并没有皮亚杰等所认为的那么显著：某一情境的特征和任务的特别要求也是成功解决问题所必需的推理方法的强大决定因素，即随着推理能力的发展，内容越来越成为形式和方法的附庸。

3. 创造力的增强

创造力是指把心理运算结合到更高级的联合结构中去的能力。当青少年在具体解决问题的过程中，依靠以前学习过的知识和理论，不能直接解决问题时，能够在已有知识经验的基础上，经过独立的分析综合，把已经掌握的推理方法结合起来，组成皮亚杰称之为总体结构的新的更有意义的单位。

（二）青少年思维的特点

与儿童的思维方式相比，基廷提出青少年的思维有如下特点。

1. 对可能发生事物的思考

儿童可以对他们直接观察到的事物进行推理，即把现实性放在首位；而对青少年来说，现实性和可能性这两个范畴的比例发生了变化，他们能够思考现实中并不存在的、未来的事物，或者是有可能发生但实际上没有发生的事物。

2. 提前计划性思维

有了对"可能性"事物思考的能力之后，青少年开始思考他们今后的人生，会时时向自己提问——"我从哪里来，我要到哪里去""我长大后会干什么"等问题。同时，青少年在解决问题和进行思考的时候，会凸显整体性的特征，能事前做出一个完整的计划。

3. 善于提出假设并进行检验

青少年在解决问题时，倾向于先提出各种假设，然后运用逻辑思维和实验的方法去检验每一个假设，根据检验结果确定最佳的答案。

4. 反省思维

青少年对自己思维过程的思维，即反省思维的能力也在逐渐提高。思维活动中的自我意识成分增多，能对自己的思维活动进行自我监控和调节，为不断改进和提高思维策略奠定了基础。

5. 创造性思维

创造性思维在 10～11 岁就开始萌芽了，并随着年龄和知识经验的不断增长而提高，到青少年时期增长速度加快，成为人生创造性思维发展的关键时期。一般来说，青春期个体的聚合思维多于发散思维，青年期个体的发散思维多于聚合思维，并都随着年龄的增长而提高。

（三）思维发展的性别差异

男女青少年在思维能力发展上，存在着一定的差异，主要表现在思维能力的发展特色上具有不平衡性。有研究表明，早期男女青少年的空间思维和数学能力、语言能力方面的某些差异在青春期呈现扩大趋势，对此的解释是大脑单侧化或特殊化发展时间不同。

国外学者的系列研究显示，女青少年由于其社会化模式的结果，更易于显示出社会关系领域的形式推理能力，因此人际关系推理成为女性自我发展的主要方面，而物理-数学推理则成为男青少年思维发展的环节。学者林崇德等也做了相关研究，得出的结论是，在归纳推理的发展水平上男女生没有显著差异，但是在演绎推理的发展上，男生明显优于女生；在逻辑法则运用能力方面，女生明显优于男生。在形式逻辑思维的推理能力上，男生思维呈两极型，女生思维发展则较均衡；在辩证逻辑思维方面，男女生发展水平没有显著差异，表现为同步发展的状态。

这些差异很容易让人联想到在学校里，女生的理科、工科成绩普遍低于男生；在职业选择中，女性适合人际关系相关的工作，男性适合任务完成相关的工作。但心理学家克劳德·斯蒂尔认为，这种消极的社会刻板印象造成了刻板印象威胁，被持有刻板印象的群体成员害怕他们的行为将会证实这一刻板印象。不过，如果女生能坚信有关成就的社会刻板印象无效，她们的表现就能够提高。

二、青少年的自我中心主义

青少年这一时期的自我中心主义主要表现为一种过于膨胀的自我意识状态，似乎自己是世人瞩目的焦点，他们十分关心自己的外表及内心。另一方面，他们对权威，如老师、父母充满了批判，自己却不愿意接受批评。埃尔凯德提出了青少年自我中心主义主要包括两个维度，即假想观众（imaginary audience）与个人传奇（personal fable）。

1. 假想观众

假想观众，这是指青少年觉得自己的一举一动都吸引着大众的目光，其他人，特别是同伴一直在关注他们，并且会对他们的各种想法和行为做出评价。青少年尤其担心自己的外貌特征与身体变化，因此会花费大量的时间与精力装扮自己，以增强吸引力或掩饰不足。当他们感到自责时，便感到别人也在责备自己，因此常有双重的内疚感。在公众场合中，他们会感到无数双眼睛在监督自己，因而常常感到手足无措。他们也常常将自己的是非观、审美观与别人的混淆起来，认为自己认为美的，别人也应该喜欢；自己认为正确的，别人也应该接受。埃尔凯德认为这是青少年初期自我意识过于高涨而导致的。假想观众使得青少年必须时刻保持警觉以避免做出任何可能导致尴尬、被嘲笑或被拒绝的行为，在真实的和假想的情境中去预期他人反应，因此他们常会有焦虑、不安、自信心不足的情况。不过到了青春期的中后期，假想观众逐渐被真实观众取代，青少年的自我概念也从不稳定的外部特征向稳定的内部特质转变。

2. 个人传奇

青少年常常将别人如此关注他们的原因解释为自身的"与众不同"。因此他们常常将思想集中于自己的情感上，常常过度夸大自己思想、情感、主观体验及经历的独特性与唯一性，这就是所谓的个人传奇。埃尔凯德把个人传奇划分为三个主要成分：独一无二、无懈可击、无所不能。这些使青少年在分析事物、评价事物时带有强烈的主观性色彩，他们会依照自己的意愿，创造出一套独立的推理体系，并试图按照自己的推理模式对现实中一切进行分析。他们经常强调只有他们自己才能感受到那种极度的痛苦与极度的欢喜，经常强调"你们怎么会了解我的感受呢"，因而个人传奇有助于解释青少年与成人之间的冲突，以及某些自毁行为或高风险行为。正因为青少年往往夸大自己对危险的防御能力，以及过分强调自我价值和自我意识，认为糟糕的事情不会发生在自己身上，所以他们常常明知有危险也不管不顾。

在青春期这种自我中心主义比较明显，这与他们当时所具有的身心特点紧密联系。随着思维的发展，他们会逐渐区分出自己与他人思想上关注点的不同，认识到自己的主观意识与现实之间的差异，更好地掌握分析问题的客观标准，自我中心主义逐渐削弱。

三、情绪的发展

（一）情绪理论

1. 早期理论

早期的理论对情绪的产生较为关心，侧重于研究情绪的生物机制及最基本的原始情绪形式。这些学者都认为，在个体出生时就已经具备了一定的基本情绪反应能力，情绪的产生与个体的神经生理结构尤其是大脑的功能联系紧密。

詹姆斯-兰格情绪理论。美国心理学家詹姆斯提出"反常识"理论，认为情绪并不是由外部刺激引起的，而是身体的生理变化的结果，具体来说就是内脏器官和骨骼肌活动在脑内引起的感觉。比如人开心地笑，是因为笑而开心，而不是开心才笑。丹麦生理学家兰格也提出类似的看法，他强调血液系统在情绪发生中的主导作用。总的来说，他们把情绪的产生归因为身体外周活动的变化，情绪刺激引起身体的生理反应，而生理反应进一步导致情绪体验的产生。

坎农-巴德情绪理论。美国生理学家坎农及其学生巴德反对詹姆斯-兰格情绪理论，主张情绪产生的机制在于中枢神经系统丘脑的生理过程的激活与传递，继而提出丘脑学说：由外界刺激引起的感觉器官的神经冲动，通过内导神经传至丘脑，再由丘脑同时向上下传递，向上传递至大脑产生情绪的主观体验，向下传递引起机体的生理应激状态。由此，情绪体验和生理变化应该是同时发生的。

2. 认知理论

认知理论强调情绪的发展以认知能力的提高为前提，情绪产生受到环境事件（刺激因素）、生理状态（生物因素）和认知过程（认知因素）三个条件的影响，其中认知过程是决定情绪性质的关键性因素。认知协调就会产生愉快肯定的情绪体验，认知不协调则会导致痛苦否定的情绪体验。

沙克特的情绪归因理论。美国心理学家沙克特从情绪产生的角度入手，强调生理唤醒与认知评价之间的紧密联系以及相互作用决定着情绪。该理论提出，如果个体在生理上被唤醒但不能解释其原因，那么他会根据认知来称呼这个状态并对其进行反应；如果个体对同一种生理唤醒状态常体验到同一种认知，那么他会把这种感觉称为情绪。

阿诺德-拉扎勒斯情绪认知评价理论。美国心理学家阿诺德认为，情绪刺激本身并不能决定情绪的性质，必须要通过认知评价才能引起一定的情绪，对同一情绪刺激，如果对其评价不同，那么产生的情绪也会不一样。拉扎勒斯进一步发展了情绪认知评价理论，将"评价"扩展为评价、再评价的过程。他认为情绪产生的认知评价过程是由筛选信息、评价、应付冲动、交替活动、身体反应的反馈以及对活动后果的知觉等环节组成的。

3. 动机-分化理论

最早提出动机-分化理论的是加拿大的心理学家布里奇斯，他认为情绪是原始的、未分化的反应。3个月大的婴儿就可以把原始情绪逐渐分化和发展为痛苦和快乐。

美国的伊扎德认为大脑新皮质体积的增加和功能的分化同面部骨骼肌肉系统的分化以及情绪的分化是平行的、同步的，它们都是不断进化的产物，因此，情绪具有多变的社会适应功能。情绪包括神经生理、神经肌肉的表情行为、情感体验这三个子系统，并与情绪系统以外的认知、行为等人格子系统相互作用。认知是情绪产生的一个重要因素，但并不等同于情绪，也不是产生情绪的唯一原因，而只是参与情绪激活与调节过程。

（二）青少年情绪发展的特点

情绪是一种非常复杂的心理现象，具有多成分、多维度、多种类、多水平等特点。随着自我意识的发展和社会经验的丰富，张文新把青少年情绪特点归纳为以下几个方面。

1. 情绪的表现方式由外在冲动性向内在文饰性转变

青春期情绪的特征包括容易冲动、强度大，而且很不稳定。这种表面情绪表现的强度并不与体验的深度成正比，一种情绪容易被另一种情绪所取代，具有不稳定性的特点。

随着阅历的增长和经验的丰富、自我意识的逐渐完善，以及自我控制和自我调节能力的增强，处在青年期的个体开始走向成熟。主要表现在：开始对冲动的情绪进行克制和忍耐，情绪反应的强烈程度逐渐降低，情绪的表现不再顺从心理意识，而是服从社会要求。

2. 情绪反应时间逐渐延长，出现心境化趋势

心境是指比较平静而持久的情绪状态，具有弥漫性特点。心境化，是指情绪反应的时间明显延长，一方面表现为延长反应过程，另一方面表现为延迟做出反应。一般来说，女孩的心境体验比男孩多，男孩较多地体验到振奋的心境，女孩较多地体验到伤感的心境。青春期的个体已经具有心境化的特征，但还不是很稳定持久，一直到青年后期，心境体验才逐渐趋于稳定和持久。

3. 情绪体验的内容更加深刻丰富，社会性情绪占主导地位

随着知识结构的完善、社会经验的丰富及想象力的发展，青少年情绪体验的内容日益广泛，道德感、理智感、美感等社会性情绪逐渐上升到主导地位。另外，伴随着认知能力的发展，青少年的情绪体验变得更深刻、更丰富。

4. 情绪的结构更加复杂，表情认知能力得到很大发展

随着抽象思维能力的增强，青少年能够在深刻认知的基础上把不同的情绪成分联结在一起，形成稳定的情绪结构。表情是情绪区别于其他心理过程独特的表现形式，是指各种情绪体验在身体姿势、语言表达及面部上的外在表露，具有非常重要的社会交往功能。表情认知的发展，为青少年使用非语言手段提高社会交往能力创造了条件，也为情绪文饰现象在青少年期的出现提供了可能性。

（三）情绪管理

个体在青少年时期身心发展的不平衡、自身定位的不明、成熟感与幼稚感的冲突，

使他们的情绪变得不稳定、容易激动、易产生不安与焦虑，这在一定程度上影响青少年同一性的建立，因此掌握恰当的情绪管理方法对于青少年心理健康有着重要意义。下面浅谈几招情绪调节术。

1. 五招冲破忧郁网

第一招：动。多运动、多活动。慢跑、骑自行车、游泳等都能增强自信心，改善情绪，有提高活力的作用。每周坚持体育运动3~4次，每次20分钟即可收效。

第二招：娱。多参加娱乐活动，多放声大笑。心由境生，欢快的氛围必然产生快乐的心境。

第三招：说。把心中的不满说出来，可以找亲人、朋友倾诉，也可以向陌生人诉说，还可以自言自语。

第四招：听。音乐是医治忧郁的良药，可以先听使人忧郁的曲子，逐渐改变乐曲风格，直到变为与你所需要的情绪相似的曲调。

第五招：吃。吃高蛋白质食物，贝壳类、鱼、鸡、瘦肉等高蛋白质食物，可以使人振奋起来。

2. 受挫后的心理对策

现实生活中，人人都可能遭遇挫折，当你受到挫折心理失衡时，不妨采用以下几种心理对策。① 倾诉法，也叫发泄法，即向他人倾诉自己的心理痛苦。你会在一番倾谈之后收到意想不到的效果。② 优势比较法，首先去想想那些比自己受挫更大、困难更多、处境更差的人，从而使失控的情绪趋于平和；其次找出自己的优势，并加以强化，从而扩张挫折承受力，增强自信心。③ 目标法，经过一番分析思考，确立一个新的目标，并开始新的奋斗历程。

3. 控制急躁情绪四部曲

第一步：加强耐性和韧劲的训练。急躁往往和个性密切相关，比较难以克服，可以通过下棋、练习书画、钓鱼、做小手工艺品等方法磨炼自己，慢慢养成习惯。

第二步：事前制定计划。办事之前首先要冷静地思索一番，制定出计划，以免毛手毛脚，乱中出错。

第三步：做事时多做自我暗示。可以心中默念"沉着、沉着""冷静、冷静"，不断地提醒自己。

第四步：善始善终。虎头蛇尾是急躁者的共性，事情做到一半时，千万不要忘记告诫自己要坚持，以免前功尽弃。

4. 巧用"想象"

人生无常，不如意之事十有八九。当你被烦恼、忧伤、不安、紧张等不良情绪包围时，不妨用"想象"化解。想象天——想象蔚蓝的天空，使人宁静爽朗；想象蓝天与草原，令人心旷神怡、舒适豪放；想象蓝天中飘浮着的朵朵白云，有轻松安逸之感。

想象地——想象青山幽谷，使人神清气爽；想象甘甜的泉水，使人心平气和；想象桃红柳绿，令人心悦神驰。想象海——想象一望无际的大海，令人心胸开阔；想象大海上自由翱翔的海鸥，令人舒展飘逸；想象在海滨漫步，令人轻松自如。想象事——想象经历过的喜事，欣喜之情油然而生；想象已取得的成就，令人信心百倍。

四、自我同一性的发展

埃里克森提出，青少年期的发展课题就是同一性对同一性扩散。同一性的形成对个体的发展具有重要意义，因为它关系到了过去、现在和未来这一发展的时间维度中青少年对自我的整合。自我同一性的形成代表着青少年个性的获得与建立，代表着个体基本心理结构、价值取向和追求水平的稳定，意味着个体本质体现的连贯。

（一）自我同一性的含义

自我同一性是用来说明青少年时期心理发展的关键和人格成熟状态的一个术语，埃里克森提出这个重要概念以来，很多学者从不同的角度进行理解，张日昇将其归纳为三个层面。

第一，同一性是指在过去、现在和将来中，对"自己是谁""自己还是原来的自己""自己自身是同一实体的存在"等问题的主观感觉或意识。它重视主观的意识体验，强调的是内外部的整合及自身内在的不变性和连续性。

第二，同一性意味着以社会性存在确立的自我，即被社会认可的自己、所确立的自我形象，如"我是学生"等。

第三，同一性是一种"感觉"。例如，"感觉到身体很舒服""清楚自己在干什么"。

当这三种自我同一性的意识在自己心中确实产生的时候，我们称之为自我同一性的形成或确立。此时，个体就会形成"忠诚"的美德。它代表一个人有能力按照社会规范生活，履行自己的社会义务。尽管一切并非尽善尽美，但忠诚意味着个体能接受现实，并从中找到自己的位置，然后奉献自我，实现自己的价值，在有益于社会的同时也品味生活的真谛。然而，同一性建立的过程是一个混杂着困惑、焦虑、痛苦的过程。埃里克森认为，很多青少年为了逃避这种压力会追求一种心理的延缓偿付期。心理的延缓偿付期是指青少年推迟承担即将面临的成人责任，利用这一时期，探索各种角色和可能性，并检验其是否符合自身需要，经过多次循环往复，才最终决定自己的人生观、价值观、未来的职业等，并确立自我同一性。如果个体难以忍受这一探索过程中的孤独状态，或者听任他人操纵自己的选择，或者回避矛盾、拖延决定，那么最终将会造成同一性涣散或形成消极同一性。同一性涣散是指当没有形成清晰和牢固的自我同一性时，自我处于一种毫无布局的扩散、弥漫状态，个体不知道自己究竟是什么样的人和想要成为怎样的人，也无法正确选择适应社会环境的生活角色，从而不得不推迟树立和实现职业和个人的目标，并且退缩到儿童期的幻想和行为中去。而消极同一性则是指个体形成与社会要求相背离的同一性，成为社会不予承认的、反社会的，或社会不能接纳的危险角色。

（二）自我同一性的形成

同一性的形成并不是一蹴而就的，把生物变化、认知机能和社会期望融合在一起，是需要一个过程的，心理学家詹姆斯·玛西娅认为青少年形成、获得同一性要经历早期解构、中期重构和后期巩固三个阶段。

1. 解构阶段

在青少年早期，个体正经历着人生中的新事件：青春期的生物变化、较复杂的思维方式、对自我的重新定义、发展与同伴的新型关系、适应由小学到中学系统的复杂要求等。这些急剧的生物、心理和社会知觉的变化唤起了早期青少年对同一性问题的重要思考，他们开始重新考虑儿童期的价值观和身份。因此，研究者常常把青春期早期描述为同一性的解构。

生物的变化对青少年同一性的发展冲击很大，这一时期青少年的主要任务是要把新的身体形象融合到自己的同一感中去。研究发现，这一整合过程存在着明显的性别差异：一般来说，男孩对身体形象的感知比较积极，因为他们看到的是体型和身体力量增长的优势；而女孩对于身体形象的感知则较为消极，因为她们看到的是体重的增加和脂肪的积累。同时，青春期的早晚对早期青少年同一性的发展也具有重要意义。有研究表明，与同伴相比，男性的青春期越晚，越容易体验到同一性危机；女性的青春期越早，越容易经历同一性危机，也就是说，早期青少年的青春期体验在时间上与大多数的同伴存在显著差异可能使个体产生同一性危机。

在青少年早期，个体还面临着很多心理任务，比如要从父母以及重要他人处分化出自己的兴趣、需要、态度以及品质等，但凯根认为，是否被同龄群体所喜欢和接受成为许多早期青少年重要的同一性问题，即归属的需要和被认可、被支持的感觉是同一性形成的必要条件。这时他们试图从父母的禁令和期望中解放出来，开始寻求家庭以外的渠道来释放自己的能量。

2. 重构阶段

在青少年早期急剧的生物和认知变化之后，青少年中期的主要任务是调节和巩固这些变化以整合到不断完善的同一性中。如果说青少年早期的个体经历了同一性的毁灭阶段，青少年中期则开始重构同一性，尽力寻求同一性对同一性扩散之间的最佳平衡。

在这个时期，个体开始把他们的生物变化视为理所当然的事情，并通过运用发展较好的形式运算逻辑想象未来的各种可能性选择。同时，个体开始认真考虑以前所认同的选择和决定，思考关于价值观、道德以及生活的意义等更为广泛、抽象的问题。青少年中期的个体面临着形成性别同一性问题，他们要清楚地定义自己是男性还是女性并且把自己的性别同一性整合到个体的同一感中，进行尝试性的职业探索和决策，为成年期需要承担的责任和义务奠定基础。

3. 巩固阶段

青少年晚期的个体要对儿童期形成的重要认同进行筛选并把它们整合到新的同一性结构和自我系统中去。与此同时，他们也在寻找有意义的表达自己以及被社会所认可的方式。

在青少年晚期，个体生长的速度显著下降，生物发育已基本成熟，自我的生物感觉已经稳定。同时，进入皮亚杰所提出的完全形式运算阶段，出现辩证性思维，对价值观和社会角色的思考更为深入。这一时期，个体出现第二次的个体分离过程和对新型亲密关系的接受。前者导致产生了更加自主的感觉，个体具有了较高的独立评价、决断以及承担责任的能力；后者包括亲密的友谊关系和恋人关系。这些都在一定程度上促进了个体各方面同一性的形成。

（三）同一性状态的类型

以埃里克森的理论为出发点，詹姆斯·玛西娅认为可以根据两种特性——危机或承诺来看待同一性问题：存在或缺失。危机是指同一性发展的一个阶段，在这个阶段中，青少年有意识地在多种选择中做出选择。承诺是对一种行动或思想意识过程的心理投资。一名青少年可能在不同的活动之间换来换去，而另一名青少年则完全投入志愿者工作中。在对青少年开展了深度访谈后，玛西娅提出了青少年同一性发展的四种类型。

同一性获得（identity achievement）。处于这种同一性阶段的青少年已经成功地探索及思考过他们是谁和自己想做什么的问题。在思考各种选择的危机阶段后，这些青少年已经确定了某一特定同一性。已经达到这种同一性阶段的青少年心理往往是最健康的，相比处于其他任何同一性阶段的青少年，他们的成就动机更高，道德推理也更强。

同一性早闭（identity foreclosure）。有些青少年还没有经历过对各种选择进行探索的危机阶段，就已经形成了同一性。他们接受的是别人为他们做出的最好决定。这种类型中典型的情况是：一个儿子进入家族企业，因为这是他人所期待的；一个女儿决定成为一名医生也仅仅是因为其母亲就是医生。尽管过早自我认同者并不一定会不开心，但他们往往具有所谓的"刚性力量"：他们是快乐的和自我满足的，他们也有对来自社会赞许的高度需要，并倾向于成为独裁的个体。

同一性延缓（identity moratorium）。虽然处于同一性延缓的青少年在一定程度上探索了各种选择，但他们没有做出承诺。因此，玛西娅认为，尽管他们经常是活跃和有魅力的，也寻求与他人发展亲密关系，但是他们还是表现出较高的焦虑，并体验心理冲突。这一类的青少年正在努力解决同一性问题，只有经过一番努力后才能达到同一性。

同一性弥散（identity diffusion）。这一类青少年既不探索也不去思考各种选择。他们容易变来变去，倾向于从一件事转到另一件事上。根据玛西娅的说法，当他们似乎无忧无虑的时候，承诺的缺乏损害了他们建立亲密关系的能力。实际上，他们通常表现出社会性退缩。

应当注意的是，有些青少年会在这四种类型中变化。实际上，有些青少年被称为MAMA（identity moratorium-identity achievement-identity moratorium-identity achievement）循环，在同一性延缓和同一性获得两个状态之间摆来摆去。或者，即使一个过早自我认同者可能在没怎么积极思考的情况下，就在青春期早期确定了职业道路，但是，他仍可能在后来重新评价这个选择，并做出更主动的选择。因此，对于某些个体来说，同一性可能在过了青少年期之后才得以形成。

（四）自我同一性确立失败的影响因素

同一性的形成对个体的发展具有重要意义，如果不能形成内在的、实体的同一性，那么就不可能有稳定的自我形象，会影响到健康人格的建立。因此，对导致自我同一性确立失败的影响因素分析是非常有必要的。张日昇把影响自我同一性形成的因素分为主观和客观两方面。

1. 主观方面

青少年自我意识中的矛盾。青少年自我意识中的矛盾主要表现为两个方面：主观我和客观我的矛盾、理想我与现实我的矛盾。主观我是个人对自己的认识和评价，客观我是客观而真实的自我存在。二者会处于一种不一致的状态，这种不一致可能是自我膨胀，也可能是过度自卑。理想我是现实我通过努力可以达到的一种境界，现实我是自我的目前状态，理想我与现实我是有一定距离的。如果没有处理好两者的关系，自我同一性就会长期处于弥散状态。

青少年对自我与社会关系认识上的偏差。当青少年感到自己从属于某一个社会或集团时，他接受自己所属社会或集团的价值观念，可以容忍社会的一些不足。他了解社会的期望，并按照一定的社会角色规范去行事，在社会中找到自己的位置，并感受到自己的存在是有意义和有价值的。如果青少年不能正确认识自我与社会的这种连带关系，或没有获得良好的适应社会应具备的知识与技能，就会给他的同一性确立带来困难。这可能表现为：过高地期待社会，希望社会能按自己的愿望存在；不能接受正常的社会规范的约束而肆意行事；对现存的某些社会现象无法容忍而采取一些极端的方式加以反抗或彻底逃避。这样的青少年，思想上很偏激，很可能发生人际交往障碍、逃学、攻击、厌世等行为。

2. 客观方面

家庭。亲子关系对自我同一性的形成有重要影响。父母与子女之间有开放的交流和民主的气氛会有利于青少年正确认识自我，对有关自我的发展进行思索，自主地选择自我的发展道路。相反，父母对子女过于溺爱或滥用权威，都不利于青少年自我同一性的确立，可能使青少年长期处于早期完成状态或弥散状态。另外，父母的期望也会对个体自我同一性的确立形成影响，过高的期望会给孩子带来心理上的压力，使孩子感觉"我无论如何也无法成为他们所期望的那样的人"，这在客观上剥夺了青少年在确立自我同一性过程中的"试行错误"。还有一种不当的期望，即父母的期望不符合孩子成长的要求或发展愿望，导致个体可能会选择消极自我同一性。

学校。如果学校过于追求升学率，学生作业负担沉重，失去思考的时间，个性发展的空间受到限制，也剥夺了青少年自我探索的机会。同时，学校是青少年人际交往最主要的场所，如果青少年在学校集体中找不到归属感，他们就会向校外寻找归属感，结果，很容易选择消极同一性，从而出现问题并给社会带来危害。

第三节　社会系统：社会化与关系发展

一、青少年社会化的特点

处在青春期与青年期的个体的社会化发展比儿童期更为进步，他们参与社会活动的机会比较多，依赖家庭的情况越来越少，仅仅是经济上需要父母亲负担。随着年龄的增加，与家庭的互动会减少，与同伴和社会的联系逐渐加强，会获得一些社会经验。这个时期青少年社会化的特点有以下几个方面。

1. 摆脱依附，力求独立

青少年会要求获得自己在家庭中的独立自主地位，以及其他成员对自己的尊重，对他们的溺爱、包办会引起他们的反感和反抗。为了显示自己有独立的能力，在这一时期，青少年通常会与同伴关系较亲密，而与家庭关系较疏远，当他们有问题时倾向于与同伴商议，而不是向家长请教。

2. 积极参与社会生活

青少年的社会交往范围不仅仅限于家庭和学校，在进入高中和大学后，他们会主动寻找参与社会生活的机会。例如，参与社会活动和娱乐休闲活动、代表学校参加各项比赛等。由于社会参与的增加，青少年可以获得不少的社会经验及相关才能。

3. 沟通及表达能力增强

随着社会参与度的提升，许多青少年获得了锻炼的机会，从前大多和同龄群体沟通，见到陌生人或不同年龄的人就没有话题。进入青年期后，青年社会交往的空间范围扩大，与中老年群体的交往频率增加，这种新的变化促使个体不断地发展自我表达能力，增强了与他人的沟通能力。

4. 社会化发展不良的情况有所增加

有的青少年对同伴的不良习惯和行为辨别不清，或好奇模仿，容易越轨甚至犯罪；

有的青少年只知道从书本上学习知识，完全没有社会参与，导致在人际交往以及将来的就业婚姻上出现障碍。

二、青少年的社会关系

与儿童期相比，青少年受家庭的影响相对减少，同伴和学校的影响越来越大，并且随着生理系统的发展，与异性交往开始增多。

（一）与父母的关系

1. 亲子关系格局

随着青春期的到来，青少年的身心发生了急剧变化，他们开始有独立意识、寻求自主，思维的批判性和逻辑性也越来越强，他们与父母的关系也开始发生变化。这一时期是青少年摆脱对父母与家庭的依赖，追求独立的时期。在这一过程中，他们常常以审视和质疑的眼光看待甚至公开反对父母权威，表现出各种各样的"反叛"行为，反对父母的过多干涉，从而导致原有的亲子关系格局被打破，进入由父母居支配地位的单向权威模式向亲子双方居于相对平等地位的双向权威模式的转变阶段。虽然青少年希望自己"心理断乳"，即摆脱对父母的依赖，但另一方面，青少年尚未完全成熟和获得经济独立，父母仍然是他们寻求帮助和建议并获得情感满足的重要来源。

2. 与父母的冲突

在这一独立与依赖的阶段，青少年与父母之间的冲突增加。一方面是因为青少年的身心发展，这使他们好于争辩和过分自信，开始以带有质疑、批判的眼光看待他人的观点。另一方面是因为亲子关系的变化，父母试图维持自己的权威，而子女对父母正在经历去权威化、去理想化的过程，父母不再是任何事情的权威。因此，作为父母应该正确看待孩子的"反叛"行为，将其视为一种成长的表现，调整与子女相处的模式，以尊重、更平等的眼光看待他们，既维持良好的亲密关系，又给予他们在行为、思想和情感上更多的独立与自主性，并在重大问题上给予及时、恰当的引导。

3. 逆向社会化

在现代社会，信息日新月异，社会急剧变迁，亲子两代的适应能力不同，父母往往跟不上快速的技术变迁与文化转型，而子女对新事物的理解和吸收速度较快。尤其是在互联网、通信工具、娱乐方式等方面，许多新概念和新东西先在青少年群体中流行开来，然后再通过他们传递给父母辈。于是出现了逆向社会化，即晚辈将文化规范和知识传授给长辈。这种现象的出现，在一定程度上改变了家庭社会成员之间的关系和结构，年轻一代在家庭中的地位和决策权提高，同时父母对快速变化的社会的适应能力也得到提高，有利于缩小"代沟"，形成良好的亲子关系。

（二）与同伴群体的关系

美国学者哈里斯认为，儿童长大之后，家庭外的行为系统逐渐超越和取代家庭内的行为系统，成为个体人格后天习得的重要部分。青少年有很多时间是和其同伴一起度过的，由此可见，同伴关系是青少年成长中关键的环境因素。

1. 青少年时期的同伴关系特点

与儿童期相比，青少年期的朋友圈子缩小，但是亲密性和相互支持加强。他们选择与自己相像、有共同兴趣，并且能够彼此分享内心世界的人交朋友，重视相互忠诚和沟通。在性别差异上，男孩的朋友较多，但朋友之间较少有情绪上的依赖；女孩的朋友则更亲密、更知心。由于青少年认知能力的发展，他们对于自我与他人的认知进一步深化，因此更愿意表达自己的感受，同时能够从他人的立场考虑问题。

2. 同伴关系的重要性

社会比较。青少年互相提供机会来比较和评价意见、能力，甚至生理变化。因为青春期的生理和认知变化是这个年龄阶段所特有的变化，同时变化非常显著，尤其是在发育期早期，因此他们求助于其他有共同经验的个体，最终让他们自己理解这些经验。

参照群体。参照群体是个体用来与自己进行比较的一群人。青春期是一个尝试新的同一性、角色和行为的实验期。同伴可以作为参照群体提供有关最容易被接受的角色和行为信息。因此参照群体为青少年提供了判断其能力和社会成功的系列规范或标准。

归属于一个群体。从朋辈群体中获得支持是青少年追求独立性的一个重要反映。在朋辈群体中，他们感觉更自在，更愿意彼此表达爱与被爱，感受自尊与被尊重，享受友情，在团体中形成价值感与归属感，并体验成长。

（三）与异性交往

随着生理发展，青少年时期的男女进入发育期，开始在个性和性方面对异性产生兴趣，他们逐渐热衷于结交异性朋友，增加与异性的交往，并与一些异性形成亲密关系。沃建中等对11743名中学生的调查发现，中学生的异性交往水平总体上随年级升高而呈上升趋势，并且与异性同伴的关系好于与同性同伴的关系，各年级女生与异性同伴的关系好于男生。从心理学的角度，异性关系的发展能够有效地促进个体的自我发展，获得情感满足，增进心理健康并为以后获得成熟爱情积累经验等。但也存在一定问题，其中突出表现在早恋问题上。国内外研究均显示，青少年因心智发育不成熟，无法实现稳定的情感，一旦发生行为或者情感层面的矛盾，恋爱关系极易破裂，并可能给青少年带来负面情绪或心理创伤，最终影响到青少年正常学业进程。具体分析来看，首先，初涉爱河的少男少女的爱情，常常带有朦胧性、单纯性、不稳定性，他们难以摆正爱情在生活中的位置，不能用理智去支配感情，故而在恋爱中常常陷入神魂颠倒、胡思乱想的境地，难以在学习上做到聚精会神，从而导致学习成绩下滑。其次，周围环境（学校、家庭）对青少年恋爱的否定、反对，会加重他们的思想负担、精神压力。再次，恋爱使他们局限于二人世界，阻碍了和同学的交往，不利于建立社会支持网络。还有极少数人由于坠入爱河过深，未婚早孕，有可能造成终生痛苦，耽误自己的前程。

但是，恋爱如果处理得当也会给其身心发展带来好处。对社会个体而言，恋爱意味着青年从自己所生所长的定位家庭中分离出来而独立构建自己生殖家庭的重要一步。同时恋爱也能给个体带来释放心理压力、获得同辈群体认可与归属感、学习扮演性别角色、自由选择配偶以建立家庭等正向功能。

🔺 拓展阅读

青少年问题

🔺 本章小结

本章聚焦于青少年期（尤其是青春期）这一生命发展阶段，从生物、心理和社会三个层面系统地探讨了青少年在生理成熟与心理变化方面的特点与挑战。从生物学层面，本章详细分析了青春期身体的快速变化，包括性成熟、激素水平的剧烈波动以及脑部发育的持续优化等。这些生理变化为青少年的认知能力提升和社会行为调整奠定了基础。

在心理学层面，本章着重阐述了青少年自我意识的增强、情绪波动的规律以及道德判断的发展。青少年在这一时期逐渐形成稳定的自我认同，但同时也面临着独立性与依赖性之间的矛盾。

在社会层面，本章分析了家庭、学校和同伴群体对青少年发展的影响。家庭环境的支持性、学校教育的质量以及同伴互动的健康性共同塑造了青少年的社会化过程。

通过综合生物、心理和社会三个层面的分析，本章为理解青春期的复杂变化提供了理论依据，同时为家庭、教育机构和社会工作者在支持青少年健康发展方面的实践提供了科学指导。

🔺 关键概念

· 青春期发展

- 性成熟
- 激素波动
- 自我意识
- 情绪波动
- 道德判断
- 自我认同
- 家庭环境
- 同伴互动

思考与练习

1. 描述青春期在生理变化和心理变化方面的主要特点。
2. 为什么自我认同的发展对青春期的心理健康至关重要？
3. 列举青春期常见的风险行为，并提出相应的预防措施。
4. 家庭环境如何影响青少年的情绪调节能力？请结合具体案例分析。
5. 学校教育可以通过哪些方式帮助青少年应对青春期的心理变化？

第九章

成年早期：成熟与生活转变

第一节　　生物系统：成年早期的生物与身体素质

一、成年早期的年龄特征

成年早期上承青年期，下启成年中期（中年期）。关于其年龄范围的限定，见仁见智，有诸多不同的说法。或将之限定为 22～40 岁（王瑞鸿，2002），或将之限定为 21～40 岁（李增禄，2004），另有他种说法，不一一枚举。其实，对成年早期的年龄范围无论做何种限定，都只具有相对的意义。出于种种考虑，本书将成年早期的年龄范围限定在 25～35 岁。

一般而言，个体到了 25 岁左右，其生理机能基本上达到了完全成熟的程度；与之相应的是，经过整个青年期的诸多心理体验之后，此时个体的心理基本上已经处于安定状态；再者，到了 35 岁左右，亦即"而立之年"，个体经过诸种社会体验和社会实践，社会适应性也增强了，在婚姻、家庭、事业等社会生活方面趋于成熟，作为一名社会成员，他为社会所承认与接受，并由此开始承担相应的社会责任和义务。这些生物、心理和社会性方面的变化，最终将成年早期与青年期、成年中期相对地区分开来。

二、成年早期的生物发展

通常认为，个体的身体在 20～25 岁达到生物和知觉能力的顶点，而成年早期则表现为个体的生物机能开始由旺盛到平衡、由成熟到逐渐衰退的过程。30 岁以后，个体的大多数器官的结构和功能开始以每年 1％ 的速度衰退。当然，在成年早期这些变化一般是不易被察觉到的。除了脑和胸腺，肌肉、骨骼及内部器官都在 18～30 岁达到最高水平。胸腺和其他淋巴类型组织在青春期已达最高水平，随后即逐渐衰退。成年早期的生物发展特征表现如下。

1. 身高

个体的生物状态在 18～30 岁达到其最高水平。身高发展过程在这一期间完成，18 岁以前大多数青年男女的四肢发育已经完成，只是脊椎柱会继续略微升高，这使得处在 20～30 岁的个体身高会有大约 0.5 cm 的细微增加。头和脸的大小，也会有一个很小幅度的增加。

2. 体力

体力（包括握力）可以一直增加到 30 岁左右。进行大多数体力活动和运动的能力，在成年早期达到最高水平。个体能够在不感觉疲劳的条件下达到的最大工作效率，大约在 35 岁时开始减退。个体的体力在 30 岁以后稳定下来，随后开始衰退。这种衰退由各种生物机能，如呼吸能力和心血管机能的衰退所致。

3. 成年早期的个体

在成年早期，不论男女，其生物发育都已达到成熟并呈现出稳定的状态，可以说正处于生物上成熟的"黄金时期"。具体表现在以下几个方面。

个体面部皮肤滋润，头发乌黑浓密，牙齿洁净整齐，体魄健壮，骨骼坚强且较柔韧，肌肉丰满且有弹性，脂肪所占体重比例适中。

个体内部各种机能良好，心输出量和肺活量均达到最大值，血压正常，有时略有偏高；这一时期个体消化机能也很强，因此，食欲较好。

个体自身的抵抗力强，而且能自觉地使用各种方法增强体质，预防疾病，所以这时疾病的发生率相对较低，即使患上某些疾病，也能在较短时间内治愈康复。

体力和精力均处于"鼎盛期"。能承担较繁重的脑力劳动和体力劳动，能为社会做出较大贡献。

男性和女性都有良好的生殖能力，因此，这个时期是生育的高峰期。

三、成年早期的身体素质

身体素质是体质的重要组成部分，是人体在运动中所表现出来的力量、速度、耐力等身体基本状态和功能。身体素质的好坏直接反映了人们在日常生活中承受能力的强弱。考虑到身体素质的国别差异、时效性等因素，这里关于成年早期身体素质状况的表述仅限于我国的特定时期（出于表述完整性的需要，此处再次涉及体力等问题，可视作前述体力的印证和补充）。

2020 年 8 月至 2020 年 12 月，国家体育总局在全国开展了第五次国民体质监测。本次监测涉及成年人（20～59 岁）的总样本量多达 121928 人。其监测结果折射出了监测对象的多方面的素质。

1. 肌肉力量

为监测 20～59 岁（覆盖本书所限定的成年早期的年龄范围）的成年人的力量素质，该监测所采用的指标是纵跳、握力、背力、俯卧撑（男）、跪卧撑（女）、1 分钟仰卧起坐等。监测结果表明：随着年龄的增长，男女的握力、背力先增长后下降；男性在 30～34 岁，握力、背力达到最大值，女性的握力、背力则在 40～44 岁达到最大值。男性的纵跳、俯卧撑、1 分钟仰卧起坐和女性的纵跳、跪卧撑、1 分钟仰卧起坐，均在 20～24 岁达到最高水平，其后随着年龄的增长而呈下降趋势。需要说明的是，性别差异也表现在力量素质的差异上。男性力量明显大于女性，女性的各项力量约为男性的 60%，随着年龄的增大，男性力量下降的幅度大于女性。

2. 柔韧性

监测以坐位体前屈反映 20～59 岁成年人的柔韧性。监测表明：无论男女，随着年龄增长，柔韧性呈下降趋势。总体看来，女性的柔韧性好于男性。

3. 反应能力

监测用选择反应时间评价 20～59 岁成年人的反应能力。监测结果表明：各年龄段的选择反应时间的均值变化范围，男性为 0.54～0.64 s，女性为 0.57～0.67 s。男女均表现出随着年龄的增长，反应能力下降的特点。同年龄段男女相比，男性的反应快于女性。

4. 平衡能力

监测用闭眼单脚站立评价 20～59 岁成年人的平衡能力。监测结果表明：各年龄段的闭眼单脚站立的均值变化范围，男性为 14.8～30.5 s，女性为 14.8～32.4 s。无论男女，均表现出随着年龄增长而平衡能力下降的趋势。同年龄段男女相比，女性的平衡能力强于男性。

综上所述，我国成年人的早期身体素质状况与年龄、性别密切相关。其实，不仅如此，我国成年人的早期身体素质状况与行业、工种等也具有一定程度的关联性。譬如，《第五次国民体质监测公报》显示：煤炭行业的采掘工人，最大肌肉力量高于全国平均水平；金融行业的柜员，柔韧性、反应能力高于全国平均水平；公安行业的治安警和交通警，背部最大肌肉力量、平衡能力、反应能力高于全国平均水平；建筑行业的房建工人，柔韧素质较好，最大肌肉力量在 35 岁前高于或与全国平均水平持平。

尽管不同的国家和地区关于身体素质（包括成年早期身体素质）的测定标准和测定方法存有诸多差异（常璐艳，周灵，刘哲，2015），但上述监测及其结论对于从一般意义上认识成年早期的身体素质无疑具有某种参照价值。

第二节　　心理系统：认知、情感与亲密关系

一、成年早期心理发展的基本特点

（一）认知发展

与前述青少年时期所表现出来的思维形式——形式逻辑思维有别，辩证的、相对的、实用性的思维形式逐渐成为成年早期的重要思维方式。

从智力表现方面看，成年早期个体智力结构中的诸要素在保持基本稳定的同时，仍有向高一级水平发展的趋势。例如，在观察力方面，成年早期个体具有主动性、多

维性及持久性的特点，既能把握对象或现象的全貌，又能深入细致地观察对象或现象的某一方面，而且在实际观察中，观察的目的性、自觉性、持久性进一步增强，精确性和概括性也明显提高。在记忆力方面，成年早期个体虽然机械记忆能力有所下降，但是成年早期的最初阶段是人生中逻辑记忆能力发展的高峰期，其有意记忆、理解记忆占据主导地位，而且记忆容量也很大。在想象力方面，成年早期个体想象中的合理成分及创造性成分明显增加，克服了前几个发展阶段中所表现出的想象的过于虚幻性，使想象更具实际功用。

（二）情感和情绪

、 和青少年时期相比，成年早期的个体控制情绪的能力有了增强，能尝试着去化解和舒缓不良情绪，使得情绪逐渐趋于成熟和稳定。成年早期的个体，情感中的活动感较强。

（三）意志

在整个成年早期，个体在意志与行动方面始终共存着积极性和消极性、认真和马虎、努力和懒惰、严谨和散漫等矛盾着的两极性。磨炼出良好的意志品质尚待时日。

（四）兴趣

成年早期个体的兴趣较为广泛，但同时又呈现出多变、不稳定的特征。

（五）性心理

和青年期相比，成年早期个体的性心理更趋成熟。如果说青年期性心理的发展以对自身身体变化的适应为主要内容，那么成年早期个体的性心理的发展则更多地指向性道德、性伦理、性态度等有关性问题的社会化内容。

（六）自我意识

经过青年期自我的觉醒、对自我的重新认知之后，进入成年早期的个体开始摆脱那种肤浅的、表面的对外界及对自我的认识，从而促进了自我意识的形成。相应地，成年早期也是个体确立自我同一性的时期。

基于上述分析，以下将结合相关理论和研究，对成年早期的认知和情感发展做进一步详细的介绍。

二、认知的发展

随着成年早期的开始，认知过程出现了从学校学习和追求独立向谋生、寻求同龄异性的亲密交往和作为羽翼未丰的一员与社会发生联系的大转变。于是，年轻人发现自己逐渐处于一个复杂的社会环境中——新朋旧友、老家新家、街坊邻居，而且常常面对新的相互交往方式。为了迎接这些新挑战，认知过程的数量和质量也必须相应改善。可以说，相较于之前青年期的认知发展，成年早期的认知发展要受到更多社会发展和情感发展等因素的影响。

（一）成年早期的智力状态

与生物成熟同步，成年早期的智力也发展到"鼎盛期"。沙伊等人在 1956—1977 年间，对成年人的数字能力、语词流畅性、语意理解、归纳推理和空间定向等五种基本认知能力进行了早期追踪研究。他们选择了从 1889 年到 1938 年间出生的人作为被试，根据年龄划分成七个被试组，其中 162 名被试在 1956 年、1963 年、1970 年、1977 年接受测查，250 名被试在 1963 年、1970 年、1977 年接受测查，最终获得了很有意义的结论：① 18～35 岁的被试在五种基本认知能力测查中得分最高；② 50～60 岁的被试，五种基本认知能力呈下降趋势，但下降幅度较小；③ 60 岁以后的被试，五种基本认知能力急剧下降；④ 被试的个体差异很大，不同能力测查所表现出来的差异也很大，年龄效应变化从未超过 9%。这里，尽管导致差异的原因很复杂，但成年早期，其智力或基本认知能力正处于全盛时期，这是客观存在的事实。

（二）关于成年早期认知发展的理论

1. 里格的辩证运算

在 20 世纪 60 年代有研究发现，在皮亚杰的空间守恒任务里，个体从未表现出成人的思维，皮亚杰的形式运算只是在某些特定条件下，如逻辑、纯学术领域中适用。里格首先提出辩证运算相关理论，即强调人的思维的具体性和灵活性，对于诸如现实与可能、归纳与演绎、逆向性与补偿作用、命题内与命题间的问题，能做全面的、矛盾的处理。他还认为，辩证运算可以更好地描述成人的思维。与皮亚杰的形式运算相对应，辩证运算也有四种形式，即感知动作、前运算、具体运算和形式运算，其中出现辩证运算的思维特征。个体可以从形式运算的任一水平，直接发展为与之相应的辩证运算模式。

里格认为，皮亚杰的相关理论是一种异化理论，他以同化和顺应这一辩证基点来描述人的认知发展，认为个体的认知向着抽象思维发展，但当个体的思维发展到形式运算阶段，这种思维表现为一种形式化了的无矛盾的思维，其发展的基点就不复存在了。而在里格看来，矛盾是思维发展的源泉，例如，在感知运动、前运算和具体运算阶段，就会遇到诸如上下、前后、左右等相对性的或矛盾的关系概念，在形式运算阶段更需要有动态的、发展的、变化的辩证观点。所有这些，都要以矛盾作为思考问题的基础，使每个阶段都有辩证运算的成分存在，逐步达到思维的成熟阶段（林崇德，2018）。

2. 后形式思维

拉布维-维夫认为，复杂的社会环境，以及人们面对所有复杂情况寻求出路时所遇到的越来越多的挑战，要求人们不仅具有逻辑思维能力，还必须以实际经验、道德判断和价值观为基础。这种以专门性、具体实用性、保护社会系统的稳定性为特征的思维方式，称为后形式思维。成功的问题解决者需要整合认知、情绪和身体特征等各方面的因素，并依据个人的价值观和信仰权衡情境的所有方面。辛诺特提出了相对后形式运算，并将之视为成人认知发展的最高形式。在该形式的支配下，人们在考虑问题时，能够对抽象、理想的解决方案和可能阻碍该方案成功实施的现实生活中的限制进行权衡；也能了解同一现象的背后有很多复杂的因素，正确而有效的解决方法远不止一种。

发展心理学家华纳·沙因提出了后形式思维的另一种观点。沙因认为，成人的思维遵循一定的阶段性，不过其更注重于成年期对信息的运用方式。沙因将认知发展的第一个阶段称为获得阶段（acquisitive stage），包括整个儿童期和青春期。成年之前的主要任务就是信息的获得，为未来的运用做准备。第二阶段称为实现阶段（achieving stage），主要在成年早期，人们收集信息的目的转向现学现用，亦即转向运用他们的智力和知识实现有关职业、家庭和为社会做贡献的长期目标。到成年早期的最后阶段和成年中期，人们开始步入第三阶段，即责任阶段（responsible stage）。进入中年的成年人，主要关注如何保护和照顾其配偶、家庭和事业等问题。在成年中期的中后期，许多人（并非所有人）步入执行阶段（executive stage），此时，他们的事业更为开阔，更关注广阔的世界。他们不仅关注自身的生活，也开始参与和支持社会机构。老年期步入最后一个阶段，即重组阶段（reintegrative stage）。在这一阶段，人们不再把知识获得作为解决可能面对的潜在问题的手段，而是将信息获得直接针对某些他们特别感兴趣的问题（罗伯特·费尔德曼，2013）。

克雷默等人在总结不同的理论模式后，把后形式思维的特征归纳如下：① 意识到认识的相对性而非绝对性本质，接受互不兼容的知识体系，了解不同的系统对于何谓真实有不同的建构方式；② 接受矛盾为真实的一部分；③ 对矛盾、冲突的协调与统合。后形式思维使得个体能够通过辩证性综合（dialectical synthesis），将矛盾、对立的信息统合为更具包容性而且内部又协调一致的系统。越是成熟的个体在世界观上越辩证，在评价问题情境时能做出更全面的归因；特别是在人际冲突中，那些辩证水平高的人倾向于采取更为关系化和情境化的因果性归因，而反对单纯将事件的成因归在个体身上。

3. 拉布维-维夫的开放的和封闭的逻辑系统

拉布维-维夫认为，成年人的认知发展往往需要为应付关键性的变化和维持同一性做出许多转变，例如，放弃旧的自己喜欢的情境，经受空虚困惑的无着落的感觉，拼命搜寻新的开端等。这是一个艰难的过程，可能会对成年人造成一种不可避免的混乱，这样，成年人的认知发展又开始了一个新的脱离-个别化的双重过程，以此来适应现实发展的需要。对此，拉布维-维夫提出了开放的和封闭的逻辑系统这种平行的双重体系。

封闭的逻辑系统使新获得的心理能力能在人生的每个主要阶段都得到发挥和泛化。在成年期的相对稳定阶段（获得职业或第一个孩子出生），发展中的成年人能把自己的注意力和精力都集中在眼前的挑战上。在某种意义上，他们使自己的生活内容服从于自己目前的逻辑和推理形式所规定的界限。他们抛弃了那些不切实际的想法，而对具体的真实生活情境进行选择和安排，对于生活中的诸多不完美之处，他们也能接受。

然而，成年期反复发生的一些转变需要他们对旧现实进行重新解释，并且通过建立新方案、新运算来解决新的不平衡状态。这样，他们开始重新评价目前的生活结构，为过渡到新的生活结构做准备，这就需要一种用于为即将到来的事件（职业变化、家庭责任等）做出新决定的开放的逻辑推理系统。

可以看到，发展中的成年人反复经历着来自外在世界和内在人格发展的许多"矛盾"，正是为了解决这些不断出现的"矛盾"，成年人开放的和封闭的逻辑系统交互作用，使得成年人的认知结构呈螺旋式向前发展，形成了逐步提高的逻辑推理形式。

4. 艾琳的问题发现能力

艾琳最先通过实验提出皮亚杰学说应增加后形式思维阶段。她的被试是大学新生和高年级学生，作业是要求被试对 12 个常见物体提出问题，如果被试提出普遍抽象的问题则反映问题发现取向，提出特殊具体的问题则反映问题解决取向。结果表明，形式运算的成功发展是普遍性问题发现能力的必要条件。艾琳还研究了年轻的成年艺术家的问题发现和问题解决能力，结果发现，高创造力的艺术家的问题发现的得分亦高。因而艾琳提出认知发展的基本任务是由形式思维阶段的问题解决向后形式思维阶段的问题发现转变。

艾琳根据成人与青少年认知发展的差异，提出了成人认知能力的结构。她认为成人的认知能力包括角色扮演和加工过程。其中角色扮演阶段是指一个人能够意识到自我和团体所持观点的相对性，加工过程是指在面临新情境或以前未遇到的问题时进行图式重建和概念的更新。

（三）成年人的教育

如前所述，成年期认知发展的一个显著特点是逐渐放弃了那些不切实际的、虚幻的梦想，而是着眼于实际功用，更多地为现实的发展做计划，这使得成年人的认知能力表现出很强的目的性。一方面，成年人的生活价值、目标和职业有很强的相关性，另一方面，成年人对时间、精力和财力的自我调节和对达到这些目的具有深刻的承诺意识。因此，早期认知发展和成年期认知发展的主要区别是从因为"你"必须学习而学习向因为"你"个人认为学习有价值而学习的转变。同时，成年人的学习和学习动机，与青年人相比，在更大程度上要受知识积累和个人化需要的制约。成年人拥有大量的信息，它们可以使学习的内容更有意义、更丰富，但是，成年人的信息加工速度会逐渐减慢。根据这些特点，诺克斯曾提出了一些关于成年人教育的切实可行的建议

（这些建议自然也适用于成人早期的教育）：① 认知能力的广度和变异性的不断增大需要相应扩展教育方法和内容；② 以生活经历的积累来补充学习的可能性提高；③ 当学习者以适合自己的速度进行学习时，更可能取得最佳效果，对年龄较大的成年人来说更是这样；④ 成年人学习环境应被设计成具有与年龄相关的特征，例如，音响效果良好，照明增加但不炫目；⑤ 由于成年人随着时间的推移而变得更具个性，也就更要使学习任务明显地适应学习者的个人需要和发展需要；⑥ 评估标准和步骤不仅应该考虑与年龄相关的正常的差异，也应该考虑影响到特定个体的非常规生活事件，如离婚等。

（四）成年早期特殊能力的发展

成年早期的个体通过学习和训练，可获得相当的知识、学识、技能，并在此基础上使自己的职业、工作达到一定的成功。同时，成年早期是将潜在能力转变成实际操作能力的时期，也是在实际工作中表现出成就差异的时期。成年早期表现出的主要特殊能力如下。

1. 职业能力

成年早期正是个体面临职业选择、掌握职业技能、获得职业成绩的时期，处于这一阶段的个体一般在经过一定的职业技能训练之后进入职业活动领域，职业能力从中获得发展。在近 35 岁时，从事各种职业的个体，大多熟悉掌握了特定职业角色所需要的技能，能胜任本职工作，提高效率、创立事业。

2. 处理人际关系的能力

成年早期是个体建立各种复杂的人际关系的重要时期，这一阶段的人际关系主要表现在恋爱、婚姻、家庭、与他人的友谊中，以及其在工作、学习、娱乐活动中与人形成的各种联系上。文化背景、民族传统、时代特征，以及一个人的人格、品德、性别、受教育程度等都会影响其对待恋爱、婚姻、家庭和其他人际关系的态度及处理这些关系的方式和方法。成年早期的个体正处在这一系列错综复杂的关系中，应该学会适应和协调彼此的需要，解决各种矛盾，发展其处理人际关系的能力。若个体能处理好这些关系，就会体会到人与人的亲密感情，从而使生命充满活力，反之，则会感到孤独并难以适应成人社会。

3. 适应能力

适应原是一个生物学的概念，心理学中用这个概念来说明个体对环境变化做出的反应。

皮亚杰认为，智慧的本质从生物学角度来说就是一种适应。人的适应行为包括诸多内容，如智慧、情感、动机、社会、运动等，与这种适应行为相对应的能力就是适应能力。

成年早期正处于由成长到稳定的过渡时期，生活中一系列重要事件的发生会打乱个体原有的平衡状态。面对来自方方面面的挑战，如何适应新的发展需求是摆在其面前的一个重要问题，适应能力就是在处理生活中一系列"矛盾"的过程中发展起来的，成年早期的适应能力是个体在事业上有所建树且走向兴旺发达的必要条件（林崇德，2018）。

三、情感的发展

情感生活是人的精神生活的重要内容之一，在现实生活中，它的作用越来越受到人们的重视，由情感产生的生理影响被视作人的生理健康和心理健康的重要决定因素。首先，情感在支持人的经历方面起着非常重要的作用，没有情感，生活就会平淡无奇。情感往往给人们提供以某种方式采取行动的动力或激励。其次，情感提供了使人相互吸引或相互排斥的内在力量。最后，情感提供了一种同情和支持他人的感情，为人们提供了一种安全感，帮助人们克服沮丧的心情。

人的发展的一个基本原则是在任何领域的逐步发展总需要和其他领域发生密切的相互作用。从理论上来说，成年早期应该是情感发展较为成熟的时期，这一阶段的情感发展与生物发展、认知发展及社会发展的相互作用表现出多方面的特点。

（一）情感与生物的相互作用

从生物化学的层面上来说，任何情感、情绪的变化都会引起身体系统的调节改变，其中包括呼吸、消化、循环和神经系统，以及内分泌腺和外分泌腺。例如，当人处于恐惧或愤怒的状态时，下丘脑会组织一系列的防御，使身体准备好应付紧急状态。下丘脑的化学物质使垂体释放出一种应力激素，通过血流到肾上腺，而肾上腺又产生一种肾上腺化学物质分解脂肪储备，并促进蛋白质转化为糖类，以快速供能应对危机。肾上腺素和去甲肾上腺素使心跳加快，血压升高，激素的综合效应使支气管松弛以进行更深的呼吸。

值得提醒的是，长期的或严重的压力则会使内分泌系统失调，免疫系统对疾病、毒素的抵抗作用降低，从而造成一系列的生理和心理疾患。有研究认为，压力的大小主要取决于生活变化发生的频率和近期性，其次取决于对事件的情感反应的严重程度，而对事件的喜悦或苦恼的认知解释并不影响所产生的压力的大小（詹姆斯·O. 卢格，1996）。

人生的各个阶段都不可避免地要面对压力的威胁，特别是成年早期的个体，承担着来自外在和内在的双重压力。但是，不同的人对待压力的反应是不同的，而且，同一个个体在不同的人生阶段处理压力的方式也是不同的。有研究进一步揭示了影响个体应对压力的诸多因素。

1. 最佳压力水平

每个人都需要经历各种各样的危机，才能逐渐找到自己能应付的压力的总量水平和压力的性质。不过，在这个问题上存在着很大的个体差异，有些人在非常高的压力水平下仍能有效而愉快地生活，而另一些人，则可能由于人格类型、生理体质和社会支持的不同，只有在低压力水平下才能应付得最好。

2. 多样化

根据压力研究奠基人塞尔叶的理论，最危险的压力是那种长期不变的压力。因为长期持续的同一种压力反应会引起某个器官的损伤。多样化指的是着重体验新的不同种类的压力，如转换职业、业余学习、发展新的爱好等。这是通过把压力分散成几种新的不同压力来达到减轻压力的效果。

3. 认知评价

拉扎勒斯通过调查认为，压力的性质，全在于体验者自己的理解，压力所产生的情感冲击会因个人对压力情境的理解而部分地减弱。从本质上说，认知评价往往会影响个体对生活事件的情感反应的强度和性质。

4. 利他主义

利他主义是应付压力的一个非常有效的方法。利他主义建立了人与人之间的爱的联系。当个体遇到恐惧的经历或苦于找不到解决方法时，如果有人能予以分担和协助的话，问题就会变得不那么可怕和不那么让人难以接受。就此而言，每个人都有双重的责任：既要懂得独立地处理事情，又要学会与其他人携手合作。

（二）情感与认知的相互作用

1. 成年早期情感发展的两种倾向

随着认知能力的发展，成年早期的情感发展出现两种倾向：一种是更大的个性化发展，情感表达方式带有很强的个性，甚至与真实的社会事件不相联系，个体正是通过这种与实际事件相脱离的情感，来解决存在于理想和现实之间的情境或发展性矛盾；另一种是以社会常模和法则为基础的更大程度的情感社会化，个体使自己的情感表达符合礼节或行为规范的准则，符合一般的或跨文化的要求。

2. 后自我中心情感表达

认知发展阶段论者皮亚杰、弗洛伊德和科尔伯格等人一致认为，人的发展就是要求以越来越高层次的推理和情感表达形式来解决不断发生的变化和冲突。成年早期面对着较多的悖论、矛盾和对事物的多元解释，而这些都需要借助于辩证性综合能力来予以解决。辩证运算能力的发展，使成年人能更精确、更细致地理解他人的情感和自己的情感，成熟的情感表达的基础就在于成年人采用他人的观点看待事物的能力越来越强。埃尔金德的相关研究发现，人的一生的情感发展从婴儿期的无差别表达到儿童早期的自我中心主义，又从年龄稍长的儿童的基于逻辑的但又过于宽泛的情感投射到由形式思维所产生的更和谐、更现实的情感相互作用，到新形式的后自我中心情感成熟的成年期水平，这种情感成熟造就了一种多元的或更普遍的情感生活。成熟的成年人一般不会把自己的情感、理解和行动局限于一种观点或现实，通过超越自我中心思想，他们的情感发展范围扩大了，情感发展在更大程度上成为一种质的发展，而不是量的发展。

（三）情感和社会的相互作用

1. 移情理解

情感与认知的相互作用，使成年人的情感发展表现出了后自我中心的特点，这就使得成年人在社会交往中能够进行成功的移情。移情是一种亲密的参与形式，它是个体与各种不同的人产生相同的情感并与之顺应的能力。移情理解可以使人际交往变得更加密切，当一个人与他人交往没有移情时，这个人往往会机械地对待别人；当他人不能对自己的需要产生移情时，自己往往会觉得缺乏被人爱和需要。具体而言，移情的作用主要表现在以下几个方面：① 移情是持续的情感、认知和社会相互作用的必要的中介机制；② 移情是道德行为和利他行为的基础；③ 移情可以加深自我理解，把自我暴露于他人是体验自我的新侧面的一条主要途径，它是检验和超越自我结构的一种方式。

总的来说，移情不仅在对他人的理解中增添了彼此的温暖和爱，而且，也使人们把注意力转向自身，它使人们发现每个人身上都有不同的有价值的东西。但是，移情也有一些缺陷，例如，有时人们并不能完全正确地理解他人的需要；与他人的同一，有可能使自己暂时丧失自我而产生一些不合适的行为；对他人过分强烈的移情，可能耗尽自己的精力而忽略自己的需要。

2. 爱与非爱

在整个人生周期中，爱的关系为个人发展提供了一种重要的手段，每一种不同的爱都向爱者和被爱者提供了向新的发展阶段前进的必要体验。个体在爱的环境中成长和发展，父母、亲人、朋友、师长等源源不断的爱与呵护伴随在个体的周围，把个体与这个世界紧密地联系在一起。到了成年早期，随着个体生物、心理发展的成熟，以及社会角色的改变，这时，个体不但要学会享受爱，而且应学会给予爱，因为爱与被爱都是一种能力。

懂得如何去爱别人的人，是一个内心丰富、思想成熟的人。个体在付出爱的同时会深刻地体会到自己的价值与尊严，会获得一种生命的满足感和幸福感。同时，被别人爱也是一种美好的心灵体验，它使个体感到轻松愉快。关于成年之爱，韦斯曾这样表述：① 被爱者把爱的情感当作安全和幸福的源泉；② 被爱者是强有力的结合力量，人们不断追求与被爱者的接近，而奋力抵抗任何分离的企图；③ 被爱者提供了一种有利发展的气氛，这种气氛促进每个人最充分地发挥自己的潜能。

非爱对人一生的顺应性发展来说，与爱的技能同样重要。脱离旧的生活状态是个性发展过程继续进行的一个必要条件，因为对未来的希望和对过去的分离对人的发展都是必不可少的，非爱在人顺应生活中的许多变化、结束和损失时，发挥着重要的作用（詹姆斯·O. 卢格，1996）。

人早期的生物、心理和社会成长的一个基本特征是增长。但是，成年期的到来，出现了增长和消退之间平衡状态的转变，随着成年期个体的独立，他们与原有的情感关系逐渐疏离，而需要建立起新的依恋关系。面对生活中的变化，个体必须有相应的心理技能才能成功地适应这些转变，而爱与非爱的能力则很好地满足了这一阶段发展的需要。正是爱与非爱的心理机制，使得成年早期个体的生活状态达到了一种新的平衡。

四、自我的发展

从自我结构的形式来看，自我的发展包括自我评价、自我体验和自我调控三个方面。自我的发展可以通过这三个方面表现出来。

（一）自我评价

成年早期的自我评价逐步变得全面、客观和主动。他们开始根据周围更多的人对自己的态度来评价自己；他们开始将自己与更大范围内的地位、条件相似的人进行对比来评价自己；他们也更多地运用理智与能力对自己进行独立的分析、思考、判断，进而认识和评价自己。他们不仅能分析自己在做某一件事时的内心状态，还常对自己的整个心理面貌进行评价；不仅分析自己的思想、性格特征，还会从政治上、道德上对自己做出评价。

成年早期的自我评价具有如下多方面的特点。

1. 自我评价的独立性

成年早期的自我评价逐渐克服以同龄团体评价标准为取向的做法，开始形成个体独立的自我评价。

2. 自我评价的概括性

进入成年早期后，个体抽象思维能力得到迅速发展，自我评价的概括性增强。

3. 自我评价的适当性

个体的自我评价与实际情况符合程度如何，通常采用两种方法来检验。一种是将个体自我认识中的抱负水平和活动的实际结果进行比较，以考察两者间的符合情况；另一种是将自我评价与他人评价进行对比，以考察自我评价的客观性。

4. 自我评价的稳定性

进入成年早期，自我评价的稳定性开始逐渐提高，不再像青年期那样，容易因一时成功而过高评价自己，也容易因一时的失败而低估自己，更容易受同龄人评价的影响。

（二）自我体验

自我体验是自我意识的情绪形式，是在自我认识的基础上发生和发展起来的。所以，自我体验随着人们对自我的认识和评价的不同而不同，也随着人们对自我期待与憧憬的不同而不同。个体的自我体验发展到成年早期后，出现了一些显著的特点。

1. 自我体验丰富而深刻

随着成年早期自我认识和评价能力的提高，其自我体验也更多地与自己的社会贡献、自我存在的社会价值以及道德品质联系在一起。这便使得自我体验的社会性和深刻性大大增强。

2. 自尊迅速发展

自尊是个体对自己的一种肯定态度，即自己尊重自己、重视自己并要求他人也尊重和重视自己。自尊心是推动个人积极向上的一种动力。成年早期的自尊主要表现在对平等和尊重有强烈的要求，渴望在社会上实现自己的价值。

（三）自我调控

1. 自我调控的自觉性、目的性提高

成年早期为确定目标而进行的自我监督、自我批评以及自我教育的认识水平在不断提高，不只是在感知水平上驾驭自我，也不仅是在表象水平上驾驭自我，而是逐步过渡到在信念水平上驾驭自我。

2. 自我调控的主动性提高

成年早期独立性的发展，使他们对自己的控制方式逐步从外部控制的方式转变为内部控制的方式，逐步主动掌握自己的心理变化（龚晓洁，张剑，2011）。

五、亲密对孤独

根据埃里克森的人生发展阶段理论，成年早期个体要解决的主要矛盾是亲密与孤独。据埃里克森所言，亲密与孤独的对立标志着成人期的转变。为赢得亲密关系，个体必须与另外一个人建立亲近的、相互满意的关系。

埃里克森将亲密感定义为形成具体的友好关系和伙伴关系的能力，并且发展道德的力量去遵循彼此间义务的能力。亲密是一种能力，具有自我同一性的个体更易于敞开心扉，与他人建立融洽的、支持性的亲密关系。亲密关系使两个人结合在一起，但仍允许个体保留继续作为独立个人的自由。

如果个体在成年早期形成的亲密能力胜过孤独，他们就会顺利解决危机，形成"爱"的品德。埃里克森将之解释为克服异性间遗传的对立性而永远相互奉献。当一个

人防卫心理太重，而无法与其他人达成联合时，便会产生孤独。成功地解决亲密关系与孤独之间的矛盾，可以催生出作为下一阶段标志的创造力动机，这种动机与生育和照顾下一代、乐于促进社会发展有关。

第三节　　社会系统：职业与家庭

成年早期是生命发展的又一重要转折时期，这一阶段的个体，逐渐脱离了父母的庇护，开始独立面对生活中的各种问题，结婚成家、生儿育女、职业选择、社会关系等，很多都要自行解决。有学者把以下五种事件作为生命个体进入成年期的标志：① 结束校园生活；② 开始工作并且在经济上独立；③ 离家独立生活；④ 结婚；⑤ 为人父母。这些事件的发生与成年早期个体的生物成熟有很大关系，但更大程度上是受到社会模式和社会预期的影响。在这一节中，主要就成年早期生活中的这些标志性事件展开讨论。

一、成年早期的发展任务

早在 20 世纪 30 年代，有学者认为，青年男女为了满足心理上的适应，就必须实现两个目标：一是从精神上脱离家庭而走向独立；二是建立与异性朋友之间的良好关系。许多心理学家从各自的立场出发，提出了各种各样的项目，作为成年早期的发展任务。

罗伯特·哈维格斯特曾罗列了十项成年早期的发展任务：① 学习或实践与同龄男女之间新的熟练交际方式；② 承担作为男性或女性的社会任务；③ 认识自己身体的构造，有效地使用自己的身体；④ 从精神上到行动上都独立于父母或其他成人；⑤ 具有经济上自立的自信；⑥ 选择职业及就业；⑦ 做结婚及家庭生活的准备；⑧ 发展作为社会一员所需的知识和态度；⑨ 追求并完成负有社会性责任的行为；⑩ 学习或实践作为行为指南的价值和伦理体系。

夏埃与威里斯结合埃里克森的观点也提出了相应的看法。他们认为，自我同一性的实现、建立亲密感、参与社团是成年早期的三大发展任务。他们对此还做了进一步的阐释。

他们认为，在不同的人生阶段，个体的自我同一性具有不同的内容。而所谓自我同一性的实现，则意味着个体通过询问和探索成年生活可以选择的方式，努力把新特征融合为一致的整体，从而在新的水平上获得自我同一性。

在夏埃与威里斯看来，个体在平衡同一性与亲密感之间的关系时，还面临着决定自身与更大社团之间关系的任务。认为自己从事的职业有望提升自己的社会地位，进而实现更高的目标，这样的人更乐于参加社团组织。社团组织向很多人灌输了社会和政治意识形态，使之成为社会组织的积极分子。

其实，确立成年早期的发展任务，固然有满足生物适应（身体成熟）、心理适应

（价值、抱负）方面的依据，但更主要的依据还是社会的需要。如果进一步结合社会需要来确定成年早期的发展任务，那么这些任务应包括以下内容：① 就业、创业，既为社会做出贡献，又取得经济上的自立；② 择偶、婚配，建立和谐的家庭；③ 生儿育女，开始树立家长教育观念；④ 作为社会群体的一员，逐步取得群体中的地位和社会地位；⑤ 做一个合格的公民，承担起公民的基本义务，享受公民的基本权利。

上述任务对于成年早期的个体来说，都是全新的任务，也都是难以避免的挑战。接受这些任务、挑战的过程，同时也是一个在心理等方面的由不适应到适应的调适的过程。

二、恋爱与婚姻

（一）恋爱

如前所述，成年早期个体的生理已经处于成熟的"黄金期"，这种成熟自然包括性生理方面的成熟。而性生理的成熟又催生了性心理的成熟。从外表上看，这个时期实在是男女个体一生中最值得流连的时期。再者，这一时期的男女个体大都走上了社会，找到了自己的工作岗位，经济上有了相应的保障并逐渐趋于独立。

1. 亲密关系发展之路

大多数亲密关系的发展都比较相似，伴随着一系列令人惊讶的规律性进展。① 两个人之间的交往日趋频繁，持续时间更长，此外，交往地点也在不断增加。② 双方逐渐寻求对方的陪伴。③ 彼此越来越坦诚，相互透露自己的隐私，并开始表现出身体方面的亲密动作。④ 彼此越来越希望分享积极感受和消极感受，也可能会在彼此赞美之余提出一些批评。⑤ 彼此开始对双方关系的目标达成共识。⑥ 彼此对一些境遇的反应变得越来越相似。⑦ 彼此开始感觉到自己心理上的幸福程度与这段关系的成功与否紧密相连，并把这段关系看成是唯一的、不可替代的。⑧ 彼此关于自己和自身行为的定义发生变化，彼此把双方看成是一对情侣，并在行为上也表现成一对情侣，而不仅仅是独立的个体。

关于亲密关系发展之路，心理学家伯纳德·默斯坦提出了刺激-价值-角色理论。他认为，异性之间的亲密关系依序历经三个阶段。第一阶段是刺激阶段，关系只是建立在表面的、身体方面特征（如长相）的基础之上，通常代表着最初的相遇；第二阶段是价值阶段，关系的特征是双方的价值观和信念之间的相似性不断增加；第三阶段是角色阶段，关系建立在双方所扮演的特定角色（如男朋友、女朋友）基础上（罗伯特·费尔德曼，2013）。

2. 斯滕伯格爱情三元论

在心理学家斯滕伯格看来，爱由三种成分构成：亲密、激情、承诺。亲密成分（intimacy component）包含亲近性、情感性和连通性。激情成分（passion component）包含和性相关的动机驱力、身体亲近性和浪漫性。承诺成分（decision compo-nent）同时包含个体爱上另一个人的最初认知和长期维护这份爱的决心。这三种成分可以组成八种不同类型的爱。

无爱（non love）：三种成分都不具备，很多包办婚姻属于这种类型，最后往往以离异收场。

喜欢（liking）：只有亲密关系。在一起感觉很轻松，但是缺少激情，也不一定愿意厮守终生。

迷恋（infatuated love）：只有激情体验。认为对方有强烈的吸引力，除此之外，对对方了解不多，也没有考虑过未来。

空洞的爱（empty love）：只有承诺。家族或国家之间的策略婚姻，或者为了孩子而勉强维持的婚姻。

浪漫的爱（romantic love）：有亲密关系和激情体验，没有承诺。情侣快乐交往，但尚未对彼此共同的未来有所规划。

伴侣的爱（companionate love）：有亲密关系和承诺，缺乏激情。尽管彼此少有性方面的兴趣或需要，但享受与对方相处的时光，很多亲密无间的老年夫妇属于这一类型。

愚昧的爱（fatuous love）：有激情和承诺，没有亲密关系。如闪婚一族。

完美的爱（consummate love）：三种成分都具备。同时具备感情与性活力的长期关系，但在现实生活中如此完美的爱并不多见。

3. 恋爱类型

现实生活中，恋爱的类型多种多样，劳斯威尔统计了 1000 个样本，将之归结为以下六种类型（华红琴，等，2000）。

罗曼蒂克型。该类型的特征是将爱情理想化，强调形体美，或追求肉体与心灵的融合，一般以初恋者为多。恋爱过程中双方全心投入。这种恋爱关系一旦破裂，常常带来巨大的痛苦。

游戏型。属于该类型的人精于算计，视恋爱如下棋游戏，以自我为中心，只考虑个人需求的满足，总想以最低的成本从对方处获得最大的好处。有的人同时有多个情人，对谁都不做承诺，不负道义上的责任。一旦关系出现问题，这种人并不努力克服，宁愿另寻新欢。

奉献型。这类人信奉爱情是付出而不是获取的原则，甘愿为其所爱牺牲一切，不求回报。

占有型。这些人有心理不健康的倾向，往往为其所爱投入全部的精力，并希望对方以同样方式回应。他们的情绪起伏很大，常常因为朝思暮想对方而吃不好睡不安，为恋爱关系过度担忧。强烈的嫉妒心和占有欲常常使自身表现出不佳现象。这些人难以与自我照顾且自我满足的人保持关系。当恋爱关系结束时，会产生被抛弃的感觉。

现实型。这类人对待爱情就像对待生活中的其他事。他们现实地评估自己和对方的"市场价值"，选择可能性中最好的，不追求理想，只求生活实用的满足。

伴侣型。这种恋爱关系是在长期的友情基础上发展起来的。在他们的爱情关系中，温存多于热情，信任多于嫉妒，性亲密的行为发生较晚，是一种平淡而深厚的爱情。

如此的恋爱类型划分，尽管不一定很精当，但是，从中不难体会到，不同的恋爱类型体现出了不同的价值取向，折射出了不同的世界观和人生观。

（二）婚姻

一般情况下，婚姻作为爱情的一种结果，是对爱情的升华和发展。成年早期的个体恋爱和结婚的各方面条件大体具备，从现实的角度看，大多数男女是在 35 岁之前完成婚恋这一终身大事的。

1. 婚姻的形态、原因和道德性

婚姻作为男女两性结合的社会形式，其形态也是变化着的。按照历史发展的顺序，婚姻依次经历了三种形态：群婚制、对偶婚制、一夫一妻制。这中间社会经济关系的变化是婚姻形态变化的根本原因。可以合理地预期，随着社会经济关系的进一步变化，将会出现新的婚姻形态。

关于婚姻的原因，一般是这么认为的：相爱的双方，通过婚姻获得合法的性关系；通过婚姻可以满足友谊（伴侣关系）和交流的需要；通过婚姻可以保证儿童的安全和合法的权利；通过婚姻可以满足社会期望和遵从的需要。另外，结婚的决定实际上也会受到已经结婚的同辈人的影响。

婚姻作为一种社会行为，除了具有合法性之外，还应具有道德性。从理想的层面看，只有建立在爱情基础上的婚姻才具有最根本的道德性。之所以强调婚姻生活要以爱情为基础，一是因为这是双方都能享受幸福家庭生活的保证；二是因为只有双方相爱，由婚姻确定的权利、义务关系才具有现实性，否则只能是一句空话。

2. 婚姻筛选模型

爱情是婚姻的基础，但是除了爱情之外，择偶的过程中还有可能包含着一些其他标准。

父母偶像理论：由精神分析学家弗洛伊德所提出。其主张，男性由于恋母情结会选择与其母亲个性品质相近的女子作为恋爱对象，而女性由于恋父情结会选择与其父亲相似的男子作为恋爱对象。从心理学的角度看，父亲或母亲伴随着自己长大，找类似于父母性格的对象，较容易获得安全感。

互补需要理论：由婚姻学家温奇提出。其主张，在个人动机方面，择偶时人们主要考虑的是需要的互补性，如有支配欲的男性会选择那些依赖性强的女性为配偶。

同质相婚理论：人们总是倾向于选择与自己年龄、居住地、宗教、教育、社会阶级以及其他人口统计学特征方面相近或相似的异性为配偶，而且男女两性在个人魅力、智力、容貌、财富及其他资源方面大致相当。这与我们中国传统文化中门当户对的原则较为类似。

资源交换理论：人们为某一特定的异性所吸引，是由其所能提供的资源决定的。

这些资源是多方面的，如个人的气质、财富、才能、社会地位等。假如某一资源不足，可以更多地提供另一种资源作为补偿，如年轻美貌可以用来交换诸如社会经济地位、爱护和关心等其他资源。

婚姻梯度理论：婚姻梯度即男性倾向于选择那些比自己年轻、矮小、地位低的女性结婚，而女性选择那些比自己年长、高大、地位高的男性结婚，亦即所谓的"男高女低"模式。该模式对婚姻产生了重要影响。一方面，对于女性而言，这一倾向限制了潜在配偶的数量，尤其是女性上了年纪以后；而当男性上了年纪之后，这一倾向反而增加了潜在配偶的数量。此外，这也导致了一些男性没有办法结婚，可能是因为他们找不到与自己地位相仿或地位更高而愿意"下嫁"的女性。另一方面，一些女性也没有办法结婚，可能是因为她们地位太高，或者是她们在潜在的配偶中找不到地位足够高的男性。

进化心理学理论：该理论认为人类寻求配偶的核心目标是为了使其基因繁衍达到最优化，男女由于基因差异，因此追求生育成功的方式也有所不同。男性在选择配偶时，更加关注身体方面的吸引力，以及那些有更长时间生育孩子的年轻女性；而女性获得生育成功的方式是保障后代的品质而非数量，所以她们倾向于挑选那些能够提供最好的经济和福利资源的男性作为配偶。

在现代社会，人们更注重婚姻的质量，讲究情爱的重要性，强调掌握选择对方的主动权和决定权。因而择偶标准也变得更为现实和多元化。从总体上看，择偶标准大致可以划分为个人品质、经济和文化几个方面：① 个人品质是重要的选择标准；② 物质利益和经济因素起着越来越重要的作用；③ 受教育程度和综合素质成为重要因素；④ 外表形象是择偶的重要影响因素；⑤ 地域、年龄差异等的影响力呈减弱趋势。

3. 成年早期对婚姻的适应

婚姻适应是成年早期非常重要的、必须面对的人生课题。婚姻关系具有复杂的社会内涵，这就使得这种适应既必要，同时又比较困难。

婚姻的适应过程是一个复杂的过程，具体涉及情感、性生活、人际关系、经济活动、家务劳动、家庭角色、个人习惯、道德观、价值观等方面的适应。Philip Rice 对此做了全方位的具体的说明。

情感方面的调适：① 学会给予和接受爱与被爱；② 培养敏感、同感和亲密感；③ 给予配偶情感的支持，培养性情，实现自我的需要。

性方面的调适：① 学会在性的方面互相满足配偶；② 寻找出性爱表达的适当方式、方法和时间；③ 学会应用适当的节育方法。

个人习惯的调适：① 调整自己以适应配偶的说话、吃饭和睡觉等的生活习惯；② 调整自己在吸烟、喝酒等方面的不良习惯；③ 摒弃或调整自己容易让配偶恼火的习惯；④ 调整双方在生物节律方面的差异；⑤ 学会与配偶共同分享时间、空间、财产和工作。

性别角色方面的调适：① 区分丈夫和妻子在家庭内外的角色；② 区分丈夫和妻子在挣钱、持家、做家务等方面的分工；③ 遵守夫妇劳动分工的协议。

物质和经济方面的调适：① 考虑地理环境、社区、邻居等因素，购买自己的住房；② 赚取足够的钱；③ 合理安排钱的开支。

工作方面的调适：① 找到并努力维持一份工作；② 适应工作的时间、地点、条件和环境；③ 制定出合适的工作时间表以适应夫妻双方的生活需要；④ 当夫妇一方或双方都工作时，安排好对小孩的照看。

其他社会活动的调适：① 学会安排并举行社交性活动；② 学会夫妇一起外出参观或拜会朋友；③ 确定夫妇个人或夫妇双方要参与的社会活动的类型或次数；④ 选择朋友并与朋友保持联系；⑤ 选择夫妻双方单独共处的时间。

家庭和亲戚方面的调适：① 同父母和亲戚保持联系；② 学会如何同家庭打交道。

沟通方面的调适：① 学会向配偶表露并交流自己的想法、焦虑和需要等；② 学会以建设性的方法来倾听配偶，学会以富有成效的方式来与配偶交谈。

权力和决定方面的调适：① 取得权力和地位之间的平衡；② 学会做出决定并执行决定；③ 学会合作、妥协和协调；④ 学会承担起行动的相关责任。

解决冲突和问题方面的调适：① 学会找出冲突的原因和细节；② 学会建设性地解决冲突和问题；③ 学会适时地向配偶寻求帮助。

道德、价值和意识形态方面的调适：① 理解个人在生活中的道德、价值、信仰和生活目标；② 接受配偶不同的宗教信仰和实践。

林崇德等人认为，要想使婚姻适应成功，夫妻双方必须做好六件事：① 相亲相爱，忠贞如一；② 性生活和谐；③ 处理好家庭人际关系；④ 家庭经济生活民主化；⑤ 共同做好家务劳动；⑥ 扮演好父母角色。这六条是婚姻适应的基准，与之相反的就是婚姻不适应。婚姻不适应的结果是夫妻感情的破裂，严重的会导致离婚。

（三）生育

成年时期，男性和女性都有良好的生殖能力，属于生育的高峰期。而对于女性的生育来讲，这一时期则显得尤为重要。一般认为，从工作、学习、哺育以及优生等方面综合考虑，女性的生育有一个最佳的年龄段。高龄产妇不仅面临着难产的风险，而且畸形儿的发生率也会上升。

至于生育的原因，则可以归纳为以下几点。① 延续种族的本能冲动。② 父母的身份体现生命的意义。正如个体同父母的关系在构成自己的儿童期时发挥了工具性的作用，个体的成年期也是通过自己与自己的孩子的关系来建构的。③ 孩子们能为家庭福利做出贡献。④ 孩子使父母获得生命的圆满感。

另需指出的是，生育既是一种生物行为，同时也是一种社会行为，可以说兼具生物意义和社会意义。因此，当夫妻决定要生养小孩时，还应做好以下工作。首先，生育应适应并自觉遵守现行的生育政策。其次，自觉坚持婚前检查。婚前检查的好处主要有：① 可以及时发现有碍优生的疾病，并依据疾病的具体情况分别给以不宜结婚、婚后不宜生育或怀孕后要做遗传方面的产前诊断的劝告；② 可以发现生殖器疾病，进而在婚前进行必要的药物治疗或者手术矫治，为婚后进行正常的性生活打下基础；③ 准新娘、新郎可以接受必要的性生活技巧、孕期卫生方面的辅导等。

生育行为自然可以带来一些益处，例如，可以增强夫妻感情，体验孩子给生活带来的刺激和乐趣；体验自我的新成长，学会做一个负责任的、成熟的社会成员等。同时也不可避免地给新婚夫妻带来一些挑战，例如，失去一定的自由；经济压力增大；角色冲突，没有足够的时间兼顾家庭和工作；与伴侣相处的时间减少；干扰母亲的就业机会等。上述这些挑战很容易引发家庭矛盾，因此夫妻应在做好充分心理准备的基础上决定生育行为。

三、职业生活

成年早期，是个体走出学校、迈向社会、寻求职业、创建事业的时期。学业上的积累和收获，为事业的创建奠定了知识基础，而"鼎盛期"的体力和精力则为事业的创建奠定了较好的生物基础。这就使得成年早期的个体具有较强的承载力，能承担较繁重的脑力劳动和体力劳动，从而大大增强了事业成功的可能性。

（一）职业对生活的意义

职业并非可有可无的，其对生活的意义体现在诸多方面：① 职业是人们获得经济独立的主要手段；② 职业规定了人们在社会中的地位；③ 职业是人们人生这部大戏的主要场景；④ 职业为人们工作、创造成就提供主要的机会。

（二）职业生涯发展

职业生涯具有阶段性，每个阶段都各具特色。

1. 金斯伯格职业选择理论

金斯伯格认为，人们在选择职业的过程中往往经历一系列典型阶段。第一阶段是幻想阶段（fantasy period），持续到 11 岁左右。在幻想阶段，人们对职业的选择不考虑技术、能力或工作机会的可获得性，而通常只考虑这份职业听起来是否有意思。例如，一个小孩决定自己将来要成为一位歌唱家，在此时根本不考虑自己唱歌总是跑调。第二阶段是尝试阶段（tentative period），涵盖整个青春期。在尝试阶段，人们开始考虑一些实际情况，务实地考虑职业的要求以及是否符合自己的能力和兴趣。同样，他们也会考虑到自身价值和目标，以及某一职业所能带来的工作满意度。最后，人们在成年早期进入现实阶段（realistic period）。在此阶段，个体根据自己的实践经验或职业培训，明确自己的职业选择。通过不断学习和了解，人们逐渐缩小职业选择范围，并最终做出选择。

2. 舒帕的生活-生涯发展理论

舒帕对金斯伯格的职业选择理论加以扩展，提出了生活-生涯发展理论（life-career development theory），认为职业生涯发展包括五个阶段。

成长期：0～14岁。经由认同家庭与学校的重要人物，发展出自我概念，需求与幻想为此时期的最主要特质。随着年龄增长，社会参与和现实挑战逐渐增多，兴趣与能力亦逐渐重要，因此成长期又可分为幻想期（4～10岁）、兴趣期（11～12岁）与能力期（13～14岁）等主要时期。

探索期：15～24岁。在学校、休闲活动与兼职工作中，进行自我审视、角色尝试与职业试探，逐步展开对职业的社会价值、就业机会的思考，开始进入劳动力市场或开始从事某种职业。探索期又可分为试探期（15～17岁）、过渡期（18～21岁）及试验并初步承诺期（22～24岁）。

建立期：25～44岁。对选定的职业领域进行尝试，变换工作，然后逐步建立稳固的地位。此后职位可能升迁，但职业一般不会改变。建立期又分为试验稳定期（25～30岁）及晋升维持期（31～44岁）。

维持期：45～64岁。逐渐在职场上取得一定成绩并拥有相当的地位，致力于维持与提升现有的地位，创意的表现较少。必须面对新进人员的挑战，并为退休做计划。

衰退期：65岁及以后。职业生涯接近尾声，体力、精力与智能逐渐衰退，退出原有工作领域。发展新的角色，变成选择性的参与者，然后成为完全的观察者。衰退期（广义）又分为衰退期（65～70岁）与退休期（71岁及以后）。

此外，在每个时期至下个时期之间，还有所谓的转换期，包括新的成长、再探索、再建立等历程。舒帕认为个人必须达成其每一阶段的生涯发展任务，并为下一阶段的发展做好预先规划与准备。然而，个人一旦进入一个新的生涯发展阶段，极可能也进入一个新的发展循环，需要重新经历成长、探索、建立、维持、衰退等一系列的历程（韩晓燕，朱晨海，2009）。

（三）成年早期的职业选择

成年早期的个体要对一份工作做出明智的选择，一方面要知道自己的人格类型、兴趣和能力，另一方面还要了解工作环境的特点和要求，这也就是通常所谓的知己知彼。

霍兰德的职业理论对上述两方面的匹配性做了集中探讨。霍兰德对特定职业和职业环境中成功个体的人格特征和兴趣进行了广泛的研究，在此基础上，他发展了人格-环境适应性模型。

霍兰德总结了六种人格类型：研究型（investigative）、社交型（social）、现实型（realistic）、艺术型（artistic）、传统型（conventional）和企业型（enterprising）。人格类型与职业选择的关系是有限的，却很重要。换句话说，人格无法解释职业选择的各个方面，但它确实对职业选择有影响。六种人格类型的特点及其工作偏好可概括如下。

1. 研究型

任务定向、内感受性、不善交际；喜欢深刻地思考问题，而不喜欢用行动来表现问题；需要去理解事物；热衷于模糊的任务；具有反传统的价值观和态度；是与口腔型截然相反的肛门型。

职业偏好包括航空设计工程师、人类学家、天文学家、生物学家、植物学家、化学家、科学期刊编辑、地质学家、独立研究的科学家、气象学家、物理学家、科学研究工作者、学术或教学文章的作者和动物学家等。

2. 社交型

好交际、负责任、女性化、仁慈、细心；需要关注；具有语言与人际关系技巧，不愿意参与解决智力问题的活动、体力活动和有较强秩序性的活动；喜欢通过与他人的情感交流和人际交往的技巧来解决问题，是口腔依赖型。

职业偏好包括临床心理学家、福利机构的领导人、外交使节、高校教师、青少年犯罪专家、婚姻顾问、私人顾问、自然科学教师、游乐场领导、精神病案例工作者、社会科学教师、语言能力治疗者和职业顾问等。

3. 现实型

男子气、身体强壮、孤僻、有攻击性，具备良好的运动协调能力和技巧，缺乏语言和人际交往技巧；偏好具体问题而非抽象问题；自认为是攻击性的和男性化的，同时认为自己持有传统的政治和经济价值观。

职业偏好包括航空技工、建筑检验员、电工、加油站服务员、野生动物专家、火车工程师、动力装置操作者、海关验货员、"树医"和工具设计员等。

4. 艺术型

不善社交；回避高度结构化和需要纯物理技术的问题；与研究型相比，在内感受性和不善交际方面相似，但在个性表达的需要上有差别；自我的力量较弱些，容易陷入感情困扰；喜欢通过艺术媒体进行自我表现来解决问题。

职业偏好包括艺术品商人、作家、卡通画家、商业艺术家、作曲家、歌唱家、戏剧表演教师、自由撰稿人、音乐编导、音乐家、剧作家、诗人、舞台导演和交响乐指挥等。

5. 传统型

更喜欢结构化的语言和数字活动，更乐于处于从属地位；是顺从、外感受性的；回避不明确的状况和涉及人际关系及物理技能的问题；能有效完成具有良好组织的任务；认同权力，重视物质财产和地位。

职业偏好包括银行检查员、银行出纳、经济评论家、成本估算员、法庭速记员、金融分析家、商业机器操作员、存货控制员、付费记账员、质量控制专家、统计员、税收专家和交通管理员等。

6. 企业型

具备推销、支配及领导他人的语言技巧，把自己构想成强大的领袖；回避需要使用精美的辞藻或花费脑力的工作环境；属外感受型；更喜欢不明确的任务；更加热衷于不同于传统的权力、地位及领导权；属口腔攻击型。

职业偏好包括商务执行官、采购员、酒店经理、产业关系顾问、制造商代表、仪式主持人、房地产销售员、饭店工作者、股票和证券销售者等。

（四）成年早期的职业适应

个体一般是在成年早期就业、创业的。但由于种种原因，就业、创业后对职业有一个逐渐适应的过程。这里所谓的适应涉及工作中的方方面面：对工作本身的兴趣、投入工作时间的长短、与同事和上司的关系、对工作环境的态度等。一般认为，影响职业适应的因素大体上有以下几个方面。

1. 年龄

年龄愈大，人们改变职业的可能愈小；再者，不同年龄的个体对职业适应的内容有所区别。成年早期的个体主要是追求工作和成绩，中年以后主要追求的则是薪水和职位。

2. 人格特征与职业兴趣

与职业选择有关的兴趣称为职业兴趣。不同的职业兴趣以及不同的人格特征对应不同的职业。例如，多血质的人比较适合与人打交道的行业，如管理、咨询服务等；而喜欢创造性工作的，则可以从事科学研究、设计师等职业。如果被迫从事与自己兴趣或人格特征不相吻合的工作，则容易感到被束缚，对职业的适应性也较差。

3. 职业训练和职业能力

某一个体职业训练有素，能力强，则可以胜任工作，适应水平高；否则，就难以胜任工作，适应性当然也就差了。

4. 是否学用一致

一般而言，学用一致，则适应较快，反之，则会需要一个相对漫长的适应阶段。

如何来评价职业适应的状况？有学者指出，有两个标准可以判定年轻人对职业适应的成功与否：第一是工作的成功与成就；第二是个人与家人对这个工作及社会地位所感到的满意程度。前者属于客观性标准，后者则带有很大的主观性，属于主观的标准。

工作满意度是指个体对工作或职务的积极或消极情感的程度，它主要受到两类因素的影响：工作条件和人员特征。① 工作条件，主要包括工作难度与挑战性、工作内容是否多样化、工作报酬与奖励等，此外工作环境条件与体力要求也会影响到工作满意度。② 人员特征，主要包括员工本人与同事、上下级之间的关系等。同事的合作、上级的支持、下级的配合、能力与工作相匹配以及工作中高度的尊重和自尊体验等，都会提高工作满意度（韩晓燕，朱晨海，2009）。

（五）就业与创业

就业与创业与一个国家的制度安排及其相关政策息息相关。下面仅以我国为例稍加说明。

我国实行社会主义市场经济体制，就业也好、创业也好，都受到市场的自发调节。这一点和计划经济时期的按计划安排就业、创业有很大不同。当然在这过程中，国家还会通过各种政策（非市场手段）对就业、创业等问题进行宏观调控。国家通过宏观调控，正不断地为社会提供就业岗位，但即便如此，人们就业的压力依然很大。从另外一个角度讲，即使就业了，失业的威胁又来了。所以，成年早期个体必须具备一定的职业风险意识。

令人鼓舞的是，现如今国家鼓励人们自主创业，并为此提供了诸多优惠的政策，这就为成年早期个体的创业提供了广阔的舞台，"海阔凭鱼跃，天高任鸟飞"，个体可勇敢施展本领和才华。当然，相应的是，创业路上的艰辛也在逐渐增多，对此应有充分的认识和心理准备，从而使自己既能尽情享受胜利、成功带来的喜悦，又能具有坦然接受失败、挫折的广阔胸怀。审时度势，勇抓机遇，事业成功的可能性便会转化为现实性。

对于成年早期的个体来说，就业与创业具有多重意义。譬如，能为个体生存和发展提供经济保障和相应的物质基础，能帮助个体获得个人认同感，能获得一定的成就感，能确证自己是一个社会性的存在物等。

▲ 拓展阅读

成年早期问题

▲ 本章小结

本章重点探讨了成年早期这一生命阶段的生物、心理和社会系统的主要变化及其相互影响。从生物系统的视角来看，成年早期是人体机能的"黄金期"，个体生理和生殖功能达到顶峰，但也逐步呈现出机能平衡和逐渐衰退的趋势。饮食、锻炼和生活方式的选择在这一阶段尤为重要，直接影响健康和生活质量。

在心理系统方面，本章分析了成年早期个体认知能力的高峰、情感关系的稳定性以及自我意识的发展。成年早期个体逐步确立个人的职业目标、社会角色及情感纽带，同时也面临婚恋、家庭责任和职业压力等多方面的挑战。埃里克森的亲密与孤独相关理论为这一阶段的心理发展提供了重要理论框架。

在社会系统层面，本章强调了成年早期个体在职业选择、婚姻生活和社会交往中的适应过程。社会期望与个体自主性的协调、亲密关系的建立与维系，以及职业与家庭的平衡成为这一阶段的核心任务。本章还指出，社会支持系统对成年早期个体适应复杂社会环境的重要性。

通过生物、心理和社会三个维度的综合分析，本章不仅揭示了成年早期发展的基本规律，还为社会工作者和教育者在支持这一阶段人群的发展上提供了实用建议。

🔺 关键概念

- 成年早期
- 生理高峰
- 生殖能力
- 认知发展
- 情感稳定
- 自我意识
- 亲密关系
- 孤独感
- 职业选择
- 家庭责任
- 社会支持
- 社会适应

🔺 思考与练习

1. 成年早期个体的生物机能有哪些特点？如何在这一阶段保持健康？
2. 根据埃里克森的理论，亲密关系与孤独感如何影响成年早期个体的心理健康？
3. 结合实际案例，分析职业选择对成年早期个体社会适应的影响。
4. 成年早期个体如何在职业发展与家庭责任之间找到平衡？
5. 社会支持系统对成年早期个体应对压力的重要性体现在哪些方面？
6. 从生物、心理和社会三个角度，设计一份支持成年早期个体发展的社会工作计划。

第十章

成年中期：心理与社会适应

第一节　　生物系统：成年中期的生理变化与适应

一、成年中期的特征

（一）成年中期的年龄特征

成年中期，又称中年期。关于其年龄范围，同样有各种不同的规定。或将之限定在 40～65 岁（沙依仁，1983），或将之限定在 35～60 岁（王瑞鸿，2002）。本书则将之限定在 35～60 岁。其实这种划分只具有相对意义。譬如，就中年期下限而言，随着经济的发展，物质生活水平的提高，个体健康状况的不断改善，中年期的生活时间自然将会有所延长。从生物上讲，生物机能由盛趋衰将成年中期与成年早期区分开来，而慢性病发病率和死亡率是否急剧上升，则将成年中期与成年晚期（老年期）区分开来。

（二）成年中期的基本特征

成年中期的基本特征主要有以下几点：① 生物上出现全方位的衰退；② 心理上更趋稳定和成熟；③ 家庭责任、社会责任更大；④ 职业稳定；⑤ 成就较多。

（三）成年中期的标志性事件

成年中期的标志性事件主要有：① 更年期出现；② 慢性病发病率和死亡率开始上升；③ 心理疾病增多；④ 既是孩子又是家长，成为夹在中间的一代；⑤ 常常感叹老之将至。

二、成年中期生物系统的特点

如前所述，成年早期是生物上成熟的"黄金期"，与该旺盛的"黄金期"相比，成年中期的个体，其生物机能则呈现出由相对平衡向逐渐衰弱转变的倾向。这种倾向表现在以下诸多方面。

（一）身高、体重及外貌

就身高而言，大多数人在 20 多岁时达到身高的峰值，并将较为接近的身高一直保持到 55 岁左右。在此之后，人们便开始了身高的"沉淀过程"，脊柱和骨头的连接变得不再致密，虽然身高的下降非常缓慢，但最终女性身高平均下降约 5 cm，男性身高平均下降约 2.5 cm。

从成年早期到中年期，体脂率普遍上升，肥胖、臃肿似乎成了相当一部分中年人的"专利"。其中包括两方面的原因：一方面是因为年纪越大，基础代谢率越低，热量消耗的速度越慢，剩余的热量就变成脂肪存留在体内；另一方面则是因为荷尔蒙的改变。通常男性腰围会变粗，女性在更年期之前，脂肪大多堆积在下半身。

进入中年期，皮肤由于弹力纤维的消失而松弛，可见眼睑和面颊的皮肤下垂，皮肤开始发皱。眼的外观出现肿胀现象，以40～50岁者多见。皮肤变皱、肌肉松弛和脱发被认为是个体老化的直观指标。雀斑样小色素斑和老年斑等往往在30岁后陆续出现，并随着年龄的增长而逐年增加，50岁后则明显增多（汪新建，2008）。

（二）视力与听力

大约从40岁开始，视敏度，即识别远处和近处空间细节的能力，开始下降。眼睛晶体的形状发生改变，其弹性下降，使得眼睛很难将图像精确地聚在视网膜上。晶体变得更加浑浊，导致穿过眼睛的光线减少。成年中期视力近乎一致的变化是近视力的损失，被称为远视眼，他们看远处的东西比看近处的东西更清楚，为了看近处的东西，他们经常需要佩戴老花镜；深度知觉、距离知觉和将世界知觉为三维的能力都在下降。晶体弹力的降低也意味着中年人适应黑暗的能力受损，使得他们在光线昏暗的环境中更难看清楚外物。

在成年中期，听力的敏锐度也开始逐渐降低。但对于大部分人来说，听力的下降并没有视力下降那么明显。对高频声音的听力通常最先下降，这一问题一般称为老年性耳聋。听力障碍存在性别差异，男性比女性更容易出现听力障碍，大约始于55岁。具有听力障碍的人同时也可能有辨别声音方向和来源的困难（罗伯特·费尔德曼，2013）。

（三）骨骼与肌肉

在成年早期，个体骨骼中无机物仅占约50%，到了成年中期可占约66%，而到老年期则增至80%左右。由于中年人骨骼中无机物含量的增高，故而骨骼的弹性、韧性相较于成年早期明显降低，骨折发生率相应上升，同时骨质易于增生，容易发生骨关节病，如颈椎病、腰椎骨质增生等。

（四）心血管系统

随着年龄的增长，个体心血管的生物功能发生了显著的变化。如自律性随着年龄的增加而降低；心输出量随年龄的增加而减少；血管壁含钙量随年龄的增加而上升，动脉壁弹性下降。机体对血压反射性调节功能减退，容易引起高血压病。血压和血脂的升高，使中年人容易出现冠心病和脑血管病。

（五）呼吸系统

随着年龄的增加，人体的肺泡和小支气管的口径日趋扩大，而肺血管数目却有所减少，结果是不利于气体的交换。另外，肺泡壁间质纤维量增加，肺的可扩张性、肺活量和最大通气量均下降，这些变化导致中年人的呼吸功能低于成年早期的呼吸功能。

（六）消化与代谢功能

进入中年期后，随着年龄的增长，消化功能与代谢功能均呈下降趋势。从 35 岁开始，中年人胃液等消化分泌量下降得比较快，所含消化酶等也减少，到 50 岁以后，消化功能较成年早期下降明显。与此同时，中年人的基础代谢率每年逐渐下降。与机体代谢能力密切相关的各种氧化酶的活性，在大多数组织中均随年龄增长而下降。随着年龄的增长，细胞膜上激素受体数目也相应减少，细胞对激素的反应降低，致使细胞代谢降低。此外，胰岛功能减退，胰岛素的分泌减少，因而血糖容易偏高，易患糖尿病。

（七）生殖功能

一般说来，人的生精能力及性行为是随着年龄增长而缓慢减退的。40 岁左右，生精功能明显下降。50 岁左右，睾丸容积缩小。约从 40 岁起，精液中果糖减少，异常精子增加，精子活力减弱。用放射免疫法测定睾酮（雄激素），显示男性血清睾酮随年龄增加而降低，一般 55 岁后可减少至正常水平以下。

（八）更年期

医学上所提到的更年期，一般情况下是发生在中年期的后段。男性更年期出现的年龄界限不如女性更年期明确。一般认为，男性更年期较女性晚发生约 10～20 年。男性更年期主要有如下几个方面的变化。① 精神情绪的变化：随着机体内分泌的变化，出现烦躁、易怒或精神压抑等现象，有时仅仅因为某一件小事而自责、自卑甚至失去信心；在社会生活及人际交往中，容易失去信心，产生多疑、不合群及自我孤独感。② 发生自主神经性循环机能障碍：出现诸如心悸、恐惧不安、呼吸不畅、兴奋过度、眩晕、耳鸣、食欲不振、便秘等症状。③ 易感疲劳：由于睡眠减少，机体感到疲乏无力，对生活中出现的事情缺乏兴趣，往往感到精力、体力、视力迅速下降，自感心有余而力不足。④ 性机能降低：表现为性欲、阴茎勃起、性交、射精、性欲高潮等一系列功能减退等症状。这些症状的出现，主要是睾丸萎缩、退化引起了丘脑、垂体、肾上腺等全身内分泌变化的结果。

女性更年期平均自 45 岁左右开始，可持续数年，其中最显著的标志就是绝经。在此期间，卵巢开始萎缩而月经渐渐失调，出现一系列更年期症候群，主要包括以下症状。① 心血管症状：如潮热、出汗，这也是绝经期综合征的典型症状，是由神经功能失调引起的。② 神经精神症状：绝经期妇女或多或少都会有些心理上的变化，表现为情绪极不稳定、紧张、焦虑、失眠健忘、多疑、爱唠叨；也有表现为抑郁状态，甚至出现自杀念头，情绪消沉、悲观、烦恼。③ 月经及泌尿生殖系统变化：随着卵巢功能的减退，绝经期的临近，月经周期紊乱，经期延长，经量增加，甚至血崩，逐渐转变为停经，也有人月经骤然停止。④ 骨骼肌肉系统变化：骨质疏松、肌肉酸胀痛、乏力、关节足跟疼痛、抽筋、驼背、身高变矮、关节变形、易骨折、指甲变脆等。⑤ 消化系统变化：恶心、咽部异物感、胃胀不适、腹胀、腹泻、便秘等。⑥ 皮肤黏膜系统变化：干燥瘙痒、弹性减退、光泽消失、水肿、皱纹增多、老年斑增多、口干、易口腔溃疡、眼睛干涩、皮肤感觉异常。⑦ 体形变化：新陈代谢和脂肪代谢紊乱且活动量少，导致肥胖和体形变化。（汪新建，2008）

（九）脑结构与脑力活动

人的脑神经细胞数目随着年龄的增长而不断减少，因而中年人的脑重是呈逐渐减轻趋势的。脑血管病的发病率也与年龄增加呈平行关系。

人到中年以后，虽然脑神经细胞数目随年龄增加而减少，但脑力活动和创造性思维能力，并不见得衰退，一方面是由于人脑具有很大的潜力，大脑皮质的神经细胞数量很多，即使进入老年期，神经细胞仍可维持在很高水平。因此，知识分子一旦进入中年期，恰恰是创造性思维的鼎盛时期，往往可以取得许多科研成果。另一方面，虽然机械识记能力随着年龄的增长而日趋降低，但意义识记（即利用过去的知识和经验的识记，需要理解事物的意义）能力却日见增强。

综上所述，中年人的生物特点表明，中年人正处于向老年人过渡的"更年期"，处于神经-内分泌的"动荡"时期，是"多事之秋"。人在 35 岁以后，由于机体功能不断衰退，易患多种疾病或发生意外事故，故而其死亡的可能性提高。因此，有人将 35～60 岁这一时期称为生命过程的"危险带"。

三、成年中期对生物变化的适应

了解中年期的生物变化与特点，对于中年人和每一个正在步入中年期的人来说，都是极为必要的。鉴于中年期的特殊生物状况，这一时期的生物调适应注意以下几个方面。

首先，应正确地对待这一时期的生物变化。要自觉地认识到，包括更年期在内的生物变化具有必然性，是不可避免的。中年人应积极地进行心理训练和必要的机体功能调整，以便平安地度过中年期这一时期。特别需要指出的是，要注意身体所发出的威胁健康的危险信号，及早寻找原因，及时诊治。

其次，起居有常。现代医学科学已证实，人的生命活动是遵循着一定的周期或节律展开的。人进入中年期后，许多疾病如冠心病、脑中风、气管炎、神经衰弱、心律失常、胃溃疡、胃炎、糖尿病的患病率日益增加，大多与起居无常有一定联系。中年人应该有合理的生活安排，使自己的生活节奏既能适应四季气候的特点以及早晚变化的规律，又可与年龄、体质、地区、习惯、条件等不同情况相适宜。此外，还要注意一般的起居宜忌，比如劳作宜忌、房事宜忌、睡眠宜忌等。

再次，注重饮食调整。根据中年人的生理特点，饮食宜清淡，少食脂肪性食物；可采用豆类和谷类搭配食用的方法，以起到蛋白质互补之效。另外，应要注意五味调和、寒热相宜；食物在制作过程中要注意保护营养成分，防止过多地被破坏。进食方面也有一定的宜忌：应注意节制食量，防止暴饮暴食；食后也要注意调理，主要有不过劳、不即卧、不气恼、不看书，适度散步和做腹部轻柔按摩等。

最后，保持适度的运动。人到中年，新陈代谢随着年龄增长而趋于减弱。为促进机体代谢过程，中年人必须保持一定量的运动。对于中年人来说，因人而异、因病而异，合理地选择一些实用的运动方法，进行适度的运动是十分必要的。切记生命在于运动。

第二节　　心理系统：成年中期的心理特点与调适

一、成年中期心理系统的特点

254

与生物上逐渐衰变的单向变化有所不同，中年人的心理变化表现出了一定程度的复杂性。一般而言，中年人主要的心理特征是稳定和成熟，具体表现在知、情、意等方面。

（一）认知发展

中年阶段，个体的晶体智力（crystallized intelligence）继续上升，流体智力（fluid intelligence）缓慢下降。所谓晶体智力是指通过掌握社会文化经验而获得的智力，如词汇、言语理解、常识等以记忆储存为基础的能力。流体智力，则是以神经生理为基础，随神经系统的成熟而提高，相对地不受教育与文化的影响，如知觉速度、机械记忆、识别图形关系等。对于青少年（甚至成年早期）来说，这两种智力都随着年龄增长而不断提高，而中年人则与此不同，表现为晶体智力上升，而流体智力下降。

再者，相比较而言，青少年（甚至成年早期）的智力发展以智力技能（智力发展的第一种过程，它与思维的基本形式密切相关，其主要功能在于负责信息加工和问题解决的组织）为主，而中年人则以实用智力为主（智力发展的第二种过程，表现为智力技能和情境、知识相联系的应用）。

中年人认知加工的主要内容是社会信息，根据诸如自己和别人的行为、社会交往、社会规则和集体组织间的关系等社会信息，来开展认知加工活动。因此，社会认知与伦理认知是中年人智力发展的重要特点。影响中年人认知活动的主要因素，既有社会历史因素，也有职业因素。社会历史因素的影响效应主要表现为心理学家所说的同辈效应（cohort effect）；职业因素的影响效应具有复杂性，那些需要个体的思想、需要个体进行独立判断的职业活动，对认知活动会产生积极的影响；而那些简单的、机械的、重复性的职业活动，对认知产生积极影响的可能性就要小得多。

（二）记忆发展

记忆一般由三个连续的成分组成：感觉记忆、短时记忆和长时记忆。感觉记忆是对信息最初的短暂储存，只能保持一瞬间，信息被个体的感觉系统作为最原始的、无意义的刺激记录下来。然后，信息进入了短时记忆，保持 15～25 s。最后，如果信息得到复述，它将进入长时记忆，并在此进行相对永久的保存。在成年中期，感觉记忆和短时记忆都没有减弱，但是长时记忆略有不同，某些人的长时记忆会随着年龄下降，编码和储存信息的效率降低（罗伯特·费尔德曼，2013）。

（三）情感和情绪

中年人的情感是在成长过程中逐步形成的一种社会性的态度体验，一般包括道德感、理智感等。多年的社会化历程，使得中年人的道德感及理智感逐渐增强，在处理问题、为人和工作等方面表现出深沉而富于力度的特征。这也是他们能在社会上起到骨干与中坚作用的重要的前提条件。

中年人的情绪不像青少年那样易于激动，其内在体验往往不易显之于外；同时他们的情绪一般情况下都处于比较稳定的状态。这些情绪特征的形成，与中年人年龄的增长、社会阅历的丰富、自控力的增强不无关系。

（四）意志

中年人经历长久的人生磨炼，意志更为坚强，对自己既定的目标有着执着的追求，有克服困难渡过难关的耐受能力，当既定目标失去实现的可能性时，能理智地调整目标并选择实现目标的通途。

（五）兴趣

同青年人（甚至成年早期）相比，中年人的兴趣呈现出由宽变窄、逐步个性化的特征。在兴趣的广度方面，大多数中年人远不如青年人（甚至成年早期），他们不仅不会对一切陌生的东西都感兴趣，甚至还会抛弃青年时代（甚至成年早期）所热衷的一些活动。这成为他们生活内容的丰富性较差的主要原因。一般地讲，中年人的好奇心在敏感性上不如青年人（甚至成年早期），但在对事物属性的探索性上要强于青年人。在兴趣的稳定性方面，中年人的兴趣比青年人（甚至成年早期）的兴趣更具有持久性和稳定性。青年人（甚至成年早期）可能对任何事情都发生浓厚的兴趣，甚至达到狂热和迷恋的程度，但这种兴趣又可能会很快地被另一种兴趣所代替。而中年人一旦确定了对某一事物或活动的兴趣，大多会持之以恒，很少被其他兴趣所干扰。中年人的兴趣与青年人（甚至成年早期）泛泛地对什么都好奇、都想试试有别，其特点在于个性化，即自己独特的偏好特别突出，这种偏好或同职业相关，或同某一种特定活动相关。在中年人的兴趣偏好里，通常可以发现他们个性的倾向性和人格修养的色彩。

（六）独立意识

中年人一般经济上、生活上都较为独立，不再处处依赖他人，反映在心理上，中年人要求别人尊重自己以维护相应的荣誉和社会地位，从而表现出较强的独立意识。

二、自我意识

（一）成年中期对自己的内心世界日益关注

荣格认为，从出生到青年期，个体的发展是一种社会化的过程。在这一过程中，个体要适应社会，扮演一定的社会角色，他们需要把心理活动指向外部，他们要学习语言、文化知识、道德规范，还要掌握一定的技能以便承担和履行社会将赋予的各种责任。因此，在这个时期个体更多的是考虑如何去把握世界，忙于与外界打交道。而中年期，个体发展倾向出现逆转，更多地表现出内倾性。他们往往变得老练持重，遇到挫折时，能反省自问，而且还能根据先前的目标评价个人已取得的成就，并根据现有的成就和期望的成就来调整自己的奋斗目标。

（二）自我调节功能趋向整合水平

自我不仅可以作为客体被认识，还可以作为主体发挥调节功能。拉文格曾把自我发展过程出现的类型划分为八种，每种类型（结构）代表着自我发展的一种水平（或一个阶段）。尽管拉文格认为自我发展水平与年龄变化可以是不一致的，但近些年关于自我发展的横断研究和追踪研究都表明，自我发展与年龄有密切关系。成年期自我发展主要经历如下几个阶段。

1. 遵奉者水平

只有少数成年人处于遵奉者水平。遵奉就是按规则行事。在这一水平，个体的行为完全服从于社会规则，如果违反了社会规则，就会产生内疚感。个体之所以绝对遵奉社会规则，是因为这些规则是群体（团体）采纳的规则。因此，处于这一水平的个体还表现出强烈的归属需要。遵奉者的思维方式也是比较简单的，对人、事、物的评价标准是具体可见的，他们通常根据是否违反了行为规则而做出对或错的判断。

2. 公正水平

处于公正水平（良心水平）的个体，他们遵守（或服从）规则，并不是为了逃避惩罚，也不是因为群体支持和采纳这些规则，而是真正为了他自己才选择、评价规则的。也就是说，社会的、外在的规则已经内化为个体自己的规则，个体有了自己确立的理想和自己设立的目标，形成了自我评价标准，因此，自我反省思维也发展起来了。尽管处于这一水平的自我变得比较复杂，开始认识到世界的复杂性，但他们的思想认识仍具有两极性，倾向于把非常复杂的东西区分为对立的两极，如独立性与依赖性、内心生活与外表等。

3. 自主水平

自我评价标准与社会规则，个人的需要和他人的需要，彼此并不总是一致的、和谐的，有时也是矛盾、冲突的。在上述水平，个体不能容忍这些矛盾与冲突的存在，通过两极化的思想方法来排除矛盾。而自主水平的突出特点则是个体能够承认、接受这些矛盾与冲突，对这些矛盾与冲突表现出高度的容忍性。因此，在人际关系方面，处于这一水平的个体不仅充分尊重个人的独立性，同时也能认识到人与人之间的相互依赖性。于是，个体对于异己之见不再感到不安，而是能欣然接受，能认识到其他人自我完善的需要。在思想方法方面，不再用两极化或二元论的观点看待世界，而是能把现实视为复杂的、多侧面的，认为可以从多种方式、多种角度看问题。

4. 整合水平

整合水平是自我发展的最高水平，只有极少数人能达到这一水平。在这一阶段，个体不仅能正视内部矛盾与冲突，还会积极去调和、解决这些矛盾与冲突，他们还会放弃那些不可能实现的目标。有人认为，整合概念与马斯洛的自我实现概念的内容是一致的。

三、人格发展

人格发展进程是一个非常复杂的过程，尤其在成年中期，由于家庭、职业、人际关系等因素的影响，比成年早期更为复杂。

（一）人格结构

在众多人格理论中，特质理论是比较有代表性的一种，主要代表人物有奥尔波特和卡特尔。他们认为，人格特质是个体面对外界刺激时的一种内在倾向与反应定势，由遗传和环境两方面的因素形成，具有左右人的行为动机的作用。奥尔波特把人格特质分为个人特质和共同特质。前者是指某个具体个体具有的特质，后者则是许多人（群体）都具有的特质。奥尔波特认为，只有个人特质才能将人相互区分开来。因此，他主张应对个人特质予以研究。他把个人特质区分为三种。① 枢纽特质，或称基本特质。一个人具有某一枢纽特质，则他的一切行动都受其影响。② 中心特质，包含诸多特征，它们结合在一起代表一个人的特点。③ 次要特质，指不明显、不受人注意的那些特质。

卡特尔则把特质区分为表面特质和根源特质。前者是由一些相互联系的特质形成的，它表现了若干因素的重叠影响，例如，神经过敏是一种表面特质，它由行为的若干成分（如焦虑、优柔寡断和莫名其妙的恐惧）聚合而成，而不是由单一的成分产生的。表面特质不太稳定，因此对了解人格并不重要。根源特质则不同，它是稳定的、持久的，是人格的基本成分。卡特尔经过研究，提出了 16 种人格特质。这就是著名的 16 种人格测验。这 16 种人格特质是乐群性、聪慧性、稳定性、恃强性、兴奋性、有恒性、敢为性、敏感性、怀疑性、幻想性、世故性、忧虑性、实验性、独立性、自律性、紧张性。

科斯塔与迈克雷根据横断和纵向研究结果，提出了人格特质的五因素模型，又称大五人格模型，并据此编制了 NEO 人格调查表（NEO-PI）。该问卷被广泛应用于心理咨询和人格心理研究等领域，其中，主要包含了大五人格模型所提出的如下五个维度。

神经质（neuroticism）：评价顺应性与情绪稳定性。高分者表现出焦虑、愤怒、敌意、沮丧、冲动与脆弱等特点；低分者则具有情绪稳定、平静、放松等特点。

外倾性（extraversion）：评价人际间的互动以及活动水平、刺激需求及快乐容量等。高分者热情、乐群、健谈、喜欢刺激、好交朋友、重感情；低分者则冷淡、退让、无精打采、缄默。

开放性（openness）：评价想象力、对经验的主动探寻程度、对美的欣赏力、对未知事物的接受度等。高分者想象力丰富、审美能力高、对自身和外界充满好奇、喜欢尝新、有创新性；低分者则讲求实际、兴趣狭窄、对艺术感受性低、较世俗化。

宜人性（agreeableness）：与对抗性相对，评价思想、感情和行为方面在同情至敌对这一连续体上的人际取向。高分者诚实、坦率、顺从、谦逊、宽宏大量、乐于助人；低分者则多疑、冷淡、不信任他人、缺乏同情心、和他人交往时缺乏耐性。

责任感（conscientiousness）：评价个体行为的目标性、组织性、持久性等。高分者自信、可靠、勤奋，做事有条理、有计划，精力充沛、持之以恒；低分者则粗心大意、懒散，做事无组织、无目的、缺乏原则性。

（二）人格的稳定性

在综合有关人格与年龄关系的众多研究之后，科斯塔和迈克雷认为，从 20 岁到 30 岁人格会有所变化，而到 30 岁之后，人格基本稳定下来，因此成年中期的人格结构保持相对稳定。我国学者许淑莲等使用简式五因素量表，先后两次分别对中国 7 个城市和 9 个城市的成年人进行测试。第一次测试发现，开放性随年龄增长而下降，神经质、外倾性、宜人性和责任感则均无明显的年龄差异；在两性差异方面，女性神经质与宜人性的得分均明显高于男性。第二次测试与第一次测试结果大致相同，但老年组及青年组在责任感和宜人性方面得分较低，神经质得分较高。据推断，老年组之所以如此，可能与老年组年龄较大、健康状况较差有关（韩晓燕，朱晨海，2009）。

四、成年中期的发展任务

关于成年中期的发展任务，有多种不同的表述。这些不同的表述各有特色，彼此互补或者相互印证，分别列举如下。其中，林崇德的发展任务说较为全面、简洁、精当，值得特别留意和重视。

（一）埃里克森的繁衍与停滞理论

埃里克森认为，成年中期的发展任务主要是获得创生感，避免停滞（stagnation），体验关怀（care）。所谓创生，类似于马斯洛的自我实现概念，意为一种尽力成为最完善人的动机或愿望。进入中年期的人，家庭、社会、工作各方面的压力纷至沓来，其中一些人一旦感到自己不能一如既往地参与竞争与创造时，就逐渐进入停滞状态。在埃里克森看来，解决创生与停滞的矛盾，使个体获得创生，避免停滞，是成年中期的主要任务。如果能圆满地完成这一任务，就有助于中年人表现出与创生相关的优良品质，即关心品质（virtue of care）。具有这一品质的人表现为能关心自己所从事的工作，承担教育子女、赡养老人等家庭义务，而且他们做这一切，完全是自觉自愿的。

（二）莱文森的生活架构论

莱文森所提出的生活架构论，是把发展阶段模式与生活阶段联系得最紧密的理论。在其看来，成人发展由一系列交替出现的稳定期和转折期构成，稳定期与转折期的区别就在于生活架构是否发生了变化，中年人的发展任务是巩固自己的兴趣、目标及各种承诺。莱文森所谓的中年，其中又包括几个小阶段。在几个小阶段中，莱文森特别强调了中年转折这一阶段（40～45岁）的重要性。这一阶段是由成年初期向成年中期过渡的桥梁。原来青少年非常关心的问题——"我是谁""我将走向何方"又变得很重要。人们开始按照先前确立的目标来评价所取得的成就，并根据当前取得的成就和期望调整自己的目标。在这个转折期，个体内心有很多矛盾的两极点（polarity）。莱文森认为，若要成功度过这一时期，需要重新平衡与整合四方面的极点，包括年轻与年老，即把年轻时的冲动与年老时的专断整合在一起，从而在明智与平衡的基础上，获得创造的新动力；破坏力与创造力，即对自我的深层探索，以及形成与自身所存在的破坏力的建设性关系，产生新的创造力；男性化与女性化，即性别角色的交替与整合，取得力量与柔弱的平衡；依附与抽离，即个体在外部世界与自我需要之间找到一个平衡点，并实现自我的创造性适应、整合与成长。上述平衡与整合如果完成得比较顺利，在55～60岁之间，个体将完成中年生活架构的建立（韩晓燕，朱晨海，2009）。如果个体能够较好地调整自己的目标，那么就可以进入下一个阶段。

（三）哈维格斯特的发展任务说

罗伯特·哈维格斯特认为，成年中期的发展任务主要来源于个人内在的变化、社会的压力，以及个体的价值观、性别、态度倾向等方面。他把成年中期的发展任务具体地归纳为七个方面：① 履行成年人的公民责任与社会责任；② 建立与维持生活的经济标准；③ 开展成年中期的业余活动；④ 帮助未成年的孩子成为有责任心的、幸福的成年人；⑤ 同配偶保持和谐的关系；⑥ 承受并适应中年人生理上的变化；⑦ 与老年父母相适应。

（四）佩克的发展任务说

佩克认为，成年中期的主要发展任务是对四种心理发展的调适。

从重视身体力量转向重视智慧。所谓智慧，是指人生中做出明智选择的能力，这有赖于丰富的生活经验以及可接触与利用的资源。适应良好的中年人能够意识到自己所拥有的智慧足以补偿体力、精力与青春吸引力方面的流失。

从以性为主的人际关系转向社会化的人际关系。进入成年中期后，应该重新界定两性关系，男女之间不应仅仅把对方看作性伴侣，而应该是独立的个体、相互的同伴和朋友，由此彼此将会有更深的了解。

情感投入由固执转向灵活而富于弹性。能够灵活地将情感从一种活动转向另一种活动，从一个人转向另一个人，这种能力在成年中期至为重要。因为此时的个体很容易经历生离死别，以及各种人际关系的断裂，或者因为体能的局限，而必须改变目前所从事的活动。

心智活动由僵化转向灵活而富于弹性。个体应接受的教育与培训在进入成年中期后已基本完成，其有关人生的信条与准则也已成型。如果他们就此止步，不再接受新的信息与观念，那么心智就会陷入僵化之中，变得封闭保守，成长受到阻碍；而有弹性的人则能够综合旧有的知识与新的经验来作为解决新问题的指南，生活在他们看来总是充满价值，并且富有魅力的。

（五）林崇德的发展任务说

林崇德等人认为，成年中期的发展任务，要根据其正处于人生历程的"中间站"的各种特点（生理的、心理的以及社会的特点）而制定，应该包括下面六个方面的内容：① 接受生理的变化，在保健上进行自我调节；② 根据智能的特点，在工作上做好自我更新；③ 面对巨大的压力，在情绪上加以自我控制；④ 鉴于兴趣的转移，在活动上学会自我休闲；⑤ 正视"中年危机"，在人格上实现自我完善；⑥ 适应家庭状况，在婚姻上促进自我监督。

五、成年中期的心理调适

人跨入中年以后，由于生物和社会方面的种种原因，难免使中年人的心理状态发生这样或那样的改变，这是不争的客观事实。这些改变，必须引起中年人的高度关注。撇开更年期所导致的心理变化不说，社会方面的原因所导致的心理变化尤为值得重视。中年人一方面负担很重，不仅肩负着事业上的重任，还有家庭事务，包括赡养父母、抚育子女等；另一方面，其所面临的"问题"也会很多，诸如事业上遭受挫折，经济收入微薄，职业岗位不遂心，亲人亡故，家庭关系不和睦，人际关系紧张，子女升学、就业、婚恋等方面遇到困难，身患疾病等。这就很容易导致中年人心理压力过大，从而影响其心理健康，甚至出现心理危机。鉴于此，中年人的心理适应或曰心理调适尤为必要。

中年人的心理适应包括多方面的内容。

（一）正视现实

正视自身身心发展的基础、现状和可能性，面对生活中的各种问题、困难和矛盾，既要积极进取、奋发图强、尽其所能，又要从实际出发、实事求是、量力而行。

（二）知足常乐

客观地评价自己在学习、事业上的成绩。中年人对前半生在学习、事业上取得的成绩，要做客观评价，既要继续努力，又要知足常乐，不应该为达不到的某种成就、职务、名望而耿耿于怀，造成心理负担。

（三）善与人相处

中年人所面临的人际关系很复杂，因此，与人相处要豁达、尊重和信任。当然，既要做到"宁可天下人负我，我决不负天下人"，又要有"害人之心不可有，防人之心不可无"的意识。这样，中年人可以在善与人相处、乐与人相处的良好人际环境中愉快地生活。

（四）情绪稳定

遇事冷静，不断调整自己的情绪。中年人处于各种紧张、压力之中，加上更年期的缘故，容易"上火"。因此，要善于不断控制和协调自己的情绪，加强冷静应变能力的锻炼，这是中年人提高应变能力，不被突如其来的天灾人祸所击垮的重要保证。

（五）警惕心理致病

心理可以防病、治病，也可以致病。中年人心理上的紧张感、挫折感与压抑感，不良的人际关系，心理冲突与心理危机，以及性格不良等，都是致病的因素。心血管疾病、消化道溃疡和癌症等，无不与心理因素有关。因此，加强自我修养、调整不良情绪、保持愉快心境、遇事乐观、自尊自制、健全性格，这是警惕与消除心理致病因素的关键。

第三节　社会系统：家庭关系、职业生涯与人际关系

一、家庭关系

与成年早期相比，中年期的家庭关系显得更为复杂多变。这一时期，子女慢慢长大，从青少年到成人，接着便是成家立业。中年人对子女的责任和义务，也因此在不断变化。当子女尚为青少年时，对之进行教育，使之按照社会的要求和父母（中年人）的期望健康成长，是中年人义不容辞的职责。当子女成家立业时，中年人的相关责任则具有逐渐减少的趋势。

与子女成家立业相对应的是，中年人的父母的社会地位和身心也都在发生变化。他们已经退休在家，与早年相比，他们的健康状况有了很大的变化，疾病经常会找上门来，他们慢慢地在衰老，愈来愈需要家人的照料。中年人在身心两方面照料其父母的责任和义务日益增大。

中年人一方面需要调适与年迈的父母的关系，另一方面需要调适与子女的关系。只有这样才能更好地尽到自己的责任和义务。

（一）中年人与父母关系的调适

随着父母的退休在家，身心的不断衰变，中年人与父母的调适重点也应不断地变化。

首先，中年人应更多地关心、照顾父母的身体。父母的生物功能的减退、健康状况的下降，作为一个客观事实不容忽视。中年人要重视父母的各种疾病的防治，与此同时，中年人还有义务督促和鼓励父母参加力所能及的体育锻炼，以强身健体、减少疾病。

其次，中年人应积极地维护和增进父母的心理健康。由于生物、心理和社会等多方面的影响，父母会出现种种心理变化和心理障碍。由于身衰力微，年老的父母难以应付日常生活和对外界刺激做出适当反应，社会活动日趋狭隘、兴趣索然，长期下来，易陷入贫乏、孤独、空虚和无能为力的心态；由于社会角色的变化，退休在家（失去了工作岗位、失去了往日的权力等），父母常常会变得空闲、自卑，并产生"社会多余人"的感觉；健康状况的下降、各种身体的不适，容易加重父母的疑惑和焦虑；而种种因素导致的人际关系的疏远，则会使父母产生人情淡薄的感觉。了解父母的心理变化和心理障碍，是维护和增进父母的心理健康的前提；帮助父母了解自己的心理变化和心理障碍，自觉地接受心理咨询和必要的药物治疗，采取多种措施，重建生活意义，是中年人的职责；把握父母的心理需求，不断提供情感慰藉，是中年人恪尽孝道的关键之举。

再次，中年人有必要敦促父母参与力所能及的社会活动，鼓励父母参加公益性活动、老年人集体活动，有条件的话继续为社会发挥余热。

最后，中年人还有责任协调家庭养老和社会养老的关系。

（二）中年人与子女关系的调适

中年人和子女各自特定的社会生活背景、生活条件，使得他们的思想和行为方式难免会表现出一定的距离、隔膜，形成所谓的代际差异（代沟）。譬如，进入青春期的子女，往往会改变儿童期对父母一味依赖的态度，思想和行为表现出一定的反叛性。他们会依据自己的价值观去批判父母对自己的言行，当父母对自己的言行与自己的价值观相悖时，他们和父母很难产生心理相容。

一些中年人和子女的彼此沟通态度、方式有问题，也会导致彼此关系失调。在态度上，父母重视权威，要求儿女绝对顺从，儿女对父母缺乏尊重，自以为是；在行动上，双方采用指责、情绪化的方式来沟通，不仅无助于了解彼此的心思和想法，还会造成不必要的误会。

专家们奉劝中年人和子女应注意彼此关系的调适。专家们认为，这种调适需要遵行一定的原则和方法（曹华，蔡发良，2002）。

从原则上来说，上一代要向下一代让步，这其中需要上一代主动地削减自我的权益；下一代要了解、理解上一代，这当中需要下一代理智地看待上一代的思想、经验和做法；两代人权益共享、义务共担，这方面需要两代人互相尊重彼此的人格独立，承认和满足对方的权益享有。

从方法上说，父母要尊重子女的选择，不要硬性地将子女塑造成自己喜欢的样子；要真正地了解子女的真实想法，同时也清楚地表达自己的想法；父母还要言行一致，以身作则。

子女要尊重父母，特别是与父母意见不一致的时候更应如此；重大问题要与父母商量，譬如择业、择偶等问题就应如此。

（三）中年人夫妻关系的调适

人到中年，夫妻关系呈现出的首要特点便是相对稳定性。中年夫妻通过关系调适，夫妻情谊已经形成，相互理解和支持增强。夫妻双方经过青年期婚姻阶段的磨合，形成了特定的夫妻关系模式，双方认同和承担了这种模式所规定的丈夫和妻子的责任。因而中年期的夫妻关系相对于成年早期更为稳定。

另一方面，中年人是家庭的主心骨，在家庭生活中既要扮演妻子或丈夫的角色，又要扮演母亲或父亲的角色，还要扮演女儿或儿子的角色，多种角色常使他们感到心理疲劳。人到中年，容易对婚姻生活产生厌倦心理。夫妻双方从浪漫的婚姻关系转为柴米油盐很现实的婚姻关系，容易因为生活问题而矛盾丛生。

夫妻双方面对多重生活压力，应做到：① 学会合理控制情绪，适应客观现实，正

263

第十章　成年中期：心理与社会适应

确处理各种矛盾；② 学会相互理解、相互尊重、相互宽容，有问题共同商讨、共同解决；③ 尽可能发展共同的兴趣与爱好，创造丰富多彩的生活，避免心理疲劳。

二、职业生涯

中年时期，对于绝大部分人来讲，职业已经相对稳定，因此中年人的职业就等于他的事业。但也有一部分中年人在职业上停滞不前，成年早期的梦想越来越遥不可及，对前途感到迷茫。探讨中年时期的职业生涯，以下一些议题值得关注。

1. 工作满意度

首先，与成年早期相比，影响工作满意度的主要因素发生了改变。成年早期比较重视职业的发展前景、自己的升迁机会、与同事及上司的关系等，而中年期更加关心工作的属性与质量，如工作自主性、挑战与成熟的机会、工作条件与创造性、休假制度等。

其次，成年中期的工作满意度在总体上呈现出随年龄增长而上升的态势。这是因为：① 年龄越大，改变职位的机会越少，对于现有工作的接纳与承认使个体的职业期望与现实的差距逐步缩小，从而提升了工作满意度；② 随着年龄的增长、工龄的增加，工作者的个人特征与工作活动的磨合也越来越好；③ 工作时间越长，越有可能取得成就、获得升迁，从被支配者转为支配者的角色。

2. 工作技能

一般来说，职业生涯中工作技能的发展会经历以下几个阶段。第一阶段是新手期，此时对工作的程序与相关活动并不熟悉，主要的任务是获取职业知识与技能；第二阶段是入门期，此时对工作活动有初步认识，开始将所学知识与实践经验逐步联系起来；第三阶段是称职期，此时基本能胜任工作，但还达不到熟练的地步；第四阶段是能手期，此时能够熟练自如地开展工作，掌握了工作过程中的许多诀窍，但对工作的整体把握与领悟还有欠火候；第五阶段是专家期，此时达到了技能发展的最高水平，工作者在策略运用与工作的具体操作方面炉火纯青，能够把工作经验、情境与任务要求有机地组合在一起，解决问题如行云流水，且一般不需要意志努力。

一般在成年中期，工作者可以达到技能发展的第三或第四阶段，但成为专家的只有极少部分的人才。因此，许多人在成年中期因为技能发展的相对停滞而出现所谓的高原期（plateau period）现象；另一方面，随着技术进步与知识更新周期加快，中年期也可能会因为工作技能落后及学习进修意愿不足而遭到淘汰。

3. 职业意义

职业对于中年人来说，具有多重意义，既有生物、心理方面的意义，更有社会方面的意义。从生物的角度讲，中年人一方面要注意自己身心的变化对所从事职业的承载力，或者通过调整身心以适应职业，或者通过调整职业来适应身心，或者二者兼而有之；另一方面，要防止职业病的发生。中年人在长期的职业生涯中，出于职业习惯不免会接触到有碍身心健康的物理、化学以及社会因素，从而有可能导致所谓的职业病的发生。所以中年人在工作过程中应自觉地将这种不良影响降到最低。

职业对于中年人来讲，其心理意义也是多方面的。中年人的职业发展过程就是埃里克森所讲的获得创生感、避免停滞感的过程。创生表现为中年人比以往产出更多的物质产品和精神产品，并且乐于将自己所拥有的知识经验传授给他人，尤其是年轻人。如果他们没有上述体验关怀的实现，也即没有自我满足感，那么将会产生停滞感。为了避免停滞感的出现，中年人应学会根据自己的实际情况调整事业目标。再者，所从事的职业是否与自己的职业预期相吻合、工作中是否具有充分的自主性，这些都会对中年人的心理产生正面的或者负面的影响。

从社会发展方面看，中年人还面临着不断接受继续教育的问题。社会的高速发展、科技更新频率的加快，使得工作的条件和要求随之不断改变。中年人要想跟上时代的步伐，必须不断接受继续教育，更新自己的知识结构，提高自己的技术经验，否则将会面临失业等问题。就此而言，社会有关部门应设立专门的教育培训机构，使这种教育培训经常化、制度化。教育培训的重点应是那些学历层次低、技术能力差、已经失业的中年人。这些人的再就业问题应该引起整个社会的关注。

三、人际关系

中年是人生中扮演角色最多的时期。这种社会角色的多重性，不仅决定中年人的人际关系的特点，还促使中年人领悟到处理好人际关系的重要意义。

中年人的人际关系具有多重特点。

1. 具有复杂性

中年人交往范围比较广泛，有基于血缘、亲缘关系建立起来的家庭关系、亲戚关系，有基于地缘关系建立起来的乡邻关系，有基于业缘关系建立起来的同事与上下级关系，有基于共同兴趣、爱好而建立起来的朋友关系等。

2. 存在着纷扰和内耗

人到中年，成为社会的中坚和骨干，很多人都有成就欲，而获得成功难免要有竞争，激烈的竞争是导致中年人人际关系纷扰和内耗的主要原因。

3. 人际关系结构具有稳定性

中年人在几十年的长期生活中与人相处，经过不断地拣择、选取，形成了亲、疏人际关系的稳定性。

4. 具有情感上的深刻性

经历了各种成败的考验，中年人的人际关系在情感上具有深刻性，所谓日久见真情。

上述中年人人际关系的特点，使得中年人协调好人际关系具有重要意义。人是具有社会性的动物，只有协调好各种人际关系，中年人才能使自己有效地工作、生活，并保持身心健康。然而，协调人际关系也是一门学问，其中涉及特定的理论和技巧，并非无师便可自通的。建议社会上设立相应的咨询机构，为需要帮助者提供必要的指导。

四、理智地对待成年中期的变化

中年期的变化是全方位的，涉及生物、心理和社会生活的方方面面。如何对这些变化做描述和解释呢？这里介绍两种不同的描述和解释模式：危机模式和转变模式。尽管这两种模式差异明显，甚至相互对立，但对于正确认识和理解成年中期的变化有着重要的启发意义。

（一）危机模式

危机模式主要关注发生在个体身上的变化。它把成长理解为一系列阶段中的一个，每个阶段都要面对独特的危机，个人必须要经历和解决这个危机，获得进步与成熟，才能进入下一个阶段。所有的个体都被认为要经历这一系列相同的阶段。危机被视为正常的发展任务，所有的个体在人生发展的特定阶段都要体验并完成这些任务。这种成长模式的主要贡献者是埃里克森。

中年危机一词之所以流行，是由埃利奥特·雅克所写的一篇论述艺术家职业危机的文章所致。通过对艺术家这一群体生活的精密考察，雅克发现，这些艺术家之中几乎每一个个体在35岁左右都经历了戏剧性的变化。在许多个体中，由于个体对自身生命有限性的认识，促生了危机时期，在这以后接受研究的艺术家们变得开始关注他们剩下的时间而不是注意已经活了多长时间。一些艺术家就是在此时开始他们的创造性的工作的。但也有一些人是在此时退出或死去的。

（二）转变模式

转变模式是在20世纪七八十年代提出来的。它否定了把危机作为正常成长事件的观点，而是认为贯穿整个生命过程的发展与进步中的大部分事件，应该都是可以预见的并且是有序的。对于主要的生活事件该在何时发生，个体自己可以设计一张时间表。事件发生的预期时间主要以社会年龄标准为基准，也就是说，男性和女性该在何时结婚、抚育子女、退休等，存在着社会规定的时间表。个人生活的许多事件都是按照这个时间表来推进并接受评估的。另有研究者也认为，没有证据表明中年期与其他阶段相比，会承担过度的压力。他们对中年危机的普遍性持怀疑态度。

有学者分析，之所以会出现上述两种不同的研究结论，是研究者的研究方法不同所致。譬如，危机模式的结论主要得自临床人口的资料，即那些有问题而来求助的人的资料；转变模式的研究主要使用的是非临床人口的资料等。

其实，无论是危机模式还是转变模式，都无法否认相对于人生的其他阶段，中年期是一个问题更多的时期。

中年问题包括中年人整个身心转折期的问题，也包括在实现这个转折过程中所出现的各种"故障"。中年问题具体体现在前述的生物、心理和社会适应等多个方面。譬如，在生物上，身体逐渐衰变，疾病开始增多；在心理上，对自身生命有限性的认识开始增多；在社会适应性上，各种社会矛盾、困难、冲突纷至沓来，使中年人应接不暇，从而出现不同程度的人格问题等。

中年问题是一个实际的、不可回避的社会问题，单靠中年人自怜自爱是无法予以解决的。这一社会问题理应得到全社会的关注和重视。从社会的角度看，社会应充分认识和了解中年问题的严峻性，及时调整相关政策，有针对性地完善相关管理体系，采取积极的社会行动，从多方面关爱中年人。这些做法是进一步调动中年人的社会积极性，充分发挥他们的社会中坚作用的前提，也是使他们能安然进入老年期的关键。

拓展阅读

成年中期问题

本章小结

本章围绕成年中期的心理与社会适应，探讨了这一生命阶段的生物、心理与社会三个维度的主要特点及其相互作用。从生物学角度，本章分析了成年中期身体功能逐渐下降的趋势，包括代谢减缓、感官敏锐度降低以及健康风险增加的现象，强调了健康管理和生活方式调整的重要性。

在心理学层面，本章关注了成年中期个体在认知能力、情绪调节和身份认同上的变化。成年中期是发展个人事业和承担家庭责任的重要阶段，同时也是个体重新审视自我、应对危机以及平衡多重角色的关键时期。

在社会层面，本章重点分析了成年中期在家庭关系、职业发展和社会交往方面的变化。家庭结构可能因子女独立或父母老龄化而调整，职业生涯进入高峰或转型期，社会支持网络的强度和质量对个体适应能力有显著影响。

通过整合生物、心理和社会三个层面的分析，本章不仅揭示了成年中期的挑战与机遇，也为社会工作者和相关从业人员提供了支持这一群体的实用策略。

关键概念

· 成年中期

- 身体功能下降
- 健康管理
- 认知变化
- 情绪调节
- 身份认同
- 多重角色平衡
- 职业高峰
- 家庭结构调整

◆ 思考与练习

1. 成年中期个体在生物层面面临哪些主要变化？如何通过健康管理改善生活质量？

2. 结合实际案例，分析成年中期个体在平衡家庭责任与职业发展的过程中可能遇到的挑战。

3. 社会支持网络如何帮助成年中期个体应对生活压力并实现社会适应？

4. 从文化背景出发，探讨不同社会中的成年中期个体可能面临的独特问题及解决方法。

5. 设计一份针对成年中期人群的社会工作干预计划，涵盖健康教育、心理支持和社会资源链接三个方面。

第十一章

老年期：老化与生活质量

第一节　　生物系统：老年期的生理特征与健康

一、什么是老年期

（一）年龄与老年期

1. 年龄的四种内涵

相对其他生命阶段而言，年龄对于老年人的影响更加显著。人们往往在步入老年期才意识到年龄是一个多么重要的生命因素。所以人们在日常生活中经常看到，一些老年人不愿面对年岁增高这样一个事实。他们不肯承认自己已经年老，或者因此感到失落和沮丧。但同时他们又不得不承认自己已经不知不觉加入了老年人的行列。在日常生活中，人们一般是由年龄来确定老年期或老年人群体的。但是究竟怎样测量年龄呢？总体来说年龄有以下四个测量方法，也可以说年龄有以下四种含义。

1）日历年龄

日历年龄（calendar age，CA）指个体出生到现在按年月计算的时间而确定的年龄，即从出生时刻到统计时刻为止所经历的整年数。我们平常所说的年龄一般就是指日历年龄。有了历法以后，人类就将人存活的长度和日历长度联系起来。人的生命年龄随岁月而增加，一年增一岁，这是日历年龄。

在中国古代，"年过花甲"即称为老年人。老年期是一个相当长的时期，不同时代对此有着不同的阶段划分。例如，《周礼》曾将老年期分为五个阶段："五十曰艾，服官政；六十曰耆，指使；七十曰老，而传；八十、九十曰耄……百年曰期，颐。"

2）生理年龄

生理年龄（physiological age，PA）指以正常个体生理学上和解剖学上的发育状况为标准确定的年龄，这一年龄是根据个体目前的健康状况（如细胞、组织、器官、生理功能等）以及反映其健康状况的生理指标来确定的。一般来说，生理年龄会随着生命年龄的递增而增长，也就是说机体的结构和功能会随着增龄而发生老化性改变。人们一般把这种变化分成四个阶段：0～19岁为生长发育期，20～39岁为成熟期，40～59岁为衰老前期，60岁及以上为衰老期。生理年龄在60岁以上的人，其机体内各脏器组织的活动已呈现老化，并逐渐衰竭，因此称为老年人。

生理年龄反映了人的健康状况和生理衰老程度，并不仅仅是一个人所活的日历年数的多少。由于先天遗传因素和后天环境、疾病、营养、运动等因素的不同影响，机体的生理功能、组织结构的老化速度是不同的，个体差异很大。

3）心理年龄

心理年龄（mental age，MA）是根据个体心理活动的程度与功能确定的个体年龄。心理年龄是从一个人的行为尺度推导出来的个体在适应环境变动的能力上所能达到的阶段。它是一种主观感受，是发展心理学提出的一个界定。人的一生分为几个典型的阶段或年龄段，每一阶段或年龄段都有与之相对应的稳定的心理特质。

人的心理年龄分为三个时期：0～19 岁为未成熟期，20～59 岁为成熟期，60 岁及以上为衰老期。心理年龄在 60 岁及以上的被认为是老年人，它反映出一个人在经历了漫长的人生中其主观感受方面的老化程度。

心理年龄和日历年龄、生理年龄并不完全同步。例如，有些人年纪不大，但心理上却"未老先衰""老气横秋"，整日意志消沉，感叹生命苦短；而有些人年纪虽大，仍然思维敏捷、动作稳健、情绪乐观，可谓"老当益壮""人老心不老"。很明显，后者的心理年龄要低于前者。

4）社会年龄

社会年龄（social age，SA）是从老年人的社会地位和功能角度定义的，主要通过老年人从社会生产和社会核心地位退居其次及与之相应的一套社会角色期望和行为模式等确定。一般来说，社会年龄分为三个阶段：0～17 岁为未成熟期，18～59 岁为成熟期，60 岁及以上为衰老期。社会年龄最直观的表现就是退休年龄。这是工业化社会的产物。社会用法律法规等规定制度年龄或法定年龄。这一标准的确定，便对老年的年龄标准有了规范化的作用。现代社会大多以享受社会福利或退休金的年龄作为老年的标准，这种标准在各国有一定差异。

2. 四种年龄的关系

在上述四种内涵的年龄中，日历年龄简单、准确、容易解释和测量，但它有很大缺陷，同一日历年龄的人的身体健康程度、精神健康程度、衰老的起始年龄、衰老速度不同；即使是同一个体，不同器官组织的衰老状况也是不同的。这种不同性导致了日历年龄、生理年龄、心理年龄两两间的不一致或差错性。因此，对个体年龄的界定除了考虑日历年龄外，还要考虑生理年龄、心理年龄。从社会学的角度看，将人区分为不同年龄层次，主要是基于社会意义上的考虑，即赋予不同年龄层次的人以不同的社会角色和期望等来规范他的行为。社会学假设人是社会的人，这是人的本质属性，也是年龄的本质属性：一个人从出生到少年、青年、中年、老年直至死亡，不仅仅是一个生物学的过程，更是一个社会过程。根据年龄分层理论，不同年龄层次的人在社会中的地位、角色、期望等年龄规范是不同的。年龄是一个带有普遍性的标准，当人们的年龄从一个层次向另一个层次转移时，他们的权利、角色和特权是根据这个标准分配的。

上述四种年龄的发展并不是齐头并进的。在人类无法改变的日历年龄的基础上，人们的生理功能、心理状况以及社会参与程度都不尽相同。由此可见，对于老年期的界定在不同的年龄背景下应该区别对待。尽管如此，我们也看到，这四种年龄都是以60 岁为老年期的起始年龄的，因此，可以将一般意义上的老年期概括为年龄在 60 岁及以上的人所处的生命周期，而 60 岁及以上的人则可称为老年人，在这一特殊的年龄阶段中，老年人在生理和心理等方面都出现了较大的变化。但是同时也要看到，老年期是一个相当长的时期，因而老年人在某种程度上是个笼统的概念。中华医学会老年医学分会提出，我国 45～59 岁为老年前期，60～89 岁为老年期，90 岁及以上为长寿期。在这里本书将老年期进一步细分为三个年龄层次，处于不同年龄期的老人有不同的称呼。第一层次为 60～79 岁，称为年轻老人，第二层次是 80～89 岁，称为高龄老人，90 岁及以上为长寿老人。

（二）关于衰老的生物学解释

什么是衰老？人为什么会衰老？衰老的发生为什么有早有迟？这确实是值得探讨的问题。自古以来，人们一直努力探究这个奥秘，为此提出了种种科学的或非科学的假设，试图阐明衰老产生的机制。

1. 什么是衰老

与上述关于年龄的不同界定相对应，关于衰老的解释大致也可以从年岁、生理、心理和社会四个层面进行解释。其中，年岁老化是指一个人出生以后所累积的岁数。年纪越大，年岁老化程度越深。生理老化则指人体结构和生理上的衰老。心理老化主要指老年人对环境变化的适应和应付程度降低。人们常说老人顽固、保守等就是心理老化的征象。社会老化主要指个人因年龄老化而导致在社会上所扮演的角色的改变。本部分主要介绍关于生理衰老的特征和理论，关于老化的心理和社会衰老将在老年心理系统和社会系统部分内容中介绍。

从医学和生物学的角度看，衰老和老年是一种生理上身体某些功能的老化现象。一般老年人的衰老和死亡是由疾病或器官丧失功能所致。诸如心脏、脑、肾脏、肝脏、呼吸系统或循环系统等。人进入老年期后，都会逐渐老化，各项生理功能衰退，抵抗力和免疫力降低，容易感染各种疾病。老年人生物方面的变化包括以下几个方面：① 容貌的改变；② 内部的变化，包括骨骼疏松、神经衰弱、内脏功能衰退等；③ 生理功能的改变，如对温度改变敏感、肺活量不足、血压升高、排尿不足、睡眠不沉等；④ 感觉器官的改变，视力、听力下降，平衡感降低等；⑤ 性能力下降；⑥ 心理动作表现上，反应较迟钝，动作缓慢；⑦ 经常患病，身体衰弱或身体残障，容易发生意外事件，如跌倒、中风等。

由于衰老和老化总是与衰退、疾病和无意义相联系，人们常常会对衰老产生恐惧，人们总是试图延缓甚至避免衰老。年轻和生命力被视为最为珍贵和值得追求的财富。因此，人们常常会不由自主地将所有不好的东西都归结于衰老，如疾病。对此需要有科学的认识。老化可以分为原发性老化（primary aging）和次发性老化（secondary aging）。所谓原发性老化，是指人体随时间缓慢进行的老化过程，疾病所引发的老化则为次发性老化，因此原发性老化不是疾病，而是一种不可避免的过程，没有办法治疗或预防，但次发性老化则可以预防及治疗。原发性老化可分为三类：第一类是丧失全部功能，如妇女的月经停止；第二类是丧失部分组织及功能，如肾小球的逐渐减少造成肾脏功能的衰退；第三类是器官组织的效率降低（但器官组织没有减少），如肠蠕动的减少。原发性老化可以延缓，但不能阻止。次发性老化则可以通过人为的努力去控制。

2. 衰老的原因

一般而言，生理老化理论可区分为两大类：一类是受遗传因素（genetic factors）的影响，另一类是受外在环境因素（environmental factors）的影响。强调遗传因素这一派的理论种类繁多，有损耗理论、新陈代谢理论、免疫理论、突变理论、细胞交互理论等。例如，损耗理论认为人体就像一部机器，由于工作过劳、紧张，以及岁月流逝，器官逐渐损坏；新陈代谢理论认为新陈代谢所产生的废物是对身体有害的，在人体中累积越多，细胞中毒越严重，这促使老化或死亡越早且越快；免疫理论说明人体的免疫系统随着年龄的增加愈来愈丧失功能，所以疾病的罹患率大增；突变理论则认为人体细胞中的功能受到遗传因素 DNA 的控制，当 DNA 发生突变时，继起的细胞分裂会导致更多的细胞突变，使细胞丧失应有的功能，而器官自然无用与衰退。（见表 11-1）

表 11-1　强调遗传因素的生物老化理论

理论名称	关键性人物	主要内容
进化老化理论	彼得·梅达瓦尔等	生物体老化是由于自然选择对老年个体的作用较弱，无法有效消除在老年时期显现的有害基因，导致老化
突变理论	彼得·梅达瓦尔等	由于自然选择对晚年个体作用较弱，有害突变基因得以累积，最终导致老化
自由基衰老理论	丹哈曼等	自由基（主要是氧自由基）造成的细胞损伤会随着时间累积，导致生理功能衰退和老化
端粒衰减理论	阿列克谢·奥洛夫尼科夫等	细胞每次分裂时端粒缩短，达到临界长度后细胞停止分裂或进入老化状态
程序性老化理论	阿列克谢·奥洛夫尼科夫等	老化是由基因程序决定的，就像发育和生长一样，是一个受控的、预定的过程，端粒缩短是关键因素
线粒体衰老理论	道格拉斯·华莱士等	线粒体 DNA 突变和功能下降导致能量供应不足、氧化应激增加，从而加速细胞老化
基因组不稳定性理论	杨·维格等	DNA 修复机制逐渐失效，导致基因组不稳定性增加，进而引发细胞功能障碍和老化
干细胞衰老理论	汤姆·拉普尔等	干细胞的自我更新能力随年龄增长下降，这是组织再生能力减弱和机体老化的重要原因

続表

理论名称	关键性人物	主要内容
细胞通信衰退理论	曼纽尔·塞拉诺等	随着年龄增长，细胞之间的通信能力下降，导致组织和器官的协调功能减弱，进而引发老化
表观遗传时钟理论	史蒂夫·霍瓦斯等	通过DNA甲基化模式变化预测生物体的生理年龄，反映了细胞老化进程，修复表观遗传标记可能延缓老化
线粒体-核基因组不匹配理论	道格拉斯·华莱士等	线粒体基因组和核基因组之间的协作失调，导致细胞功能障碍和老化
转录组稳定性理论	何川等	随着年龄增长，转录组的稳定性下降，基因表达波动增加，引发细胞功能紊乱和老化

外在环境因素理论则强调老化、衰老主要是由外在环境导致的，包括生理环境、非生物环境和社会环境。其中生理环境主要通过营养、致病因素和寄生物等影响身体健康，促使衰老发生；非生物环境包括环境中的各种自然条件和物理、化学因素，如气候（温度和湿度）、土壤、水质、辐射、药物、噪声和各种污染等对机体产生不利或有害作用，加速引起衰老；社会环境则包括社会经济发展水平、生活环境、生活方式等（见表11-2）。

表 11-2 强调外在环境因素的生物老化理论

理论名称	关键性人物	主要内容
磨损理论	奥古斯特·魏斯曼等	老化是由机体长期使用和外部因素的影响，逐渐损耗和退化的结果
积累废物理论	威廉·奥斯勒等	代谢废物或毒素的累积导致细胞和组织功能损伤，最终导致老化
交联理论	约翰·比尔等	蛋白质和DNA等大分子之间的交联增多，组织弹性和功能下降，导致老化
污染暴露与老化理论	—	长期暴露于重金属、空气污染、农药、工业毒素中等，会加速DNA损伤、炎症和细胞衰老。强调社会与自然环境质量对老化的影响
营养感应理论	拉斐尔·德卡博等	营养感应通路调控生物体的能量代谢和老化进程，饮食限制可以延缓老化

虽然老化现象涉及复杂的体系，包括生物、心理、社会的因素，但无可讳言地，生理的老化是老年期最显而易见的特征，也是可预期的自然现象。对于老年人而言，最直观的变化莫过于身体上的衰老。特别是由老化带来的一系列老年疾病更是老年人面临的最重要的问题之一。和人生的前几个阶段不同，身体健康成为老年期的重要目

人类行为与社会环境（第3版）

274

标和任务。可以说，从来没有一个时期像老年期这样真正把健康当作一项重要的生命任务来看待。老年人不惜花大量的时间、精力和金钱来维护其身体健康。多项调查的结果也表明，身体状况与老年人的生活质量、生活满意度直接相关。

二、老年期的生物系统及其基本特征

（一）老年期的形态变化

1. 细胞的变化

细胞的变化是人体衰老变化的基础，主要表现为细胞数的减少。此外，还出现细胞基础代谢量的降低，各种功能的减退、储备能力的降低和适应能力的减弱等。

2. 组织与器官的变化

由于内脏器官和组织的细胞数量减少，脏器发生萎缩，重量减轻。例如，70 岁老年人的肾、肌肉等的细胞数是 20 岁年轻人的 60％左右；70 岁老年人的脾脏和淋巴结的重量约减为中年人的一半。器官在长期活动中的消耗和劳损也会引起功能减退。例如，心脏每时每刻都在不停地搏动，日久天长就会使心血管和心瓣膜的弹性减弱，心肌发生萎缩，心功能不断减退。

3. 整体的变化

随着年龄的增长，个体的体态和外形也逐渐出现变化。例如，老年人头发变白是一种明显特征。此外，皮肤弹性降低、出现皱纹，也是常见的衰老标志。皮肤出现老年斑、牙齿松动脱落、耳聋、眼花、驼背等，这些都是常见的老年人的特征，人们大致可以根据这些特征来推断年龄。

（二）生物功能减退

老化常伴随各种心身机能的低下或引起各种障碍，这一变化随老化呈明显趋势。虽然单个脏器功能低下本身并不影响生命的维持，但是，脏器和组织对应激性反应的减退，会使机体内环境的稳定功能失衡。

1. 脑神经系统

伴随老化，脑神经细胞数量减少，特别是大脑皮质和小脑皮质神经细胞数减少更为明显。此外，即使是健康的老年人，老年斑也会增多。

2. 消化系统

胃黏膜随老化而萎缩，因此，萎缩性胃炎发病率增高。胃酸的分泌量随老化而减少，无酸症、低酸症病人较多见。小肠绒毛随老化而减少，小肠内腔表面积减少。

3．循环系统

收缩压常随年龄增加而升高。动脉硬化发生的可能性随年龄的增加而提高，年龄本身是主动脉和脑动脉粥样硬化的最大危险因子。对于冠状动脉硬化，则是高胆固醇血症和吸烟等危险因子的影响大于年龄。

4．呼吸系统

老化常伴随肺弹性减退而易引起肺气肿。此外，肋骨、肋间肌和膈肌构成的胸壁变硬。因此，老年人肺活量和一秒量减少。老化还伴随血氧分压下降。

5．血液系统

健康老年人红细胞数减少，称为老年性生理性贫血。其中特别是 T 细胞数及其功能随老化而降低。对感染具有防御作用的抗体生成低下，易患各种感染性疾病。此外，机体对自身和非自身物质识别能力减退，自身免疫性疾病和恶性肿瘤发生率增加。

6．肾脏

40 岁以后，反映肾功能指标的肾血浆流量、肾小球滤过率降低速度加快。由于老年人肾功能呈潜在性减退，易发生脱水。

7．运动系统

运动系统的变化包括肌肉和骨骼的功能变化，主要表现在随着年龄的增长，肌纤维变细、弹性降低、收缩力减弱、肌肉容易疲劳，使老年人耐力减退，不能坚持长时间的运动。而且运动时供应所需能源的糖原储存不足，以致不能及时供给能量，使老年人不能承担重负荷或应付意外事件。此外，老化伴随肌肉量的减少，特别是老年女性骨钙量减少，摔倒时易发生骨折。同时，关节软骨也硬化，易引起和加重变形性关节病。

8．内分泌系统

内分泌系统的变化在衰老过程中表现得尤为显著，尤其是在性激素方面。女性在绝经后，性激素水平显著下降；老年男性的性激素水平也明显降低。这种变化影响身体的多种功能。此外，随着年龄的增长，肾素-醛固酮系统的活性降低，这可能导致老年人更易出现高钾血症和脱水的情况。这种脱水风险的增加还与肾脏对抗利尿激素（ADH）反应的减弱有关。与此同时，衰老过程还会导致体内钙水平的负平衡，即钙的流失超过摄入，血液中的甲状旁腺素（PTH）水平往往有所升高。此外，老年人血液中三碘甲状腺原氨酸（T3）水平通常较低。

（三）性与老化

1. 对老年人性问题的误解

关于老年人性问题最大的误解就是"老人无性欲论"。传统的文化观念忽视或否定老年人对性的自然需求。而事实证明，这只是人们对性问题的刻意回避带来的错误观念。

一个健康的妇女，衰老并不意味着性欲的必然减退和获得性高潮能力的丧失，同样一个健康的男性，可能因其体内睾酮水平的下降等出现更年期的表现，性生理反应能力有一定程度的退行性改变，但并不意味着其性兴趣、性表达能力和性满足的终止。尽管老年人在性观念、性兴趣和性能力等方面确实可维持到七十岁，乃至九十岁，而生活中仍有相当多的老年人性能力发生改变，主要是由错误的性观念导致的。总体而言，常见的性观念误区有以下几个方面。① 生殖功能的终结意味着性功能的衰竭，性生活亦应终止，不懂"食色，性也""饮食男女，人之大欲存焉"，性伴随着人生命的始终，不像生殖功能一样，未老先止。② 老年人性生活无关紧要，可有可无，性对青年人是不可缺少的，老年人无所谓。③ 老年人仍保持积极的性生活有害无益。④ 性交即是性生活的全部，认为男性阳痿、勃起不坚，女性无性欲或性交困难，则无法进行性生活。性生活方式、性行为的方式是一成不变的，不愿改变性习惯（如性交体位的改变，性生活方式、性表达方式的变更），采取变通或替代的方法协调性生活。⑤ 认为禁欲或减少性活动有利于性功能低下或减退的恢复。不懂性器官性功能亦同人体其他部分器官功能一样，遵循"用进废退"的原则，减少性活动不利于性功能的恢复。⑥ 自信心缺乏，生病后恐惧性活动，认为性功能衰退或疾病造成的性障碍是不可逆的，不敢恢复正常性活动，认为性活动可使病情加重，不懂得适宜的性活动有益于身心健康。⑦ 独身（守寡或离异）老年人无异性相伴无法进行性活动，不知可以用异性性交之外变通方式，如自慰，借助各种性器具维持性活力、获取性满足。一旦再婚，常因性生活曾一度终止而影响性功能的正常恢复和发挥。

2. 老年人的性功能和性活动

1）衰老与性功能

老年人无性欲的观点源于一种误解，即认为性激素的枯竭等同于性功能的终结。尽管老年人的性功能确实有所退化，但仍有较多的老年人保持着强烈的性欲和性兴趣。有关统计数据显示，66～71岁年龄段的男性中，约90%对性依然感兴趣，而女性中这一比例约为50%。即使在86～90岁的年龄层中，男性对性的兴趣仍然高达约51%。

即使在摘除性腺（如睾丸或卵巢）后，性激素不再分泌，人们仍然可以进行性活动。这表明，尽管性激素对性活动确实有一定的影响，但它并不是唯一的决定因素。实际上，性活动更依赖于大脑的发达活动（即精神刺激）。性激素的减少可能会导致女性闭经、男性精液分泌量和精子产生量的减少，但这并不会完全阻止性活动的进行。

在器质层面，老年女性的阴部特征会发生变化：脂肪组织减少，导致大阴唇和小阴唇变薄、阴蒂缩小、阴道壁变薄、皱褶消失，整个阴道腔逐渐缩小。男性的生殖器官通常没有显著的形态变化。虽然这些因衰老导致的组织变化确实会对性活动产生一定影响，但它们并不足以使性活动完全停止。

2）衰老与性反应

对老年人的性活动进行实验观察，老年人的性反应分为四个时期：兴奋期、平坦期、性欲高潮期、消退期。老年女性在性兴奋初期与青年人一样会产生乳头勃起，尽管不太强烈，但仍可以看出乳晕胀起；阴蒂也会像青年人一样产生勃起反应，但大、小阴唇的反应略有衰减，膣腔润滑体的分泌有速度减慢、数量减少的倾向。性欲高潮的持续时间减短，但仍有年轻女性相同的收缩形式。男性老年人在达到阴茎完全勃起、射精所要的时间比年轻人长，在性欲高潮时，精液射出的距离变短，射精收缩次数减少等。因此，老年女性仍能对有效性刺激具有充分反应，可能得到性欲高潮，性激素的减少虽然会减慢性反应的速度与强度，但完全有可能进行性活动。男性如果没有什么急性或慢性性功能丧失因素的话，年过80岁仍然可以进行性活动，即使很长时间没有性行为，只要有适当的刺激，仍能得到恢复。

3）老年人的性兴趣和性活动

在考虑老年人是否还有性欲及其对性的需要程度时，与其询问老年人为什么对性不感兴趣，还不如提出"老年人为什么不可以对性感兴趣"的问题来得确切。因为对老年人性的文化压制，起到了遮人耳目的作用。事实上，很多社会调查的结果显示，几乎全部老年男性都有性兴趣，而女性不到男性的半数。这些调查结果说明性问题的文化意味远远超过性本身。

对于老年人性活动的实际情况，大致有以下结论。① 性活动频率有随着年龄增长而下降的倾向，但老年期仍有性活动。老年期性活动频率大约在每月1～3次。② 老年期的性活动呈现多样化的特点。性活动频率的个体差异很大，和年龄并没有直接的关系。③ 老年女性的性活动几乎都比男性低，但这并不能就此断定女性的性欲、性功能贫乏。

三、老年人的身体健康

虽然没有很多的研究可证实有哪些生活形态的改变可以延缓衰老现象，但持续的运动、适当的营养、压力的缓解、良好的睡眠则是公认的最重要的四个因素。

1. 持续的运动

延缓衰老和维持健康的主要途径在于运动。生命在于运动，运动是延缓老化过程的良药。缺乏运动会使各器官功能下降，如肌肉萎缩、肌力减退、关节活动不灵、心血管功能减退等。运动可以促进机体的新陈代谢，改善血液循环，提高各器官的生理功能和抗病能力，达到增强体质、促进健康、保持生活朝气、延缓衰老的目的。

老年人不适合做剧烈的运动，因为容易出现意外伤害，但应该保持规律持续性的运动习惯，激烈程度中等的运动项目适宜间隔一天做一次，轻微的运动则可以每天做。

一般来说，老年人运动项目约可分为三大类。第一类运动可以强化心肺功能、增加耐受力，如有氧舞蹈、快步走、骑脚踏车及游泳等，如果可以接触到地面，会有增加骨质密度、避免骨质疏松症的效果，如快步走等。德弗里斯的研究指出，不管老年人以前有没有运动习惯，适当的有氧舞蹈课程可以增加 10%～30% 的最大氧气消耗量，也有研究显示这类运动可以降低血压。第二类运动侧重于身体的弹性、平衡及放松，这些运动做起来很轻松，如太极拳、徒手操及瑜伽等，适合患有关节炎、身体虚弱及最近出院的老年人。在美国，有很多老年人做哈达瑜伽，它的伸展、弯曲及缠绕动作可以让身体放松并保持身体的灵敏度。第三类运动是重量训练。因为人的脂肪组织相对于身体组织的比例会随年龄的增加而逐渐增加，肌力则逐渐降低，适当的重量训练可以增强老年人的肌力并维持其持久性，有助于老年人操作家务或走动，但专门为老年人设计的重量训练课程很少见，此类训练多数已被纳入舞蹈的课程中。

2. 适当的营养

由于年龄的增长，老年人的身体需要一系列特殊的饮食和营养。帮助老年人建立健康饮食习惯是营养教育的目标，其基本的概念是摄取适当的热量以维持最佳的体重，食用各种新鲜蔬菜、水果、瘦肉、低脂乳制品等，避免过量的盐、糖、脂肪及酒精性饮料，进食充足的水分及纤维质，并补充适合身体状况的营养素等。

造成老年人无法达成营养均衡的障碍有三种：营养不良、基本代谢率改变及药物的副作用。

营养不良。老年人的营养不良是因为不当的营养摄取，其原因包括：单独用餐或患病导致食欲减退；为求烹饪方便，大量使用罐头等预制品；牙齿功能不佳或假牙佩戴不当，造成进食困难；身体的障碍影响采买食品或煮食的意愿；经济状况不佳等。

基本代谢率改变。一般来说，人体基本代谢率从 20 岁到 70 岁会降低约 20%，因为能量消耗率降低，能量的需要也应降低。45～70 岁之间的人，若没有减少能量的摄取，可能会使体重增加，而肥胖则有可能引发慢性病。但其他必要的营养成分如维生素、蛋白质及矿物质的摄取仍应充足不可减少，所以老年人对食品的选择必须以低热量、有充足的营养为原则。

药物的副作用。老化所引发的疾病，如便秘、失眠、关节炎病症及高血压等都可以通过饮食的调整来改善，但对于某些老年人来说，却只有借助药物方能改善，而部分药物的副作用则会影响老年人的食欲及营养成分的摄取。

老年人可以参加各种营养讲座或是到各医院的营养门诊与营养师讨论并参考相关的期刊或书籍等，以了解自己的理想体重及各类食物的营养成分，再搭配适当的运动，就可以建立均衡的饮食习惯并有效地控制体重。

3.压力的缓解

压力是一种刺激，会让身体产生反应，如焦虑、害怕或兴奋，不管是正面的或负面的刺激，都会产生生理性反应，如呼吸及心跳加快、血压升高、荷尔蒙释出、血管收缩、肌肉紧绷、肠胃不适、肝脏及脾脏活化等。

年岁的增加会使老年人对压力事件的敏感度增加，如配偶或亲朋好友的死亡、退休、住进养老院、视力及听力衰退、活动范围受限等。此外，压力并不只局限于不愉快的事，子女结婚、孙子出生、孩子工作的升迁调整等都有可能成为压力源。

压力管理的方法很多，包括深呼吸、积极性的思考及瑜伽等，最常使用的方法有三种：渐进性放松、想象及冥想。

渐进性放松。渐进性放松是一种规则性的紧缩、放松肌肉的方法，扼要地说，就是逐渐集中注意力在身体的各个部位，从头顶、前额开始到脚踝、脚弓及脚趾结束，可以先让身体所有部位逐一处在紧绷的感觉状态中，然后一个一个放松；或者依部位逐一进行紧绷、放松的练习。整个过程持续约 20～25 分钟。

想象。渐进性放松做完之后，再进行相同时间的想象。有两种较流行的想象方式：一种是找一个身体有病痛的部位，然后想象自我治疗；另外一种是假想到一个风景美丽的地方，与一个有智慧的人（比如非常尊敬的已经过世的祖父母）进行互动，由他来帮助解决问题。

冥想。前两种方法的姿势可以面朝下趴着，而冥想则要采取坐姿，因为趴着比较容易睡着。有研究认为冥想的效果要比睡眠状态来得好。默想祷告也可以促进身体和情绪的松弛。

4.良好的睡眠

随着年龄的增长，老年人睡眠的质和量逐渐下降，但对睡眠的需求并没有因此而减少，只是睡眠的生物节律分布发生了变化，睡眠能力降低；虽然卧床时间延长，但觉醒次数增多，白天经常有意识打盹，以补充晚上睡眠的不足。从睡眠结构上看，浅睡眠比例增多，深睡眠比例减少。

老年人的失眠主要包括三种类型。第一种为非病态失眠，例如，个体进入老年期后，睡眠随年龄增长而逐渐减少，或者旅行时由时差导致睡眠时间减少，或者因更换睡眠环境而产生的境遇性失眠等，这些仅引起较少和短暂的主观不适。第二种是病态假性失眠，指个体持续一周以上有睡眠时间明显减少的主观体验，而实际睡眠时间并无减少。第三种为病态真性失眠，包括入睡困难、易醒和早醒等表现。入睡困难指入睡所需的时间比平时多一小时以上；易醒是指在睡眠过程中比平时觉醒次数多，且不能很快再入睡；早醒指比平时提前醒来一小时以上。

老年人保持良好的睡眠，需要注意以下几个方面。

养成良好的生活习惯。老年人晚上睡觉前可以用温热水洗澡或洗脚，促进血液循环、消除疲劳、改善睡眠；晚餐不宜过饱，也不宜空腹；睡前不宜饮用浓茶、咖啡和酒等刺激性饮品；生活要有规律，早睡早起。

创造舒适的睡眠环境。尽量做到室温适宜，室内无光，空气流畅，无异常气味，环境安静，被褥干净、舒适，总之，睡眠环境应该安静、整洁、舒适和安全。同时，保持良好的睡眠姿势，宜右侧睡，不要蒙头掩面或张口而睡。

保持健康的心理状态。睡前精神放松，情绪安宁，避免过于兴奋、激动或过于悲伤、抑郁。正如《睡诀》中所说："睡侧而屈，觉正而伸，早晚以时，先睡心，后睡眼。"保持宁静的心境是轻松入睡的诀窍。老年人一旦出现睡眠障碍，应该平静、客观地面对现实，正确认识睡眠状态，积极配合治疗，否则容易形成恶性循环，变成顽固性失眠。

适当用药物辅助治疗。老年失眠者可以服用安眠药物辅助睡眠，原则是剂量宜小不宜大，时间宜短不宜长，宜多种药物交替使用。

第二节　心理系统：老年期的心理发展与任务

一、老年期的心理系统

（一）老年期的感觉、知觉

1. 老年期的感觉

眼、耳、鼻、舌、皮肤等感觉器官是人与外界沟通的门户，各种刺激（即外边部信息）通过相应的感觉神经末梢装置才转变为神经冲动，然后通过神经传导到大脑，产生相应的感觉（即视觉、听觉、嗅觉、味觉和皮肤感觉等）。总体上，老年期的感觉器官的功能随着年老而出现衰退。人们对老年人特别是七八十岁老年人的形象的典型描述往往是"耳聋眼花""反应迟钝"。老年期的主要感觉衰退的一般模式：在各种感觉中受老化影响最明显的是听觉和视觉。研究显示，最早开始衰退的是听觉感受性，许多人听觉在青年期开始衰退，60 岁后衰退就已经非常明显了；其次是视觉，直到 55 岁左右仍然较稳定，以后便出现快速衰退；味觉在 60 岁之前的几年还比较稳定，但随后对咸、甜、苦和酸等物质的感受性便加速下降。

1）视觉

视觉变化常被认为是衰老的最初征兆。由于眼睛的晶状体弹性变小，调节力逐渐下降，老年人时常看不清近物，出现所谓的老花眼。柯林斯等人对 4682 名 6～16 岁的儿童青少年及 6479 名 20 岁以上成人的视力进行检测发现，人在 45 岁之前视力下降比较缓慢，一过 45 岁便加速下降。导致老年人视力下降还有其眼睛病变的原因。

除老花眼和视力下降外，老年人对弱光和强光的感受性也明显下降。有实验表明，让被试者由明亮进入黑暗，待其对黑暗适应后给一级极弱的光，结果发现年轻被试者能感知 3 lm 的弱光，而老年人只有当光亮达到 5～6 lm 时才能感知。强光照射，青年人眼花后只需 2 s 便能恢复视觉，而 65 岁的老年人产生眼花所需光强比青年人高 50～70 倍，眼花后需 9 s 才能恢复。

由于对光感受性的降低，老年人的颜色辨别力也有所下降。研究表明，老年人对蓝绿色的辨认最困难，而对黄色、红色的辨别力降低较少。此外，老年人对物体的形状、大小、深度，运动物体的视、知觉也比年轻人差，对视觉信息的加工速度也有较大下降，视觉的注意能力也有一定程度的降低。

总之，到了老年期，视觉的主要变化有：晶状体变硬，对近距离物体的对焦能力下降，出现老花眼和视力下降；晶状体变浑浊，光线较暗时视物困难；光线变化时，瞳孔的反应变慢；老年人对弱光和强光的感受性明显下降；晶状体黄染，老年人的颜色辨别力降低；视神经细胞数量减少，影响视觉的深度感；泪腺分泌减少，眼睛干涩等。

尽管有上述种种退行性变化，但由于老年人有长期的视觉经验，可以弥补视觉能力下降的不足。只要充分利用多种感官获取信息，同时创造条件，使老年人的感觉信息简单明确，如对老年人经常使用的药瓶加上明显不同的色彩标志或使之具有可触摸到的不同表面纹理等，便能大大方便老年人的生活，使他们尽快适应视觉的退行性变化。

2）听觉

与视觉相比，老年人有听觉缺陷的为数更多。一项调查表明，63.6％的老年人听力减退，对高音的听力减弱更明显，有些人听力减退到耳聋的程度。研究指出，人的听力的最佳年龄是 20 岁，以后便缓慢下降。30 岁以后，听觉阈限随年龄增长而逐步提高。

老年人的高音听力比低音听力衰退得更显著，这也是老年人更喜欢听中音和低音音乐的原因所在；而且，老年人对声音的辨别能力在减弱，特别是在不良听觉条件下或有噪声背景的情况下，因此，在日常生活中有时会发现，与家人一起坐在客厅里看电视，旁边有人闲谈时，老年人对电视情节的理解能力往往会下降。

3）嗅觉和味觉

老年人的嗅觉也随着年龄增长而衰退。有研究资料报告显示，在人的一生中嗅觉最灵敏的时期是 20～50 岁，50 岁以后就逐渐减退，70 岁嗅觉急剧减退，在 60～80 岁的老年人中有 20％的人失去嗅觉。

由于舌头的味觉感觉器味蕾随着年龄的增长而减少，因此味觉的敏感性也随着年龄的增长而下降。对 15～75 岁各年龄组被试进行甜、酸、咸、苦 4 种味的刺激阈的测查发现，4 种味觉阈值都随年龄增长而提高，尤其是 60 岁以后急剧提高。味觉的多样性也随着年龄增长而减退，青年人能同时品尝出食品中的多种味道，而老年人往往只能感觉到其中的几种。

我们常听到老年人抱怨现在的食品食之无味，事实上，食品的味道并没有变差，而是老年人对甜、酸、苦、辣、咸 5 种味觉要素的敏感程度减退了，因此，老年人往往错误地认为过去那些美味的食品现在都变得乏味了。老年人对食物的抱怨还有一个可理解的原因就是嗅觉功能的衰退，老年人对食物散发出来的香气的感受性变差了。

4）皮肤感觉

关于老年期的皮肤感觉，除痛觉外，触觉、冷觉、温度觉等都研究得比较少。多项研究表明，老年人的痛觉感受性逐渐降低，感觉感应阈（即使被试痛得难以忍受而做出身体蜷缩反应的刺激强度）也随年龄增长而升高。这表明老年人的痛觉迟钝。老年人的触觉和温度觉也较迟钝。高龄老年人不但对室温敏感度降低，而且身体的体温也随年龄增长而降低。部分老年人身体深部的温度甚至低于体表，他们对室温变化的感觉十分迟钝，患病率和死亡率也比较高。

2. 老年期的知觉

1）视差

研究表明，老年期的视差要比成年期的大很多。有研究者运用不同视差法观察了老年人视差的特点，得出的结论是一致的，即老年人的视差量与人发育早期阶段（10岁以前）的所有倾向十分相似。这一现象是值得注意的。幼儿、儿童期视差的特征是整体与部分之间的分节能力低，把握不住部分与部分之间的相互关系。这也是导致幼儿、儿童期视差的原因。因此可以推测，在老年期也存在这样的知觉方法。

2）形状知觉

正如在视差中所推测的，以分节能力的降低、把握不住部分与部分之间的相互关系为老年人的倾向的话，那么在形状知觉中，肯定有某种影响。用格式塔填空测验法测试一般成年人（平均 26 岁）和老年人（平均 78 岁），发现同一般成年人相比，老年人的错误反应多，这些错误主要是对细微部分注意不够、具体化错误、模糊图形的错误、分节能力降低等反应造成的。因此，在老年人身上有无法组成形状的倾向。但也有研究指出，老年人在图形识别阶段中，在与知觉体系有关的常态化、均衡化、强调化的倾向方面，要比一般成年人更为强烈。

3）深度知觉

深度知觉是依赖于视觉信息整合来感知物体空间关系的能力。随着年龄的增长，视力通常会逐渐衰退，这对深度知觉的准确性产生了直接影响。老年人由于视力的下降，如视敏度减弱、对比敏感度降低以及双眼视差能力的减弱，深度知觉能力可能会明显减退。这使得他们在判断物体之间的距离、速度和立体感方面比一般成年人更为困难。例如，老年人在走路时可能更难准确估计台阶的高度，或者在驾驶时更难判断前方车辆的距离。此外，其他感官的衰退，如触觉和听觉的减弱，也会进一步削弱老年人的深度知觉。这种差异使得一般成年人与老年人在深度知觉方面的表现存在显著不同，从而影响到老年人的日常生活和行动能力。

4）时间知觉

研究表明，老年人在感知和估计时间间隔时，往往会有意地对所有时间间隔进行过高的评价。无论是短暂的几秒钟还是较长的几分钟，老年人通常会觉得时间流逝得比实际更慢。这种现象可能与大脑处理时间信息的方式随着年龄增长而变化有关。此外，老年人对时间流逝的这种过高评价也可能与他们的日常节奏放缓、反应速度减慢以及生理和心理状态的变化相关联。

（二）老年期的记忆和智力

1. 老年期的记忆

在日常生活中，时常听到一些老年人说："我老了，记性不行了，经常丢三落四的。"日常生活经验或常识说明，人到老年记忆减退。大量的观察和实验材料也一致表明，老年人记忆变化的总趋势是随着年龄的增长而下降，但下降的速度并不大。

总体上，老年期的记忆主要有如下特点。

1）机械记忆减退

研究表明，老年人对自己所理解的材料的识记与青年人相比，没有多少差别；而对自己不理解的材料或无意义联系的材料（如无意义音节或数字等）的识记成绩不如年轻人。虽然老年人的意义记忆和机械记忆都趋于减退，但一般是推理记忆力比语言意义和数字方面的记忆力减退得少，字词运用能力也相应地减少。

2）规定时间内的速度记忆衰退

由于神经的生物反应随着年老而减慢，老年人的心理活动（包括记忆）和动作反应比较迟缓。在记忆上的一般表现是老年人要在较短的时间内，记住某些材料或把要求所识记过的材料迅速回忆出来，常常感到很困难。国外心理学家的实验表明，如果老年人自由地掌握自己记忆的速度，其记忆的效果和年轻人差不多，但如果要求老年人和年轻人一样，在同一个规定的时间内完成某项识记任务，那么，老年人的识记效果就不如年轻人。

3）再认能力较差

再认和回忆是记忆的基本过程，也是衡量一个人记忆能力的重要标志。心理学家杨治良等人运用具体图形、抽象图形和词三种材料，进行信号检测论的再认实验，研究结果指出，老年人对三种材料的再认能力呈下降趋势，意义识记效果比机械识记的效果好。

4）回忆力显著下降

与再认能力相比，老年人的回忆力下降更显著。老年人的记忆力减退主要在于回忆能力的减退，而并非记忆过程的全面减退，其信息保持或存储并未减退，只是由于信息提取发生困难，因而表现出回忆力的显著减退。

老年期的自传记忆（即关于自己生活历史的记忆）具有一些特征。老年人通常能够清晰地回忆青年时期的重要事件，但对近年的记忆则相对模糊。这种现象被称为记忆高峰效应，表明人生早期形成的记忆较为稳定。

老年人记忆发生明显变化的解释主要集中于环境因素、信息加工和生物因素等方面。环境因素方面，主要与老年期生活的改变有关。退休老年人不再面临工作的智力挑战、回忆信息的动机降低、对记忆的使用不再熟练等会降低老年人的记忆能力。信息加工方面，进入老年期后，人们抑制无关信息和想法的能力可能会减弱，集中注意力和组织任务的能力会退化，另外，老年人的信息加工速度会减慢，从而导致记忆受损。生物因素方面，记忆的改变主要由大脑和身体的衰退所导致。特别是，海马体和前额叶皮层的萎缩与记忆功能的下降密切相关。功能性磁共振成像（fMRI）研究显示，老年人可能会在记忆任务中激活额外的大脑区域，以补偿特定区域的功能下降。尽管老年期记忆衰退显著，但研究表明，通过认知训练和大脑可塑性干预，老年人的记忆功能可以得到一定程度的改善。这些干预包括记忆策略训练、认知刺激和生活方式改变（如运动和健康饮食）。

2. 老年期的智力

智力与年龄之间的关系非常复杂。研究表明，流体智力通常在成年早期达到高峰，随后逐渐下降。进入老年期后，这种下降变得更加显著。具体表现为反应速度减慢、工作记忆容量减少以及复杂问题解决能力下降。与流体智力不同，晶体智力在老年期通常能够保持稳定，甚至在某些方面还可能增强。这是因为晶体智力依赖于长期积累的知识和经验，而这些在老年期仍然可以被充分利用。老年人通常在语言能力、词汇量、历史知识和社会判断力等方面表现出较强的能力。他们在解决日常生活中的问题时，往往能依靠丰富的经验和已有的知识储备。当然，跨文化研究显示，晶体智力的发展受到文化背景的显著影响。不同文化中的老年人在词汇量、文化知识等方面可能表现出不同的特点。

根据国内外有关这个问题的研究资料以及老年人的生活实践，老年人的智力发展主要有以下特点。① 绝大多数个体在老年期依然保持稳定智力水平；但智力不同成分表现不一，流体智力随老年人年龄增长而下降，而反映现实世界知识与经验的晶体智力则变化不大，在某些情况下甚至还有所提高。② 不同个体智力发展的模式存在明显差异，有的很早开始衰退，有的则保持到 80 岁左右。那些有较高的社会经济地位与较好的教育背景、身体状态良好、为人灵活而富有弹性、对自己早年成就感到满意的人，其智力下降幅度较小。③ 适当的刺激、训练和支持可以弥补或提升老年人的智力水平，而且效果能够持续很长时间。④ 临终智力出现大幅下降，这可能与死亡前机体机能与大脑活动水平的全面退化有关，而晶体智力的急剧下降尤其可以有效预示死亡的临近。

智力是综合的心理特征，由很多因素构成。研究者指出，老年人的智力衰退并不意味着构成智力的各因素以同一速度衰退。很多研究者采用韦克斯勒智力量表测量成人的智力，观察到语言测验的成绩在老年期仍然很好，直到 70 岁后才开始有较明显的减退；而与心理运动速度、知觉整合能力等有关的测验成绩在 25 岁后就逐步减退。在语言测验量表中的常识、理解两项测验成绩显示，正常的老年人到 75 岁还可以保持相当高的水平。如果成绩明显衰退则往往是由老年器质性精神障碍所致，并非正常老年人所固有的心理特征。因此，笼统地断言"老年者智必衰"，缺乏科学的心理学根据。

总之，老年期的智力并不是单一的下降过程，而是表现出多维性的变化。尽管流体智力在老年期普遍下降，但晶体智力和某些认知功能（如语言和词汇）可能保持稳定或增加。智力的衰退在老年人群中存在显著的个体差异，它取决于多种因素，包括遗传、健康状况、生活方式、教育背景和社会支持等。通过积极的生活方式、认知训练和社会互动，老年人可以有效应对智力衰退，保持较高的认知功能水平。

（三）老年期的情绪、情感

情绪、情感是人对客观事物是否符合自己的需要而产生的态度和体验。人在认识世界和改造世界的过程中，不断与现实中的事物发生着多种多样的联系，因此，对现实事物也会产生一定的态度，而这些态度总是以带有某种特殊色彩的体验的形式表现出来，如喜、怒、哀、乐、惧、爱、恨等，情绪、情感指的就是这种内心的主观体验。人到老年期，无论是情绪、情感的两极性（积极和消极），还是情感体验的强度、持久性以及激发情绪反应的因素方面，与儿童初期、青少年期乃至中年期相比都呈现出不同的特点。总体而言，老年期的情绪、情感大致有以下方面的特点。

1. 情绪体验与情绪调控方面

总体来看，成年人的情绪体验基本保持稳定，只有到老年（约 85 岁以上）才会有明显的年龄差异。在具体情绪体验上，生气的体验随年龄增长而呈现减弱的趋势，其他大部分的情绪体验均未表现出明显的年龄特征。

在情绪调控方面，老年人比年轻人表现更好。随着年龄增长，个体的攻击性控制、冲动控制和抑制控制都有所增长，对情绪事件反复捉摸的倾向性则减弱。对于愤怒、喜悦、厌恶、害羞、恐惧、焦虑、兴趣、激动和悲伤这九种情绪，与中年人和青年人相比，老年人更愿意控制自己的喜悦、悲伤、愤怒和厌恶。跨文化研究发现，在主观幸福感（subjective well-being，指个体从主观标准出发对自身生活状态与质量的总体评价）的三个构成维度中，随年龄增加积极情感有所下降，消极情感的变化很小，生活满意度则上升。这可能与老年人对环境的顺应进一步加强、理想与现实的差距缩小有关。

2. 比较容易产生消极的情绪和情感

进入老年期，由于生物上的老化、心理机能的变化以及社会交往和角色地位的改变，老年人比较容易产生下列主要的消极情绪与情感。

1）失落感

失落感即心理上若有所失、遭受冷漠的感觉。离退休后，老年人的主导活动和社会角色发生了改变，从工作单位转向家庭，他的社会关系和生活环境较之以前显得陌生，加上子女"离巢"，过去那种热情、热闹的氛围一去不复返，对新的生活规律往往又不能很快适应，一种被冷落的心理感受便会油然而生。

2）孤独感

从客观上讲，由于子女逐渐独立，老年人又远离社会生活，自己体力渐衰，行动不便，与亲朋好友的来往频率下降，信息交流不畅，因此容易产生孤独感。在主观方面，老年人具有自己既定的人际交往模式，不易结交新朋友，人际关系范围逐渐缩小，从而引发封闭性的心理状态，这是老年人孤独感形成的重要原因。研究表明，孤独感对老年人的身心健康极其有害，失去配偶又极少与人交往的孤独老年人，其死亡率比常与人交往的老年人高 1 倍；临床观察表明，孤独的男性老年人的心脏发病率比好交际的男性老年人高 1 倍。

3）疑虑感

尽管年岁日增，但老年人常常自觉经验丰富，才能不凡，一旦退休就无从发挥，自尊心受挫，大有"英雄无用武之地"的感叹，于是空虚、寂寞、受冷落之感袭上心头，往往误以为自身价值不复存在，久而久之就会低估自己甚至看不起自己，这种自卑感一旦形成，老年人就会经常对自己产生怀疑，忧心忡忡，表现出过分的焦虑。

4）抑郁感

以上失落、孤独、自卑、疑虑的情绪和情感对于老年人的心理都会产生负面的影响，而且老年人在现实生活中容易遭受挫折，不顺心、不如意之事时有发生，例如，遇到家庭内部出现矛盾和纠纷，子女在升学、就业、婚姻等方面有困难，自己的身体又日趋衰落，疾病缠身，许多老年人就会变得长吁短叹、烦躁不安、情绪低落或者郁郁寡欢，这些都是抑郁的表现。

5）恐惧感

随着身体的老化，老年人变得越发害怕生病，一方面是担心生病后自己生活难以自理，给家人和晚辈带来麻烦，变成家庭的累赘；另一方面，一旦生病，特别是重病，老年人似乎就感觉离死亡不远了，因此，老年人对疾病和死亡通常会产生恐惧感。

3. 情感体验深刻，情绪体验持久

老年人的情感体验比较深刻。这主要表现在他们的道德感、美感方面。有调查表明，相对其他年龄群体而言，老年群体的社会责任感和政治热情要高。在美感体验上，老年人更注重内在的持久的美。

就情绪体验持续的时间而言，由于老年期中枢神经系统发生的生物变化以及内稳态的调整能力降低，老年人的情绪一旦被激发就需要较长的时间来恢复平静。所以，老年人情绪体验时间较长，无论是心境、热情还是激情、应激都是如此。同时，由于老年人形成了比较稳固的价值观以及较强的自我控制能力，他们的情绪、情感一般不会轻易因外界因素的影响发生起伏波动。他们的情绪状态一般比较稳定，变异性较小，至少在短时间内变化较小。

二、老年期的人格

（一）老年期人格特征

南非心理学家卡温认为，由年龄增长所导致的行为、情绪的变化有以下几种：① 健康和经济上的不安；② 由生活上的不完全适应所导致的焦虑感；③ 在精神上由兴趣范围减少而导致的孤独感；④ 对身体舒适的兴趣增大；⑤ 活动性减退；⑥ 性冲动减退；⑦ 对新的情况学习和适应有困难；⑧ 一个人孤零零地感到寂寞；⑨ 猜疑心、嫉妒心加重；⑩ 变得保守；⑪ 喋喋不休，爱发牢骚；⑫ 总好回忆往事；⑬ 性情顽固；⑭ 不修边幅，邋遢；⑮ 总喜欢收集破烂。长岛对老年期的人格特征做了分析，指出以下几点：① 自我中心性，以任性、顽固的形式表现出来，根源在于顽固程度日益

严重；② 猜疑性，以胡乱猜测、嫉妒、乖僻的形式反映出来，原因在于感觉能力的衰减所导致的对外界认知的困难；③ 保守性，讨厌新奇的东西，偏爱旧日的习惯、想法，原因在于记忆力的减退和学习能力的减弱；④ 疑病，过分关注自己的身体，原因在于对外界事物的不关心，作用意识的丧失；⑤ 爱发牢骚，因为把握不住现状，总好回忆往日的生活。

人们通常认为，人到老年期会变得小心、谨慎、固执、刻板，甚至认为这是老年人特有的个性特点。但这可能是人们对老年人的刻板印象甚至是隐含的年龄歧视。总体而言，关于老年人的人格特点需要从两个方面加以考察，一是老年人个体间的差异，二是人们经常容易忽视的，即同一个个体生命本身的连续性。每个人的生命都是一个连续的过程，个体在老年阶段表现出来的一些人格和性格特征并非空穴来风，而是与前几个生命阶段有着不可分割的联系。一些心理学的纵向研究和连续性研究结果证明，老年人个性持续稳定多于变化，就大多数老年人而言，老年人的个性特点是其年轻时个性的延续。这正如心理学家丹伯诺所说的："在任何时候一个人更像他的本来面目，而不像他同龄另外的人。"

288

1. 人格特征的稳定性与变化

研究表明，人格特征在整个成年期相对稳定，这种稳定性在老年期仍然存在。所谓人格的五大特质，即外倾性、宜人性、责任感、神经质和开放性，在老年期仍然是评估人格的重要维度。

尽管整体稳定，但老年期人格特质的某些方面可能会发生细微的变化。

外倾性：外倾性在老年期可能会略有下降，特别是社交性方面。这可能与体力下降、健康问题以及社会网络缩小有关。

宜人性：宜人性通常在老年期有所增加，这意味着老年人可能变得更加友善、体贴和宽容。

责任感：责任感在老年期通常保持稳定或略有增加，老年人倾向于保持良好的自律性和责任感。

神经质：研究发现，老年期的神经质通常有所下降，这意味着老年人可能会体验到较少的紧张和情绪不稳定，表现出更强的情绪调节能力。

开放性：开放性在老年期可能有所下降，老年人可能对新经验、新想法的接受度减少，更倾向于保持现有的生活方式和信仰。

2. 人格特征与心理健康

老年人通常表现出较高的心理弹性，即应对生活压力和挑战的能力。这种弹性与人格特征中的低神经质、高责任感和高宜人性密切相关。高弹性的老年人在面对健康问题、丧偶或社会角色的变化时，能够更好地适应。

老年期的幸福感与人格特征有重要关联。研究发现，责任感和宜人性较高的老年人往往体验到更高的生活满意度和主观幸福感，而神经质较高的老年人则可能面临更大的心理健康挑战。

3. 人格特征与社会关系

根据社会情感选择理论（socioemotional selectivity theory），老年人倾向于减少广泛的社交联系，而专注于与少数亲密关系的维持。这种社会选择与宜人性提高有关，他们更愿意与能带来情感满足的人交往，减少有潜在冲突的社交互动。

老年期的人格特征还影响依恋风格，即个体与他人建立情感联系的方式。研究表明，老年人通常表现出更安全和稳定的依恋风格，这与他们较强的情感调节能力和成熟的社交策略等有关。

4. 人格特征与健康行为

责任感高的老年人更可能保持健康的生活方式，如定期锻炼、健康饮食和遵循医生建议。这些行为有助于延缓老年期的健康衰退，提升整体生活质量。

另一方面，神经质高的老年人可能更容易出现健康焦虑、睡眠障碍和不良的应对方式，如过度饮酒或依赖药物。

人格特征与健康结果之间的关系已经在多个研究中得到验证。例如，高责任感与长寿和较低的心血管疾病风险相关，而高神经质则可能与更高的慢性病发病率和早亡风险相关。

5. 相关研究发现

人格特征，特别是高责任感和低神经质，可能与较慢的认知功能衰退有关。人格可能通过影响个体的生活方式、应对策略和社会互动，间接影响认知健康。

神经成像研究揭示了人格特征与大脑结构变化之间的联系。例如，高责任感与较大的前额叶皮层体积相关，而高神经质与杏仁核活跃性增加相关，这些脑区与情绪调节和执行功能密切相关。

跨文化研究显示，尽管人格特征具有普遍性，但文化背景可能会影响人格特征在老年期的具体表现。例如，在集体主义文化中，老年人的宜人性和责任感可能表现得更为突出。

长期追踪研究表明，人格特征的变化可能会随着生命事件、健康状况和社会角色的转变而加速或减缓。这种动态变化提供了理解人格发展和老年期心理适应的关键视角。

总体而言，老年期的人格特征既表现出相对的稳定性，也会因个体经历和生活环境的变化而发生一定的变化。整体上，老年人往往表现出更好的情绪调节能力、更高的宜人性和心理弹性，这有助于他们更好地适应生活中的挑战和变化。相关研究为理解老年期人格与心理健康、认知功能、社会关系以及健康行为之间的复杂关系提供了新的视角。这些发现也有助于制定针对老年人的心理健康干预措施，以提高他们的整体福祉和生活质量。

（二）老年人的人格类型

1. 赖卡德的五种人格类型

赖卡德提出的五种人格类型分别是成熟型、安乐型、防卫型、愤怒型和自怨自艾型。

成熟型：有智慧，具有十分统一的人格；感到自己的一生收获不少；理解现实，并以积极的态度面对现实；积极参加工作；对家庭及社会中与他人的关系感到满意；关心面广，面向未来；对未来的生活并不感到苦恼；对于退休和老化表示接受，既不悲观，也不退缩，既不过于进取，也不过于防卫。

安乐型：属于隐居依赖型，看上去好像十分悠闲自得，而且对自己目前的处境也十分理解，但实际上把自己的生活寄托在别人身上，无论在物质上还是精神上，都在期待别人的援助；不拘小节也无大志，视退休为解除责任，正好安享余年，含混过日，对于老迈并不恐惧也无心理上的负担。

防卫型：这是一种自我防御较强的类型，对恐惧、苦恼都用强烈的防御机制来对付，用不停的活动来抑制自己对衰老的恐惧，对闲暇缺乏理解；不承认老年的价值，用不停的繁忙活动来回避对老年期的展望和死亡问题。

愤怒型：过去有不得志的经历，到了老年期非常伤悲，把自己的失败都归罪于他人，并表现出敌意和攻击性；偏见较深，愤世嫉俗，与人敌对，对年华的流逝持强烈的反感，没有丝毫兴趣，自我闭塞，最后以悲剧结束。

自怨自艾型：从前有过不得志或失败的经验，但与愤怒型的怀恨别人不同，只是埋怨自己，把失败归咎于自己的过错，因此沮丧、消沉，认为人老了是没有价值的废物，只有死亡才是解脱。愤怒型和自怨自艾型属于调适不佳的类型。

2. 纽加顿的四种人格类型

美国心理学家纽加顿在研究老年人的心理发展和适应模式时总结出以下四种人格类型。

整合型：从总体上说，这一类型的人适应性较强，研究者称他们成熟老练，发现在整合型人中有三种行为模式，即重组型、集中型和空闲型三种。重组型的人非常活跃，他们总是一放弃旧的活动，就去参加新的活动，一退休，重组型的人就用其他的活动补偿失去了的工作角色。据发现，他们对生活的满意程度较高，这一群体似乎证实了活动理论。同重组型的人一样，集中型的人也比较喜欢活动，但他们更加专门化。他们将大量的时间都花在从事一个或两个角色上，而不是参加各种各样的活动。空闲型的人对生活的满意程度较高，然而，跟重组型和集中型的人相比，他们的活动性要差得多，空闲型的人满足于以悠然自得的姿态跨进花甲之年。

装甲防卫型：这个群体的成员对生活的满意度较高，但他们与整合型的人不同，他们不大愿意顺受老年过程。在某种程度上，他们喜欢跟老年的思想做抗争。这一类型的人有两种行为模式——挺住型和收缩型。挺住型模式的特点是他们想在工作岗位上死去，这样的人不愿意变化，或不想表现出似乎他们老了，喜欢尽可能地保持中年人的行为。收缩型的人做出的反应是与世隔绝，压缩他们的活动。

消极防卫型：无论是跟整合型的人相比，还是和装甲防卫型的人比较，这一群体的人独立性很弱。他们表现出两种行为模式——寻求援助型和无动于衷型。寻求援助型的人对他人的依赖性很大，其幸福好像是依赖于别人对他们做出的反应，依赖于别人会在感情上同情他们。无动于衷型的人比寻求援助型的人更消沉，通常不大参加社交活动。无动于衷型的人和空闲型的人是有区别的，他们很少参加活动，不是因为老年过程，相反，而是由于在他们年老以前就养成的行为模式。

解组型：这类人在人格上处于解体状态，他们不能接受衰老的事实，情绪控制差，对外界充满敌意。

三、老年期的心理发展任务

1. 心理社会危机及其解决：自我整合与绝望

美国著名的心理学家埃里克森根据其丰富的临床诊断经验，按照个性发展各时期主要矛盾的出现，把人生个性发展分为八个阶段，认为个体在每个阶段都会经历不同的危机与冲突，危机是否顺利解决将影响往后的人格发展。其中第八个阶段是最终的阶段，也是个体重新评价一生的时刻，老年人要反省濒临的生命终结，并且思索人生意义与重要性。该阶段的主要任务是老年人要达到自我整合，对自己的一生感到满足，有一种对人生意义的确信与圆满感，或对过去所做的选择和结果感到不满与失望，以便在死亡来临之前，仍愿意对生活做出一些改变，并持乐观的态度，来设计、安排一个有意义的、活泼的晚年。若能在整合中达到平衡，就会产生老年期的睿智，用以对付死亡的恐惧。

2. 佩克的发展任务说

佩克认为老年期必须经历三种主要的心理转变或超越，才能使生活变得愉快而有意义。

从专注于工作角色到自我的重整。退休对于老年人来说是一个主要的危机，在转变社会角色的同时，可能失去自我价值与身份认同。因此，老年人需要重新界定工作环境以外的生命意义与目标。这时个体需要重新控制方向，确定自己的生活比以前更丰富、精彩，否则可能会失去生活的目标，甚至选择自我毁灭。

从专注于身体到对身体的超越。老年人的机体功能日渐衰退，老化特征越来越明显，健康问题逐渐增多，这时老年人需要从对身体的过分关注中超脱出来，转向其他更积极的方面，如令人满意的社会关系或平和安宁的心境等。如果老年人不能脱离这种身体限制产生的困局，则可能发展出负面的人生观与人格，影响心理与精神健康。

从专注于自我到对自我的超越。老年人最后的挑战就是死亡，这是最困难，也是最重要的适应。死亡的威胁令人压抑，这时老年人必须摆脱以自我为中心的人生观，认识到个体生命的终结并不是终点，他们对社会的贡献，如养育的子女，与工作或公益事业相关的活动等，将超越自己有限的生命而延续下去。老年人通过对他人幸福的贡献而达成了对自我的超越。

3. 哈维格斯特的发展任务说

哈维格斯特的发展任务说以埃里克森的心理-社会发展理论为基础，他认为在生命的不同阶段各有其主要的发展任务。所谓发展任务是指在该阶段应有的发展水准或成就水准，亦即应发展或表现的若干心理特质或行为形态。在个体生命的特定时期，如能圆满完成发展任务，就会使个体感到快乐、幸福，如果失败则导致不快乐、退化、不为社会所赞许，并且会妨碍下一个阶段发展任务的达成。他把人生的发展分为六个时期，最后一个时期——老年期发展任务的重点是：① 适应退休与收入的减少；② 适应健康和体力的衰退；③ 与自己的年龄群建立亲近的关系；④ 适应配偶的死亡；⑤ 负起社会和公民的责任；⑥ 建立满意的生活安排，考虑自己的经济和家庭状况，重新安排居住环境。

4. 苏帕的生活-生涯发展理论

生活-生涯发展理论学者苏帕以长期纵贯研究并综合差异心理学、发展心理学、职业社会学、人格理论等四个学术领域的精义，建构其生活-生涯发展理论，并将发展任务的概念引用至生涯发展上。

苏帕将人的一生依年龄划分为五个阶段，分别为成长期（0～14 岁）、探索期（15～24 岁）、建立期（25～44 岁）、维持期（45～64 岁）、衰退期（65 岁及以上）等阶段。每一个阶段各有其重要特征与生涯发展任务。在衰退期，个体因身心状况逐渐衰退，撤离原有的工作角色，但仍有多余的时间及精力发展新的角色，寻求不同的生活方式以满足自身需要，其任务为减速、解脱、退休。

此外，苏帕指出从一个发展阶段过渡到另一发展阶段需经历一个转型期，以准备发展另一阶段的生涯任务与生活方式。同时每一个发展阶段内各自形成一个小周期，同样地再次经历"成长—探索—建立—维持—衰退"这样的一个循环，是基于各发展阶段的发展任务呈现的再循环。

斯皮尔提出，老人心理-社会发展的目标是达到高层次的自尊和能应付老年期面临的发展问题。老年人自尊有五个要素：① 自我认同；② 生活有希望；③ 对生活有控制感；④ 有自我价值感；⑤ 能与人协同合作。老年人有四种特殊的发展问题：① 身体及心智的功能减退；② 调适因多重失落导致的忧伤或忧郁情绪；③ 找寻继续成为生产者的角色；④ 在被隔离的社会环境中维持自我认同。

5. 人生回顾理论

人生回顾理论由巴特勒创立。他把生命回顾（life review）定义为自然发生的一种心理过程，其核心是个体在意识中回到过去的经验中，对其进行回顾、反思和评价。

通过这一过程，老年人能够重新审视他们的人生经历，从中获得新的意义和理解，进而帮助他们在晚年阶段更好地适应生活的变化。

普莱斯进一步扩展了巴特勒的理论，认为对于老年人而言，回忆过去不仅是一种自然而然的行为，还具有以下五种重要的心理功能。① 回忆是一种有效的心理防卫机制，协助个体维持心理进度及情绪稳定，增强自我功能，以达到良好的适应。② 协助个体缓解忧伤。当亲人死去，个体回忆亲人的点点滴滴，有助于缓解忧伤。③ 协助个体调适压力。当老年人向某人倾诉自己的过去时，对老年人而言是一种放松。④ 协助个体应对成熟或情境危机。个体处于危机状态时，回忆过去的成就或满意的生活经验，有助于个体自我认同，强化自我调适的功能。⑤ 对于个体极端痛苦的经验，回忆有助于个体重新思考及组织那些负性的经验，独处时使用回忆，有使痛苦的感觉随之消失的功能。

第三节　　社会系统：老年期的社会参与和生活事件

一、老年期的社会系统

（一）家庭系统与老年人

离退休之后，老年人的生活范围退居到家庭之中，家庭成为老年人的主要活动场所和精神寄托，因此，家庭环境的好坏与否对老年人的生活将产生重要的影响，这里家庭环境包括家庭结构、家庭功能、家庭经济状况、家庭成员间的人际关系等方面。

1. 家庭结构的核心化

随着社会经济的发展，人们的生活方式和价值观念，特别是家庭观念和生育观念有了较大的变化，家庭结构也随之发生日益明显的变化。传统社会的主干家庭、联合家庭逐渐被核心家庭所取代。核心家庭的基本特征是家庭规模小、家庭居住人口少。家庭日趋小型化是现代家庭的共同特点。家庭的分化对老年人的生活和心理会产生一定的影响，子女与老人的分居不仅使老年人的日常生活难以得到子女时时无微不至的照顾和关心，还对老年人传统的家庭观念有较大的冲击，更重要的是老年人期望的是热闹的家庭氛围，这种分居难免使老年人不时感到寂寞孤独，备尝思念儿孙之苦。

2. 家庭养老功能的弱化

在工业社会里，家庭的结构和功能都发生了巨大的变化。在家庭结构上，传统的大家庭在逐步解体，老年夫妇家庭在逐年增多，"空巢家庭"也越来越多。家庭养老的功能逐步弱化。传统社会中，家庭是最重要的社会照顾单位。但是现代社会家庭的社会照顾的功能被部分分离出来为社会部门所承担。当然，这也并不否认家庭在现代社会中依然是重要的养老主体，但与传统意义上的家庭养老相比已发生了很大的变化。

3. 家庭代际关系

家庭代际关系主要指的是老年人与子女晚辈间的关系。尊重和爱是老年人两种重要的心理需要，可以通过老年人与子女晚辈的交往获得。如果家庭中人际关系和谐、气氛融洽，儿孙们能够对老年人表现出充分的尊重，孝顺他们，给予无微不至的关心和照顾，嘘寒问暖，老年人就能因此获得较大的心理满足。但是，代沟问题往往会导致家庭内部的人际关系矛盾。代沟是代与代之间存在着的在价值观念、思想感情、心理状态、生活习惯等方面的差异。由于老年人的生活经历、成长背景、教育环境等和中青年人有较大差别，因此，代沟的出现不可避免，小到生活中的服饰、饮食、娱乐，大到职业选择、为人处世、工作态度、家庭观念，二者的看法都可能有很大分歧。代沟会引发亲子矛盾，从而对老年人的心理产生不良影响。

4. 家庭经济状况

家庭经济收入不仅关系到人们衣食住行等基本生活能否得到满足和保障，还直接或间接影响人们对生活、对人生的评价和看法，影响着人们的心理状况。对于老年人来说，如果经济环境比较宽松，有足够的退休金养老，这样一来，不但基本的物质生活得以保障，而且老年人由于能够自立，自己养活自己，对子女和外界的经济依赖减轻，因此往往显得自信心十足，自尊心较强，无用感较弱。相反，如果经济方面比较拮据的话，老年人可能会为生计发愁，容易产生焦虑不安的情绪。特别是一些老年人百病缠身，又无钱治疗，处境就更为艰难了，这种情形，老年人时常需要子女或亲友的接济，依赖性较强，这会使老年人深感自己无用，觉得自己是累赘，形成自卑感。

（二）老年人需求和社会服务系统

总体而言，老年人的需求不外乎经济需求、健康需求、生活需求、精神需求和社会需求这五个方面的需求。老年期的主要社会生活环境系统（除家庭外的正式系统）——老年社会福利体系大致也是围绕老年人的这些基本需求展开的。

1. 经济需求——养老金、社会救济金

在传统农业社会中，采取的是家庭集体经营的生产方式，其生产的主要工具是土地，而土地所有权是属于身为家长的老人的。如果老人未将土地"分家"给子女，或老人未去世之前，家庭的经济大权都掌握在老人手中。但在工业社会中，大多数人达到一定年龄时必须强制退休，退休之后，很难再就业，老人收入可能会大幅减少。再加上身体健康状况日渐恶化，医疗费用日渐增加，其生活很容易陷于困难，更需要经济上的基本保障。

对于很大一部分老年人来说，养老是最基本的需求。如果按照马斯洛的需要层次

理论来说，老年人的经济需求可以说是最低层次的需求，其他的健康、精神或社会的需求都要以此需求的满足为基础。

2. 健康需求——医疗保险、疗养院等

老年阶段，生物功能衰退，抵御疾病的能力下降，患病的概率增加，并且容易患老年性疾病。因此，医疗保险对于老年人而言非常重要。医疗保险的费用对老年人及其家庭来说是一项很大的开支。健全的医疗保险体系和老年人医疗保健福利对老年人有重要的意义。

3. 生活需求——生活照料

进入老年期后，老年人的活动能力下降，腿脚也不那么灵便，出现各种意外的概率大大增加，还有一些老年人因疾病或瘫痪而生活无法自理，因此需要家庭和社会提供生活照料。在传统的农业社会中，老年人主要依靠家庭来照顾。现代社会家庭照顾的功能相对减弱了，社会照顾的作用凸显。

老年人福利在具体内容和措施上，有很大一部分内容是关于老年人生活照料的。一些发达国家特别是福利国家的老年人福利和服务的内容非常具体。一般来说，老年人生活照料包括基本性日常生活照料和工具性日常生活照料。前者包括给老年人喂饭、穿衣、洗澡等，主要服务对象是高龄老年人和瘫痪、卧病在床的老年人。后者则包括帮老年人做饭、洗衣、料理家务、买东西等。

4. 精神需求——休闲娱乐

老年人退休后，不用劳动或工作，因此闲暇生活对于老年人来说非常重要。另一方面，进入老年期后，一些老年人不需要直接为生活奔波，从而更重视精神上的追求，比如个人兴趣的发展等。因此，老年人在休闲娱乐上的需求相对较强烈。休闲娱乐不仅可以满足老年人的精神需求，使老年人在娱乐中陶冶性情，还可以让老年人在活动中结识更多的老年人，特别是一些老年人集体活动，可以让老年人在集体中发展出一些非正式的社会关系。

5. 社会需求——社会参与

虽然老年人退休或退出了生产领域，但老年人并不是真的甘心情愿地退出社会舞台，他们需要有社会参与来增强自己的自尊和提升自我价值感。一些身体健康的老年人，他们的年龄虽大，但心态不老，依然希望能参与到社会中发挥余热。

表 11-3 所示是老年人需求和老年人福利的内容。

表 11-3 老年人需求和老年人福利的内容

老年人需求		老年人福利
经济需求	经济	退休金、社会救助等
健康需求	健康	医疗保险、老年疗养院、老年医院等

老年人需求		老年人福利
生活需求	生活照料	家政服务、养老院等
	住房	住宅福利、老年福利院等
精神需求	休闲娱乐	老年活动中心等
	自我发展与自我实现	老年大学等
社会需求	社会参与	老年志愿活动、老年再就业咨询等

二、老年期的重要生活事件

（一）退休与老年人

1. 什么是退休

退休（retirement）指离开工作场所，长期休息之意，或指正式工作的结束与全新生活角色的开始，包括对行为的期待与对自我的重新定义。也有学者认为退休最宽泛的定义是退休者不再做全职的工作而领取退休金，此外，还有学者把退休定义为一种心理状态，一种离开工作而重新定位的心态。

综合上述说法，本书将退休界定为个体不再从事一项全职的工作，而接受过去工作的退休金作为某些收入。因此，退休是一种工作赚来的报酬，是过去劳动的一种结果，是原有工作的结束，也是一种新生活的开始，可视为角色的变迁与二度人生的开展，是导致生活上重要改变的一种过程。

退休是老年人晚年生活的开端，退休标志着老年人职业生涯的结束，他们的生活范围退回到家庭之中，其实质是一种社会角色的转变。老年期是人生的最后一个重要转折，其中最突出的是退休导致了老年人长期以来形成的主导活动和社会角色的转变，由此引发老年人的心理发生波动和变化。退休引起的老年人社会角色的改变体现在以下两个方面。

1）从职业角色转变为闲暇角色

老年人退休后，离开了原有的工作岗位和社会生活，即从职业角色转入闲暇角色，这种角色转换对老年人的生活和心理是一次很大的冲击。其一，工作是生活的主要收入来源，退休大多意味着老年人经济收入的减少。其二，职业历程是人们获得满足感、充实感和成就感的重要形式，是实现自我价值的重要途径，而老年人正在丧失这一体验。其三，退休还打破了老年人在工作时养成的特定的生活方式和生活习惯，常使老人茫然不知所措。

2）从主体角色转变为配角

老年人退休前，有自己的工作、人际关系和稳定的经济收入，这使老年人在社会上有被认可、被尊重的荣誉感和成就感，在家庭中则有一家之主的权威感。退休后，工作带来的成就感消失，老年人的社会价值下降，从社会财富的创造者转变为社会财富的享受者；同时经济收入的减少，使老年人从过去被子女依赖转向依赖于子女，在家庭中原有的主体角色和权威感也随之丧失，失落感、自卑感由此产生。

退休带来的重要变化是丧失与工作有联系的收入、地位、工作伙伴、从工作中获取的乐趣和地位以及生活规律。

影响个人决定退休时间的因素主要包括领取养老金或退休金的年龄、个人是否有足够的收入和储蓄、个人健康状况、家人态度和个人计划。此外，个人的工作性质、工作满足感和对工作机构的认同感也是影响因素。总体上，收入和健康是影响老年人的退休态度和调适的主要因素。

2. 强制退休

退休的方式大致分两种：一种是自愿退休，另一种是强制退休。退休作为一种社会现象，在许多情形下并非一种自觉、自愿的行为，而是一种强制性行为。关于强制退休存在一些争论。传统观点认为，退休是对老年人的社会性关爱和保护，也是社会生物体自然继替的必然要求。而反对强制退休的人则认为，强制退休违背了老年人的自我意愿，漠视了老年人的实际能力和社会价值，本质上是一种老年歧视，是一种集体性的、社会性的老年歧视行为，强制退休是建立在对老人社会价值的否定基础之上的。

关于自愿退休和强制退休的争论现在被一种折中的选择所代替，即所谓的弹性退休制。这种制度具有许多和强制退休制度同样的功能，但并不完全按照年龄来强制老年人退休，而是兼顾老年人的实际情况，容许老年人达到退休年龄后继续从事工作。另外，处理自愿退休和强制退休争论的方式是延长退休年龄。这种办法不会对现有的退休制度造成重大影响，同时又兼顾了老年人的工作意愿。许多国家都采取这种微调式的解决方案。我国对退休年龄也有所延长。

3. 退休的调适

对于老年人而言，退休是老年生活中一个重大的转折，对退休生活的适应也因此成了老年期面临的一个重要问题。社会学家阿奇利指出，老年人适应退休的过程可以划分为七个阶段。当然，退休的阶段并非有特定时间或年龄，也并非每个退休的人都会经历每一个阶段。以下是他所列的七个时期。

前退休期。在退休真正到来前，老年人其实已经开始为退休做准备，他们想象退休后的生活将会是什么样子的，会用更多的时间和精力来规划退休之后的生活。也有一些老年人对即将到来的退休感到非常担忧、焦虑。

蜜月期。这是指刚刚退休后的一段时间。这段时间老年人终于从日复一日的繁重工作中解脱出来，终于可以自由地支配自己的时间，终于可以随心所欲地做自己喜欢做的事。因为重新找到了自己，重新属于自己，老年人在这段时间表现得充满生机和活力。

休息和放松期。蜜月期过了以后，老年人接着迎来的是一段低潮期，这时，老年人开始安定下来，老年人的活动在减少，有一种无用的感觉。

清醒期。有些老年人对退休抱有过多、过高的期望，这时，老年人慢慢开始清醒了，尤其是那些对退休抱有许多不切实际的幻想的老年人，忽然发现原来退休生活并非他们想象的那样丰富多彩。这时，老年人会感到失望和失落。

重组期。为了克服退休后的失落感，老年人需要重新选取生活的目标，为了尽快走出低谷，老年人会重新反省自己的生活，重新规划未来的生活，努力寻找新的生活方向。老年人可能会重新投入工作，也可能从事其他有益的社会活动。

规律期。这是老年人成功适应退休生活的一个主要表现，老年人重新拥有了真正属于自己的生活，老年人的生活重新走上了正轨，生活再次变得有规律、比较稳定而且比较令人满意。

终止期。由于一些特殊因素如疾病等的影响，老年人的退休生活终止，老年人不再承担退休的角色，转而变成了依赖性的角色。

阿奇利对退休生活适应阶段的描述告诉人们，老年人的退休生活是一个适应过程，可能会经历几个不同的阶段，尽管并不是所有的人都必须经历这几个阶段。阿奇利的研究为人们更好地处理老年人的退休生活适应问题提供了有益的启示。

（二）丧亲与悲伤管理

1. 丧亲

丧亲（bereavement）是指对某个人死亡的客观事实的承认。它是一种客观的事实，也是人类生命中无法避免的事件，且当丧亲的状况发生时，个人的行动、价值观、生活次序等都会受影响。当一个与自己亲近的人死亡时，自己丧失这位亲人，同时也丧失原有的身份和角色，如小孩变成孤儿、配偶变成鳏夫或寡妇。这种角色上的变换，会给丧亲者带来某种程度的冲击，影响其身心及生活适应，甚至会让家庭陷入危机。有一些学者把丧亲当作一种时间的过渡，且不同学者对这种过渡期有不同的划分。

第一阶段：麻木、冲击时期。在这个阶段中，丧亲者是麻木、茫然的，丧亲者不能相信所发生的事情。有些学者认为这种不相信是一种保守的冲动，不希望去相信已经发生的改变和未来必要的改变，丧亲者非常努力地去保持他们已经有的东西。麻木似乎是一种力量，使丧亲者继续去执行他们已经习惯的角色，例如，对一位寡妇来说，她还能继续当太太。另外，若从心理层面来看，丧亲者虽然知道他所爱的人已经死了，但并没有真正的感觉和情绪反应。有些学者认为这也许是好的，因为它容许丧亲者克服情绪的困扰，以利处理善后的细节及安排丧葬事宜。但麻木的情绪若一直持续，或一直维持麻木的状况，则会导致复杂或不正常的悲伤反应。

第二个阶段：渴念、退缩和寻找的时期。这个阶段的特性是从挫折、紧张及企图继续操作不想改变已经发生的事实中，渐渐地认知到其真实性。焦虑是这个阶段的典型特征。有时丧亲者也会想"它不是真的事实"，或感觉到死者正走到门口以及会梦到死者等，丧亲者很渴望失去的亲人能够回来，并且否认失落是永恒的。

第三个阶段：解组和绝望的时期。随着时间的流逝，丧亲者会逐渐意识到现实的环境，同时心情也会逐渐平静下来。在此时期，真正的悲伤也开始了，丧亲者开始感受到解组和绝望的情绪。通常这种情感表现为无法抵抗般的难过和大量泪水的涌出，还带有生气、焦虑、慌张不安、害怕的情绪，甚至无法睡眠。这些感受经常会带有大量对死者的热望和憧憬，甚至想到处找寻死者。这些复杂情绪也常带有生气和内疚。这种生气，有时是对四周的人，但有时是对死者生气，丧亲者会质问"为何你自己走了，而留下我独自来克服人生这么多的事情"。

第四个阶段：重组和恢复时期。丧亲者慢慢地发现一个新的方向和发展出新的认同之后，他开始会对那些过去不承认、拒绝接受的事实以及不能切断或放弃与死者的关系的想法，进行慢慢的改变，并对已成事实的情境取得一种平衡的关系，逐渐地接受事实，慢慢地面对和接纳没有逝者的生活，而逐渐适应下来。

丧亲也代表亲密关系的中断，是社会网络的危机。有一些文献提到，丧亲后的第一个月是最痛苦的，欠缺与老朋友的接触，有时也会令丧亲者好像再掉入生病期中；而丧亲者尤其是丧偶的第一年，常是丧亲者健康状况最不好的时候；第二年还继续有较强烈的悲伤、痛苦和压力，有时甚至需要使用抗焦虑的药物，这对丧亲者来说，需要更尽力于新角色的适应。

2. 悲伤辅导

在人们的生命状态下，生与死是密切相关的问题，是一体之两面，是任何人都无法超越和逃避的自然法则。"生"带给人们希望与欢乐，"死"却带来失落和分离的伤痛。人们在失落或丧亲的悲伤过程中，常会有一些因素来阻碍丧亲者缓解悲伤的历程，因而产生种种生物或心理的问题或疾病。然而"逝者已矣，生者何堪"，如何让丧亲者能在悲伤期间借着哀悼来宣告分离，将失落在内心重新定位，重新调整自己以适应未来的生活，这是人生的重要课题。

1) 悲伤的意义与过程

悲伤是个人在经历失落和丧亲时的特别反应，这种反应或症状的表现包括生气、有罪恶感、抱怨身体不舒服、生病、绝望。悲伤的特别反应，通常也都借由心理的（包括情感、认知、态度、哲学等层面）、行为的（经由个人行动、态度与行为反应呈现）、社会的（与他人的互动过程）和生物的（以身体症状或健康情形为指标）表现来反映悲伤的历程。蔻斯在其《生命的最后阶段》一书中，更具体地提出悲伤是个人在面对失落时的一种生物、心理和社会性的反应。所谓生物上的反应是个人可能在哭泣中反胃、头痛、泻肚子、大量出冷汗等。心理的反应是个人面对失落时，要通过不同阶段的适应，其范围从无法相信到绝望。而社会性的反应，是指因为死者的丧失，而让亲友相聚，共同分担悲伤。悲伤也会因失落的类型、失落的情况或对死者情感依附的情形而有所差别。它是每个人的独特经验过程，所以不可用有无外显行为来确认其悲伤的存在。当一个人面对失落时，不只在精神上会有极度的痛苦，在身体上也会产生明显的疼痛和变化。一般而言，在悲伤的过程中，都会感受到身体的不舒服。有些人会有过敏性的反应，或有双手颤抖、心脏悸动、晕眩与呼吸短促等因极度焦虑而出现的症状，还有人会有与其已死的亲人相似的征兆。

不同的死亡原因，常带给生者不同的悲伤反应，也影响丧亲后的适应。死亡的原因有很多，通常学者们都将丧亲的形态（types of bereavement）及丧亲后的悲伤反应，分成两种。一种是有心理准备的预知悲伤，它被界定为一种悲伤过程，是预知失落的事实不久将发生，如亲人患癌症末期、长期卧病或不能痊愈。这种悲伤的产生，通常是在亲人未过世前就被诊断或被告知，亲人不久即将死亡，这种预知的丧亲，常带给家属预知的悲伤（anticipatory grief），在亲人未过世前，就出现悲伤反应。这种预知的悲伤会让亲人感受到即将面临真正的失落，感受到无助和失控，当然也给生者向濒死者告别，以及濒死者向生者交代或与生者讨论的机会。其实，这样的预期死别，学者们认为是可以有机会让亲属于死亡来临前，能从观察中意识到死亡很快就会发生，当然也让亲人能清楚意识到自己即将与濒死者永别，而自己的角色、身份也会随着亲人的过世而起变化，如自己可能即将成为寡妇、鳏夫或孤儿。学者认为预期死别，是可以引起或催化丧亲后的适应，因为有机会让生者在亲人死亡前就进入悲伤的情境中，这样对丧亲后的适应是有帮助的。

另一种是非预知的悲伤（unanticipated grief），是指亲人突然的死亡，丧亲者没有准备的失落，如自杀、意外身亡、心脏病突发、车祸或外伤等。人们在这种没有心理准备的状况下，亲人的突然死亡或突然接获亲人的死讯，常带给丧亲者非预知的悲伤反应，令生者措手不及或造成心理上难以抚平的创伤，而且也留给生者很多遗憾和未完成的事务。在许多研究丧亲、失落和悲伤的文献中，都常讨论到非预知的死亡，尤其是意外、突然及没有心理预期下发生的死亡，往往会令丧亲者震惊、悲伤期延长及导致身体与情绪极度的创伤。桑德斯曾经以纵贯研究法，针对86位丧亲者做追踪研究，发现那些亲人突然过世，或在没有预期的情况下过世的丧亲者，比那些亲人是因长期病症而过世的丧亲者，在丧亲期间，健康状况较差、较易生气、情绪不容易控制，且更易对生活失去信心。

2）悲伤辅导过程

悲伤辅导是协助人们在合理时间内，引发正常的悲伤，并健康地完成悲伤任务，以增强重新开始正常生活的能力。其终极目标是协助生者处理与逝者之间因为失落而引发的各种情绪困扰并完成未竟事务。沃登认为悲伤辅导包含四个特定目标：① 增加失落的现实感；② 协助当事人处理已表达的或潜在的情感；③ 协助当事人克服失落后再适应过程中的障碍；④ 鼓励当事人向逝者告别，以健康的方式，坦然地重新将感情投注在新的关系里。

悲伤的疼痛就像爱的喜乐，是生命的一部分，它也许就是爱所要付出的代价。一个人在承受失落之后，为了重建平衡并完成悲伤过程，必须要完成某些特定的悲伤任务。而这些任务的完成，都需要付出艰苦的努力，否则会像人类的成长、发展一样，若在某一特定层次没有完成其任务，会影响其更高层次任务的完成。而悲伤辅导的目标，就是帮助丧亲者体验认知这些丧亲的哀恸与过程。

悲伤辅导的首项任务及目标，就是协助丧亲者接受失落的事实，承认死亡事实上已经发生了，必须去面对事实，承认亲人已不再回来。实际上接受这项事实是需要时间的，它不仅是一种知性的接受，也是一种情感的接受。让丧亲者知道在知性上很容易相信所爱的人已过世，但在情感上却要很久才能完全接受这个事实。尤其是那些猝死的个案或没有亲眼看见死者尸体的情况下，丧亲者特别不容易接受事实。因此可能需要一些外在形式来帮助丧亲者确认死亡事实，如把葬礼过程的录像带或照片让他们看，或带他们去墓地甚或举行追思会等仪式。

丧亲者必须经历和接受悲伤是痛苦的，辅导者就是要协助丧亲者处理已表达的或潜在的情绪，并帮助丧亲者去体验这些感受。失落是生物、情绪和行为上的痛苦，这是必须承认和经历的过程。如果没有经过这种悲恸的痛苦，且仍容许丧亲者逃避或压抑，反而会延长痛苦，因为失去自己曾经深深依附的对象而没有痛苦，这是不可能的。

丧亲者需要重新适应一个逝者不存在的新环境。辅导者要协助丧亲者克服失落后再适应过程中的障碍，并帮助其寻找生活中的其他功能和目标，以取代逝者的地位。辅导工作主要是协助丧亲者适应和学习新的生活技巧，担负以前由逝者担负的角色和任务，当然也要让生者了解死亡本身会迫使他们去面对及调整自我概念的挑战。经过亲人的死亡，可能使个人的基本生存价值和哲学信念受到影响。至于影响的程度，则视家庭、教育和生活经验的不同而有别。另外，辅导者要协助丧亲者面对现实，下决心担任以前所不习惯的角色，并发展以前所不具备的技巧，让自己迈向一个经过再评估的世界，重新出发，展开另一段有意义的人生旅程。

丧亲者需要将情绪的活力重新投注到其他关系上。辅导工作主要是鼓励丧亲者以健康的方式向逝者告别，并坦然地重新将情感投注到新的关系中。将情感活力从逝者身上放开，转而投注到其他关系上，这不是件容易的事，因为丧亲者永远无法完全忘怀一位曾与自己有过重要关系的人，也无法完全在心中收回曾付出的一切。而辅导者的任务不是促使丧亲者放弃与逝者的关系，而是协助丧亲者对逝者重新定位，让丧亲者了解失落之后可以持续拥有与去世亲人相关的想念和回忆，但同时要去找一种让自己可以过下去的方式，如将注意力集中在那些可让丧亲者快乐或关注的生活事物上；重新建立与他人的新关系，并反复地告诉自己还有别的人值得去爱，对他人的关爱并不意味着对死者的爱有所减少；参加一些活动等。

（三）死亡、死亡教育与临终关怀

1. 死亡的定义

死亡是生命的结束，定义似乎简单，但是各种不同的观点，对死亡的定义则颇多分歧，甚至很难有严密的界定。一般在对死亡下定义时，通常会从临床医学、社会性及法律等角度来界定。以下从这几方面来讨论。

生物学及医学死亡：包括各种生物性的身体机能、脏器、器官及所有生命系统的永久的、不可逆的停止功能。在生物学上，死亡的判断标准包括心性死亡、呼吸死亡与脑死亡，主要标志是心脏停止跳动、呼吸停止及脑电波活动停止等。近来，随着人工呼吸器等医疗仪器的进步，大多数国家以脑死亡为死亡标准，当大脑、小脑和脑干等全脑功能出现不可逆转的永久性丧失时，则无论心跳和呼吸是否存在，均可宣告个体死亡。脑死亡标准取代传统的心肺死亡标准正在成为一个趋势。我国的医学界和医学伦理学界也多赞同采用脑死亡标准，但在临床和立法上还要考虑我国的具体国情。

心智或社会性死亡：人类有意义生命的消失，已经没有思想、没有感觉。社会性的死亡是指一种社会性过程，当个人没有思想、没有感觉时，就可谓之为社会性死亡。

法律死亡：根据法律条文断定死亡。法律的死亡是以死亡诊断书来宣告的，其在社会及法律上能产生实际效果，且有医院开设的死亡诊断书来确认。

2. 死亡、生死观和老年人

1）生死观的影响因素

总体而言，老年人面对死亡的态度受两个方面因素的影响：一方面是老年人自身的因素，另一方面则是社会文化的因素。研究表明，不同的老年人对待死亡的态度迥然不同：女性老年人整体死亡焦虑与对自己的死亡焦虑皆高于男性老年人；65～69 岁组的老年人对自己的死亡焦虑最高，75 岁以上组的老年人焦虑最低；不识字老年人的整体死亡焦虑与对自己的死亡焦虑最高，并显著高于其他受教育程度者；从宗教活动参与的频率来看，几乎不参与宗教活动的老年人在整体死亡焦虑、对自己的死亡焦虑与对亲友的死亡焦虑上，都显著高于尽量参与以及偶尔参与宗教活动的老年人；住在安养机构的老年人在整体死亡焦虑与对自己的死亡焦虑上，都显著高于住在家中的老年人。除上述这些客观的因素外，老年人主观方面的因素也有很大的影响，比如对于那些无法通过整合危机的老年人而言，死亡是他们心中莫大的压力。他们对死亡充满恐惧和焦虑，而另外一些老年人则能坦然接受，心态平和地面对死亡。

社会文化因素是影响老年人生死观的一个重要因素。在我国的传统文化中，有忌谈死亡的民俗传统和文化心理背景，死亡在很多场合下都意味着不祥、不应该和沉痛，并尽可能地加以回避，因而人们一想到死，最常有的感觉就是恐惧、阴沉。在这样的社会文化背景下，老年人的生死观有以下特点。

在心理层面上，人们对死亡（包括他死和我死）存在一种由无知而引发的恐惧感、焦灼感以及生死之间的距离感。社会文化对死亡的回避和否认加重了老年人面对死亡的心理压力和紧张。只有照顾老年人的成年子女，能平静地面对及处理有关死亡的问题和情绪，这样才不会被死亡的恐惧心理所击倒，也才能帮助自己和年迈的父母做好心理准备。与家中老年人谈论死亡的议题时，可具体讨论有关丧礼的安排、财产的处理、家庭责任的变化等。当然不是要人们违背父母的意愿或强迫他们谈论这个问题，而是能在适当的时机、自然的气氛下来讨论。若父母主动提起，那应该把握机会，坦然地与他们讨论。人们应该努力破除忌讳谈论死亡的文化禁忌。因死亡的事实不会因为人们不谈而不发生，也不会因为人们谈论而立即出现。

对大多数老年人而言，最好的死亡方式是无病无痛地寿终正寝，是既能使自己安然离去又不拖累子女的快速死亡。这种死亡观表面上反映了老年人对家人和亲属的体谅和老年人的罪恶感，背后却是老年人对自身价值的一种消极维护。他们通过这种期待和无声的方式告诉人们，他们追求"好死"的实质是希望以"死"得到充实的"生"。

2) 面对死亡经历的心理阶段

也有学者指出，老人面对死亡的态度不是静止不变的，而是一个变化的过程。其中最著名的就是精神分析学家伊丽莎白·凯勃勒·罗斯在其《死亡与垂死》一书中提出的面对死亡五阶段说。她认为，人们面对死亡先后要经历以下 5 个阶段。

否认和隔离。在这个阶段，面对死亡的人的第一反应是拒绝承认死亡的事实，坚决否认死亡的真实性。他会说："不，这不可能，肯定是搞错了。"这是最初的心理防御机制，面临死亡的人还有可能会把自己与周围的世界隔离起来，但这种反应是短暂的，很快就会过去，进入第二阶段。

愤怒。这一阶段里，面临死亡的人认识到死亡的不可避免，认识到自己将死的确定性，他会变得生气、愤怒、狂暴、嫉妒等，他会说："为什么偏偏会是我？为什么我现在必须死去？"当事人的心理、情绪很难平静下来，他往往还会将这种破坏性的情绪转移到其他人身上，甚至那些代表生命和活力的人和物，尽管与当事人并不相关，但也可能会成为当事人破坏情绪投射的对象。

讨价还价。在这一阶段，当事人的心理会发生微妙的变化，因为死亡已经不可避免，当事人会期望通过做某些事以延缓死亡的到来或采取一些补偿行为，以减少死亡带来的消极影响。

沮丧。在这个阶段里，当事人认识到讨价还价是无用的，他只能接受死亡的事实，只能与他所热爱的人和物分手，只能与这个世界告别，这一切都无法改变。当事人的情绪会非常沮丧、非常忧郁，他会拒绝来探访的人，也可能会把自己关起来，放声痛哭。在这一阶段，当事人的家属和医护人员应该理解他的这种表现，也没必要强迫性地劝慰当事人，因为这也是当事人自我疏解、面对死亡的必然过程。

接受。经历了前 4 个阶段，当事人最终开始接受死亡的事实，尽管这并不是一种令人愉快的接受，但当事人懂得必须接受命运的不可抗性，接受死亡的即将来临。

3. 临终关怀

临终关怀（hospice 或 hospice care），又称安宁照顾、善终服务、姑息照顾等，主要指对生命临终病人及其家属进行的生活护照、医疗护理、心理护理、社会服务等全方位的关怀照顾。临终关怀的本质是对救治无望病人的照护，它不以延长病人的生存时间为目的，而以提高病人的临终生命质量为宗旨；对临终病人主要采取生活照顾、心理疏导、姑息治疗等措施，着重于控制病人的疼痛，缓解病人的心理压力，消除病人及其家属对死亡的焦虑和恐惧，使临终病人活得尊严、死得安逸。20 世纪 50 年代，茜茜里·桑德斯在英国建立了圣克利斯朵弗临终关怀院，这标志着现代临终关怀院的正式出现。

在科学发达的现代社会，hospice 的含义有了进一步延伸：一个以家庭为中心的照顾模式，为协助慢性病人在其临终时期，仍能舒适地维持满意的生活方式。世界公认权威性的美国国立医学图书馆编制的医学主题词表解释 hospice 为对临终病人和家属提供姑息性和支持性的医护措施。

hospice 被翻译成中文"临终关怀"并在我国正式采用，始于 1988 年天津医学院临终关怀研究中心的成立。可以说，临终关怀是指对临终病人的生物、心理、社会等多方面的照顾，目的是帮助各种治疗无望的临终病人能平静地、安宁地度过生命的最后阶段。

1）临终关怀的服务理念

一是以照料为中心。在临终阶段，治愈已不再是目标和中心，临终关怀的中心任务是给临终者最及时最适宜的照料，尽量减轻身体和精神上的痛苦，使老年人得到最后的舒适和安宁。

二是维护人的尊严和权利。尽量满足临终者的合理要求，使临终者和亲属参与护理方案的制定，尊重临终者对自己后事的处理意见。让亲属对其病程有所了解和心理准备，协助料理后事，使死者善终、亲属欣慰。

三是提高临终者的生命质量。临终也是生活，也有生活的权利。应该丰富临终者有限的生命，通过美化环境、心灵慰藉等保证其享受生命终端的质量。

四是共同面对死亡。尊重生命也包括尊重死亡。给临终者提供陪伴与支持，使其在临终时不感到恐惧与孤单，指导临终者和家属以平和的心态面对死亡、接受死亡。

2）临终关怀的工作重点

一是进行情绪的疏导与支持。要帮助临终者及其家属表达出应有的悲伤情绪，给予情感上的理解与支持，鼓励家人之间相互支持。

二是维持良好的沟通与协调。帮助临终者和家人及服务团队成员之间保持开放式的沟通，坦诚分享期望与感受，有时对于临终者的后事安排等问题，临终者本人以及家属之间可能会产生分歧甚至矛盾，服务人员应当加以协调。

三是助力临终者愿望的达成。帮助临终者计划其临终生活，进行后事的交代工作，做出葬礼计划，也可以帮助临终者完成未了的心愿，处理未竟事宜。

四是满足临终者灵性的需求。每个人都有身体、心理、社会等层面的需求。面对人生的宿命与局限，灵性的需求成为临终者最核心最深层的需求，其内容有：其一，生命回顾；其二，道别；其三，全程陪同走过悲伤的所有阶段；其四，共同面对死亡的事实；其五，协助探寻生命与死亡的意义；其六，谈论希望与害怕的事物以及其他。

五是进行家属的哀伤辅导。当临终者经历从生命垂危到死亡的过程时，他的家属同样面临如何照顾临终者、如何妥善处理后事、如何承受失去亲人的痛苦、如何回归到社会生活等各方面的挑战。服务人员应该在缓解临终者痛苦的同时，探索其亲属在情绪、精神方面的需求，协助其度过这一特殊阶段。

三、老化的社会理论

（一）关于老人社会角色的争论

1. 社会撤退理论

社会撤退理论（social disengagement theory）是卡明和亨利两人在1961年所著的

《年时日增》中提出的，作者指出，所有社会都需要通过有序的途径将权利从老年人那里转向年轻人。社会制度通过撤离或者与社会隔绝这种制度化的方式来解决衰老的问题。该理论认为，老年期的个体通常在生理、心理和社会性水平上从外界活动中逐步隐退。在生理水平上，老年人的精力水平降低，生活节奏呈现出日渐缓慢的趋势。在心理上，他们开始从人群中退出，对外界表现出较少的兴趣，更多时候是在关注自己的内心世界。在社会性水平上，他们更少参与社交活动，减少日常的面对面交流和总体的社会活动，对他人生活的参与和投入也变得更少。因此，脱离或撤退被看作一种适应，帮助老年人适应丢掉原有社会角色的同时维持一种自我价值。

社会撤退理论认为，撤退的过程是一个双向的互动过程。以老人本身来说，由于无法适应现存社会中的角色、人际关系、价值体系等，只有采取撤退的策略来保护自己，这样才符合老化过程中的内在成长，才能得到以自我为中心的成熟与满足。另从社会观点而言，认为老人已无力对社会有所贡献，便须退出社会，让年轻人取而代之，以维持社会体系的延续（徐立忠，1996）。

该理论认为老年期不一定是中年期的延长，而是从现存的社会角色、人际关系以及价值体系中后退撤离的时期，这种撤退并非社会力量压迫的结果，只不过是老化现象中一种内在本质的成长过程，使老年人形成自我中心、自我满足的现象。其基本观点在阐述社会功能的重要性，以功能主义为出发点，强调社会必须淘汰那些衰老和随时可能死亡的人，以维持社会的新陈代谢和系统的均衡；而老年人本身是以自我为中心的人，脱离了社会，可避免许多社会规范的束缚，安享晚年，这对个人、社会是非常有意义的事。

简要地说，社会撤退理论认为老人应平静地接受撤离的事实。老人社会角色的丧失，乃是人类个体生命周期的必然循环过程，是其老化过程中必然的结果，并认为适量地减少社会互动是达成心理与社会调适的重要途径。虽然社会撤退理论在一定程度上反映了老年期社会老化的事实，但是其基调是消极被动的，忽略了老年人群体的复杂性。

2. 社会活动理论

虽然早期有研究结果支持社会撤退理论，但一项追踪研究表明，有些被试快乐地撤退，还有另一些人保持了高度的参与性和活跃性。撤退不是自动的、普遍的过程。社会活动理论（social activity theory of aging）源于美国学者罗伯特·哈维格斯特对美国堪萨斯 300 位老年人定期访谈的分析。这一研究结果发表于哈维格斯特和艾玉白合著的《老年人》一书中。

该理论认为，老年人应积极参与社会，只有参与才能使老年人保持生命活力。老年人虽然面临生物、心理状况的改变，但与中年期一样，他们仍然有活动的心理性和社会性需求，并主张高度的活动能为老人带来满意的生活。这是由于活动可以为个人提供角色支持，使其重新确认自我概念，而正向的自我概念可提升晚年的生活满意度。因此，退休老年人应积极地参与社会活动并维持社会关系，并延续中年期的种种活动和交际，以增进生活的适应，获得晚年的幸福感。

社会活动理论在现实世界中虽然得到了许多经验资料的支持，但不能有效解释老年人晚年活动需求的差异性。如同样的社会活动，不同的老年人的参与感和满足感不同；或者中年期活跃的人到了老年期反而喜欢安静悠闲的家庭生活，不愿意参与社会活动等。

此外，活动的概念也存在一定的模糊性。莱蒙提出，活动提供了各种必要的角色支持，用以重新确认自我概念，活动越亲密、频率越高，所获得的强化和角色支持就越具体；角色支持对于维持积极的自我概念是必要的，而积极的自我概念又与高生活满意度相关联。莱蒙将活动定义为任何超出日常身体或个人维持的常规化或模式化的行动或追求。他进一步将活动分为三种类型，并按照优先级排列：① 非正式活动（与亲戚、朋友和邻居的社交互动）；② 正式活动（参加正式的志愿组织的社会活动）；③ 独处活动（看电视、阅读和独处性质的爱好）。莱蒙强调，活动的类型非常重要，并且与生活满意度相关联。非正式活动提供了最多的角色支持和自我概念提升的益处。

3. 社会连续理论

社会撤退理论和社会活动理论都没有提供对于老化的完整描绘。社会连续理论认为社会撤退和社会活动并非两个不相容的极端或背道而驰，两者可相辅相成。根据这一理论，社会撤退对老人而言，只是参与形式的转变而已。这种改变主要通过两种机制实现。一是角色转换，抛弃成年人所扮演的典型角色，代之以老年人的新角色。例如，由退休前的工具性角色，如职位上的角色，转换成退休后的情感性角色，这些角色更关注家庭、友情等方面的情感联结。二是角色调适，面对这种角色转型，愈能调适其老年角色的变迁，并认同其老年角色的老年人，会有较正向的老化态度与满足的晚年生活。

社会连续理论强调，老年人趋向于维持与过去相一致的行为模式，通过保持自己所需的社会参与水平，就能得到最大的幸福感和自尊感。那些高度活跃和社交性很强的人，如果尽量保持社交活动，就会感到很快乐。而那些更愿意退休的人，他们喜欢幽静、单独的活动，如看书或在丛林中散步，如果能够从事这样的活动，他们就会感受到快乐。因此，社会连续理论认为，老年人不必按照单一的模式老化，而是可以根据自己的偏好和生活经历，选择最适合自己的方式来维持心理和情感的平衡。通过这种方式，老年人能够在老化过程中保持积极的心态和高质量的生活。

（二）结构化理论

1. 政治经济理论

在 20 世纪 70 年代末期和 20 世纪 80 年代初，社会老年学家开始批评那些在老龄化研究中高度个体主义的理论。为了回应这些批评以及采取更激进和批判性方法的呼声，学者们提出从政治经济学的角度评估老年人的年龄。

为了解释基于年龄的不平等，政治经济学家关注于经济、政体和这些统治体系所建构的意识形态之间的相互关系。政治经济学家通过考虑国家的结构特征、经济以及资源分配中的不平等现象来解决老年人所面临的问题。因此，政治经济理论关注的是不平等的社会结构解释，而非个人原因（如老年人的身体或心理能力自然下降）。

政治经济理论分析政治与经济方面的理论如何决定对老年人的社会资源的配置及对老人地位的安排，通过公共政策、经济趋势与社会结构因素来探讨老化议题。该理论认为阶级与性别的差异，在老年时依旧存在，特别是通过生命历程所累积的财富或拥有的可观职业年金呈现出老年人社会生活状态的累积效应。老人退休、经济困难和机构化，与家庭社区扮演角色的限制，是由社会以及社会制度导致的。拥有较多资源（包括金钱、健康、朋友）的老年人，他们的确能拥有更多选择。虽然经济困难、失能、孤单的老人并非没有选择，但他们更多地受限于环境。老年人的地位和资源，甚至衰老过程本身的轨迹，都取决于一个人在社会结构中的位置以及对其有影响的经济和政治因素。

2. 年龄分层理论

1972年，美国学者赖利等人提出年龄分层理论。年龄分层理论利用了社会学中阶级、分层、社会化、角色等理论，力图从年龄的形成和结构等方面来阐述老年期的发展变化。该理论主要观点有：① 同一年代出生的人不但具有相近的年龄，而且拥有相近的生理特点、心理特点和社会经历；② 新的年龄层群体不断出生，他们所置身的社会环境不同，对历史的感受不同；③ 根据不同的年龄及其扮演的角色，群体被分为不同的阶层；④ 每一个人都从属于一个特定的年龄群体，随着成长，不断地进入另一个年龄群体，而社会对不同的年龄群体所赋予的角色、所寄托的期望也会发生相应的变化，因此，一个人的行为变化必然会随着所属的年龄群体的改变而发生相应的改变；⑤ 人的老化过程与社会的变化之间的相互作用是动态的，所以老年人与社会总是不断地相互影响。同一年龄阶层的老年人之间会相互影响其老年社会化过程，使得老年人群体间拥有了某些特定的普遍行为模式。年龄分层理论认为老年人的人格与行为特点是一种群体相互影响的社会化结果。

3. 生命历程理论

根据生命历程理论，个人的生命历程主要被看成社会力量和社会结构的产物。生命历程研究不仅要求在一个共同的概念和经验性研究的框架内对个体生命事件和生命轨迹的社会形式做出解释，还注重考察影响这些事件和轨迹的社会进程。对每个个体而言，除了生理年龄、心理年龄外，同时还有社会年龄和历史年龄，后面两者让生命历程镶嵌于社会设置之中，并且还受到历史力量和同龄群体效应的影响。

（三）文化解释

1. 亚文化理论

亚文化理论主张借由亚文化的成员身份来维持老年人的自我观念与社会认同。20世纪60年代，美国学者罗斯提出亚文化理论。亚文化是社会学中的一个术语，它意味着与主流文化的不同。老年人群体拥有自己特有的文化特质，就像少数民族拥有不同于主流人群的生活信念、习俗、价值观及道德规范，自成一个次文化团体。在这个亚文化团体中，个人的社会地位是由过去的职业、受教育程度、经济收入、健康状态或患病情形等认定的。随着老年人口的增加，这类亚文化团体也随之壮大，许多相关的组织也随之设立，如老年大学、老年人活动中心、老年人俱乐部等。该理论指出，同一文化团体中的群体间的相互支持和认同能促进适应成功老化；强调老年亚文化在一定程度上可能唤醒社会对老年人这个特殊群体的关注，但也可能会将老年人进一步从主流社会推开，加剧老年人与主流社会的疏离感。

2. 跨文化老化理论

跨文化老化理论主要分析社会与文化对老化的影响。不同的社会价值、文化理论有不同的老化观，同时这些因素以转移到老年人政策及老年人照顾服务中影响老年人的实际生存状态。跨文化老化理论主要受三个因素的重要影响：人口统计的转变、全球化以及老年人医疗化。虽然老龄化是全球人口发展趋势，但是各国的老龄化呈现不同的发展特征；全球化影响了各国老年人的福祉状态；老年人医疗化则表明老年人的行为、身体状况与功能从自然状态或特异体质或文化行为的特性转变为"疾病状态"，通过医疗专业人员来界定、诊断并治疗，形成了一种"社会控制"，或者是一种文化扩张的方式。

以上主要介绍了关于老化的社会学理论，社会撤退理论、社会活动理论以及社会连续理论主要从功能视角分析老人的社会地位和价值；政治经济理论及年龄分层理论则偏向冲突论视角；亚文化理论和跨文化老化理论则主要从文化视角进行分析。总之，可以看到，社会角色、社会制度以及文化观念等都对老化产生了重要影响。可以说，年龄或者说老化是社会建构的结果。因此，在谈论老化及老年人问题时，也不要忘了从社会的角度，去发现除生物、心理等因素之外的政治、经济、文化等多重社会结构因素。

◥ 拓展阅读

老年期问题

◥ 本章小结

本章重点探讨了老年期这一生命阶段的核心特点与适应过程，涵盖生物、心理与社会三个层面。从生物学角度，本章分析了老年期个体在身体机能下降方面的常见表现，包括感官退化、代谢减缓和慢性疾病的增加等。同时强调了健康管理和预防性护理在提高老年人生活质量中的关键作用。

在心理学层面，本章详细讨论了老年期个体的认知变化、情绪调节和心理适应问题。尽管老年期可能面临记忆力衰退和学习能力减弱，但积极的情感体验和心理弹性有助于提升老年人的心理健康水平。本章还探讨了老年人如何通过回顾人生、传递经验和建立归属感来应对孤独感与存在危机。

在社会层面，本章分析了老年人在家庭、社区和社会中的角色转变。代际关系、社会支持网络的变化以及社会对老年人群体的政策与服务影响着老年期的生活质量。本章特别关注了老年人如何通过社会参与和资源链接来增强其社会适应能力。

通过生物、心理和社会三个维度的综合分析，本章为理解老年期的挑战与机遇提供了科学依据，也为家庭、社区和社会工作者支持老年人健康、积极生活提供了实践指导。

▲ 关键概念

- 老年期发展
- 身体机能下降
- 慢性疾病管理
- 健康老龄化
- 认知变化
- 情绪调节
- 人生回顾
- 孤独感
- 代际关系
- 社会支持网络
- 社会参与
- 政策与服务

▲ 思考与练习

1. 描述老年期在生物、心理和社会三个层面上的主要特点。
2. 老年人如何通过健康管理和预防性护理改善生活质量？
3. 分析老年人在认知变化过程中可能面临的挑战，并提出解决方案。
4. 家庭和社区在支持老年人情绪调节和社会适应中扮演了什么角色？
5. 社会工作者可以通过哪些方式促进老年人的社会参与？
6. 结合实际案例，探讨政策与服务如何影响老年人的生活质量。

参考文献

[1] 约翰逊. 社会学理论 [M]. 南开大学社会学系，译. 北京：国际文化出版公司，1988.

[2] 戴维·迈尔斯. 社会心理学 [M]. 8 版. 侯玉波，等译. 北京：人民邮电出版社，2006.

[3] 罗伯特·费尔德曼. 发展心理学——人的毕生发展 [M]. 苏彦捷，邹丹，等译. 北京：世界图书出版公司，2013.

[4] 彼得·史密斯，海伦·考伊，马克·布莱兹. 理解孩子的成长 [M]. 4 版. 寇彧，等译. 北京：人民邮电出版社，2006.

[5] 龚晓洁，张剑. 人类行为与社会环境 [M]. 济南：山东人民出版社，2011.

[6] 顾东辉. 社会工作概论 [M]. 2 版. 上海：复旦大学出版社，2020.

[7] 韩晓燕，朱晨海. 人类行为与社会环境 [M]. 2 版. 上海：上海人民出版社，2021.

[8] 库少雄. 社会工作实务 [M]. 3 版. 北京：中国人民大学出版社，2022.

[9] 库少雄. 自杀：理解与应对 [M]. 北京：人民出版社，2011.

[10] 林崇德. 发展心理学 [M]. 3 版. 北京：人民教育出版社，2018.

[11] 彭华民. 人类行为与社会环境 [M]. 3 版. 北京：高等教育出版社，2016.

[12] 王思斌. 社会工作概论 [M]. 3 版. 北京：高等教育出版社，2014.

[13] 汪新建. 人类行为与社会环境 [M]. 天津：天津人民出版社，2008.

[14] 库少雄. 人类行为与社会环境研究大纲 [J]. 中国青年政治学院学报，2002 (4)：105-109.

[15] 张大均. 教育心理学 [M]. 3 版. 北京：人民教育出版社，2015.

[16] 何华. 认知心理学理论和实践 [M]. 上海：上海交通大学出版社，2017.

[17] 侯玉波. 社会心理学 [M]. 4 版. 北京：北京大学出版社，2018.

[18] 弗洛伊德. 精神分析引论 [M]. 高觉敷，译. 北京：商务印书馆，1984.

[19] 汪新建. 人类行为与社会环境 [M]. 2 版. 天津：天津人民出版社，2016.

［20］罗伯特·费尔德曼.发展心理学——人的毕生发展［M］.苏彦捷,等译.上海:华东师范大学出版社,2022.

［21］约翰·B.华生.行为主义［M］.潘威,郭本禹,译.北京:商务印书馆,2022.

［22］李思娴,胡诗悦.学前儿童道德发展与德育教育［M］.厦门:厦门大学出版社,2023.

［23］朱莉娅·贝里曼,等.发展心理学与你［M］.陈萍,王茜,译.北京:北京大学出版社,2000.

［24］华红琴,翁定军,陈友放.人生发展心理学［M］.上海:上海大学出版社,2000.

［25］徐愫.人类行为与社会环境［M］.北京:社会科学文献出版社,2003.

［26］王瑞鸿.人类行为与社会环境［M］.2版.上海:华东理工大学出版社,2007.

［27］张向葵,刘秀丽.发展心理学［M］.长春:东北师范大学出版社,2003.

［28］林崇德.发展心理学［M］.2版.杭州:浙江教育出版社,2019.

［29］桑标.当代儿童发展心理学［M］.上海:上海教育出版社,2003.

［30］韩晓燕,朱晨海.人类行为与社会环境［M］.上海:上海人民出版社,2009.

［31］程利南.中国人工流产的现况及思考［J］.中国实用妇科与产科杂志,2012(9):641-642.

［32］黛安·E·帕普利,萨利·W·奥尔兹.儿童世界——从婴儿期到青春期［M］.华东师范大学外国教育研究所《儿童世界》翻译组,译.北京:人民教育出版社,1981.

［33］波顿·L·怀特.新生命的最初三年［M］.陈德民,等译.哈尔滨:黑龙江人民出版社,2001.

［34］沙依仁.人类行为与社会环境［M］.台北:五南图书出版公司,1983.

［35］徐韬,于晓松.母乳喂养影响因素分析［J］.中国卫生统计,2009(4):406-407,410.

［36］琼·利特菲尔德·库克,格雷格·库克.儿童发展心理学:了解孩子,才能教育好孩子［M］.和静,张益菲,译.北京:中信出版集团,2020.

［37］尹文刚.脑功能"一侧化"问题的研究［J］.心理学动态,1984(4):49-56.

［38］周宗奎.现代儿童发展心理学［M］.合肥:安徽人民出版社,1999.

［39］何海燕.河北省体质调查3～6岁儿童形态指标的比较分析［J］.河北体育学院学报,2004(2):39-41,78.

［40］叶新新,陈品.我国海岛地区3～6岁幼儿的体质研究［J］.北京体育大学学报,2004(1):80-82.

［41］余绍森，郭海英，袁朝霞，等．浙江省 3～6 岁幼儿运动素质增长发展的初步研究［J］．浙江体育科学，2002（5）：11-14.

［42］赵健．潍坊市 3～6 岁城乡儿童体质指标变化的比较与研究［J］．山东体育学院学报，2002（2）：53-56.

［43］吕慧，田玲，武杰．新疆哈萨克族与汉族 3～6 岁幼儿体质的比较研究［J］．山西师大体育学院学报，2003（1）：37-39.

［44］郭亮．高中体育教学中培养学生兴趣品质的有效路径［J］．文渊（高中版），2019（9）：323.

［45］王振宇．儿童心理发展理论［M］．上海：华东师范大学出版社，2000.

［46］白洁，赵原皓．知觉事物的渗透性论证［J］．自然辩证法研究，2024（3）：53-59，111.

［47］王翠平．知觉恒常性概念及问题澄清［J］．洛阳师范学院学报，2024（3）：11-16.

［48］谭思洁，孔令芹，于学礼，等．3～6 岁幼儿心理测试指标与方法的研究［J］．山东体育学院学报，2000（1）：22-24.

［49］单大卯．对城市与乡镇幼儿园 810 名 3～6 岁学龄前儿童感觉统合能力的测试研究［J］．山东体育学院学报，2000（2）：18-20.

［50］林仲贤，张增慧，张美珍．3—5 岁儿童对物体认知及对他人认知过程的研究［J］．心理学探新，2000（3）：30-32，38.

［51］林泳海，周葱葱．3.5～6.5 岁儿童式样认知发展的实验研究［J］．心理学探新，2003（1）：33-36，41.

［52］张向葵，王金凤，孙树勇，等．3.5～6.5 岁儿童对死亡认知的研究［J］．心理发展与教育，1998（4）：8-11.

［53］奥布霍娃．皮亚杰的概念［M］．史民德，译．北京：商务印书馆，1988.

［54］潘伟斌．基于语料库下的 3-6 岁儿童词汇发展研究［J］．北京印刷学院学报，2017（5）：30-32.

［55］李甦，李文馥，周小彬，等．3-6 岁幼儿言语表达能力发展特点研究［J］．心理科学，2002（3）：283-285，274-381.

［56］申燕，王振宏．学前儿童心理理论与情绪理解的发展特点及性别差异［J］．陕西学前师范学院学报，2022（3）：1-6.

［57］刘文敏，高燕，赵丹．大学生心理健康教育［M］．南京：东南大学出版社.2015.

［58］高月梅，张泓．幼儿心理学［M］．杭州：浙江教育出版社，1993.

［59］甘杏颖．儿童延迟满足能力研究综述［J］．科教导刊（中旬刊），2015（20）：91-92.

［60］王玉娇，宋天．贵州省 3～5 岁幼儿自我延迟满足能力的发展水平调查研究［J］．校园心理，2017（1）：42-44.

［61］罗伯特·费尔德曼．发展心理学：探索人生发展的轨迹［M］．苏彦捷，等译．北京：机械工业出版社，2011．

［62］杜军．3～7岁幼儿道德敏感性发展特点及其影响因素研究［D］．西安：陕西师范大学，2020．

［63］陈会昌，王莉．1—10岁儿童父母的教育观念［J］．心理发展与教育，1997（1）：40-43，64．

［64］李茹．家庭教育方式、家园合作共育对幼儿自信心、独立性的影响研究［D］．武汉：华中师范大学，2015．

［65］林润怡，廖雨曈，廖津平．父母教养方式对幼儿科学问题解决能力发展的影响——教育卷入和自我控制的中介调节作用［J］．成都师范学院学报，2023（4）：67-74．

［66］朱晓文，王凯丽，任围．家庭教育的力量：父母教养方式如何影响校园欺凌［J］．中国青年研究，2023（3）：108-118．

［67］吕蒙．父母教养方式对3—6岁幼儿问题行为的影响研究［J］．求知导刊，2023（5）：119-121，136．

［68］张小琼．父母教养方式对幼儿攻击性行为的影响及教育建议［D］．南充：西华师范大学，2021．

［69］林崇德．离异家庭子女心理的特点［J］．北京师范大学学报，1992（1）：54-61．

［70］夏勇．离婚对儿童心理发展影响的长期效应［J］．心理发展与教育，1991（2）：7-13．

［71］罗伯特·费尔德曼．费尔德曼发展心理学［M］．苏彦捷，等译．杭州：浙江教育出版社，2021．

［72］孙姗，陈翩，杨阳，等．父母冲突与青少年早期攻击行为：情绪不安全感和自我控制的链式中介作用［J］．心理与行为研究，2024（6）：784-790．

［73］邹小兵．儿童孤独症诊断与治疗新动向［J］．中国儿童保健杂志，2012（4）：294-296．

［74］何侅，路英智，李浒，等．儿童神经精神病学［M］．2版．天津：天津科学技术出版社，2007．

［75］陈迪，张思敏，杨喜彪，等．MRI用于胶质瘤神经重塑的研究进展［J］．国际医学放射学杂志，2024（4）：390-395．

［76］中国聋儿康复研究中心．听力言语语言康复词汇．教育学部分［M］．北京：华夏出版社，2013．

［77］赵永耀，张野，李卓阳，等．排斥者的社会地位对小学被排斥儿童反应性攻击行为的影响：情绪调节策略的作用［J］．中国临床心理学杂志，2025（2）：409-415．

［78］杨治良，郝兴昌．心理学辞典［M］．上海：上海辞书出版社，2016．

［79］车文博．心理咨询大百科全书［M］．杭州：浙江科学技术出版社，2001．

313

参考文献

[80] 伍新春，管琳．同伴互动类型对三年级小学生写作水平的影响［J］．心理科学，2008（6）：1361-1364，1352.

[81] 林崇德，杨治良，黄希庭．心理学大辞典［M］．上海：上海教育出版社，2004.

[82] 陶西平．教育评价辞典［M］．北京：北京师范大学出版社，1998.

[83] 刘福龄．现代医学辞典［M］．济南：山东科学技术出版社，1990.

[84] 库少雄．社会工作理论的发展与应用［J］．山东社会科学，2006（4）：155-157.

[85] 陆士桢．儿童青少年社会工作［M］．北京：高等教育出版社，2008.

[86] 邓赐平．儿童发展心理学［M］．4版．上海：华东师范大学出版社，2023.

[87] 朱智贤．儿童心理学［M］．6版．北京：人民教育出版社，2018.

[88] 罗伯特·费尔德曼．发展心理学：探索人生发展的轨迹［M］．3版．苏彦捷，等译．北京：机械工业出版社，2017.

[89] 劳拉·E.伯克．伯克毕生发展心理学：从0岁到青少年［M］．7版．陈会昌，译．北京：中国人民大学出版社，2022.

[90] 王思斌．社会工作概论［M］．4版．北京：高等教育出版社，2023.

[91] 罗伯特·费尔德曼．儿童发展心理学：费尔德曼带你开启孩子的成长之旅［M］．苏彦捷，等译．北京：机械工业出版社，2021.

[92] 李成跃，司甘旦·买买提，阿力木江·依米提·塔尔肯．全国成年青少年身高的长期趋势和空间网络效应［C］//中国体育科学学会．第十三届全国体育科学大会论文摘要集——专题报告（体质与健康分会）．2023：705-707.

[93] 曹文振，唐昆．基于生存分析的青春期性行为影响因素研究——对18000名我国大学生的调查［C］//中国青少年研究中心，中央团校（中国青年政治学院），中国青少年研究会．新中国成立70年青少年发展与青少年工作——第十五届中国青少年发展论坛优秀论文集．2019：267-280.

[94] 郭蕾．为什么要关注青少年人工流产问题？我们专访了中国计划生育协会［N/OL］．健康报，2022-02-16［2025-01-12］．https：//www.sohu.com/a/523177920_162422.

[95] 赵海翔，陶建荣．美国青少年婚前性行为在蔓延［J］．青少年犯罪问题，2003（06）：70-71.

[96] 詹姆斯·O.卢格．人生发展心理学［M］．陈德民，等译．上海：学林出版社，1996.

[97] 李银河．中国人的性爱与婚姻［M］．北京：中国友谊出版公司，2002.

[98] 曹华，蔡发良．家庭心理医生［M］．北京：九州出版社，2002.

[99] 李增禄．社会工作概论［M］．2版．台北：巨流图书有限公司，2004.

[100] 张文霞，朱冬亮．家庭社会工作［M］．北京：社会科学文献出版社，2005.

[101] 常璐艳，周灵，刘哲．中日美三国成年人体质监测指标体系的演变及比较分析［J］．当代体育科技，2015（19）：199-200.

[102] 王瑞鸿．人类行为与社会环境［M］．上海：华东理工大学出版社，2002.

[103] 毛晓光．人的成长与发展［M］．北京：社会科学文献出版社，1997.

[104] 赵崇莲，苏铭鑫．职业倦怠研究综述［J］．宁波大学学报（教育科学版），2009（04）：65-69.

[105] 闫晓静．职业倦怠研究综述［J］．山西煤炭管理干部学院学报，2006（02）：102-104.

[106] K·W·夏埃，S·L·威里斯．成人发展与老龄化［M］．乐国安，等译．上海：华东师范大学出版社，2003.

[107] 许淑莲，等．老年心理学［M］．北京：科学出版社，1987.

[108] 彭华民．人类行为与社会环境［M］．北京：高等教育出版社，2014.

[109] 徐立忠．中老年生涯规划［M］．台北：三民书局，1996.

[110] 邬沧萍，姜向群．老年学概论［M］．3 版．北京：中国人民大学出版社，2015.

[111] 朱佩兰．安老与社会工作［M］．香港：中文大学出版社，2001.

[112] 雷雳．发展心理学［M］．4 版．北京：中国人民大学出版社，2021.

[113] 黄黎若莲．边缘化与中国的社会福利［M］．香港：商务印书馆，2001.

[114] 厉以宁．中国道路与人口老龄化［M］．北京：商务印书馆，2018.

[115] 邬沧萍，杜鹏．老年价值论：积极应对人口老龄化的理论与实践［M］．北京：中国人口出版社，2019.

[116] 李佳．安心老去：面对老龄化冲击的准备［M］．北京：北京联合出版公司，2022.

[117] 杨善华．老年社会学［M］．北京：北京大学出版社，2018.

[118] NHK 特别节目录制组．老后破产：名为"长寿"的噩梦［M］．王军，译．上海：上海译文出版社，2018.

[119] 中国老年学和老年医学学会．新时代积极应对人口老龄化研究文集［M］．北京：华龄出版社，2019.

[120] 戴维·L·德克尔．老年社会学——老年发展进程概论［M］．沈健，译．天津：天津人民出版社，1986.

[121] 哈瑞·穆迪，詹妮弗·萨瑟．老龄化［M］．陈玉洪，李筱媛，译．南京：江苏人民出版社，2018.

[122] 理查德·卡利什．老人心理学［M］．张隆顺，译．台湾：桂冠图书股份有限公司，1987.

[123] 乔恩·亨德里克斯，戴维斯·亨德里克斯．金色晚年——老年问题面面观［M］．程越，过启渊，陈奋奇，译．上海：上海译文出版社，1992.

[124] 理查德·波斯纳．衰老、老龄与法律［M］．周云，译．北京：中国政法大学出版社，2023.

315
参考文献

[125] BAER B L，FEDERICO R C. Educating the baccalaureate social worker [M]. Cambridge，Mass. ：Ballinger Pub. Co. ，1978.

[126] BARTLRTT H M. The common base of social work practice [M]. New York：National Association of Social Workers，1970.

[127] CHESS W A，NORLIN J M. Human behavior and the social environment：a social systems model [M]. Boston：Allyn and Bacon，1991.

[128] CUMMINGS，ELAINE，HENNRY W E. Growing old：the process of disengagement [M]. New York：Basic Books，1961.

[129] DORFMAN R A. Clinical social work：definition，practice，and vision [M]. New York：Brunner/Mazel，1996.

[130] HOLLIS F. Casework：a psychosocial therapy [M]. New York：Random House，1964.

[131] KALUGER G，KALUGER M F. Human development：the span of life [M]. St. Louis：C. V. Mosby，1979.

[132] KIMMEL D C. Adulthood and aging [M]. New York：Wiley，1974.

[133] LOEWENBER F M. Fundamentals of social intervention [M]. New York：Columbia Press，1977.

[134] MASTERS W H，JOHNSON V E. Human sexual inadequacy [M]. Boston：Little，Brown，1970.

[135] PERLMAN H H. Social casework：a problem-solving process [M]. Chicago：The University of Chicago Press，1975.

[136] PINCUS A，MINAHAN A. Social work practice [M]. Itasca，IL：Peacock，1973.

[137] REID W J，EPSTEIN L. Task-centered casework [M]. New York：Columbia University Press，1972.

[138] RICHMOND M. Social diagnosis [M]. New York：Free Press，1917.

[139] ROSENHAN D L，SELIGMAN M E. Abnormal psychology [M]. 3rd ed. New York：Norton，1995.

[140] SHULMAN L. Identifying，measuring，and teaching helping skills [M]. New York：Council on Social Work Education，1981.

[141] STRAUSS W，HOWE N. G. The history of America's future [M]. New York：Morrow，1991.

[142] ZASTROW C，KIRST-ASHMAN K K. Understanding human behavior and the social environment [M]. Chicago：Nelson-Hall Publishers，1997.

[143] Claudia M，Sofia M，Sara S. Editorial：challenges in fertilization and implantation success [J]. Frontiers in Cell and Developmental Biology，2023.

[144] Olaitan A O，Rukayat O O，Omobolanle O A，et al. Folic acid for the prevention of fetal neural tube defects [J]. Africa Journal of Nursing and Midwifery，

2019 (1): 1-16.

[145] Ashley M , Charlie L . Immunology of placentation in eutherian mammals [J]. Nature Reviews Immunology, 2006 (8): 584-594.

[146] Mulder J W C M, Kusters D M, Roeters van Lennep J E, et al. Lipid metabolism during pregnancy: consequences for mother and child [J]. Current Opinion in Lipidology, 2024 (3): 133-140.

[147] Khan O A, Chau R, Bertram C, Hanson M A, et al. Fetal origins of coronary heart disease-implications for cardiothoracic surgery [J]. European Journal of Cardio-thoracic Surgery: Official Journal of the European Association for Cardio-thoracic Surgery, 2005 (6): 1036-1042.

[148] Ashley M , Charlie L . Immunology of placentation in eutherian mammals [J]. Nature Reviews Immunology, 2006 (8): 584-594.

[149] Jaenisch R, Bird A. Epigenetic regulation of gene expression: how the genome integrates intrinsic and environmental signals [J]. Nature Genetics, 2003: 245-254.

[150] Daughters K, Manstead A S R, Schalk J V D . Oxytocin and emotion recognition: Investigating the possible roles of facial synchrony and eye gaze [J]. Current Research in Ecological and Social Psychology, 2021.

[151] Dennis C L, Brown J V E, Brown K H. Interventions (other than psychosocial, psychological and pharmacological) for treating postpartum depression [J]. Cochrane Database of Systematic Reviews, 2019.

[152] Glover V. Maternal depression, anxiety and stress during pregnancy and child outcome: What needs to be done [J]. Best Practice & Research: Clinical Obstetrics & Gynaecology, 2014 (1): 25-35.

[153] Ron A, Brooke K, Wendy M, et al. Behavioral activation and therapeutic exposure vs. cognitive therapy for grief among combat veterans: a randomized clinical trial of bereavement interventions [J]. The American Journal of Hospice & Palliative Medicine, 2021 (12): 1470-1478.

[154] Susan M, Sara S, Andy SI T, et al. Gendered conceptions of preconception health: a thematic analysis of men's and women's beliefs about responsibility for preconception health behavior [J]. Journal of Health Communication, 2020 (5): 374-384.

[155] Wong M M K, Sha Z, Lukas L, et al. The neocortical infrastructure for language involves region-specific patterns of laminar gene expression [J]. Proceedings of the National Academy of Sciences of the United States of America, 2024 (34): 11.

[156] Bretherton L, Fritz J, Zahn-Waxler C, et al. Learning to talk about emotions: a functionalist perspective [J]. Child Development, 1986 (3): 529-548.

317
参考文献

[157] Brown J R, Dunn J. Continuities in emotion understanding from three to six years [J]. Children Development, 1996 (3): 789-802.

[158] Byrant B K. The neighborhood walk: sources of support in middle childhood [J]. Monographs of the Society for Research in Child Development, 1985 (3): 210.

[159] Brochin H A, Wasik B H. Social problem solving among popular and unpopular children [J]. Journal of Abnormal Psychology, 1992: 377-391.

[160] Erwin P G. Social problem solving, social behavior, and children's peer popularity [J]. Journal of Psychology, 1994 (3): 299-306.

[161] Holland J L. The psychology of vocational choice [M]. Waltham, Ma: Blaisdell, 1966.

[162] Holland J L. Making vocational choices: a theory of vocational personalities and work environments [M]. Englewood Cliffs, NJ: Prentice-Hall, 1985.

[163] Holland J L. Exploring careers with a typology: What we have learned and some new directions [J]. American Psychologist, 1996 (4): 397-406.

[164] Erikson E H. Childhood and society [M]. New York: Norton, 1963.

[165] Jaques E. Death and the mid-life crisis [J]. International Journal of Psychoanalysis, 1965 (4): 502-514.

第3版后记

自本书第1版面世至今，已悄然走过二十载春秋。从初版时国内同类教材寥寥无几的探索阶段，到第2版修订时众多优秀教材百花齐放的发展时期，再到如今社会工作学科蓬勃发展、知识体系持续迭代的新阶段，本书始终在时代浪潮中与学科共同成长、不断蜕变。

近年来，社会工作实践领域不断拓展，社会环境的复杂性与多样性也与日俱增，对"人类行为与社会环境"理论的研究和教学提出了更高要求。在此背景下，我们深感有必要对本书进行新一轮的修订，以更精准地回应学科发展需求与实践挑战。此次修订，我们不仅全面梳理了前两版的内容，结合国内外最新的研究成果、典型案例与政策动态，对理论框架进行了优化完善，还进一步强化了知识的逻辑性与实践指导性，力求让教材内容更加贴合当下社会工作教育与实务的需要。

承蒙库少雄老师信任与委托，在他因身体原因无法继续主持修订工作之际，我接过这份沉甸甸的责任，牵头推进本书第3版的修订。此次修订恰逢我于美国波士顿大学访学，在异国的学术环境中，我查阅了大量国内外相关教材与前沿文献，深切感受到学科知识的动态发展与实践需求的迭代更新。

在研读国外教材时，我注意到其对孕期与胚胎发展议题的深度探讨——从生物医学的孕育机制，到孕妇心理状态的变化，再到家庭、社区乃至社会文化对孕期的影响，形成了多维交织的研究视角。受此启发，我们决定在第3版中新增一章"孕期与胚胎：生物、心理与社会影响"，由本人撰写，试图填补前两版内容的空白，力求更全面、系统地呈现人类行为与社会环境互动的生命全周期图景。

本次修订秉持"作者负责章节更新"的原则，邀请各章节原作者基于自身专长与最新研究成果，对内容进行深度打磨与优化，确保知识的专业性、时效性与权威性。在此过程中，各位同仁投入大量心血，结合理论前沿与实践案例，对原有框架进行拓展与深化，让教材更贴近当下社会工作教学与实务需求。

感谢研究生朱阁协助整理参考文献格式，为修订工作提供了有力支持；尤其要感谢编辑钱坤老师、张馨芳老师，在时差和跨国沟通的挑战下，依然以极高的效率与专业素养推动本书出版进程。同时，向第1版、第2版的主编库少雄老师及所有参与编写的同仁致以敬意，正是前人的积累与开拓，为此次修订奠定了坚实基础。

尽管我们全力以赴，但鉴于学识水平与时间所限，书中难免仍存在不足之处。衷心期盼学界同仁、广大读者不吝赐教，提出宝贵意见与建议。我们将以开放的心态积极吸纳，在未来继续推动本书的优化与更新，为社会工作学科发展与人才培养贡献绵薄之力。

徐 莉

2025 年 5 月

第2版后记

《人类行为与社会环境》第 1 版出版之时，国内的同类教材屈指可数。隐约记得，仅有王瑞鸿和徐愫分别在华东理工大学出版社和社会科学文献出版社出版的同名教材。此后，国内陆续出版了许多翻译和自编的同类教材。这些教材各有特色，都有值得学习、借鉴之处，有益于我国社会工作的发展。在此背景下，我们取长补短、吸取精华，对《人类行为与社会环境》做了修订，使体例更合理、内容更丰富、表述更准确，更适合专业教学。

修订工作主要由主编完成，我的研究生阳清、武汉长江工商学院郑雪芹老师协助做了大量的工作，华中科技大学出版社的钱坤编辑等人为此书的修订出版做了大量工作，在此深表谢意。

由于学识有限、时间仓促，书中难免有疏漏之处，望有识之士多提宝贵意见。

库少雄

2013 年 7 月 6 日

第1版后记

　　对人与社会环境之间关系的探讨虽说历史悠久，但其作为一种系统、科学的知识体系才刚刚起步，这样一个全新领域的发展有赖各界同仁的不断探索和积极合作。本书由国内部分高校社会工作专业的教师共同努力完成，参加本书编写的有：

第一章　　库少雄

第二章　　蔡璐

第三章　　李伟良　　蔡璐

第四章　　李伟良

第五章　　徐云

第六章　　徐莉

第七章　　张翼

第八章　　陈雷

第九章　　陈雷

第十章　　张再云

蔡璐协助主编对全书做了统稿和修改。

　　由于学识有限、时间仓促，书中难免有疏漏之处，还望各位有识之士多提宝贵意见。

作　者

2005 年 6 月 18 日